体育与健康教程

TI YU YU JIAN KANG JIAO CHENG

◎主　编　任　文
◎副主编　马婉红　王　宏　杜　娟

 西北大学出版社
·西安·

图书在版编目（CIP）数据

体育与健康教程／任文主编. —西安:西北大学
出版社，2024.5
ISBN 978-7-5604-5382-8

Ⅰ.①体… Ⅱ.①任… Ⅲ.①体育—高等学校—教材
②健康教育—高等学校—教材 Ⅳ.①G807.4

中国国家版本馆 CIP 数据核字（2024）第 092817 号

体育与健康教程

主　　编	任　文	
副 主 编	马婉红　王　宏　杜　娟	
出版发行	西北大学出版社	
地　　址	西安市太白北路 229 号	
邮　　编	710069	
电　　话	029-88303059	
经　　销	全国新华书店	
印　　装	西安华新彩印有限责任公司	
开　　本	880 毫米×1230 毫米　1/16	
印　　张	21.75	
字　　数	597 千字	
版　　次	2024 年 5 月第 1 版　2025 年 7 月第 2 次印刷	
书　　号	ISBN 978-7-5604-5382-8	
定　　价	39.00 元	

《体育与健康教程》编委会

前言

习近平总书记在二十大报告中明确提出："广泛开展全民健身活动,加强青少年体育工作,促进群众体育和竞技体育全面发展,加快建设体育强国。"青少年的体育工作被提到了前所未有的高度,习近平总书记在报告中深情地指出:"青年强,则国家强。当代中国青年生逢其时,施展才干的舞台无比广阔,实现梦想的前景无比光明。全党要把青年工作作为战略性工作来抓,用党的科学理论武装青年,用党的初心使命感召青年,做青年朋友的知心人、青年工作的热心人、青年群众的引路人。"

学校体育教育是发展青少年身体素养主阵地,高校体育教育是学校体育的重要组成部分,更是与社会体育的重要衔接点,它是终身体育的重要环节,对学生的一生具有明显的影响和长远的效益。因此,高校体育教学应该教什么、应该怎么教已成为当今高校体育工作者应该考虑和重视的首要问题。教什么和怎样教的前提是做好体育教学的顶层设计。教材建设是高校体育教学顶层设计的重要一环,是进一步深化教学改革、巩固教学改革成果、提高教学质量、造就高素质人才的重要工作。

在二十大报告中,习总书记又对青年学生提出谆谆教诲:"广大青年要坚定不移听党话、跟党走,怀抱梦想又脚踏实地,敢想敢为又善作善成,立志做有理想、敢担当、能吃苦、肯奋斗的新时代好青年,让青春在全面建设社会主义现代化国家的火热实践中绽放绚丽之花。"习近平总书记对青年学生的殷切希望,正是我们教育工作者前进的动力,也是我们的伟大使命,我们要认认真真把二十大精神贯穿到我们的教学课堂中。

教材是传播新知识、新思想、新观念的重要载体。青少年体育发展的宗旨是让每个青少年身心健康、体魄强健。立足于此,本教材以素质教育为核心,面向世界,拓宽视野,博采众家之长,吸收人类体育发展优秀成果,最大限度地反映体育科学新进展,让大学生通过学习、锻炼,展现"技能、竞技、比赛"的体育力量,为实现习近平总书记倡导的"享受乐趣、增强体质、健全人格、锤炼意志"的教育使命,促进青少年的健康发展贡献一臂之力。

教材体现国家意志,是育人育才的重要依托。因此,本教材在编写规划设计时严格遵循新时代教材建设的方向目标,坚决贯彻落实全国教育大会精神,把党的领导和主张落实到教材建设的各个方面。鉴于此,在编写过程中加大了体育理论部分的篇幅,融合了体育思政教育的内容,强化了民族传统体育章节,重视优秀中国传统文化的传承,初衷是把好体育育人育才的重要关口,为学生强基固本、打好中国底色、厚植红色基因,培养拥有中国心、饱含中国情、充满中国味的下一代,努力使教材成为坚持党的领导的坚强阵地。

全书共分十三章,信息量大、内容翔实、实用性强,凝练了全体参编人员的智慧。同时,在编写过程中也参阅了其他高校体育教材版本及相关文献资料,吸收了大量的精华和宝贵经验,借此机会,我们全体编写人员向有关专家教授及作者表示崇高的敬意和衷心的感谢!由于编者的水平有限,难免存有不妥,恳请广大师生提出宝贵意见和建议。真诚期待社会各界广泛参与、发挥优势、提供智慧,怀着对青少年发展的责任担当,在习近平新时代中国特色社会主义思想的指引下,共同推动我国青少年体育的高效发展!

本书为陕西铁路工程职业技术学院规划教材,由任文担任主编,马婉红、王宏、杜娟担任副主编。参编人员具体分工如下:任文(第一章体育概述);马婉红(第二章大学生与健康教育);王宏(第三章体育锻炼与健康);杜娟(第四章提高运动能力);侯豫星(第五章体育运动安全);贺斌(第六章体育文化);成凌霄(第七章奥林匹克运动);张增光(第八章田径运动);任博聪(第九章第一节篮球);张增光(第九章第二节排球);贺斌(第九章第三节足球);成凌霄(第九章第四节乒乓球);师美玉(第九章第五节羽毛球);侯豫星(第九章第六节网球);吴泽昊(第十章游泳运动);马婉红(第十一章第一节健身跑);杜娟(第十一章第二节体育舞蹈);马婉红(第十一章第三节健美操);尹娜(第十一章第四节瑜伽、第五节形体训练);马婉红(第十一章第六节啦啦操);杜娟(第十一章第七节排舞);马婉红(第十一章第八节踏板操);陈伟(第十一章第九节健美);王震(第十二章第一节武术概述、第二节初级长拳第三路、第三节简化太极拳、第四节散打);庄勤(第十二章第五节跆拳道、第六节女子防身术);陈少卿(第十三章第一节轮滑、第二节飞盘);李宁(第十三章第三节定向运动、第四节毽球、第五节匹克球)。任文拟定编写提纲,在编写过程中编写组多次进行讨论和修改,最后由任文统稿和定稿。

目　录

体育与健康理论编

体育与健康理论编

- ◎ 体育概述
- ◎ 大学生与健康教育
- ◎ 体育锻炼与健康
- ◎ 提高运动能力
- ◎ 体育运动安全
- ◎ 体育文化
- ◎ 奥林匹克运动

党的二十大报告关于中国体育事业发展目标中，明确提出"到二〇三五年，我国发展的总体目标是……建成教育强国、科技强国、人才强国、文化强国、体育强国、健康中国，国家文化软实力显著增强"。体育强则中国强，国运兴则体育兴。党的十八大以来，习近平总书记高度关心和重视体育事业，多次强调建设体育强国的重要意义，推动体育事业改革发展，体育已成为中华民族伟大复兴的标志性事业。高校体育作为为党育人、为国育才的重要内容，课程将紧密围绕政治认同、国家情怀、文化素养、法律意识、道德修养等各个方面提供教学资源供给，为坚定大学生建设中国式现代化强国的理想信念提供精神指引。

第一章　体育概述

主要内容提示
- 对体育的认识
- 学校体育教育目标

第一节　对体育的认识

一、体育的由来

　　体育一词,是由国外传来,是国际通用的流传范围很广的词。其英语是"physical education",指的是以身体活动为手段的教育,直译为身体的教育,简称为"体育"。体育是人类社会发展中,根据生产和生活的需要,遵循人体身心的发展规律,以身体练习为基本手段,达到增强体质、提高运动技术水平、进行思想品德教育、丰富社会文化生活而进行的一种有目的、有意识、有组织的社会活动,是伴随人类社会的发展而逐步建立和发展起来的一个专门的科学领域。应该说,体育概念的形成是一种历史过程,体育的概念并非是一成不变的,不同时代有不同的含义。虽然体育本身有着悠久的历史,然而"体育"一词却出现得较晚。在"体育"一词出现前,世界各国对体育这一活动过程的称谓各不相同。

　　在古希腊,游戏、角力、体操等曾被列为教育内容。17—18世纪,在西方的教育中也加进了打猎、游泳、爬山、赛跑、跳跃等项活动,只是尚无统一的名称。18世纪末,德国的 J.C.F.古茨穆茨曾把这些活动分类、综合,统称为"体操"。1762年,卢梭在法国出版了《爱弥尔》一书。他使用"体育"一词来描述对爱弥尔进行的身体的养护、培养和训练等身体教育过程。由于这本书激烈地批判了当时的教会教育,在世界上引起很大反响,因此"体育"一词同时也在世界各国流传开来。从这里我们可以清楚地看到,"体育"一词的最初产生是始于"教育"一词,它最早的含义是指教育体系中的一个专门领域。进入19世纪,一方面是德国形成了新的体操体系,并广泛传播于欧美各国;另一方面是相继出现了多种新的运动项目。在学校也逐渐开展了超出原来体操范围的许多运动项目,建立起"体育是以身体活动为手段的教育"这一新概念。于是,在相当长的一段时间里,"体操"和"体育"两个词并存,相互混用,直到20世纪初,才逐渐在世界范围内统一称为"体育"。

在我国古代,并无"体育"一词,而是使用"养生""导引""武术"等名词。1894年左右,随着德国、瑞典等国的体操传入我国,便用"体操"作为体育的总概念。1903年,清朝政府批准执行的学堂章程,就明文规定各级各类学校要开设体操课(体育课)。1906年开始,并用"体操"和"体育"两词。随着西方文化不断涌入我国,学校体育的内容也从单一的体操向多元化发展,课堂上出现了篮球、田径、足球等运动项目。许多有识之士提出不能把学校体育课称为"体操课"了。直到1923年,在北洋政府新学制课程标准起草委员会公布的《中小学课程纲要草案》这一官方文件中,才正式把"体操"一词改为"体育","体操课"改为"体育课"。从此"体育"一词成了学校中身体教育的专门术语。

二、体育的概念

体育可分为广义的体育和狭义的体育。广义的体育亦称"体育运动",是人们根据社会生产和生活的需要,遵循人体生长发育和机能活动规律,以运动作为基本手段,为增强人民体质、提高运动技术水平、丰富社会文化生活而进行的一种有目的、有意识、有组织的身体运动和社会活动。它属于社会文化教育的范畴,受一定社会政治经济的影响和制约,也为一定社会的政治经济服务。狭义的体育习惯称"学校体育",也叫"体育教育"。它是现代体育的基础,也是现代教育的重要组成部分,是全面发展人的身体,增强体质,传授体育基本知识、技术、技能,提高运动技术水平,培养良好意志品德的一种有目的、有计划、有组织的教育过程;是与德、智、美、劳密切配合,培养体育兴趣,养成锻炼习惯,造就一代新人的一个重要的教育活动过程。

三、体育的构成

(一)学校体育

学校体育是学校教育和体育的重要组成部分。学校体育,是指全面发展学生的身体,增强体质,传授体育知识、技能,提高运动技术水平,培养道德和意志品质,及增进健康的有目的、有计划、有组织的教育过程。

其实施内容被纳入学校的总体计划中,有相应的保证措施促进实施效果,从而与其他教育环节共同构成了一个完整的教育过程,使学生在德、智、体、美、劳几方面得到全面发展。学校体育是衔接社会体育的桥梁,是终身体育的重要基础,也是国家体育事业发展的战略重点。学生的身体发展、心理发展和社会适应的阶段性特征与个体差异,是正确实施学校体育的前提和基础。学校体育对学生身体发展、心理发展和社会适应具有积极的作用。

学校体育自确立以来,在相当长的一个时期内,始终是以生物体育观为基础的,强调对人体的生物学改造,注重强身健体的生物学作用。随着社会的进步、现代科技的发展,以及体育科学研究的不断深入,我国突破了体育观上的单一生物观念,向着生物、心理、社会及道德体育观转变;学校体育已不仅仅局限于生物价值,而与教育、社会、心理、道德、文化、竞技、娱乐、健康和现代生活有着密切联系,学校体育已超出增强体质的独特功能,具有促进学生身心协调发展的全面效用。

(二)竞技体育

有人称"竞技体育"为"竞技运动",也有人称其为"精英体育"。这里所说的竞技体育,是指根据规则和以取胜为目的的竞赛性和娱乐性的体育活动,它是为了最大限度地发挥并提高个人和集体在体格、体能、心理与运动能力等方面的潜力,以取得优异成绩为目的而进行的科学的、系统的训练和竞赛活动。这种竞赛活动具有激烈的对抗性、竞争性和高度的技艺性,必须按照一定的规则进行,竞赛成绩应为社会所

承认。高水平竞技体育,是体育的一种特殊形态,其已经成为一种专业化或职业化的社会体育现象。世界各国都将很大的力量投入到奥运会比赛上,其目的不仅仅是夺取金牌,而且是"和平、友谊、进步",在"更快、更高、更强"的口号下,进行公正比赛,促进人民的友谊,增强人民的体质,提高运动技艺和精神境界,从而推动人类社会的不断发展与进步。

(三)大众体育

习近平总书记是全民健身的倡导者、践行者。他多次在不同场合讲述自己的健身运动心得,强调全民健身的重要意义。大众体育又称为"群众体育"或"身体锻炼",它是指以健身、医疗、娱乐为目的,内容丰富、形式多样、因人而异的一种群众性的健身的体育活动,主要包括以下几个方面:

1. 医疗康复体育

以治疗伤病、恢复人体机能为目的,并采用恢复身体功能的保健医疗体操、防病治病的太极拳、导引养生功等体育活动的手法和理论进行康复治疗。

2. 娱乐休闲体育

在闲暇时间里提高、充实人的精神境界的体育活动。以休闲、娱乐为目的,如打高尔夫球、康乐球,下棋、打牌、钓鱼等。

3. 矫正体育

用以矫正人的身体的各种不正确姿态,如坐、立、行走及身体各部分不平衡等现象,促使身体各部分协调发展并塑造优美的体态,如各种特殊体操、健美操等。

4. 民间体育

各族人民根据本民族自身的特点,在生产劳动和日常生活中创造了各种各样的体育活动与健身方法,形成了具有民族特色的体育运动形式。民间体育形式有民间举重、角力、马术、拔河、跳板、爬竿、荡秋千、跳绳、打陀螺、骑射、叼羊等。

四、体育的功能

(一)生物功能

从生物学的观点分析,体育的本质是促进人的身体向良好、健康的方向变化。因此,体育的生物功能主要体现在健身、健美、保健、延年益寿等几个方面。

体育是通过运动的方式来进行的,而运动对完善体格、发展体能、提高适应能力均有着显著作用,这就决定了体育具有健身功能。体育锻炼能促进脊柱、胸廓和骨盆等支撑器官的发育,使人的体型达到"健、力、美"的和谐统一,故体育具有健美功能。体育活动过程中,大脑处于兴奋和抑制的交替状态,而且运动能促进大脑血糖和氧的供应,提高大脑反应的灵活性、准确性和大脑工作的持久性、稳定性,这是体育的益脑功能。体育还具有医疗保健功能,经常进行体育锻炼,并结合药物调理,可以预防和治疗疾病。另外,体育还可以预防生理衰老过早来临,避免病理性衰老的发生。

(二)社会功能

1. 教育功能

体育的教育功能,就其广泛性而言,它对社会所产生的影响是巨大的,各种社会现象都孕育着教育的因素。体育的教育功能集中表现在学校教育体系之中,体育与德育、智育紧密配合并促进教育的发展,使青少年通过学校教育成为全面发展、能胜任自己职业、能为社会的发展作出贡献的新人。另外,由于体育运动具有群众性、国际性、技艺性和礼仪性的特点,因而成为传播体育价值观的一种理想载体,在激发人们的爱国热情、振奋民族精神,以及培养社会公德等方面,具有非常重要的意义。运动竞赛场上

的竞争与拼搏,往往能激励人们的荣誉感、责任感和奋发向上的进取精神,使人们受到极大的教育和鼓舞。

2. 娱乐功能

随着社会的发展,人们的生活中余暇时间增多,如何愉快度过余暇,已成为一个社会问题。丰富多彩的余暇生活,不仅可以使人们在繁忙劳动之后获得积极性休息,还可以陶冶情操,愉悦身心,培养高尚的品格。体育运动娱乐功能的客观依据,是体育能够满足人们的精神需要。体育运动由于其技术的高难性、造型的艺术性、配合的默契性和易于接受的朴素性,已成为现代人余暇生活的一个重要组成部分。

3. 经济功能

体育的发展既依赖于经济的推进,又能引领经济的繁荣。一个国家的体育运动,尤其是竞技运动开展得好坏,反映了这个国家的经济水平;体育运动又反作用于经济,体育作为第三产业,越来越多地发挥着对国民经济的促进作用,并与商品经济的关系日益密切。在发达国家,体育的经济功能、经济效益已得到充分的挖掘,而我国正处于起步阶段。体育运动的经济收益主要有两个途径:一是大型运动会,通过出售电视转播权、门票和发售纪念币、邮票、体育彩票等来获得收益;二是日常体育活动,体育设施的利用,热门项目的组织和比赛,体育娱乐活动的开展,体育服装、设施、器械的买卖,体育知识咨询和旅游,都是获取体育经济效益的有效途径。

4. 政治功能

体育运动作为一种社会现象,它有不属于上层建筑范畴的部分(如运动技术、战术,教学训练的原则、方法,器材、场地设施等),也有相当一部分属于上层建筑范畴(如体育的目的、任务,政策法令、制度等)。因此,从整体来看,体育是与政治制度紧密相连的,并受政治制度的影响、指导和制约,为本国的政治制度服务。体育的政治功能主要表现为:第一,由于体育是一种超越语言和社会制度的"国际语言",通过国际体育交往,可以促进世界人民之间的了解,增进友谊和团结,加强国际体育文化交流,为外交服务。第二,参加国际比赛,能为国争光,提高民族威望和国际地位,振奋民族精神。第三,通过国内体育竞赛活动,特别是全国大型运动会,加强了各民族间的联系,增进了友谊和团结,激发了各族人民对祖国的热爱。

第二节　学校体育教育目标

一、学校体育的总目标

学校体育目标是指在一定的时期内,学校体育实践所要达到的预期结果。它是学校体育指导思想的具体体现,是我们开展学校体育工作的出发点,也是我们评价学校体育工作效果的重要依据。学校体育目标制定得正确与否,一方面,直接关系到学校体育内容、方法和手段的选择与运用;另一方面,又关系到学校体育的发展方向,影响人才培养的质量。学校体育的改革,首先应该是目标的改革,因为目标对学校体育的整体改革具有指导、定向、激励、定位、标准等重要作用,对评价学校体育各项工作实施的效果有着非常重要的意义。当前,我国学校体育的总目标是:促进学生正常生长发育,增强学生体质,增进学生健康,促进学生身心的和谐发展;培养学生从事体育运动的态度、兴趣、习惯和能力,为终身体育奠定良好的基础;促进学生个体社会化,培养学生良好的思想品质,使其成为具有创新精神和创新能力,德、智、体、美、劳全面发展的社会主义建设的合格人才。

二、学校体育的效果目标

(一) 增强学生体质,增进学生健康

青少年是国家的未来和民族的希望,促进青少年健康也是实施健康中国战略的重要内容。以习近平同志为核心的党中央站在党和国家事业发展薪火相传、后继有人的战略高度,高度重视青少年工作,亲切关怀青少年和儿童的健康成长。青少年学生正处于迅速生长发育的时期,应该有目的、有计划地通过各种体育活动,促进他们身体的正常发育,使学生在身体形态、生理机能、身体素质和身体基本活动能力等方面都得到全面发展,增强学生对自然环境的适应能力和对疾病的抵抗能力。

(二) 掌握体育和卫生保健的基本知识、运动技能和健身方法

学校体育本质上是系统地向学生传授体育文化的教育过程。传授一定的体育知识、原理和方法,使学生具有一定的体育文化素养,可以提高学生的体育认识和参加体育活动的积极性和自觉性,而且可以为他们参与体育活动提供科学的指导,学习和掌握从事体育锻炼、体育娱乐、卫生保健等体育活动的运动技能和健身方法。

(三) 培养学生对体育的兴趣、习惯和能力,为终身体育奠定基础

"终身体育"强调了人的一生,包括婴儿期、幼儿期、少年期、青年期、中年期和老年期各个发展阶段与体育的关联。这种关联又是通过家庭体育、学校体育、社会体育和个人自主体育这四者之间的紧密衔接来实现的,其无论是对个体的成长还是对社会的发展都具有非常重要的意义。终身体育既是现代社会发展的要求,也是体育的最终目标。

培养学生对体育的兴趣、爱好及养成体育锻炼的习惯,是形成终身体育的重要因素,也是实施终身体育的重点。学校体育和终身体育的联系,是通过"兴趣"和"能力"的桥梁来实现的。学校体育的重点更多地应该放在如何培养学生对体育的兴趣和能力上。在培养兴趣和能力的基础上,通过长期技能学习,学生就会形成稳定的体育价值观和积极的态度。有了良好的体育价值观和态度,学生才能积极参与体育锻炼,并且终身受益于体育。

(四) 促进学生个性全面发展,培养健全人格

促进学生个性全面发展也是学校体育的重要目标之一。要结合体育的特点,在各种形式的体育活动中对学生进行品德教育,使学生的个性和人格得到全面发展。通过体育提高学生的社会责任感和群体意识,培养他们热爱集体、遵纪守法、团结合作、勇敢顽强、创新开拓等品德和作风,为将来适应社会生活奠定良好的基础。

(五) 发展学生的运动才能,提高学生的运动技术水平

学校是各种运动人才的摇篮,要善于发现有运动天赋和运动才能的学生,并在课余时间对他们进行运动训练,以提高他们的运动技术水平。组织具有本校特色和传统的高水平运动队,丰富校园文化生活,为高一级的运动队或俱乐部输送后备人才。

三、实现学校体育目标的途径

学校体育的目标是通过体育与健康课程和课余体育活动这两条基本途径来具体贯彻实施的。学校体育的这两条途径也是学校体育的中心工作和环节,担负着全面实现学校体育目标的重任。由于体育与健康课程和课余体育活动各自的特点不同,因而其在实现学校体育目标的过程中所发挥的作用又具有各自的侧重点。整体而言,组织开展学校体育的各项工作要以《中华人民共和国体育法》《学校体育工作条例》《学校卫生工作条例》和《国家学生体质健康标准》为依据,结合学校的具体实际,以保证学校体育目

标的顺利实现。

（一）体育与健康课程

体育与健康课程是学校教学计划中规定的必修课，是学校体育的基本组织形式，承担着对学生进行系统的体育教育的重任。各个教育阶段所开设的体育与健康课程都有相应的课程标准或教学大纲或教学指导纲要，按一定的班级授课，并有专门的体育教师和一定的场地器材设备作保证。体育与健康课程是学生毕业、升学的考试科目之一，每学期每学年都要对学生进行相应的考核。

（二）课余体育活动

课余体育活动是指体育与健康课程之外的一切体育活动，其内容是极为丰富的，主要包括：课余体育锻炼，如早操、课间操、班级体育锻炼和个人体育锻炼等；课余体育训练；课余体育竞赛，以及校外的社区体育活动和家庭体育活动等。课余体育活动也是学校体育的重要工作，它对培养学生的体育兴趣、态度，丰富学生的课余生活，提高学生的运动能力和独立锻炼身体的能力，发现和培养运动人才等方面具有重要的作用和意义。

四、高校体育的新要求

高等学校要加强体育课程管理，把课外体育活动纳入学校日常教学计划，使每个学生每周至少参加三次课外体育锻炼。党和国家为高校体育的改革与发展指明了方向，提出了新要求、新任务。

第一，坚持"健康第一"的指导思想，必须把学校体育摆在学校教育的突出位置，作为学校的一项重要任务，充分认识加强学校体育工作的紧迫性。

第二，全面实施《国家学生体质健康标准》，把健康素质作为评价学生全面健康发展的重要指标。努力改善学生的身体形态和机能，提高运动能力。

第三，认真落实国家对体育课程的规定。体育课是学校体育工作的中心环节，必须切实上好体育课，积极推进体育教学改革，不断提高教学质量。

第四，推进"阳光体育"运动的广泛开展。

（1）要建立并坚持科学规范的学生作息制度，确保学生体育活动时间每天不少于1小时，鼓励学生走向操场、走进大自然、走到阳光下，形成体育锻炼的热潮。

（2）把开展丰富多彩、形式多样的课外体育活动作为日常教育工作和校园文化建设的有机组成部分，并纳入教育教学活动安排，形成制度。

（3）要根据学生的年龄、性别和体质状况，积极探索适应大学生特点的体育教学与活动形式，指导学生开展有计划、有目的、有规律的体育锻炼活动。

第五，加强对学生课余体育训练、竞赛活动的指导和支持。学校每年要召开春、秋季运动会，因地制宜地经常开展以班级为单位的学生体育活动和竞赛，改革竞赛办法，提高学生的参与性和积极性；进一步办好高水平运动会，充分发挥对群众性体育的示范带头作用。

第六，要加强学校体育工作的组织领导，成立组织机构，加强学生体育社团（俱乐部）建设并制定实施方案，建立和完善监督机制。

第二章 大学生与健康教育

| 主要内容提示 | ● 健康的概念及影响因素 ● 大学生健康行为 ● 大学生健康饮食调养 |

第一节 健康的概念及影响因素

古希腊哲学家苏格拉底曾说"健康是人生最可贵的",我国著名教育家张伯苓认为"强国必先强种,强种必先强身",马克思也认为"健康是人的第一权利,一切人类生存的第一前提,也是一切历史的第一个前提"。随着科学技术和社会的不断发展,心理因素对于健康的影响越来越引起人们的关注,人们在重视生理健康的同时,对心理健康的重视程度与日俱增。那种"无病即健康"的传统健康观,日渐为人们所抛弃,新的健康观应运而生。

一、健康的概念

1948年,世界卫生组织(WHO)在其宪章中提出了"健康不仅是没有疾病或不虚弱,而是一种指身体上、心理上和社会适应方面的完美状态"的三维健康观。其将健康的概念划分为生理、心理及社会三个方面:生理意义上的健康是指躯体、器官、组织及细胞的健康;心理意义上的健康是指精神与智力的正常;社会意义上的健康是指有良好的人际交往与社会适应的能力。三者相互作用以维护个体的健康。当三者平衡时,我们称之为"恒定",便能维持健康;当这种平衡受干扰而被破坏时,疾病便产生了,在恒定与平衡被破坏之间,出现了健康状态的动态变化,"健康"和"疾病"是这种变化的两个极点。在三维健康观的基础上,中国社会医学学者把健康分为三个层次:

第一层次(一级健康)是满足生存条件,包括:

(1)无饥寒、无疾病、无体弱,能精力充沛地生活和劳动,满足基本的卫生要求,对健康障碍的预防和治疗具有基本知识。

(2)对有科学预防方法的疾病和灾害,能够做到采取合理的预防措施。

(3)对健康的障碍能够及时采取合理的治疗和康复措施。

第二层次(二级健康)为满意度条件,包括:

(1)一定的职业和收入,满足经济要求。

(2)日常生活中能享用最新科技成果。

(3)自由自在地生活。

第三层次(三级健康)为最高层次的健康,包括:

(1)通过适当训练,掌握高深知识和技术,并且有条件应用这些技术。

(2)能过着为社会作贡献的生活。

现代健康观念改变了人们,特别是医学界长期存在的只重视健康的躯体方面的因素而忽视健康的心理、社会方面因素的片面观点。片面观点其最常见的表现形式是在医疗工作中,只治疗躯体疾病,而不顾疾病给病人带来的心灵上的痛苦和引起的社会后果;重视药物和物理治疗,而忽视心理和社会治疗;在病人的康复过程中,只注意躯体康复,而轻视心理康复;在预防医学中,重视生理卫生,而不关心心理卫生。健康概念有着与一定时代相适应的特点,但也并非一成不变,而是在不断地变化,随着科学技术的发展,生物以及社会环境、生活环境的改善,健康的概念也会不断增加新的内容。

二、健康三要素说

在人类的发展历程中,经常受外界环境或自身因素的影响,引起躯体发生疾病,并导致贫困和灾难,所以人们普遍认为,无病即是福,无病即健康。健康是人类最大的财富,其重要性几乎人人皆知。然而,对于什么是健康,真正说得清的人却为数不多——通常人们认为,一个人只要不生病、不打针、不吃药,就是健康的。传统的健康观对于健康的认识过于表面,健康并不简单是"无病、无残、无伤",健康的概念应该是一个全面的概念。随着社会的进步与发展,人们对健康有了更加深刻和全面的认识。世界卫生组织(WHO)于 1948 年成立时在宪章中指出:"健康不仅是没有疾病或不虚弱,而且是一种指身体上、心理上和社会适应方面的完美状态。"由此,提出了健康三要素:

(一)身体健康

它是指身体结构和功能正常,具有生活自理能力。

(二)心理健康

它是指个体能够正确认识自己,及时调整自己的心态,使心理处于良好状态,以适应外界的变化。

(三)社会适应良好

它是指能以积极的态度和行为去适应社会生活的各种变化。

由此可见,真正意义上的健康应该是确保高质量生活的一种最佳身心状态,一种健康的感觉与高质量的生活方式,并且能对社会作出贡献。

人在身体和心理上的健康状况,以及良好的社会适应能力三个方面的有机结合,构成人的生命质量。许多健康者的经验告诉我们,生命体的质量越高,则健康长寿的可能性就越大。相反,个体如果心理压抑或自我封闭,则极易产生疾病,缩短寿命。这也说明,一个人只有从身体、心理和社会三个方面着手,才能有效地保证健康幸福的生活,并提高生命质量。

三、健康五要素说

美利坚大学的国家健康中心提出了健康的五要素说,即个体只有在身体、情绪、智力、精神和社交五

个方面都健康,才称得上真正的健康,或称为"完美状态"。目前,也常用"完美"一词来替代健康。

(一)身体健康

身体健康不仅指无病,而且还包括体能,后者是一种满足生活需要和有足够的能量完成各种活动任务的能力。具备这种能力,就可以预防疾病,增进健康,提高生活质量。

(二)情绪健康

情绪涉及我们对自己的感受和对他人的感受。情绪健康的主要标志是情绪的稳定性,所谓情绪稳定性是指个体应对日常生活中人际关系和环境压力的能力。当然,生活中偶尔情绪高涨或情绪低落均属正常,关键是在生活的大部分时间里要保持情绪稳定。

(三)智力健康

智力健康是指在长期的学习和生活中,大脑始终保持活跃状态。有许多方法可以使大脑活跃敏捷,如听课、与朋友讨论问题和阅读报刊书籍等。努力学习和勤于思考,还能使人有一种成就感和满足感。

(四)精神健康

精神健康对于不同宗教、文化和国籍的人意味着不同的内容,主要包括理解生活基本目的的能力,以及关心尊重所有生命体的能力。

(五)社交健康

社交健康是指形成与保持和谐人际关系的能力,此能力将使你在交往中有自信感和安全感。与人友好相处,也会使你少生烦恼,心情舒畅。

健康的五个要素相互联系、相互影响。例如,身体不健康会导致情绪不健康,缺乏精神上的健康会引起身体、情绪和智力的不健康等。在人的不同时期,健康的某一要素可能会比其他要素起更重要的作用,但长期忽视别的要素就可能存在健康的潜在危险。只有五个健康要素平衡地发展,人才称得上处于健康状态,才能尽享美好人生。

四、现代健康观

20世纪30年代,美国健康教育学家鲍尔和霍尔指出:"健康是人们在身体、心理和精神方面都自觉良好、精力充沛的一种状态。"首先提出了一个比较全面的健康定义。他们认为,人们健康的基础在于机体一切器官组织功能正常,并掌握和施行物质、精神、环境和健康生活的科学规律。另外,还要形成一种态度,也就是不把健康看作生活的最终目的,而看作争取使生命质量更好所必备的物质条件。

1978年,世界卫生组织在《阿拉木图宣言》中修改了健康的概念,将健康定义为"健康不仅是没有疾病或体格的虚弱,而且是身体的、精神的以及社会幸福的完美状态"。并同时指出,"健康是人的基本权利,达到尽可能的健康水平是世界范围内一项重要的社会性目标"。

1989年,世界卫生组织又把健康定义扩充为"身体健康、心理健康、道德健康、社会适应良好"四个方面的健康新标准,把道德修养纳入了健康的范畴。这个定义更加全面和科学,因为它不仅对人类健康状态作出了准确的判断,而且对人类健康的内涵表述得更加深刻。

20世纪90年代,健康定义强调了环境因素,认为健康是生理、心理、社会、环境的和谐统一。

现代健康的概念体现了人的自然属性和社会属性,既包含了作为生物机体的人的生理健康,又置入了作为完整的高级生命复合体的人所特有的心理和社会两方面的内容,把健康看成人类拥有的一种基本权利,以及体现人类社会价值的最重要标志。

进入21世纪,随着医学的空前发展和科技的进步,人们发现和阐明了许多疾病的成因和机理,对疾病的防治和对健康的认识有了很大的提高,并逐渐形成了现代的健康观,即人们认为理想健康远不只身体没有疾病,真正的健康是心理健全和身体强壮的完美结合,是一个人在身心、社会方面的综合反映。人们对健康的需求既要保持整体健康,提高生活质量,又要维持终身健康,增加健康期望寿命,延年益寿。

五、健康的标准

(1)有足够充沛的精力,能从容不迫地应付日常生活和工作的压力而不感到过分紧张。

(2)处事乐观,态度积极,乐于承担责任,事无巨细不挑剔。

(3)善于休息,睡眠良好。

(4)应变能力强,能适应环境的各种变化。

(5)能够抵抗一般性感冒和传染病。

(6)体重适中,体形匀称,站立时头、臂、臀位置协调。

(7)眼睛明亮,反应敏锐,眼睑不发炎。

(8)牙齿清洁,无空洞,无痛感,齿龈色泽正常,无出血现象。

(9)头发有光泽,无头屑。

(10)肌肉、皮肤有弹性,走路感觉轻松。

六、亚健康状态

亚健康是指人身体处于健康与疾病之间的一种生理功能低下的特殊状态,身体尚无器质性病变,但体力降低、反应能力下降、适应能力减退、精神状态欠佳、人体免疫功能低下,已有程度不高的各种患病的危险因素,具有发生某种疾病的高危倾向。亚健康状态又称为"第三状态",也称为"灰色状态""病前状态""亚临床期""临床前期及潜病期"等。

亚健康状态在经济发达、社会竞争激烈的国家和地区普遍存在。随着人们工作、生活紧张和压力的增加,营养不均衡,缺乏运动,加上各种因素引起的心理不平衡,亚健康人数一直呈逐年增加的趋势。世界卫生组织的一项全球性调查表明:真正健康的人仅占5%,患有疾病的人占20%,而75%的人处于亚健康状态。美国每年有600万人被怀疑处于亚健康状态,年龄多在20~45岁。英国的调查表明:大约20%的男性和25%的妇女总感觉到疲劳。我国研究资料统计显示:我国目前有70%的人处于亚健康状态,15%的人处于疾病状态,只有15%的人处于健康状态。

(一)亚健康状态的表现

亚健康状态大体有以躯体症状为主的躯体亚健康状态、以心理症状为主的心理亚健康状态、以人际交往中的不良症状为主的人际交往亚健康状态、慢性疲劳综合征及过劳死五种。

1. 躯体亚健康状态

具体表现为躯体性疲劳,且疲劳已严重影响了人的工作和生活。常表现为体质下降、慢性病多发,如经常感到乏力、困倦、肌体酸痛、咽喉痛、低热、眼睛易疲劳、无缘由的头晕、头痛、耳鸣、目眩、颈肩僵硬、易感冒、易出汗、易便秘、易晕车、胸闷等。

2. 心理亚健康状态

最常见的是焦虑,主要表现为担心、恐慌。担心和恐慌是一种发自内心的不安,这种精神状态若持续存在,无法自我解脱和控制就会产生心理障碍,表现为烦躁、易怒、睡眠障碍、不安、慌乱、手足无措、无所适从,可诱发心脏病等疾病。

3. 人际交往亚健康状态

随着社会的进步、社会竞争的激烈,人们在人际交往上出现的问题越来越多。主要表现为与他人之间的心理距离加大,交往频率下降,人际关系不稳定。如对人、对事的态度冷淡、冷漠,常有无助、无望、空虚、自卑、猜疑、自闭等感觉。

4. 慢性疲劳综合征

慢性疲劳综合征,是亚健康状态最主要的表现形式,是以疲劳、低热、咽喉痛、肌痛、关节痛、注意力不易集中、记忆力下降、睡眠障碍和抑郁等非特异性表现为主的综合征。

5. 过劳死

过劳死是一种未老先衰,或突然死亡的生命现象。处在亚健康状态的一部分人,若不对健康给予足够的重视并及时进行治疗,就有可能进一步恶化转变成过劳死。过度的工作负担,导致高血压等基础疾病恶化,进而引发脑血管或心血管疾病等急性循环器官障碍,使患者陷入死亡状态。过劳死的原因就是工作节奏加快,精神压力增大,长期超负荷工作,超过人的体力、脑力所能承受的限度,积劳成疾。现代人生活紧张,不注意锻炼,突然发病的人越来越多,而且病情迅速恶化。

(二) 亚健康状态发生的原因

亚健康状态可能是由快节奏的社会生活、繁多的社会信息刺激,使人的交感神经系统长期处于亢奋状态而导致自主神经系统功能失调引起的。受社会、心理、环境、生活方式和遗传学因素的不良影响,如长期的身心紧张得不到及时调节,就会出现心理失衡、神经系统功能失调、内分泌混乱,使正常的生理功能失调、机体的免疫力下降,出现疲劳感,食欲下降,睡眠不佳。

环境严重污染,生存空间过于狭小,使空气中负氧离子浓度降低。长期处于这种环境中,人体血液中血氧浓度和组织细胞对氧的利用率都会降低,进而影响组织细胞的正常生理功能,使人感到心情郁闷、烦躁。社会生活的日益复杂化和多变性,使人与人之间的情感日益淡漠,情感交流日益缺乏,交往趋于表面化、形式化和物质化,情感受挫的机会增多,对情感的信心下降,孤独成了人们在情感方面的突出表现。缺乏亲密的社会关系和友谊,使人们感到无聊、无助、烦恼。缺乏社会支持是导致心理和躯体障碍的一个重要原因。

七、影响人类健康的因素

影响人类健康的因素主要有生物学因素和非生物学因素两大类。生物学因素是指细菌、寄生虫等病原微生物或基因遗传因素。非生物学因素是指心理、社会、环境和文化因素,及人类自身的行为方式与生活方式。现代学者经研究,从预防医学角度提出影响健康的四大因素:环境、行为和生活方式、生物学以及卫生服务。

(一) 环境因素

环境因素包括:自然环境和社会环境。自然环境是一种生态系统,是人类赖以生存的物质基础。在现代化建设飞速发展的今天,人类的生存环境受到严重污染,必然会对人体健康造成危害。

我国已被列为世界上 13 个最缺水的国家之一,90% 以上的城市水污染严重。氟利昂曾推动了工业发展和人类生活现代化的进程,但对臭氧层造成了巨大的破坏。如果大气中的臭氧减少 1%,人类患皮肤癌的概率就会增加 4% 左右。

铅的大量使用给人们的健康带来了很大的危害,特别是对儿童智力发育和身体健康造成了严重损害。各种环境污染混合在一起,形成了类似雌激素特征的化学物质,这就是"环境雌激素",它已经严重地影响了人类的生存和生活质量。有专家指出,"环境雌激素"对人体生殖系统的影响将是 21 世纪人类所面临的最严重的挑战。例如,女性多出现子宫内膜异位、子宫肌瘤、卵巢癌、乳腺癌等疾病,男性多出现睾丸癌、前列腺癌、精子的数量与质量下降等症状。

社会环境包括政治、经济、文化、教育等诸多因素。疾病的发生和转化,直接或间接地受社会因素的影响和制约,而且健康与社会发展的双向作用已被不少国家和地区的实践所证实。随着科学的发展、社会生活节奏的加快、用人机制的改革及竞争的加剧,人们承受的压力也越来越大。压力本来是人类进步发展的内在动力,但是,当这种压力超出了人的承受能力时,压力就会成为破坏力,破坏健康,破坏人类的发展。由于压力增大,各种心理疾患的发病率也就快速增长。

社会压力是指个体所体验到的群体恐慌,一种个体不再被其所在的基本团体所接受的恐慌感,伴随着个体无法达到社会规范及价值观的感觉。

精神压力是指个体所体验到的焦虑,一种紧张的感觉,伴随着急促的呼吸及掌心冒汗。

躯体压力是指个体所体验到的身体的紧张,躯体产生疼痛,以及生理不适的症状。

(二)行为和生活方式因素

行为和生活方式因素,是指由于人们自身的不良行为和生活方式,给个人、群体乃至社会的健康带来直接或间接的危害,它对机体具有潜袭性、累积性和广泛性影响的特点。

现实生活中,许多人存在健康问题,重要的原因是自己没有养成正确、良好的生活方式。不良的生活方式是影响健康的重要因素之一,而良好的生活方式则是长寿的重要保证。

当今社会,由于收入增多、交通发达等原因,人们可以尽情地享受现代文明的成果,但是,不良的生活方式却在无情地侵蚀着人们的健康。例如,抽烟、酗酒、暴饮暴食、过多摄入脂肪和糖等不健康的饮食生活方式,熬夜、长时间看电视、玩游戏等不健康的休息方式,缺乏锻炼或不运动等不健康的生活方式。

夫妻间感情淡漠、对孩子溺爱、对他人冷漠等不健康的情感方式,自我为中心、孤独、抑郁、嫉妒、自私等不健康的心理活动,以及过多功利化、物质化等不健康的交友方式,导致亚健康状态的产生和迅速蔓延。全球心血管疾病患者的迅速增加,就是亚健康状态越来越严重的直接后果之一。

有学者报告,美国前10种死因疾病中,不良行为和生活方式在致病因素中占70%,中国占44.7%。美国通过30年的努力,使心血管疾病的死亡率下降了50%,其中三分之二是通过改善行为和生活方式做到的。1992年,国际心脏保健会议提出的《维多利亚心脏保健宣言》指出:健康的四大基石是合理的膳食、适量的运动、戒烟和限制饮酒、心理健康。

(三)生物学因素

病原微生物是主要影响因素。在19世纪,路易斯·巴斯德、罗伯特·科赫等细菌学家研究了疾病细菌,首次证明了一种特定的微生物是特定疾病的病原。20世纪的医疗实践完全以每种疾病都有明确的致病原因为前提,于是,治疗疾病的最佳手段是采用生物医学方法控制和消除该致病原因。微生物学、生物化学,以及相关学科的不断发展,引导许多种药品以及药物相关技术的研发和生产,利用这些药品和相关技术成功地治愈了多种疾病。

20世纪60年代后期,在世界上大部分地区基本上消灭了脊髓灰质炎和天花,人们普遍认为,一些传染病已经基本被消灭,而余下的传染病也可通过免疫和抗生素得到控制。

20世纪末,人们惊讶地发现,传染病再度成为人类健康的主要危害。因为致病细菌显示出明显的抗药能力和适应环境变化的能力,一些以往不为人知的致命病毒如人类免疫缺陷病毒(HIV)、埃博拉病毒(Ebola)、拉撒热病毒(Lassa)和马堡病毒(Marburg)在热带雨林地区及亚热带草原地区出现,受其威胁的人数不断增多。一些病毒基因发生变异,如SARS病毒等对人类健康构成威胁。

(四)卫生服务因素

卫生服务是指卫生机构和卫生专业人员为了防治疾病、增进健康,运用卫生资源和各种手段,有计

划、有目的地向个人、群体和社会提供必要服务的活动过程。健全的医疗卫生机构、完备的服务网络、一定的卫生经济投入,以及合理的卫生资源配置,均对人类健康有促进作用。相反,如果卫生服务和社会医疗保障体系存在缺陷,就不可能有效地防治人类的疾病。

第二节 大学生健康行为

树立正确的健康行为意识,培养健康的生活方式,为人们增进健康打下良好的基础。健康行为是个体在身体、心理、社会适应等方面均处于良好状态下的行为表现。人类某些危害健康的行为、不良的生活方式,与大多数慢性非传染性疾病的产生具有极为密切的关系。

一、行为的概念

行为是指具有认知、思维的能力,并有情感、意志等心理活动的人,对内外环境因素刺激所作出的能动的反应。人的行为可分为外显行为和内在行为。外显行为是可以被他人直接观察到的行为,如言谈举止;而内在行为则是不能被他人直接观察到的行为,如意识、思维活动等,即通常所说的心理活动。一般情况下,可以通过观察人的外显行为,推测其内在行为。

人的行为由五个基本要素构成,即行为主体、行为客体、行为环境、行为手段和行为结果。

第一,行为主体:人。

第二,行为客体:人的行为目标指向。

第三,行为环境:行为主体与客体发生联系的客观环境。

第四,行为手段:行为主体作用于客体时所应用的工具和使用的方法等。

第五,行为结果:行为主体预想的行为与实际完成行为之间相符的程度。

人类任一行为的发生过程,都可以用公式表示:S—P—R。其中:S(stimulation)代表内外环境的刺激源,刺激人行为产生的最重要的刺激源是与人的客观需求相联系的因素。P(person)代表人,一个具有"生理—心理—社会"因素的个体。R(reaction)则代表的是人的行为反应,如表情、言语、思维及身体活动等。

例如,环境污染与人类最基本生理需求的满足而构成强烈刺激,后者促使人类产生生态环境被破坏的危害认识,从而使人类有保护环境的设想和实施行为反应。

人类不同于其他动物,具有生物和社会双重属性,据此,可将人类行为划分为本能行为和社会行为两大类。人的本能行为由人的生物属性所决定,是人的生物遗传信息作用的结果,而非后天习得,其行为特征主要是对环境的适应。得到公认的三个方面的本能行为:

第一,与基本生存有关的本能行为,如摄食行为和睡眠行为。

第二,与种族保存有关的本能行为,典型的表现是性行为。

第三,攻击与自我防御行为,表现为对外来威胁的反抗、妥协和逃避。这种本能行为广泛存在于低等动物乃至人类。

人类的本能行为受到文化因素、心理因素、社会因素等方面的影响和制约,如:饮食行为受到大脑意识活动的控制,使人定时进食和讲究营养;性行为受到社会法律、舆论与道德的制约。

人类的社会性是人与动物最本质的区别。人类不仅能够适应环境,更能通过劳动改造和维护环境,包括自然环境和社会环境。在这种情况下,人类个体通过与他人的交往、模仿、学习、教育、工作等,就形成了得到社会承认,符合社会道德准则、行为规范和价值观念的人类社会行为。社会行为是通过社会化过程确立的。这些社会化行为的造就机构包括家庭、学校、大众媒介、单位与社会团体,以及非正式群体。社会行为的涵盖面非常广,如职业技能、社会角色行为、娱乐行为等。

二、影响行为形成的因素

人类行为的形成是一个错综复杂的过程。人类的行为是人类为了维持个体的生存和种族的延续,在适应不断变化的复杂环境时所作出的反应。从行为学的角度而言,任何一种行为的形成,都是倾向因素、促成因素和强化因素这三大因素综合作用的结果,它们直接或间接地提高或降低某种行为的发生。

由图2-1可以说明三类因素之间的关系,以及如何通过不同的途径影响行为。例如,一个青少年对吸烟持消极态度,坚信吸烟有损健康(倾向因素),则结果是他不吸烟(行为),他的不吸烟行为又受到父母的奖励(强化因素)。禁止向青少年销售香烟的强有力的法律法规可避免青少年购得香烟(促成因素)。相反,青少年若受到同伴吸烟的压力(强化因素),在商店又可买到香烟(促成因素),这两者可促使该青少年对吸烟持积极的态度(倾向因素),进而吸烟(行为),并被同伴的吸烟行为强化(强化因素)。

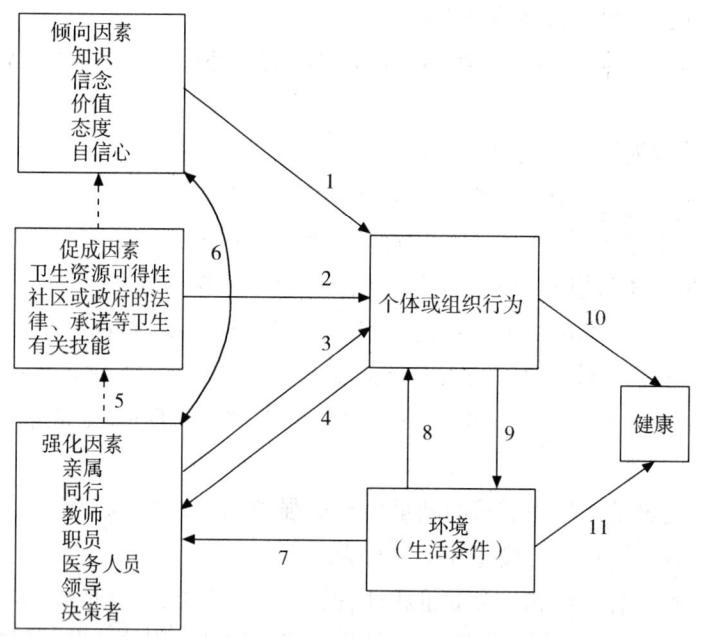

图 2-1 影响人类行为的因素及其相互关系

(一)倾向因素

倾向因素是产生某种行为的动机或愿望。通常,人们行为的动机是由倾向因素中的多种因素的综合作用而引发的。人们的生活经历、知识、文化和伦理、目前的信念和价值观,都是影响行为形成和改变的倾向因素。例如,如果你的父母吸烟,则你吸烟的可能性比父母不吸烟的人大90%;如果你的同伴吸烟,则你吸烟的可能性比同伴不吸烟的人大80%。

(二)促成因素

促成因素是指促使行为动机或愿望得以实现的因素,即实现或达到某行为所必需的技术和资源。它包括保健设施、医务人员、诊所及任何类似的资源,医疗费用、诊所距离、交通工具、个人保健技术,行政的

重视与支持、经济、法律、政策等。促成因素也包括阻碍行为实现的生活条件等。在健康教育与健康促进过程中,如不考虑促成因素,相当部分行为的目标可能无法得以实现。

正面的促成因素促使动机转化为现实,负面的促成因素阻碍动机转化为现实。例如,如果你打算参加健身运动,但发现最近的健身俱乐部得花两小时的路程,且费用昂贵,这些负面的因素会把你留在家中;如果你的学校就有健身设施,且费用适当,可能还有针对学生的特价,这些正面的因素会促使你参加健身运动。在教育过程中如果不考虑促成因素,行为的目标就可能达不到。特别要学会识别哪些是正面的促成因素,哪些是负面的促成因素,并努力创造正面的促成因素。

新技能也是重要的促成因素。它指执行某项健康行为的个人能力,包括控制个人疾病危险因素的能力、合理使用医疗保健的技能、改变环境的技能,以及掌握自我保健的常用诊断程序等。

（三）强化因素

强化因素是指存在于行为后强化或削弱某种行为的因素,亦即该行为得到积极的(或消极的)反馈和社会反响。强化因素包括社会支持、同伴的影响和保健人员的劝告和反馈,也包括个人对行为后果的感受。

社会效应(如得到承认或被否认)、生理效应(如感觉舒服或难受、痛苦减轻或增加)、实质性奖励或惩罚(如物质或金钱的奖励或惩罚)、无形或替代性奖励或惩罚(如形象改善或损害)等,均可成为强化因素。

例如,如果你决定戒烟,但你的家人和朋友在你面前吸烟,这可能诱使你再次吸烟;换一种说法,就是使你的吸烟行为得到了强化。可是,如果你超重,通过改变自己的行为减少了一些体重,你的朋友告诉你原来的你看上去是多么可怕,那么你这种积极的行为就会得到强化,从而会继续保持适当节食和锻炼行为。

强化因素是积极的还是消极的,在很大程度上取决于重要人物的态度与行为。例如,青少年、儿童的吸烟行为,在年龄较小的阶段(小学),其行为受父母影响较大,而随着年龄的增长(中学和高中),其行为则受同学和兄弟姐妹的影响较大。

三、行为与健康的关系

人的行为既是健康状态的反映,同时,又对人的健康产生巨大的影响。随着人类社会的进步和发展,可供人们保护和促进健康的资源越来越丰富,如抗生素的问世、各种疫苗的发现、医疗技术与设备的发展、卫生服务网络的建立等,为人类健康水平的提高奠定了坚实的基础,但这并不能有效地控制慢性非传染性疾病和医疗费用日益上升的趋势。大量的流行病学研究证实,人类的行为、生活方式与绝大多数慢性非传染性疾病关系极为密切,改善行为可以预防这些疾病的发生,并有利于疾病的治疗。感染性疾病、意外伤害和职业危害的预防、控制,也与人们的行为密切相关。

健康行为是指人们从事的任何保持和促进当前健康的活动。在影响健康的四大因素(环境、生物学、行为和生活方式、卫生医疗服务)中,近一个世纪以来,人们的日常行为方式所起的作用,日益引起全世界的重视,这是因为人们的日常行为非常相似地影响致命性疾病和慢性疾病的发展,如心脏病、癌症和艾滋病。假如人们能采取促进健康的行为(如健康饮食、不吸烟等),可使目前大多数疾病的死亡率显著降低。

据研究资料统计:在美国,只有10%的疾病是由微生物引起的,另外10%的疾病是遗传的,30%的疾病起源于环境因素,而50%的疾病与人们的日常行为有关。世界卫生组织的一份报告也指出:发达国家70%~80%、发展中国家40%~50%、全球60%的死亡是由不良的生活方式(危害健康行为)造成的。美国国家健康、教育和福利协会指出："我们正在用自己的不良习惯杀死自己。"由此可见，人类健康面临的最大挑战正是自身的不健康行为和生活方式。世界卫生组织提供的四大健康行为是：不吸烟、饮酒不过量、锻炼身体和平衡膳食。

人类的健康行为不是天生就具备的，健康行为的建立，在很大程度上依赖于一些促动性的因素，这是因为健康行为实施时通常会令人不愉快，且需要坚持较长的时间才能看到其效果。因此，当健康时，人们往往意识不到付出的效果和健康行为的必要性；只有在受到某种疾病的威胁时，人们才会意识到其行为的重要性，然而，那些令人愉快但不健康的行为，往往已成为一种难以改变的习惯了。因此，开展全民健康教育、普及科学卫生知识，帮助人们树立正确的健康观念，建立文明的、科学的、健康的生活方式，是非常必要的。

四、健康行为

健康行为是人类行为的一种形式，它的内容随着人们对健康本质认识的深化而不断丰富。健康行为是指人们为了增强体质、维持与促进身心健康和避免疾病而从事的各种活动。在实际生活中，健康行为有两种表现形式：其一，是形成有利于健康的行为，如养成良好的生活习惯；其二，是放弃或减少危害健康的行为，如戒烟、戒酒等。健康行为主要有四类：

（1）日常健康行为——合理营养、充足的睡眠、积极休息、适量运动、讲究个人卫生、保持规律的生活节奏等。

（2）保健行为——定期体检、接受预防接种、有病主动求医、积极配合医疗护理、遵循医嘱等。

（3）预防性行为——避免导致健康损伤的环境和事件，如避免环境危害物质的侵入，系安全带预防车祸对身体的损伤，安全的行为等。

（4）改变危害健康的行为——戒烟、戒酒、戒毒、戒赌等。

健康行为必须满足以下五个条件中的两个以上，且第一个条件是必备的。

第一，行为表现必须有益于自身、他人和整个社会的健康，即行为必须具备有利性。

第二，行为表现必须规律有衡，如定期定量运动，即行为必须具有规律性。

第三，行为表现出自己的个性，又能根据环境调整自身行为，如根据自己的个性和环境条件选择运动项目，即行为必须具有与环境的和谐性。

第四，行为必须与内在心理状态一致，不强迫自己做自己认为没有价值或者不重要的事情，即行为必须具有一致性。

第五，行为的强度有理性的控制，即行为必须有适宜性。

美国学者 Belloc 和 Breslow 曾经对 6000 余名健康成人进行有关健康习惯和身心健康状况相关性的前瞻性研究。他们以期望寿命、身心健康临床检查和死亡率为研究指标。经过 6 年的研究，他们找出了美国生活方式中最重要的几项健康习惯：每天睡足 8 小时；每天都吃好早餐；不吸烟、不饮酒，或有节制地少量饮酒；每天进行规律性的体育锻炼；极少或不在两餐之间进食；体重不超过标准体重的 20%。

他们将有这种健康习惯的人作为一组，与没有或仅具有 1~3 种上述健康习惯的人作为另一组，研究发现，有这些健康习惯的成人的身心健康水平、患病率、死亡率、伤残率均较另一组好，期望寿命也长 11 年。

有规律的、适量的运动，是现代人的一种重要健康行为。随着社会生产力的发展，人们从事体力劳动的时间越来越短，而从事脑力劳动的时间却越来越长，导致现代人的体力活动量急剧减少。有规律的、适量的运动，有利于保持良好的体力，增强免疫力和适应环境的能力，调节紧张的心理状况，应该大力倡导。

同时,应反对过度的、不科学的运动。

充足的睡眠也是健康所必需的。现代社会中,很多人将正常的睡眠时间用于紧张的工作和娱乐,对健康产生了不利的影响。动物和人类睡眠剥夺试验都表明,睡眠不足会导致各种情绪障碍的产生,导致警觉性受损,注意力不能集中,反应能力和记忆力下降。

充足的睡眠不仅能使身心得到休息,消除一天的疲劳,而且更重要的是,生长激素只在慢波睡眠中才分泌。对青少年、儿童来说,生长激素是促进生长所必需的;对成年人来说,生长激素促进修复、补充已死亡的细胞,使组织器官更新,以保持正常的功能,促进各种免疫细胞的增生,以维持人体免疫力和对各种疾病的抵抗力。

五、危害健康的不良行为

危害健康行为是指在偏离个人和社会健康所期望的方向上,表现出来的一系列相对明显、确定的行为。危害健康的行为已经成为慢性疾病、性传播疾病、艾滋病和意外伤害的重要原因,而认识这些行为是预防疾病、促进健康的重要途径。

(一) 吸烟有害健康

我国是全球最大的烟草生产和消费国,50.5%的成年男性和4%的女性吸烟,总人数超过3.2亿,青少年吸烟者高达500万,每日被动吸烟15分钟以上者占我国人口的39.75%。医学专家指出:我国有6亿人受二手烟毒害。全国吸烟抽样调查结果显示:58%的吸烟者认为,吸烟能解除疲劳;42%的吸烟者认为,吸烟有助于脑力劳动;59%的吸烟者认为,吸烟是空闲时的消遣行为。中国预防医学科学院、中国医学科学院、英国牛津大学和美国康奈尔大学的研究人员,曾在中国进行了二项世界规模最大的吸烟与死亡关系的调查。结果表明,中国每天有2000人因吸烟而死亡。如果目前的状况持续下去,到2050年,每天将有8000人死于吸烟,每年的死亡人数将达300万。吸烟已经成为影响人类健康的杀手。

1. 吸烟的危害

烟是人类第一杀手。1962年,英国首次提出吸烟是导致肺癌的主要原因和依据,引起了世界各国的极大震动。此后人们对吸烟的危害普遍重视起来,进行了一系列的调查和研究,发现吸烟确实是导致包括肺癌在内的多种恶性病症的元凶,是遍及世界的公害。世界卫生组织的一项报告中指出,全世界每年新发生60万~100万肺癌患者中,约90%的男性及37%的女性是吸烟所致。吸烟还可引起食管癌、喉癌、上呼吸道癌、口腔癌的发生。烟雾对支气管的慢性刺激,使黏膜溃疡、出血,是急、慢性支气管炎的主要原因。妊娠妇女吸烟影响胎儿健康,每天吸烟15~20支的怀孕妇女,其流产概率比不吸烟妇女高2倍,而且更容易产下早产儿或体质衰弱的婴儿,婴儿猝死者增多。

(1)有害物质对人体的影响。香烟燃烧时,主要的有害物质有一氧化碳、焦油、尼古丁等。焦油中有许多致癌物质,如亚硝基胺、多环芳香烃等,尼古丁可损伤血管内皮细胞,引起脑血管病和冠心病发生;可刺激血管平滑肌痉挛,使血压升高,导致高血压,并促进心肌梗死的发生;可刺激胃酸分泌、胃肌痉挛,促进溃疡病的发生,也促进胰腺炎的发生。从流行病学的研究发现,尼古丁会造成人体中超氧离子和白细胞间质素的产生,使免疫系统受到一定伤害。一氧化碳是烟雾成分中的一部分,与血红蛋白的结合力是氧的200倍,长期下来,输送氧气的血红蛋白数量减少,身体发生病变。更重要的是,吸烟产生的烟雾还毒害不吸烟者。研究发现,不吸烟者暴露在烟雾中时,心率增快,血压升高,血液中二氧化碳含量增高,被动吸烟者发病率是完全不接触吸烟者的1.6倍。健康的被动吸烟者也易患与吸烟相关的疾病。

(2)药物反应。尼古丁能够产生一种生理依赖性。烟和吗啡、可卡因一样是成瘾物质。烟成为瘾癖是生理依赖性、心理依赖性、耐受性提高三者共同影响所致。烟瘾者对烟的心理精神依赖性是指对瘾物的渴求。生理躯体依赖性是指瘾物对吸烟者的脑、神经系统作用后产生的生理变化,以致必须此瘾物持续地在体内存在,产生对烟的依赖性。烟的生理依赖性决定于烟中所含的尼古丁。

(3)劳动力的丢失。如每天吸烟2包者,平均15分钟吸一支,经常离开工作场所,这样将丧失工作时间57%。从经济效益来看,与吸烟相关疾病死亡造成的损失远远高于烟草销售收入额。如2019年,美国烟草销售总额约为1303亿美元,但与吸烟有关疾病死亡造成的损失却达2890亿美元。另外,丢烟头还可引起火灾。据统计,失火原因中近三分之一是烟头引起的,如我国某次大兴安岭森林火灾即是由烟头引起的,造成了不可估量的损失。

2. 吸烟行为的控制

吸烟行为的形成是操作性条件反射建立的过程。想要戒烟成功必须从改变行为,即取消原有的操作性条件反射着手,强化是建立新行为的关键。

(1)建立戒烟动机。明确吸烟导致的后果,对家人、对自己的影响。

(2)对自己的吸烟情况进行调查。每天吸烟支数、吸烟时间、吸烟场所、什么心境下想吸烟,吸烟程度及规律,即对自己的吸烟情况进行调查。

(3)制订计划,明确具体目标。如计划在1~3个月内完全戒烟,每天、每周逐渐减少的香烟数目,达到目标的奖赏办法,家人支持监督计划。

(4)采取行动。在调查、制订计划的基础上开始改变吸烟行为,如以新行为取代旧行为,用厌恶疗法来取代吸烟,调动意志力和克服困难,取得家人和友人的支持与监督等。

(5)维持新的不吸烟行为,并巩固下去。

(二) 网络成瘾

现代社会,全球至少已发现有2至3亿名使用者整天沉溺于网络,患上了"网络成瘾症",心理门诊中因过度使用网络导致身体障碍、心理障碍、行为与人格障碍、家庭矛盾日渐增多,网络给不断发展的上网人群的心理健康带来的影响,逐渐引起社会的关注。

1. 网络成瘾的危害

网络成瘾是随着电脑的普及、网络技术的高速发展而出现的一种行为成瘾现象,它是指在人机交互的过程中产生的对网络的特殊嗜好,具体表现为成瘾者毫无节制地整日沉溺于网上网络交际、网络娱乐、网络色情、网络交易及强迫信息收集成瘾,并由此而产生身心依赖现象。与其他成瘾行为一样,成瘾者具有痴迷状态、欣快感与虚空状态,其行为与现实相冲突,如被迫停止上网时表现出心神不宁等反应。

在网络虚拟世界中,网络给人们提供了诸多的便利:网络的匿名性,可以减少陌生焦虑,不必直接面对他人,可以逃避个体外貌、肢体语言、声音等身体条件的影响;网络的可操作性,易于自我良好发挥,使自我表现欲增加,积极主动地操作,满足控制欲;网络的新异性和变化性,极大地满足了人们追求刺激、喜欢探险的心理。互联网给上网者以高度的认同感和强烈的归属感。

据研究显示,由于上网持续时间过长,使大脑神经中枢持续处于高度兴奋状态,从而引起肾上腺素水平异常增高、交感神经过度兴奋、血压升高。这些改变可引起一系列复杂的生理和生物化学变化,尤其是自主神经紊乱、体内激素水平失衡,会使免疫功能降低,诱发种种疾患,如心血管疾病、胃肠神经官能症、紧张性头痛、焦虑、忧郁等。

2. 网络成瘾的控制

网络成瘾症是一种心理疾病,在对此症的诊断上应持审慎态度。由于导致网络成瘾的原因是多方面的,因此在临床诊断时也应该从多角度、多侧面进行综合分析。需要在痴迷于网络的程度、耐受情况、戒断症状、心理变化、社会适应情况等几方面加以判断。

(1)科学合理地利用互联网。面对扑面而来的信息潮,应学会有选择、有取舍地利用信息。首先,要明确上网的目标,上网之前应把具体要完成的工作列在纸上,有针对性地浏览信息。其次,要控制上网操作时间,每天操作累计时间不应超过 5 小时,连续操作 1 小时后应调整休息。

(2)摆脱网络成瘾。学会劳逸结合,用每个人所特有的其他嗜好和休闲娱乐方式转移自我的注意力,暂时忘记网络的诱惑。例如,喜欢体育运动的人,可以通过游泳、爬山、打球、下棋等方法,有效地转移注意力,以减少对网络的依赖。培养健康、成熟的心理防御机制。有研究表明,网络成瘾与人格因素有关,一定的人格倾向使个体易于成瘾,网络只是成瘾的外界刺激之一。因此,要不断完善自己的个性,培养广泛的兴趣爱好和较强的个人适应能力,学会合理宣泄,正确面对挫折,只有这样,才会形成成熟的心理防御机制。

(3)采取隔断法与心理医生的帮助。成瘾程度较重的人,往往是在下意识的状态下上网的。对于那些明知过度上网只会加重症状而不能自制的成瘾者,可以在他们的亲戚、朋友的帮助下,使其与电脑完全隔离一段时间,让他们在这段时间里培养其他的兴趣爱好,或者重新安排紧张有序的生活,到他们能够完全摆脱"电子海洛因"的困扰后,再有针对性地帮助他们科学地安排上网时间。通过心理咨询,让心理医生与网络成瘾者之间建立良好的医患关系。这样做,一方面,可以从精神上给成瘾者理解和支持,调动他们的积极性,树立治愈的信心。另一方面,心理医生会根据成瘾者的痴迷程度,用准确、生动、专业、亲切的语言分析"电子海洛因"的危害。

(三)酗酒行为

酒精是乙醇,其分子量很小,能穿透人体细胞膜,对所有器官发生影响。医学上曾用酒精作为止痛剂、麻醉剂、兴奋剂、消毒剂、溶剂,都取得了满意的效果。酒精可提供能源,有营养作用,少量饮酒对大多数人来说,可以缓解焦虑情绪、刺激感觉、增强兴奋而抗忧郁。可解除人的抑制力、帮助睡眠等。研究表明,适量饮酒能够延缓动脉硬化,提高智力水平。大多数人的饮酒行为,都控制在健康、经济、社交和法律的范围内,这属于正常饮酒行为,或者被称为"社交性饮酒"。但部分人过度饮酒对身体造成伤害。

1. 问题性饮酒的危害

一部分人成为"问题饮酒者",问题性饮酒的危害很大。首先是对个人健康方面,酗酒和慢性酒精成瘾导致很多严重健康问题。酒中的乙醇等物质,对细胞有一定的毒性。酒能刺激消化道,产生食管炎、胃炎和胰腺炎;酒在肝细胞中氧化成乙醛,进而生成二氧化碳和水,要消耗肝细胞内很多的酶蛋白质,久之便会引发脂肪肝、肝硬化和肝癌。酒对脑细胞也有急性抑制作用和慢性毒性作用。慢性酒精中毒的人常发生脑萎缩,或酒精中毒性精神病、肝硬化、糖尿病、心脏病、畸胎、癌症等。酒也是成瘾性物质,酗酒的人对酒会产生生理依赖性和心理依赖性。

2. 酗酒和慢性酒精成瘾,是一个严重的社会问题

酗酒和慢性酒精成瘾,是一个严重的社会问题。饮酒是造成车祸等事故的主要原因之一,是导致家庭和社会不稳定等许多社会问题的重要原因,严重地影响了人们的身心健康。

(四)自杀行为

自杀是一种有意识地自愿结束自己生命的异常行为。从心理学角度分析,自杀者多数是生活中遇到困境而产生激烈的内心冲突,陷入危机状态不能自拔,难以承受或心理异常而产生的自毁行为。

1. 自杀的后果

自杀是人类心理、家庭、社会生活、人际关系、身体与精神等多项因素综合而产生的一种社会病,是心理与环境挣扎的结果。自杀可分为爆发性的情绪所引起的情绪型自杀和进行了充分的判断与推理以后逐渐萌发自杀意向的理智型自杀。自杀死亡和自杀未遂的人给他们的家庭、亲朋好友带来了极大的痛

苦。如果丈夫或妻子选择了自杀,他们的配偶会经常内疚、自责、后悔,这些痛苦的情绪一辈子都陪伴着他们。如果父母选择了自杀,他们的子女可能会觉得是自己的原因导致父母自杀,而对此无法释怀,甚至也会选择以自杀的方式来谢罪。除了内疚、自责,自杀者的亲友还要承受许多社会压力。研究发现,一个人自杀至少会让周围 5 个人的情绪和生活受到严重的、长期的影响。自杀还给整个社会造成比较严重的不良影响。

2. 自杀的预防

自杀是一类极为复杂的、危害健康的社会行为,研究自杀的最终目的在于预防自杀。提高人们的心理健康水平,是预防自杀的第一层次,可以采取普及心理卫生常识、针对学生群体的心理卫生课、建立社区心理咨询和心理保健系统等措施,来提高人群的心理素质。

(1)广泛宣传心理卫生知识。对于中小学生,开设针对性较强的心理卫生课,使学生初步了解自己的心理,学会各种生活技能,即分析和解决问题、应付挫折、表达思维和情绪的能力。在每一个社区内,均应设立相应的机构,配备相应的人员,开展心理咨询和心理保健工作,使有心理障碍的患者得到及时有效的治疗,使处于心理危机的个体及时得到专业性的支持和帮助。

(2)开展自杀知识的宣传和教育。使人们了解自杀、了解自杀者的心理特点,懂得识别基本的自杀危险信号,对有自杀意念或自杀未遂的人,能够采取同情而不是歧视的态度。

(3)加强常见自杀手段的管理。减少自杀工具的近便性和可用性,对可能导致自杀的药物,如安眠药、精神药品进行处方限制,对农药进行管理,对武器进行严格管理等。这些措施可以减少自杀者工具选择的便利性,从而预防自杀行为的发生。另外,加强对危险场所的防护和管理,如对多发自杀行为的大桥、高楼、风景名胜地进行针对性强的管理。

(4)建立预防干预机构。如热线电话、面对面咨询、书信服务、网络咨询等,对处于困难的人提供各种支持性的服务,使个体度过自杀危机,恢复正常生活。

(5)控制自杀个案的媒体报道。自杀案例的报道几乎可以深入到现代社会的每一个角落。与此相应的是,部分新闻机构和新闻工作者为了满足社会公众的猎奇心理,大量、详细报道自杀案例,特别是知名人物,如影视明星、政界要人、社会名流、青少年偶像的自杀行为,结果导致一些青少年模仿自杀行为。美国洛杉矶某电视台甚至现场直播了一个自杀案例,引起社会各界的强烈反响。国家应制定法律或法规,严格限制这类报道,特别是对自杀方法的报道。

(五)吸食毒品

据世界卫生组织统计,全球每年约有 10 万人死于吸毒,因此而丧失劳动能力的有 1000 万人。2022年,我国内地累计登记在册的吸毒人员已达到 112.4 万人,全世界有 2100 万人吸食可卡因和海洛因,有3000 万人滥用苯丙胺类兴奋剂。20 世纪 70 年代以来,国际毒潮不断侵袭我国,成为影响我国人民健康,破坏社会稳定和经济发展的一个极为重要的社会问题。

1. 吸毒的危害

(1)吸毒严重损害吸毒者的健康。除了吸毒导致的依赖性和耐受性之外,有资料表明,海洛因使用者的死亡率比同年龄组高 20 倍,自杀、过量中毒、各种严重的并发症(如注射使用毒品者感染的艾滋病、慢性肝炎等传染性疾病、营养不良等)是导致吸毒者死亡的重要原因。

(2)注射使用毒品已经成为艾滋病传播的重要途径。在我国,约三分之二的 HIV 阳性患者是吸毒者。注射使用毒品者常常共用注射器和针头,导致这些通过血液传播途径的传播性疾病在吸毒者同伴之间蔓延。吸毒者的性行为通常比较混乱,很多女性吸毒者甚至通过卖淫来筹集毒资,导致通过性行为途径将这些疾病传播到非吸毒人群。

（3）吸毒破坏社会稳定。吸毒者开始时使用自己的积蓄购买毒品,将自己的积蓄耗尽后,他们可能会千方百计地向亲人、朋友借、骗,最后发展到偷、抢,甚至参与贩毒、制毒。

（4）与吸毒密切相关的种毒、制毒、贩毒行为常常以有组织犯罪的形式存在,不仅对社会稳定,而且对局部经济,甚至对全球经济产生不可估量的损害。

2. 吸毒的预防

（1）一级预防是针对普通人群的预防。其主要目的是提高普通公众对毒品及其危害的认识,采取的主要手段包括利用各种传播媒介,如广播、电视、报纸、标语、招贴画等。在中小学生中,进行有关毒品和毒品危害的课堂教育。

（2）二级预防为针对易感人群主要是高危人群的预防。这种预防活动重在促进预防对象的健康生活方式,帮助他们形成抵制毒品的能力。

（3）三级预防的主要目的在于降低毒品需求。是针对已经吸毒的人群而进行的,包括为吸毒者提供脱毒（戒毒治疗）、康复、重返社会、善后照顾等一系列的服务,减少吸毒人数,降低吸毒者对毒品的需求,预防吸毒的各种并发症。

预防复吸和降低吸毒的危害,是吸毒预防工作中两个非常特殊的问题。现在已经非常清楚,单纯地脱毒治疗,对于戒除毒瘾的作用有限,如果没有适当的措施预防复吸,脱毒治疗的效果极为有限。我国和世界其他国家的经验证明,吸毒者在脱毒治疗后,必须接受综合性的社区康复,才能取得较好的效果。社会康复的主要措施,包括心理康复、善后照顾、重返社会、生活和社会技能训练、职业培训等。

第三节 大学生健康饮食调养

一、大学生营养标准

（一）营养素对大学生健康的重要性

1. 无机盐

无机盐与大学生的营养关系密切。大学生骨骼发育旺盛,肌肉组织细胞数目增加,性器官逐渐成熟,因此,无机盐摄入量应有所增加。从对无机盐的吸收率、需要量,以及矿物质在食物中的分布考虑,人体比较容易缺乏无机盐和微量元素钙、铁、锌、硒、碘等。

（1）碘——组成甲状腺素的主要成分之一,从食物中所摄取的碘,主要为甲状腺所利用。人体正常含碘为 20~50 毫克,每日需要量男生为 130~160 微克,女生为 110~120 微克。人体中含碘量过高或过低都能导致甲状腺肿大。大学生处于青春期,甲状腺机能加强,需要更多碘,要注意在膳食中摄取,如海带和紫菜等。

（2）铁——组成血红蛋白的主要成分之一,人体内含铁 3~5 克,需要量每日为 15 毫克,身体缺少铁可使血红蛋白减少,发生营养性贫血,表现为食欲减退、烦躁、乏力、面色苍白、头昏眼花、免疫力下降。

（3）钙——人体内含钙量为 1200 克,每日需要量约为 1000 毫克。钙、磷、镁是大学生骨骼和牙齿生长所必需的营养素,三者之中有一种缺乏,就会阻碍骨骼的生长。

（4）硒——维持人体正常生理的微量元素,主要是以谷胱甘肽过氧化物酶的形式发挥抗氧化作用,以保护细胞膜。

（5）锌——很多金属酶的组成成分或酶的激活剂,人体内含锌为 1.4~2.3 克,男生每日需要量为 8~

15 毫克,女生每日需要量为 9~15 毫克。

2. 维生素

维生素是维护身体健康、促进大学生生长发育和调节生理功能所必需的营养素,对于大学生的身体健康具有重要的作用。

3. 热能

人体需要的热能主要来源于食物,从食物获取的热能用于生命活动的各种过程,其中包括内脏器官的化学和物理活动、体温的维持、脑力和体力活动、生长发育等。一般来说,大学生每天的热能需要量男生为 3600 卡,女生为 3200 卡。如果热量不足,就会出现疲劳、抵抗力下降,影响身体的发育、体力、学习和体育锻炼。

(二) 大学生营养供给的标准,如表 2-1 所示

表 2-1　大学生每日膳食中部分营养素供给量(男生体重 63 千克,女生体重 53 千克)

大学生	热能(卡)	蛋白质(克)	脂肪(克)	钙(毫克)	铁(毫克)	锌(毫克)	硒(微克)	碘(微克)	维生素					
									A(微克)	D(微克)	E(毫克)	B_1(毫克)	B_2(毫克)	C(毫克)
男生	3000	90	70	800	12	15	50	150	800	5	10	1.5	1.5	60
女生	2700	80	60	800	18	15	50	150	800	5	10	1.4	1.4	60

(此表为中国营养学会推荐的大学生每日膳食中部分营养素供给量)

二、现代健康饮食结构

人体所需要的营养必须通过饮食来完成。要保证充足的营养,即饮食中所含的营养素必须种类齐全、数量充足、比例适当,在满足人体生理状况、劳动条件和生活环境需要的同时,又不会导致过多摄入热量。健康饮食包括四个方面的内容:健康饮食结构、健康饮食制度、健康食物加工方式和食品安全。

饮食结构是每日各餐中各种食物种类和数量的组成关系。健康的饮食结构应该既有其科学基础,又应该与人群所处环境的食物特点、经济收入、人类学特点及饮食文化相协调。但是,随着社会的发展、科学的进步和经济条件的改善,饮食文化逐渐成为饮食合理化的制约因素,必须对饮食文化进行调整,使之适应健康饮食的要求。随着我国国民经济的发展,物资供应丰富,城乡居民生活发生了明显的变化,人们开始注重饮食营养。社会的进步、经济的发展反而给"富贵病"提供了物质基础。

健康的饮食结构具有以下特点:

(一) 适当控制能量的摄入,并通过适当的体育锻炼保证能量供应的平衡

热量摄入过多是目前普遍存在的饮食营养问题。大量的研究发现,热量摄入过多和身体活动不足,与许多慢性非传染性疾病密切相关。因此,健康饮食首先应当控制能量的摄入,并通过适当的体育锻炼保证能量摄入与消耗的平衡。

(二) 在保证摄入适当能量的前提下,控制三大供能物质的供能比例

一般在考虑饮食结构时,最常见的问题是片面地强调蛋白质、脂肪和碳水化合物三大供能物质的供能比例,而忽视人体所需的热量摄入是否得到满足或是否过量。例如,在考虑蛋白质供应量时,人体所需热量必须被充分满足。如果热量不足,则饮食中的蛋白质不能被有效利用,甚至不能维持平衡状态,人体会分解体内原有的蛋白质来供能,弥补能量来源的不足。

(三) 平衡是指饮食营养供应与人体的需要相平衡

对人体而言:饮食营养提供的营养不足,可能导致营养缺乏性疾病;提供的营养过多,既浪费又会给

身体带来不必要的负担,甚至导致营养过剩性疾病。平衡包括能量供应的平衡,各营养素供应的平衡、蛋白质供给,及氨基酸间的平衡、酸碱平衡、各营养素间比例的平衡、饮食营养与人的体质特征和生理状况的平衡,饮食营养与气候和季节的平衡等。例如,人体内的生理过程都是在内环境中进行的。内环境保持酸碱平衡是这些生理过程正常进行的前提。水果和蔬菜一般都可在体内产生碱性反应,而肉类食物一般在体内产生酸性反应。日常生活中,人体容易出现体内酸性物质产生过多,因此,保证水果和蔬菜的摄入,对保持人体的酸碱平衡也有重要意义。

(四)多样性

饮食营养必须含有人体所需要的所有营养素。每一种食物都含有一定的营养素,但是,没有任何一种单一自然食物能全面满足人体营养的需要。只有通过多种食物的合理搭配,才能使饮食营养全面满足人体的需要。建议成人日平均摄入食物种类及数量见表2-2所示。

表2-2 建议成人日平均摄入食物种类及数量

类　别	品种数	摄入量(克)
谷类及薯类	3	250~300
蛋及蛋制品	1	50
乳及乳制品	1	300~350
菌藻类	1	30~50
植物油	1	20
水产类	1~2	50(1周1~2次)
豆类及豆制品	1	40~50
肉及肉制品	1	0~50
蔬菜	3~4	350~400
坚果类	1	20
食盐	1	5~6
水果	1~2	200~300

三、健康饮食制度

饮食制度是按营养学的原则,将人体每天所需要的饮食营养进行定质、定量、定时分配安排的一种制度。人体对食物的消化吸收和利用,有一定的生理规律,人在每天不同的时刻,其营养需要也不完全相同,每个人因为工作性质或生活方式的不同,其作息规律也不一样。因此,必须有针对性地制订适合个体的生理特点和生理需要的饮食计划,才能维持身体健康。

(一)消化系统的生理特点

人体消化系统对每餐混合性食物完成消化吸收的时间为4~5小时。每餐的进餐时间间隔过长,可引起饥饿感、血糖降低,从而影响工作效率。间隔时间过短,没有食欲,容易导致消化不良。

(二)安排好早餐

白天工作的人,主要的工作一般在上午,特别是学生,主要的课程通常安排在上午,因此,应特别注意安排好早餐。早餐安排不好,不但会影响学习和工作效率,而且会损害身体健康。

(三)各餐食物的分配比例

人们通常按能量供给量来安排饮食。早餐的能量应占全天总能量的25%~30%,午餐占40%,晚餐占30%~35%。

(四)根据个人的生活和工作规律调整膳食制度

很多人或因为生活习惯的改变,或因为学习和工作的需要,常常工作到深夜,这种情况下应该根据人体生理活动的特点,在夜间适当的时间安排一次进餐。但应注意,这种进餐不要安排在夜间临睡之前。

四、烹调健康的食物

受传统饮食文化的影响,人们在烹调过程中,往往过分注重食物的"色、香、味、形",而忽略了食物在加工过程中的营养素损失,甚至非常喜欢使用一些可能产生有害健康的烹调加工方法。例如,马铃薯、面粉这些含大量碳水化合物的食物,经高温加热后可产生丙烯酰胺。丙烯酰胺可损害神经系统,并可能导致基因突变,诱发良性或恶性肿瘤。在烹调食物前应进行消毒;少煎炸腌制,多蒸煮快炒,尽量减少食物中营养素的损失和避免有害物质的形成。

(一)低温烹调

低温烹调是针对高温电烤和油炸而言的,如炒、烙和清蒸等。低温加工可在满足消毒杀菌、促进食物消化吸收的条件下,减少食物营养成分的损失,避免有害物质的产生。低温加工也可以烹制出许多美味的菜式。

(二)重视食物的淘洗过程,减少营养的损失

不正确的食物淘洗过程,常常导致食物中营养素的大量丧失。例如,米的淘洗,淘洗时间长,淘洗时用力搓洗,或淘洗前用水浸泡,特别是用热水浸泡,会导致大米中维生素、矿物质的大量丧失。蔬菜先切后洗,加工前放置时间过长,加热、浸泡或切碎,也会导致维生素和矿物质的大量丧失。蔬菜加工时应注意,先洗后切,切块宜大,急火快炒;少加水,勿弃汤;现做现吃,勿久置,切忌反复加热。

五、食品安全

食品安全问题大多是由微生物引起的食源性疾病。要做到食品安全,基本的饮食要求是:准备食物时应该先洗手,水果和蔬菜要清洗干净;生熟食品应分类放置;食物加热时,保证食物内部达到安全温度;正确冷藏易变质的食品;正确解冻食品。

六、膳食指南

我国于1989年发布了第一个中国居民膳食指南。自第一个膳食指南发布以来,由于经济的发展、物质条件的改善,及西方饮食文化的影响,我国居民的膳食结构已发生了明显变化,出现了许多新的膳食营养问题。一方面,因食物单调或营养不足所致的营养缺乏症,如儿童发育迟缓、缺铁性贫血、佝偻病,虽然有所减少,但仍需进一步控制。另一方面,与膳食结构不合理有关的慢性病(如心脑血管疾病、恶性肿瘤等患病率)却与日俱增。我国居民维生素A、维生素B和钙的摄入普遍不足,部分居民膳食中谷类、薯类、蔬菜的比例明显下降,而油脂和动物性食物摄入过高。能量过剩、体重超重的问题,在城市中日益突出。食品卫生状况也有待改善。针对这些问题,中国营养学会组织专家对膳食指南进行了修改,并于2023年公布了新的膳食指南。

新的膳食指南的核心是平衡膳食、合理营养、促进健康,共有8条指导性建议,强调每天吃奶类、豆类,提倡做适当的运动,保持食量与能量消耗的平衡。

(一)食物多样、搭配合理

各种食物所含的营养成分不完全相同。除母乳含有婴儿成长所需的所有营养和抗体外,其他任何一种天然食物都不能提供人体所需的全部营养素。平衡膳食必须由多种食物组成,才能满足人体各种营养

需要,达到合理营养、促进健康的目的。多种食物起码应包括以下五大类:

1. 谷类及薯类

谷类包括米、面、杂粮等,薯类包括马铃薯、甘薯、木薯等,主要提供碳水化合物、蛋白质、膳食纤维,及B族维生素。

2. 动物性食物

包括肉、禽、鱼、奶、蛋等,主要提供蛋白质、脂肪、矿物质、维生素 A 和 B 族维生素。

3. 豆类及其制品

包括大豆及其他干豆类,主要提供蛋白质、脂肪、膳食纤维、矿物质和 B 族维生素。

4. 蔬菜水果类

包括鲜豆、根茎、叶菜、茄果等,主要提供膳食纤维、矿物质、维生素 C 和胡萝卜素。

5. 纯热能食物

包括动植物油、淀粉、食用糖和酒类,主要提供能量。植物油还可提供维生素 E 和人体必需脂肪酸。

(二) 多吃蔬菜、水果和薯类

蔬菜与水果含有丰富的维生素、矿物质和膳食纤维,不同品种蔬菜所含营养成分不尽相同,甚至悬殊很大。红、黄、绿等深色的蔬菜中,维生素含量超过浅色蔬菜和一般水果,它们是胡萝卜素、维生素 B、维生素 C 和叶酸、矿物质、膳食纤维和天然抗氧化物的主要来源。

有些水果维生素及微量元素含量不如新鲜蔬菜丰富,但水果含有的葡萄糖、果酸、柠檬酸、苹果酸、果胶等物质比蔬菜丰富,如鲜枣、柑橘、柿子和杏等,大量含有维生素 C 和胡萝卜素。薯类含有丰富的淀粉、膳食纤维,以及多种维生素和矿物质。

(三) 常吃奶类、豆类食物或奶(豆)制品

奶类食物除含丰富的优质蛋白质和维生素外,含钙量较高,且利用率也很高,是天然钙质的极好来源。豆类食物是我国的传统食品,含有大量的优质蛋白质、不饱和脂肪酸、钙及维生素 B_1、维生素 B_2、烟酸等。

(四) 经常吃适量鱼、禽、蛋、瘦肉,少吃肥肉和荤油

鱼、禽、蛋、瘦肉等动物性食物是优质蛋白质、脂溶性维生素和矿物质的良好来源。动物性蛋白质的氨基酸更适合人体需要,且赖氨酸含量较高,有利于补充植物蛋白质中赖氨酸的不足。肉类中铁的利用较好,鱼类特别是海产鱼所含不饱和脂肪酸有降低血脂和防止血栓形成的作用。动物肝脏含维生素 A 极为丰富,还富含维生素 B、叶酸等,但有些脏器如脑、肾等所含胆固醇相当高,对预防心血管系统疾病不利。

肥肉和荤油为高能量和高脂肪食物,摄入过多往往会引起肥胖,而且是某些慢性病的危险因素,应当少吃。猪肉脂肪含量高,鸡、鱼、兔、牛肉等动物性食物蛋白质含量较高,脂肪含量较低,产生的能量远低于猪肉。应大力提倡吃这些食物,适当减少猪肉的摄入比例。

(五) 进食量与体力活动要平衡,足量饮水,保持适宜体重

进食量与体力活动是决定体重的两个主要因素。如果进食量过大而活动量不足,多余的能量就会在体内以脂肪的形式贮存即增加体重,久之则会发胖;相反,若进食量不足,劳动过量或运动量过大,可能因能量不足引起消瘦,造成劳动能力下降。主动饮水,每日饮水量 1500~1700 毫升,少量多次。

(六) 清淡少盐的膳食

吃清淡膳食有利于健康。我国居民食盐摄入量过多,平均值为每日 13 克。世界卫生组织建议每人每日食盐用量不超过 6 克为宜。食盐的摄入量与高血压发病密切相关。

(七) 饮酒应限量

无节制地饮酒,会使食欲下降,食物摄入减少,以致多种营养素缺乏,严重时还会造成酒精性肝硬化。过量饮酒会增加患高血压、中风等风险,醉酒可能引发暴力行为,甚至发生事故,不利于个人健康和社会安定。

(八) 吃清洁卫生、不变质的食物,分筷分餐,杜绝浪费

在选购食物时,应当选择外观好,没有泥污、杂质,没有变色、变味并符合卫生标准的食物,严把病从口入关。进餐要注意卫生条件,包括进餐环境、餐具和供餐者的健康卫生状况。集体用餐应提倡分餐制,即杜绝了浪费,又减少了疾病传染的机会。

第三章 体育锻炼与健康

第一节 体育锻炼的作用

体育锻炼是指结合日光、空气、水等自然因素,配合卫生措施,以促进人体生长发育和形态结构的发展,提高有机体工作能力,调节人的心理,消除疲劳,振奋精神,以及预防与治疗某些疾病为目的的身体活动。体育锻炼对增强人民体质,提高全民族身体素质和生活质量,提高健康水平,有着重要的作用。

一、促进人体正常生长发育和发展

有机体的生长主要指细胞的繁殖和细胞的增加所造成的形体上的变化,它是人体量变的过程。而发育则是有机体各器官、系统的结构逐渐完善,机体逐渐成熟的过程。

骨骼是人体的支架。骨骼的生长发育不仅对人体的形态有重要影响,而且对内脏器官的发育,对人的劳动能力和运动能力都有直接影响。骨骼的生长是由于软骨不断增生和骨化的结果,骨骼的生长发育需要不断地吸收营养物质。身体锻炼,可以促进血液循环和增加对骨的血液供应。同时身体锻炼中的各种动作也具有促进骨骼生长的刺激作用。体育锻炼还能使骨密质增厚,骨小梁增粗,而且的排列更加整齐,按照骨骼在身体活动中所承受力的方向有规律地排列,也使骨骼能承受更大的压力。

体重增加的重要原因是肌肉的增长,经常进行体育锻炼,可以改善血液供应情况,增加肌肉内的营养物质,特别是蛋白质的含量,使肌纤维变粗。一般人的肌肉重量只占体重的35%~40%,而运动员的肌肉重量占到体重的45%~55%。同时,由于运动能够促使肌肉中储存氧气的肌红蛋白增加,毛细血管大量开放(比安静时多开放20~50倍),所以,运动者的肌肉比不运动者的肌肉有更多的能量储备,更能适应运动和劳动的需要。

二、促进人体机能的发展和提高基本活动能力

体育锻炼能使人体内能量消耗增加,代谢产物增多,新陈代谢旺盛,血液循环加速。经常从事体育锻炼的人,各器官、系统在形态结构和机能方面都会发生明显的变化,动作技能得到提高。首先发生变化的是中枢神经系统及主导部分——大脑皮质。由于各器官、系统的机能受中枢神经系统和体液的调节,所以,在中枢神经系统机能发生变化的同时,各器官、系统也随之发生相应的变化,身体锻炼对神经系统的影响,表现为人体在中枢神经系统的支配下,形成动作技能的条件反射。人体在活动中对外界刺激作用作出相应的反应,并协调地完成各种动作,以及对自然环境的适应能力,都能促进神经系统的功能不断改善。

体育锻炼可促进心血管系统功能的提高,这主要表现在使心脏出现健康性肥大,一般人的心脏重0.3公斤左右,而运动员的心脏可重达0.5公斤左右。一般人心脏容量为765~785毫升,而经常锻炼的人心脏容量为1015~1027毫升,并且心脏收缩力加强,脉搏输出量增加,从而使每分钟心跳次数逐渐减少;有锻炼基础的人,每分钟心跳比一般人少10~20次,从而使心脏在两次跳动中间能有较长时间的休息,恢复得更充分。在激烈的体育活动中,有锻炼基础的人每分钟心率达200次时,也不至于不舒服,而不经常锻炼的人往往承受不住。另外,经常从事锻炼的人,由于血管壁的弹性较好,血管中障碍物质少,心血管系统的机能会得到提高。

体育锻炼还可促进呼吸系统机能的提高。从事体育锻炼,由于全身物质代谢的提高,需要吸进大量的氧和排出更多的二氧化碳,刺激呼吸中枢,迫使肺脏加强呼吸,扩大肺脏和胸廓的容量,增加呼吸频率,提高呼吸肌功能,从而使大量的空气通过肺泡进入来增加血液的含氧量。据测量,运动员的呼吸肌力量可达200毫米汞柱,而一般人则为60~100毫米汞柱。由于呼吸肌力量得以增强,吸气时胸腔就能扩张得更大,呼吸肌耐力也得到提高,因此,运动员的呼吸差可达9~16厘米,而一般人仅达5~7厘米。由于身体锻炼促进了人体正常的生长、发育和发展,提高了人体机能,人的基本活动能力自然也得到增强。

三、体育锻炼可以防病治病、推迟衰老、延年益寿

生物体从胚胎生长、发育、成熟到衰老、死亡,是一个不可改变的客观规律,但是体质的好坏、衰老的快慢却是可以控制的。

体育锻炼,特别是传统的健身方法,能够防病治病,推迟衰老,延年益寿,已被越来越多的人所信服。一般广泛采用的体育锻炼方式是慢跑、游泳、武术、气功、按摩及各种健身操等,对于预防和治疗高血压、心脏病、动脉硬化、胃下垂、肺病等,甚至在治疗癌症方面都有不同程度的疗效。

近年来科学研究证明,体育锻炼之所以能防病治病,延缓衰老,除了它能增强体质、促进新陈代谢、提高有机体自身抵抗力外,还可以提高免疫力。体育锻炼可使白细胞数量增加,活性增强,而白细胞可以吞噬病菌,增强机体的免疫力功能。

四、可以调剂情绪、振奋精神和进行积极性休息

体育锻炼可以转移注意力,调节情绪,并在中枢神经系统支配下,对有机体内部各个方面的关系进行相应的调整和平衡,这对情绪和精神会有良好的作用。

人们在工作、学习和生产劳动之后产生疲劳,疲劳是有机体的生理过程发生障碍的结果,而中枢神经系统在产生疲劳的过程中起着主导作用。适当的身体锻炼,可使人的大脑和有机体的各个组织系统得到

更多营养物质,促进其新陈代谢,同时使中枢神经系统尤其是大脑得到积极性休息,这可使身体的各个部分由于产生疲劳而引起的失调得以消除,并使人体的机能不断提高,体质得到增强。

五、提高适应外界环境的能力

外界环境包括自然环境和社会环境两个方面。自然环境包括地理环境、季节变化和气候变化等。社会环境包括城市环境的影响以及社会其他因素对有机体的刺激等。人体能否适应外界环境的变化,是衡量人体机能的重要标志。在日常生活中,有体育运动基础的人对外界的适应能力,一般比没有体育运动基础的人要强。例如,体温调节的机能,有无体育运动基础差异就比较明显,在酷暑季节,体质差的人容易中暑。

六、促进社会交往和增进友谊

体育锻炼是一种社会现象,人们通过体育锻炼,可以促进社会交往和增进友谊。近年来,国际上大众体育的迅速兴起,发展体育事业已成为社会活动的重要方面,各种群众性体育组织的建立,使有计划、有组织地推动与开展各种体育活动成为可能,人们利用业余时间积极参加这些活动,并把对社会的体育事业发展有所贡献作为自己的职责和荣誉,这对促进社会交往和增进友谊具有积极意义。

七、对培养与锻炼良好的意志品质和高尚的情操具有积极作用

进行体育锻炼需要有明确的目的、动机和良好的情操,需要为实现目的而具有自觉性、自制力和坚持性。长期从事体育锻炼的人都有这样的体会,在体育锻炼中,需要完成一定的身体练习和承受一定的运动负荷,如果没有克服困难的毅力是不能做到长期坚持的。

第二节 科学锻炼的原则与方法

一、体育锻炼的原则

体育锻炼的原则是身体锻炼基本规律的反映,也是参加者安排锻炼计划、选择锻炼内容、运用锻炼方法所要遵循的准则。为了达到体育锻炼的目的,提高锻炼的效果,在锻炼中应遵循以下几点:

(一)主动性原则

体育锻炼是人类的一种有目的、有意识的行为,是通过系统内外的交互作用达到身心平衡与健康发展目标的方法及过程。人在这个过程中始终处于主导的地位,从锻炼目标的确定、兴趣爱好的满足、锻炼效果的评价等各方位都能体现其主动性的原则。体育锻炼是一个自我锻炼、自我完善的过程,锻炼者只有不断积极主动地付诸行动,才能取得预期的锻炼效果。

(二)渐进性原则

一个系统的演变与进化,是一个渐变的过程,如果变化过快,系统就无法平衡与稳定。由于人体对内外环境变化的适应是一个缓慢的由量变到质变的过程。锻炼效果的好坏,很大程度上取决于运动刺激的量和度,而运动负荷是否适宜,是贯彻这一原则的关键。因此,在锻炼中要从内容、方法和运动负荷安排上做到合理有序。本着由易到难、由简到繁、由已知到未知的原则逐步深化,不断提高。

(三)超量性原则

在贯彻渐进性原则的同时,还要注意一个系统如果变化过慢,很难在一定时间段内取得明显的进展。

超量性(超负荷)原则是指在进行体育锻炼时身体或特定的肌肉所受到的刺激强于不锻炼时或已适应的刺激强度。因此,在进行体育锻炼时只有遵循超量性原则,身体素质才能在现有的基础上逐步得到提高。"百分之十"是渐进性原则和超量性原则相结合较好的体现。其含义为:每周运动强度或持续运动时间的增加不得超过前一周的10%,同时也要有明显的提高。

(四)全面性原则

全面性原则是指体育锻炼中必须追求身体形态、机能、身体素质和心理品质等方面的全面和谐发展。人体本是一个有机的系统,系统的结构决定其功能,各器官通过相互促进、相互制约的关系,求得身体系统的平衡与稳定。任何局部机能的提高,必然促进肌体其他部位机能的改善,当某一素质得到发展时,也会对其他素质有不同程度的影响。由于每一次体育活动对人体的影响都有一定的局限性,如果体育锻炼的内容和方法单一化,肌体就不可能获得良好的整体效益。全面平衡与稳定的发展才能使系统整体功能达到最优。

(五)持续性原则

人的一生可以理解为一个系统的发展演化过程,系统的平衡与稳定需要不断与外界进行物质、能量的交换与信息的交流,身心的健康也要靠持续的刺激来保证。因此,参加体育锻炼必须持之以恒,养成良好的锻炼习惯。各种运动技能的形成和提高,人体各器官、系统的改善,身体素质水平的增强,都是通过肌肉活动反复多次强化的结果。体育锻炼对肌体给予的刺激,所产生作用的不断积累,促进了肌体结构和机能适应性的变化,从而产生了新的适应,人的体质才会不断增强。

(六)安全性原则

安全性原则是体育锻炼最基本的原则。没有了安全,就谈不上身心的健康。它主要体现在:安全和舒适的体育锻炼环境、适当的运动负荷、科学有序的锻炼过程、运动损伤的有效预防与避免、营养与食物安全等方面。

二、体育锻炼的内容

体育锻炼的项目多种多样、内容丰富。本着"健康第一"的根本目标,并围绕"终身体育""快乐体育""身心健康"的目的要求,可将体育锻炼的内容分为以下几类:

(一)提高身体健康素质

提高身体健康素质主要体现在健身性的运动上,是以身体各部分、心血管系统机能,肌肉力量与耐力的提高与完善为前提的运动内容。长期坚持这类运动可以促进身体正常发育,身体各部分和谐发展,增强人体系统的整体机能。可以采用如走、跑、跳绳、骑自行车、游泳、划船、滑冰、体操、球类、武术,以及日常生活中某些较有锻炼价值的项目进行锻炼。

(二)提高身体柔韧素质

提高身体柔韧素质主要体现在柔韧性的运动上。身体柔韧性是指各个关节的活动幅度,以及关节的韧带、肌腱、肌肉、皮肤和其他组织的弹性和伸展能力。这是一类为了形体灵活与健美所进行的锻炼,这类活动多在女性和青少年中进行。可采用动力性伸展练习和静力性伸展练习的方法,如通过走、跑、艺术体操、器械体操、武术、健美操等项目进行锻炼。

(三)提高心理健康素质

提高心理健康素质主要体现在娱乐身心性的运动上。人的心理健康与身体健康是相辅相成的,身体健康是基础,心理健康是人体健康的更高体现。通过娱乐身心性运动的长期练习,不仅可以调节精神、丰富文化生活,更能改善与提高人们的心理素质与美学欣赏素质。可选择活动性游戏,如渔猎、游园、郊游、

打台球、打保龄球、棋类等项目。

（四）提高社会适应素质

提高社会适应素质主要体现在竞争性的运动上。这类运动以提高人们的竞争意识，适应日益强烈的竞争性、协作性及开创性的社会需求。竞争性体育运动主要有格斗类项目，如擒拿、散打、推手、拳击、技击等，集体性项目如球类等。另外，还有磨炼性格的体育运动，如攀岩、登山、探险、漂流等运动项目。

三、体育锻炼的方法

根据体育锻炼的原则及主要内容，结合大学生身体发育的特点以及社会对人才的需求特点，就常规锻炼方法，提高身体素质锻炼方法，发展心理素质及社会适应锻炼方法及如何制订个人锻炼计划等方面的内容，分述如下：

（一）体育锻炼的方法

1.负重锻炼法

它是指运用重物进行身体锻炼、发展体能的一种方法。它包括物体负重练习（如杠铃、哑铃、沙袋、实心球等）和克服自身体重练习（如引体向上、双臂屈伸、立卧撑、俯卧撑、下蹲起等）。负重锻炼法多用于发展力量。

2.重复锻炼法

它是指在相对固定条件下，按一定要求反复进行某一练习的方法（如：60米跑×4组，立定五级跳×10次，原地投篮×30次），重复锻炼法的每次（组）练习之间应有充足的休息，使身体能够基本恢复。这种方法多用于提高运动技术，发展力量和速度。

3.持续锻炼法

它是指在相对较长的时间里，用较稳定的负荷强度，不间歇地连续进行锻炼的一种方法（如长跑、长游、长步行、骑自行车、划船等周期性运动）。负荷强度为中小强度、持续时间、重复次数是决定健身效果的关键。确定和调节运动负荷，应考虑项目的特点，学生体质的差异以及不同季节气候对人体的影响，做到区别对待、因人而异。持续锻炼法多用于发展运动技术和耐力，锻炼呼吸和心肺功能。

4.间歇锻炼法

它是指在锻炼过程中，根据对象、项目特点和生理负荷的大小，控制各练习之间的休息间歇，用以调节运动负荷进行锻炼的方法。例如，以80%的强度进行30米×6组速度跑的练习，规定每组间歇时间为2分钟。再如，举一定重量的杠铃共8组，规定每组间歇时间为2~3分钟。间歇锻炼的特点是在前一组运动后体力还未完全恢复时就进行后一组运动。因此，既能提高速度、力量，又能发展心肺功能。间歇锻炼法对肌体产生的影响较深，因此，此方法较适宜具有良好运动基础能力的锻炼者。

5.变换锻炼法

它是指在锻炼过程中，变换环境、变换条件、变换要求，以提高锻炼效果的方法。实践中可采用各种不同的变换方式，如变换锻炼环境，变换动作形式及动作、组合、器械的高度及重量等。采用变换锻炼法，可以有效地调节运动负荷，激发增力情绪，强化运动意志，提高锻炼热情。运用该方法时，常采用各种辅助练习、诱导性的转移性练习，并可配合音乐，利用日光、空气和水。

6.循环锻炼法

选择不同类型的练习或动作，组成一组锻炼内容并分设若干练习点。锻炼时，按一定的顺序依次循环到各项目练习点上，完成各自所规定的练习和负荷，是一种循环往复进行项目锻炼的方法。循环锻炼法所安排的各个练习点，内容搭配要选用已经掌握的简单易行的动作，并规定练习的次数、规格和要求。

由于各练习点上的动作、器械不同,练习的形式和内容不断变化,可激发锻炼兴趣、减轻疲劳、提高练习密度,有较好的健身价值。

7.综合锻炼法

它是指上述各种锻炼方法,在实践中结合起来加以运用。综合锻炼法可以根据不同的身体锻炼任务,组合成多种锻炼的方案,以有效提高身体锻炼的效果。

(二)提高身体素质的方法

1.提高身体健康素质的锻炼方法

身体健康素质主要包括力量、耐力、速度等几个方面。

(1)发展力量素质的方法。

力量是指身体或身体某部分肌肉工作时克服阻力的能力。力量素质是速度、灵敏等素质的基础。

①静力性力量锻炼方法。这种练习的特点是肢体不产生明显的移位,而是将肢体维持或固定于一定的位置或姿态,使肌肉做等长收缩产生的力量。

对抗性静力练习:根据发展某部位肌肉的需要,使身体姿势保持固定不变,用极限力量对抗固定的物体。

负重静力练习:根据发展某部位肌肉力量的需要,确定姿势,进行负重训练,身体姿势保持固定不变(如肩负杠铃半蹲)。

慢速力量练习:动作速度很慢,不能借用反弹和惯性力,而靠肌肉的紧张收缩来完成。例如,肩负80%～85%强度的最大负重量,深蹲慢起立。

②动力性力量锻炼方法。动力性力量是肌肉做等长收缩时所产生的力量。这种练习的特点是身体产生明显的位移,或推动别的物体产生运动。动力性力量可分为重力性力量(如举重)、速度性力量(如投掷、踢球等),而爆发力是速度力量的一种。

绝对性力量锻炼:一般以最大负重量的85%～100%进行锻炼。锻炼时,以较少的次数(1～3次),完成最大重量或接近最大重量的练习。

速度力量锻炼:速度性力量是肌肉在短时间内快速收缩的能力。锻炼方法以中等或中小重量(最大负荷量的60%～80%)为主,练习的重复次数少,以最快的速度完成。

力量耐力锻炼:力量耐力是指人体长时间克服小阻力的能力。一般采用最大负重量的40%～60%,重复次数要达到12次以上,不追求速度,但要求重复次数和坚持时间,如俯卧撑、仰卧起坐、引体向上、举重、哑铃等,一般练到极限。

(2)发展耐力素质方法。

耐力是指人体长时间进行肌肉活动的能力,也可以看作对抗疲劳的能力。它是人体各器官系统机能和心理素质的综合表现,也是人体机能水平、体质强弱的重要标志。从生理学角度讲,发展耐力素质主要是发展有氧耐力和无氧耐力。

①有氧耐力的锻炼。有氧耐力是指长时间进行有氧供能的工作能力。发展有氧耐力的锻炼,应多采用长跑、长距离游泳和骑自行车等运动项目,通过锻炼主要是提高心肺功能水平。有氧耐力锻炼的负荷强度大约为最大负荷强度的75%～85%,心率一般控制在140～170次/分之间,锻炼时间最少5分钟,一般多在15分钟以上,这要视锻炼者的身体质素水平而定。有氧耐力是无氧耐力的基础。

②无氧耐力的锻炼。无氧耐力是指人体处于缺氧状态下,能较长时间对肌肉收缩供能的能力。无氧耐力锻炼可采取短时间、最大用力和短暂休息的重复运动的方法进行。研究表明,短时间剧烈运动对提高无氧耐力效果差。大约用1分钟的时间,持续做剧烈运动的效果较好,如快速的间歇跑、重复跑、400

米跑、对抗性球类比赛等,均能提高人体的无氧耐力。

(3)发展速度素质的方法。

速度素质是指人体进行快速运动的一种能力。从表现形式上可分为反应速度、动作速度和周期运动中的位移速度三种类型。

①反应速度的锻炼方法。反应速度是指人体对各种信号刺激的快速反应能力。可运用各种突发信号(哨声、击掌等),进行反应速度的练习。

②动作速度的锻炼方法。动作速度是指人体完成某一动作的快慢。例如,起跑速度、投掷器械出手速度和跳跃项目的踏跳速度等。可通过掌握正确的预备姿势,形成较大的工作幅度来发展动作速度;也可运用外界的有利条件(如斜坡跑)、减轻器械重量、反复进行快速练习等发展动作速度。

③位移速度的锻炼方法。位移速度是周期运动中单位时间内人体快速移动的能力。可运用短距离重复跑,加速动作频率练习(快频率小步跑、高抬腿、摆臂等),以最快的速度反复进行练习。

发展速度素质时,要注意力量、灵敏、柔韧等素质的发展,还要注意提高肌肉放松的能力。速度练习时,应精神饱满、体力充沛、注意力集中,以防止伤害事故的发生。

除了用以上方法外,还可用器械练习的方法。这种锻炼法的内容最多,几乎大多数主要户外健身运动都能在室内健身器锻炼中实现。其目的主要是提高心肺功能,加强肌体新陈代谢,消耗过多脂肪,增强肌体免疫机能和抗病能力。

2.提高灵敏柔韧性素质的锻炼方法

灵敏素质是指体育运动中人体迅速改变体位、转换动作和随机应变的能力。发展灵敏素质,首先是提高大脑皮质神经过程的灵活性,可采用球类、体操、技巧、跳高、拳击等非周期项目进行锻炼。柔韧素质是指人的关节的活动幅度、肌肉和韧带的伸展性和弹性。发展灵敏和柔韧性素质,可采用动力性伸展练习和静力性伸展练习的方法。

(1)动力性伸展练习法。

本方法是通过身体环节的用力摆动来达到拉长肌肉、肌腱和韧带的目的。例如,踢腿、摆腿、下腰等。

(2)静力性伸展练习法。

本方法是在有意识的控制下慢慢地拉长肌肉、肌腱、韧带的方法,如压腿、压肩练习等;也可运用器械练习的方法。这类锻炼方法在健身的同时还能起到增长肌肉的力量和体积,塑造健美体形的作用,多为力量性运动,例如,哑铃、杠铃、拉力器、联合力量训练器、按摩器等。

发展灵敏和柔韧性素质,锻炼者可把静力性和动力性练习结合起来,把主动练习和被动练习(别人帮助下)结合起来,以收到更好的锻炼效果。

(三)提高心理素质及社会适应能力的锻炼方法

提高心理素质及社会适应能力的锻炼方法多采用娱乐性的项目,因此,在大自然中锻炼的众多方法成为首选。

1.日光浴、空气浴和冷水浴

日光中紫外线具有很强的杀菌能力,还能使皮肤里的麦角固醇转变为维生素 D,促进钙、磷的吸收,可防止软骨病和佝偻病,增进人体调节体温的能力。

空气浴能使中枢神经系统、血液循环和呼吸系统的机能增强,有助于提高人体的抵抗力和预防各种呼吸系统疾病,对提高神经系统的机能和适应外界气候变化的能力也有显著的效果。

冷水浴能提高神经系统的机能,调节皮肤血管的收缩与舒张,提高人体适应外界温度变化的能力,使心血管系统的功能增强,血管弹性增加,减少血管壁胆固醇的沉积,有助于防止动脉硬化。经常坚持冷水浴,还能锻炼意志,提高抵抗疾病的能力,对促进身体健康、增强体质具有良好的作用。

2.攀岩、登山、探险、漂流

这一类新兴的户外体育锻炼方法,可有效地提高人的适应能力以及与困难抗争的能力,对磨炼人的意志、增强社会适应性有很大的好处。

(四)制订个人体育锻炼计划

根据我国《国家学生体质健康标准》的要求和体育锻炼的原则,在教师指导下,学生根据自己的基本身体素质情况制订相应的健康目标和锻炼计划,并以"运动处方"的形式设计相应的表格,分阶段进行考核登记。在制订计划时,应使合理搭配锻炼内容,合理安排锻炼时间,以周为单位制订锻炼计划。

一般以一年或一学期为锻炼周期。每天有 20~30 分钟的早操,上午两节课后有 15~20 分钟课间操,下午有 1 小时的课外体育活动,每周有 2 小时的体育课。每天争取安排 1 小时的体育锻炼。

第三节　体育锻炼效果的评定

定期评定体育锻炼的效果,是科学锻炼身体的重要措施之一。通过评定,可以及时了解锻炼的效果,掌握身体发展的变化情况,从而使锻炼的计划和采用的方法更为合理与有效。这里仅就身体发展自我评定介绍几种简单方法。

一、身高

人的身高低主要取决于遗传因素,但是生活环境、营养条件和体育锻炼等也都对其产生重要的影响。用预测身高同实际身高进行比较,可以比较客观地评价自己的身高发育情况。应长身高是指遗传因素决定的身体生长高度。其预测方法可以用湖北省体育科学研究所参照原捷克斯洛伐克的哈利晋克根据父母与子女身高的相关系数总结的公式,它是通过对我国青少年的调查统计推算出来的,是较能客观反映我国青少年遗传规律的预测方法。

男身高(厘米) = 56.699+0.419×父高+0.265×母高

女身高(厘米) = 40.089+0.309×父高+0.431×母高

预测应长身高减现实实际身高,其差数为正值,年龄在 18 岁以上,可视为身高发育不足;其差数为负值,为身高发育良好。

二、体重

体重是评定营养与健康状况的一项重要指标,也是评定体育锻炼效果的一项重要指标。评价体重的方法,一般都采用体重与标准体重相对照的方法。标准体重的计算是根据一个人的身高与体重的比例关系来确定的。目前采用的一般方法为:

标准体重 = 身高(165 厘米以下者) − 100

标准体重 = 身高(166~175 厘米者) − 105

标准体重 = 身高(176 厘米以上者) − 100

一个健康人的体重,浮动幅度应不超过标准体重的10%。

三、胸围

胸围的长度一般应是身高的一半。胸围与身高的关系指数又称"Livi 指数""Brugsch 指数"或"比胸围"，最早于 1899 年由意大利军医 R.Livi 提出，公式为：胸围/身高×100。它反映了胸廓发育状况，用以说明人体的体型，该指数的平均值曲线在生长突增高峰时为最低点，突增高峰前随年龄增长而下降，突增高峰后则随年龄增长而上升，到成年后方趋稳定。根据该指数可将体型分为广胸型(>50)、中等胸型(近似等于 50)和狭胸型(<50)。一般农村儿童多趋于广胸型，城市儿童则多趋于狭胸型；体力劳动者多为广胸型，脑力劳动者则多为狭胸型。

四、体重与身高

体重与身高的比值是评定身体胖瘦程度的一项指标。用体重除以人体身高的平方得出的结果，表示身体质量指数(BMI)，又称体重指数、体质指数，在亚洲标准中正常的指数应该是 18.5~24 之间。高于此平均值，可视为胖或较胖；低于此平均值可视为瘦或较瘦。比如得出结果超过 30，属于肥胖，就需特别注意，有可能会出现疾病。

五、整体形态

对人体整体形态发育状况好与差，可采用身高(厘米)-体重(公斤)-胸围(厘米)所得指数来评价(见表 3-1)。

表 3-1　人体形态评价指数

指　数	10 以下	10~20	21~25	26~36
状　况	好	良	一般	差

六、脉搏

脉搏频率是评价心血管系统功能状况的重要指标。对脉搏频率的评价可以从以下几种状态进行：安静时脉搏、运动时脉搏、运动后恢复的脉搏。

(1)安静时的脉搏，一般人为 70~75 次/分。运动员，特别是长期从事耐力项目训练的运动员，为 40~50 次/分，或更少些。

(2)运动时或运动后的即时脉搏，一般人可达 110~170 次/分，运动员可达 200 次/分以上。

第四节　《国家学生体质健康标准》

一、教育部关于印发《国家学生体质健康标准(2014 年修订)》的通知

教育部关于印发《国家学生体质健康标准(2014 年修订)》的通知

教体艺〔2014〕5 号

各省、自治区、直辖市教育厅(教委)，新疆生产建设兵团教育局，部属各高等学校：

为建立健全国家学生体质健康监测评价机制，激励学生积极参加身体锻炼，引导学校深化体育教学

改革,推动各地加强学校体育工作,促进青少年身心健康、体魄强健、全面发展,在认真总结各地实施现行《国家学生体质健康标准》的基础上,结合新时期青少年体质健康状况和学校体育工作实际,我部组织对现行《国家学生体质健康标准》进行了修订。现将《国家学生体质健康标准(2014年修订)》印发给你们,请认真贯彻执行。

教育部

2014 年 7 月 7 日

二、《国家学生体质健康标准》实施要求

国家学生体质健康标准(2014 年修订)

(一)说明

(1)《国家学生体质健康标准》(以下简称"《标准》")是国家学校教育工作的基础性指导文件和教育质量基本标准,是评价学生综合素质、评估学校工作和衡量各地教育发展的重要依据,是《国家体育锻炼标准》在学校的具体实施,适用于全日制普通小学、初中、普通高中、中等职业学校、普通高等学校的学生。

(2)本标准的修订坚持健康第一,落实《国家中长期教育改革和发展规划纲要(2010—2020 年)》《国务院办公厅转发教育部等部门关于进一步加强学校体育工作若干意见的通知》(国办发〔2012〕53 号)和《教育部关于印发〈学生体质健康监测评价办法〉等三个文件的通知》(教体艺〔2014〕3 号)有关要求,着重提高《标准》应用的信度、效度和区分度,着重强化其教育激励、反馈调整和引导锻炼的功能,着重提高其教育监测和绩效评价的支撑能力。

(3)本标准从身体形态、身体机能和身体素质等方面综合评定学生的体质健康水平,是促进学生体质健康发展、激励学生积极进行身体锻炼的教育手段,是国家学生发展核心素养体系和学业质量标准的重要组成部分,是学生体质健康的个体评价标准。

(4)本标准将适用对象划分为以下组别:小学、初中、高中按每个年级为一组,其中小学为六组、初中为三组、高中为三组。大学一、二年级为一组,三、四年级为一组。

(5)小学、初中、高中、大学各组别的测试指标均为必测指标。其中,身体形态类中的身高、体重,身体机能类中的肺活量,以及身体素质类中的50米跑、坐位体前屈为各年级学生共性指标。

(6)本标准的学年总分由标准分与附加分之和构成,满分为120分。标准分由各单项指标得分与权重乘积之和组成,满分为100分。附加分根据实测成绩确定,即对成绩超过100分的加分指标进行加分,满分为20分;小学的加分指标为1分钟跳绳,加分幅度为20分;初中、高中和大学的加分指标为男生引体向上和1000米跑,女生1分钟仰卧起坐和800米跑,各指标加分幅度均为10分。

(7)根据学生学年总分评定等级:90.0分及以上为优秀,80.0~89.9分为良好,60.0~79.9分为及格,59.9分及以下为不及格。

(8)每个学生每学年评定一次,记入《〈国家学生体质健康标准〉登记卡》。特殊学制的学校,在填写登记卡时可以按规定和需求相应地增减栏目。学生毕业时的成绩和等级,按毕业当年学年总分的50%与其他学年总分平均得分的50%之和进行评定。

(9)学生测试成绩评定达到良好及以上者,方可参加评优与评奖;成绩达到优秀者,方可获体育奖学分。测试成绩评定不及格者,在本学年度准予补测一次,补测仍不及格,则学年成绩评定为不及格。普通高中、中等职业学校和普通高等学校学生毕业时,《标准》测试的成绩达不到50分者按结业或肄业处理。

（10）学生因病或残疾可向学校提交暂缓或免予执行《标准》的申请,经医疗单位证明,体育教学部门核准,可暂缓或免予执行《标准》,并填写《免予执行〈国家学生体质健康标准〉申请表》,存入学生档案。确实丧失运动能力、被免予执行《标准》的残疾学生,仍可参加评优与评奖,毕业时《标准》成绩需注明免测。

（11）各学校每学年开展覆盖本校各年级学生的《标准》测试工作,《标准》测试数据经当地教育行政部门按要求审核后,通过"中国学生体质健康网"上传至"国家学生体质健康标准数据管理系统"。测试和数据上传时间由教育行政部门确定。

（12）本标准由教育部负责解释。

（二）单项指标与权重

测试对象	单项指标	权重（%）
小学一年级至大学四年级	体重指数（BMI）	15
	肺活量	15
小学一、二年级	50米跑	20
	坐位体前屈	30
	1分钟跳绳	20
小学三、四年级	50米跑	20
	坐位体前屈	20
	1分钟跳绳	20
	1分钟仰卧起坐	10
小学五、六年级	50米跑	20
	坐位体前屈	10
	1分钟跳绳	10
	1分钟仰卧起坐	20
	50米×8往返跑	10
初中、高中、大学各年级	50米跑	20
	坐位体前屈	10
	立定跳远	10
	引体向上（男）/1分钟仰卧起坐（女）	10
	1000米跑（男）/800米跑（女）	20

注:体重指数（BMI）=体重(千克)/身高^2(米^2)。

(三)评分表

1.单项指标评分表

表3-2 男生体重指数（BMI）单项评分表（单位：千克/米²）

等级	单项得分	一年级	二年级	三年级	四年级	五年级	六年级	初一	初二	初三	高一	高二	高三	大学
正常	100	13.5~18.1	13.7~18.4	13.9~19.4	14.2~20.1	14.4~21.4	14.7~21.8	15.5~22.1	15.7~22.5	15.8~22.8	16.5~23.2	16.8~23.7	17.3~23.8	17.9~23.9
低体重	80	≤13.4	≤13.6	≤13.5	≤14.1	≤14.3	≤14.6	≤15.4	≤15.6	≤15.7	≤16.4	≤16.7	≤17.2	≤17.8
超重	80	18.2~20.3	18.5~20.4	19.5~22.1	20.2~22.6	21.5~24.1	21.9~24.5	22.2~24.9	22.6~25.2	22.9~26.0	23.3~26.3	23.8~26.5	23.9~27.3	24.0~27.9
肥胖	60	≥20.4	≥20.5	≥22.2	≥22.7	≥24.2	≥24.6	≥25.0	≥25.3	≥26.1	≥26.4	≥26.6	≥27.4	≥28.0

表3-3 女生体重指数（BMI）单项评分表（单位：千克/米²）

等级	单项得分	一年级	二年级	三年级	四年级	五年级	六年级	初一	初二	初三	高一	高二	高三	大学
正常	100	13.3~17.3	13.5~17.7	13.6~18.6	13.7~19.4	13.8~20.5	14.2~20.8	14.8~21.7	15.3~22.2	16.0~22.6	16.5~22.7	16.9~23.2	17.1~23.3	17.2~23.9
低体重	80	≤13.2	≤13.4	≤13.5	≤13.6	≤13.7	≤14.1	≤14.7	≤15.2	≤15.9	≤16.4	≤16.8	≤17.0	≤17.1
超重	80	17.4~19.2	17.9~20.2	18.7~21.1	19.5~22.0	20.6~22.9	20.9~23.6	21.8~24.4	22.3~24.8	22.7~25.1	22.8~25.2	23.3~25.4	23.4~25.7	24.0~27.9
肥胖	60	≥19.3	≥20.3	≥21.2	≥22.1	≥23.0	≥23.7	≥24.5	≥24.9	≥25.2	≥25.3	≥25.5	≥25.8	≥28.0

表3-4　男生肺活量单项评分表(单位:毫升)

等级	单项得分	一年级	二年级	三年级	四年级	五年级	六年级	初一	初二	初三	高一	高二	高三	大一大二	大三大四
优秀	100	1700	2000	2300	2600	2900	3200	3640	3940	4240	4540	4740	4940	5040	5140
	95	1600	1900	2200	2500	2800	3100	3520	3820	4120	4420	4620	4820	4920	5020
	90	1500	1800	2100	2400	2700	3000	3400	3700	4000	4300	4500	4700	4800	4900
良好	85	1400	1650	1900	2150	2450	2750	3150	3450	3750	4050	4250	4450	4550	4650
	80	1300	1500	1700	1900	2200	2500	2900	3200	3500	3800	4000	4200	4300	4400
及格	78	1240	1430	1620	1820	2110	2400	2780	3080	3380	3680	3880	4080	4180	4280
	76	1180	1360	1540	1740	2020	2300	2660	2960	3260	3560	3760	3960	4060	4160
	74	1120	1290	1460	1660	1930	2200	2540	2840	3140	3440	3640	3840	3940	4040
	72	1060	1220	1380	1580	1840	2100	2420	2720	3020	3320	3520	3720	3820	3920
	70	1000	1150	1300	1500	1750	2000	2300	2600	2900	3200	3400	3600	3700	3800
	68	940	1080	1220	1420	1660	1900	2180	2480	2780	3080	3280	3480	3580	3680
	66	880	1010	1140	1340	1570	1800	2060	2360	2660	2960	3160	3360	3460	3560
	64	820	940	1060	1260	1480	1700	1940	2240	2540	2840	3040	3240	3340	3440
	62	760	870	980	1180	1390	1600	1820	2120	2420	2720	2920	3120	3220	3320
	60	700	800	900	1100	1300	1500	1700	2000	2300	2600	2800	3000	3100	3200
不及格	50	660	750	840	1030	1220	1410	1600	1890	2180	2470	2660	2850	2940	3030
	40	620	700	780	960	1140	1320	1500	1780	2060	2340	2520	2700	2780	2860
	30	580	650	720	890	1060	1230	1400	1670	1940	2210	2380	2550	2620	2690
	20	540	600	660	820	980	1140	1300	1560	1820	2080	2240	2400	2460	2520
	10	500	550	600	750	900	1050	1200	1450	1700	1950	2100	2250	2300	2350

表3-5　女生肺活量单项评分表(单位:毫升)

等级	单项得分	一年级	二年级	三年级	四年级	五年级	六年级	初一	初二	初三	高一	高二	高三	大一大二	大三大四
优秀	100	1400	1600	1800	2000	2250	2500	2750	2900	3050	3150	3250	3350	3400	3450
	95	1300	1500	1700	1900	2150	2400	2650	2850	3000	3100	3200	3300	3350	3400
	90	1200	1400	1600	1800	2050	2300	2550	2800	2950	3050	3150	3250	3300	3350
良好	85	1100	1300	1500	1700	1950	2200	2450	2650	2800	2900	3000	3100	3150	3200
	80	1000	1200	1400	1600	1850	2100	2350	2500	2650	2750	2850	2950	3000	3050
及格	78	960	1150	1340	1530	1770	2010	2250	2400	2550	2650	2750	2850	2900	2950
	76	920	1100	1280	1460	1690	1920	2150	2300	2450	2550	2650	2750	2800	2850
	74	880	1050	1220	1390	1610	1830	2050	2200	2350	2450	2550	2650	2700	2750
	72	840	1000	1160	1320	1530	1740	1950	2100	2250	2350	2450	2550	2600	2650
	70	800	950	1100	1250	1450	1650	1850	2000	2150	2250	2350	2450	2500	2550
	68	760	900	1040	1180	1370	1560	1750	1900	2050	2150	2250	2350	2400	2450
	66	720	850	980	1110	1290	1470	1650	1800	1950	2050	2150	2250	2300	2350
	64	680	800	920	1040	1210	1380	1550	1700	1850	1950	2050	2150	2200	2250
	62	640	750	860	970	1130	1290	1450	1600	1750	1850	1950	2050	2100	2150
	60	600	700	800	900	1050	1200	1350	1500	1650	1750	1850	1950	2000	2050
不及格	50	580	680	780	880	1020	1170	1310	1460	1610	1710	1810	1910	1960	2010
	40	560	660	760	860	990	1140	1270	1420	1570	1670	1770	1870	1920	1970
	30	540	640	740	840	960	1110	1230	1380	1530	1630	1730	1830	1880	1930
	20	520	620	720	820	930	1080	1190	1340	1490	1590	1690	1790	1840	1890
	10	500	600	700	800	900	1050	1150	1300	1450	1550	1650	1750	1800	1850

表3-6 男生50米跑单项评分表(单位:秒)

等级	单项得分	一年级	二年级	三年级	四年级	五年级	六年级	初一	初二	初三	高一	高二	高三	大一大二	大三大四
优秀	100	10.2	9.6	9.1	8.7	8.4	8.2	7.8	7.5	7.3	7.1	7.0	6.8	6.7	6.6
	95	10.3	9.7	9.2	8.8	8.5	8.3	7.9	7.6	7.4	7.2	7.1	6.9	6.8	6.7
	90	10.4	9.8	9.3	8.9	8.6	8.4	8.0	7.7	7.5	7.3	7.2	7.0	6.9	6.8
良好	85	10.5	9.9	9.4	9.0	8.7	8.5	8.1	7.8	7.6	7.4	7.3	7.1	7.0	6.9
	80	10.6	10.0	9.5	9.1	8.8	8.6	8.2	7.9	7.7	7.5	7.4	7.2	7.1	7.0
及格	78	10.8	10.2	9.7	9.3	9.0	8.8	8.4	8.1	7.9	7.7	7.6	7.4	7.3	7.2
	76	11.0	10.4	9.9	9.5	9.2	9.0	8.6	8.3	8.1	7.9	7.8	7.6	7.5	7.4
	74	11.2	10.6	10.1	9.7	9.4	9.2	8.8	8.5	8.3	8.1	8.0	7.8	7.7	7.6
	72	11.4	10.8	10.3	9.9	9.6	9.4	9.0	8.7	8.5	8.3	8.2	8.0	7.9	7.8
	70	11.6	11.0	10.5	10.1	9.8	9.6	9.2	8.9	8.7	8.5	8.4	8.2	8.1	8.0
	68	11.8	11.2	10.7	10.3	10.0	9.8	9.4	9.1	8.9	8.7	8.6	8.4	8.3	8.2
	66	12.0	11.4	10.9	10.5	10.2	10.0	9.6	9.3	9.1	8.9	8.8	8.6	8.5	8.4
	64	12.2	11.6	11.1	10.7	10.4	10.2	9.8	9.5	9.3	9.1	9.0	8.8	8.7	8.6
	62	12.4	11.8	11.3	10.9	10.6	10.4	10.0	9.7	9.5	9.3	9.2	9.0	8.9	8.8
	60	12.6	12.0	11.5	11.1	10.8	10.6	10.2	9.9	9.7	9.5	9.4	9.2	9.1	9.0
不及格	50	12.8	12.2	11.7	11.3	11.0	10.8	10.4	10.1	9.9	9.7	9.6	9.4	9.3	9.2
	40	13.0	12.4	11.9	11.5	11.2	11.0	10.6	10.3	10.1	9.9	9.8	9.6	9.5	9.4
	30	13.2	12.6	12.1	11.7	11.4	11.2	10.8	10.5	10.3	10.1	10.0	9.8	9.7	9.6
	20	13.4	12.8	12.3	11.9	11.6	11.4	11.0	10.7	10.5	10.3	10.2	10.0	9.9	9.8
	10	13.6	13.0	12.5	12.1	11.8	11.6	11.2	10.9	10.7	10.5	10.4	10.2	10.1	10.0

表3-7 女生50米跑单项评分表(单位:秒)

等级	单项得分	一年级	二年级	三年级	四年级	五年级	六年级	初一	初二	初三	高一	高二	高三	大一大二	大三大四
优秀	100	11.0	10.0	9.2	8.7	8.3	8.2	8.1	8.0	7.9	7.8	7.7	7.6	7.5	7.4
	95	11.1	10.1	9.3	8.8	8.4	8.3	8.2	8.1	8.0	7.9	7.8	7.7	7.6	7.5
	90	11.2	10.2	9.4	8.9	8.5	8.4	8.3	8.2	8.1	8.0	7.9	7.8	7.7	7.6
良好	85	11.5	10.5	9.7	9.2	8.8	8.7	8.6	8.5	8.4	8.3	8.2	8.1	8.0	7.9
	80	11.8	10.8	10.0	9.5	9.1	9.0	8.9	8.8	8.7	8.6	8.5	8.4	8.3	8.2
及格	78	12.0	11.0	10.2	9.7	9.3	9.2	9.1	9.0	8.9	8.8	8.7	8.6	8.5	8.4
	76	12.2	11.2	10.4	9.9	9.5	9.4	9.3	9.2	9.1	9.0	8.9	8.8	8.7	8.6
	74	12.4	11.4	10.6	10.1	9.7	9.6	9.5	9.4	9.3	9.2	9.1	9.0	8.9	8.8
	72	12.6	11.6	10.8	10.3	9.9	9.8	9.7	9.6	9.5	9.4	9.3	9.2	9.1	9.0
	70	12.8	11.8	11.0	10.5	10.1	10.0	9.9	9.8	9.7	9.6	9.5	9.4	9.3	9.2
	68	13.0	12.0	11.2	10.7	10.3	10.2	10.1	10.0	9.9	9.8	9.7	9.6	9.5	9.4
	66	13.2	12.2	11.4	10.9	10.5	10.4	10.3	10.2	10.1	10.0	9.9	9.8	9.7	9.6
	64	13.4	12.4	11.6	11.1	10.7	10.6	10.5	10.4	10.3	10.2	10.1	10.0	9.9	9.8
	62	13.6	12.6	11.8	11.3	10.9	10.8	10.7	10.6	10.5	10.4	10.3	10.2	10.1	10.0
	60	13.8	12.8	12.0	11.5	11.1	11.0	10.9	10.8	10.7	10.6	10.5	10.4	10.3	10.2
不及格	50	14.0	13.0	12.2	11.7	11.3	11.2	11.1	11.0	10.9	10.8	10.7	10.6	10.5	10.4
	40	14.2	13.2	12.4	11.9	11.5	11.4	11.3	11.2	11.1	11.0	10.9	10.8	10.7	10.6
	30	14.4	13.4	12.6	12.1	11.7	11.6	11.5	11.4	11.3	11.2	11.1	11.0	10.9	10.8
	20	14.6	13.6	12.8	12.3	11.9	11.8	11.7	11.6	11.5	11.4	11.3	11.2	11.1	11.0
	10	14.8	13.8	13.0	12.5	12.1	12.0	11.9	11.8	11.7	11.6	11.5	11.4	11.3	11.2

表 3-8　男生坐位体前屈单项评分表(单位:厘米)

等级	单项得分	一年级	二年级	三年级	四年级	五年级	六年级	初一	初二	初三	高一	高二	高三	大一大二	大三大四
优秀	100	16.1	16.2	16.3	16.4	16.5	16.6	17.6	19.6	21.6	23.6	24.3	24.6	24.9	25.1
	95	14.6	14.7	14.9	15.0	15.2	15.3	15.9	17.7	19.7	21.5	22.4	22.8	23.1	23.3
	90	13.0	13.2	13.4	13.6	13.8	14.0	14.2	15.8	17.8	19.4	20.5	21.0	21.3	21.5
良好	85	12.0	11.9	11.8	11.7	11.6	11.5	12.3	13.7	15.8	17.2	18.3	19.1	19.5	19.9
	80	11.0	10.6	10.2	9.8	9.4	9.0	10.4	11.6	13.8	15.0	16.1	17.2	17.7	18.2
及格	78	9.9	9.5	9.1	8.6	8.2	7.7	9.1	10.3	12.4	13.6	14.7	15.8	16.3	16.8
	76	8.8	8.4	8.0	7.4	7.0	6.4	7.8	9.0	11.0	12.2	13.3	14.4	14.9	15.4
	74	7.7	7.3	6.9	6.2	5.8	5.1	6.5	7.7	9.6	10.8	11.9	13.0	13.5	14.0
	72	6.6	6.2	5.8	5.0	4.6	3.8	5.2	6.4	8.2	9.4	10.5	11.6	12.1	12.6
	70	5.5	5.1	4.7	3.8	3.4	2.5	3.9	5.1	6.8	8.0	9.1	10.2	10.7	11.2
	68	4.4	4.0	3.6	2.6	2.2	1.2	2.6	3.8	5.4	6.6	7.7	8.8	9.3	9.8
	66	3.3	2.9	2.5	1.4	1.0	-0.1	1.3	2.5	4.0	5.2	6.3	7.4	7.9	8.4
	64	2.2	1.8	1.4	0.2	-0.2	-1.4	0.0	1.2	2.6	3.8	4.9	6.0	6.5	7.0
	62	1.1	0.7	0.3	-1.0	-1.4	-2.7	-1.3	-0.1	1.2	2.4	3.5	4.6	5.1	5.6
	60	0.0	-0.4	-0.8	-2.2	-2.6	-4.0	-2.6	-1.4	-0.2	1.0	2.1	3.2	3.7	4.2
不及格	50	-0.8	-1.2	-1.6	-3.2	-3.6	-5.0	-3.8	-2.6	-1.4	0.0	1.1	2.2	2.7	3.2
	40	-1.6	-2.0	-2.4	-4.2	-4.6	-6.0	-5.0	-3.8	-2.6	-1.0	0.1	1.2	1.7	2.2
	30	-2.4	-2.8	-3.2	-5.2	-5.6	-7.0	-6.2	-5.0	-3.8	-2.0	-0.9	0.2	0.7	1.2
	20	-3.2	-3.6	-4.0	-6.2	-6.6	-8.0	-7.4	-6.2	-5.0	-3.0	-1.9	-0.8	-0.3	0.2
	10	-4.0	-4.4	-4.8	-7.2	-7.6	-9.0	-8.6	-7.4	-6.2	-4.0	-2.9	-1.8	-1.3	-0.8

表 3-9　女生坐位体前屈单项评分表(单位:厘米)

等级	单项得分	一年级	二年级	三年级	四年级	五年级	六年级	初一	初二	初三	高一	高二	高三	大一大二	大三大四
优秀	100	18.6	18.9	19.2	19.5	19.8	19.9	21.8	22.7	23.5	24.2	24.8	25.3	25.8	26.3
	95	17.3	17.6	17.9	18.1	18.5	18.7	20.1	21.0	21.8	22.5	23.1	23.6	24.0	24.4
	90	16.0	16.3	16.6	16.9	17.2	17.5	18.4	19.3	20.1	20.8	21.4	21.9	22.2	22.4
良好	85	14.7	14.8	14.9	15.0	15.1	15.2	16.7	17.6	18.4	19.1	19.7	20.2	20.6	21.0
	80	13.4	13.3	13.2	13.1	13.0	12.9	15.0	15.9	16.7	17.4	18.0	18.5	19.0	19.5
及格	78	12.3	12.2	12.1	12.0	11.9	11.8	13.7	14.6	15.4	16.1	16.7	17.2	17.7	18.2
	76	11.2	11.1	11.0	10.9	10.8	10.7	12.4	13.3	14.1	14.8	15.4	15.9	16.4	16.9
	74	10.1	10.0	9.9	9.8	9.7	9.6	11.1	12.0	12.8	13.5	14.1	14.6	15.1	15.6
	72	9.0	8.9	8.8	8.7	8.6	8.5	9.8	10.7	11.5	12.2	12.8	13.3	13.8	14.3
	70	7.9	7.8	7.7	7.6	7.5	7.4	8.5	9.4	10.2	10.9	11.5	12.0	12.5	13.0
	68	6.8	6.7	6.6	6.5	6.4	6.3	7.2	8.1	8.9	9.6	10.2	10.7	11.2	11.7
	66	5.7	5.6	5.5	5.4	5.3	5.2	5.9	6.8	7.6	8.3	8.9	9.4	9.9	10.4
	64	4.6	4.5	4.4	4.3	4.2	4.1	4.6	5.5	6.3	7.0	7.6	8.1	8.6	9.1
	62	3.5	3.4	3.3	3.2	3.1	3.0	3.3	4.2	5.0	5.7	6.3	6.8	7.3	7.8
	60	2.4	2.3	2.2	2.1	2.0	1.9	2.0	2.9	3.7	4.4	5.0	5.5	6.0	6.5
不及格	50	1.6	1.5	1.4	1.3	1.2	1.1	1.2	2.1	2.9	3.6	4.2	4.7	5.2	5.7
	40	0.8	0.7	0.6	0.5	0.4	0.3	0.4	1.3	2.1	2.8	3.4	3.9	4.4	4.9
	30	0.0	-0.1	-0.2	-0.3	-0.4	-0.5	-0.4	0.5	1.3	2.0	2.6	3.1	3.6	4.1
	20	-0.8	-0.9	-1.0	-1.1	-1.2	-1.3	-1.2	-0.3	0.5	1.2	1.8	2.3	2.8	3.3
	10	-1.6	-1.7	-1.8	-1.9	-2.0	-2.1	-2.0	-1.1	-0.3	0.4	1.0	1.5	2.0	2.5

表 3-10　男生立定跳远单项评分表（单位:厘米）

等级	单项得分	初一	初二	初三	高一	高二	高三	大一大二	大三大四
优秀	100	225	240	250	260	265	270	273	275
优秀	95	218	233	245	255	260	265	268	270
优秀	90	211	226	240	250	255	260	263	265
良好	85	203	218	233	243	248	253	256	258
良好	80	195	210	225	235	240	245	248	250
及格	78	191	206	221	231	236	241	244	246
及格	76	187	202	217	227	232	237	240	242
及格	74	183	198	213	223	228	233	236	238
及格	72	179	194	209	219	224	229	232	234
及格	70	175	190	205	215	220	225	228	230
及格	68	171	186	201	211	216	221	224	226
及格	66	167	182	197	207	212	217	220	222
及格	64	163	178	193	203	208	213	216	218
及格	62	159	174	189	199	204	209	212	214
及格	60	155	170	185	195	200	205	208	210
不及格	50	150	165	180	190	195	200	203	205
不及格	40	145	160	175	185	190	195	198	200
不及格	30	140	155	170	180	185	190	193	195
不及格	20	135	150	165	175	180	185	188	190
不及格	10	130	145	160	170	175	180	183	185

表 3-11　女生立定跳远单项评分表（单位:厘米）

等级	单项得分	初一	初二	初三	高一	高二	高三	大一大二	大三大四
优秀	100	196	200	202	204	205	206	207	208
优秀	95	190	194	196	198	199	200	201	202
优秀	90	184	188	190	192	193	194	195	196
良好	85	177	181	183	185	186	187	188	189
良好	80	170	174	176	178	179	180	181	182
及格	78	167	171	173	175	176	177	178	179
及格	76	164	168	170	172	173	174	175	176
及格	74	161	165	167	169	170	171	172	173
及格	72	158	162	164	166	167	168	169	170
及格	70	155	159	161	163	164	165	166	167
及格	68	152	156	158	160	161	162	163	164
及格	66	149	153	155	157	158	159	160	161
及格	64	146	150	152	154	155	156	157	158
及格	62	143	147	149	151	152	153	154	155
及格	60	140	144	146	148	149	150	151	152
不及格	50	135	139	141	143	144	145	146	147
不及格	40	130	134	136	138	139	140	141	142
不及格	30	125	129	131	133	134	135	136	137
不及格	20	120	124	126	128	129	130	131	132
不及格	10	115	119	121	123	124	125	126	127

表3-12　男生1分钟仰卧起坐、引体向上单项评分表(单位:次)

等级	单项得分	三年级	四年级	五年级	六年级	初一	初二	初三	高一	高二	高三	大一大二	大三大四
优秀	100	48	49	50	51	13	14	15	16	17	18	19	20
	95	45	46	47	48	12	13	14	15	16	17	18	19
	90	42	43	44	45	11	12	13	14	15	16	17	18
良好	85	39	40	41	42	10	11	12	13	14	15	16	17
	80	36	37	38	39	9	10	11	12	13	14	15	16
及格	78	34	35	36	37								
	76	32	33	34	35	8	9	10	11	12	13	14	15
	74	30	31	32	33								
	72	28	29	30	31	7	8	9	10	11	12	13	14
	70	26	27	28	29								
	68	24	25	26	27	6	7	8	9	10	11	12	13
	66	22	23	24	25								
	64	20	21	22	23	5	6	7	8	9	10	11	12
	62	18	19	20	21								
	60	16	17	18	19	4	5	6	7	8	9	10	11
不及格	50	14	15	16	17	3	4	5	6	7	8	9	10
	40	12	13	14	15	2	3	4	5	6	7	8	9
	30	10	11	12	13	1	2	3	4	5	6	7	8
	20	8	9	10	11		1	2	3	4	5	6	7
	10	6	7	8	9			1	2	3	4	5	6

注:小学三年级至六年级:1分钟仰卧起坐;初中、高中、大学:引体向上。

表3-13　女生1分钟仰卧起坐单项评分表(单位:次)

等级	单项得分	三年级	四年级	五年级	六年级	初一	初二	初三	高一	高二	高三	大一大二	大三大四
优秀	100	46	47	48	49	50	51	52	53	54	55	56	57
	95	44	45	46	47	48	49	50	51	52	53	54	55
	90	42	43	44	45	46	47	48	49	50	51	52	53
良好	85	39	40	41	42	43	44	45	46	47	48	49	50
	80	36	37	38	39	40	41	42	43	44	45	46	47
及格	78	34	35	36	37	38	39	40	41	42	43	44	45
	76	32	33	34	35	36	37	38	39	40	41	42	43
	74	30	31	32	33	34	35	36	37	38	39	40	41
	72	28	29	30	31	32	33	34	35	36	37	38	39
	70	26	27	28	29	30	31	32	33	34	35	36	37
	68	24	25	26	27	28	29	30	31	32	33	34	35
	66	22	23	24	25	26	27	28	29	30	31	32	33
	64	20	21	22	23	24	25	26	27	28	29	30	31
	62	18	19	20	21	22	23	24	25	26	27	28	29
	60	16	17	18	19	20	21	22	23	24	25	26	27
不及格	50	14	15	16	17	18	19	20	21	22	23	24	25
	40	12	13	14	15	16	17	18	19	20	21	22	23
	30	10	11	12	13	14	15	16	17	18	19	20	21
	20	8	9	10	11	12	13	14	15	16	17	18	19
	10	6	7	8	9	10	11	12	13	14	15	16	17

表 3-14　男生耐力跑单项评分表（单位：分·秒）

等级	单项得分	五年级	六年级	初一	初二	初三	高一	高二	高三	大一大二	大三大四
优秀	100	1′36″	1′30″	3′55″	3′50″	3′40″	3′30″	3′25″	3′20″	3′17″	3′15″
	95	1′39″	1′33″	4′05″	3′55″	3′45″	3′35″	3′30″	3′25″	3′22″	3′20″
	90	1′42″	1′36″	4′15″	4′00″	3′50″	3′40″	3′35″	3′30″	3′27″	3′25″
良好	85	1′45″	1′39″	4′22″	4′07″	3′57″	3′47″	3′42″	3′37″	3′34″	3′32″
	80	1′48″	1′42″	4′30″	4′15″	4′05″	3′55″	3′50″	3′45″	3′42″	3′40″
及格	78	1′51″	1′45″	4′35″	4′20″	4′10″	4′00″	3′55″	3′50″	3′47″	3′45″
	76	1′54″	1′48″	4′40″	4′25″	4′15″	4′05″	4′00″	3′55″	3′52″	3′50″
	74	1′57″	1′51″	4′45″	4′30″	4′20″	4′10″	4′05″	4′00″	3′57″	3′55″
	72	2′00″	1′54″	4′50″	4′35″	4′25″	4′15″	4′10″	4′05″	4′02″	4′00″
	70	2′03″	1′57″	4′55″	4′40″	4′30″	4′20″	4′15″	4′10″	4′07″	4′05″
	68	2′06″	2′00″	5′00″	4′45″	4′35″	4′25″	4′20″	4′15″	4′12″	4′10″
	66	2′09″	2′03″	5′05″	4′50″	4′40″	4′30″	4′25″	4′20″	4′17″	4′15″
	64	2′12″	2′06″	5′10″	4′55″	4′45″	4′35″	4′30″	4′25″	4′22″	4′20″
	62	2′15″	2′09″	5′15″	5′00″	4′50″	4′40″	4′35″	4′30″	4′27″	4′25″
	60	2′18″	2′12″	5′20″	5′05″	4′55″	4′45″	4′40″	4′35″	4′32″	4′30″
不及格	50	2′22″	2′16″	5′40″	5′25″	5′15″	5′05″	5′00″	4′55″	4′52″	4′50″
	40	2′26″	2′20″	6′00″	5′45″	5′35″	5′25″	5′20″	5′15″	5′12″	5′10″
	30	2′30″	2′24″	6′20″	6′05″	5′55″	5′45″	5′40″	5′35″	5′32″	5′30″
	20	2′34″	2′28″	6′40″	6′25″	6′15″	6′05″	6′00″	5′55″	5′52″	5′50″
	10	2′38″	2′32″	7′00″	6′45″	6′35″	6′25″	6′20″	6′15″	6′12″	6′10″

注：小学五年级至六年级：50米×8往返跑；初中、高中、大学：1000米跑。

表 3-15　女生耐力跑单项评分表（单位：分·秒）

等级	单项得分	五年级	六年级	初一	初二	初三	高一	高二	高三	大一大二	大三大四
优秀	100	1′41″	1′37″	3′35″	3′30″	3′25″	3′24″	3′22″	3′20″	3′18″	3′16″
	95	1′44″	1′40″	3′42″	3′37″	3′32″	3′30″	3′28″	3′26″	3′24″	3′22″
	90	1′47″	1′43″	3′49″	3′44″	3′39″	3′36″	3′34″	3′32″	3′30″	3′28″
良好	85	1′50″	1′46″	3′57″	3′52″	3′47″	3′43″	3′41″	3′39″	3′37″	3′35″
	80	1′53″	1′49″	4′05″	4′00″	3′55″	3′50″	3′48″	3′46″	3′44″	3′42″
及格	78	1′56″	1′52″	4′10″	4′05″	4′00″	3′55″	3′53″	3′51″	3′49″	3′47″
	76	1′59″	1′55″	4′15″	4′10″	4′05″	4′00″	3′58″	3′56″	3′54″	3′52″
	74	2′02″	1′58″	4′20″	4′15″	4′10″	4′05″	4′03″	4′01″	3′59″	3′57″
	72	2′05″	2′01″	4′25″	4′20″	4′15″	4′10″	4′08″	4′06″	4′04″	4′02″
	70	2′08″	2′04″	4′30″	4′25″	4′20″	4′15″	4′13″	4′11″	4′09″	4′07″
	68	2′11″	2′07″	4′35″	4′30″	4′25″	4′20″	4′18″	4′16″	4′14″	4′12″
	66	2′14″	2′10″	4′40″	4′35″	4′30″	4′25″	4′23″	4′21″	4′19″	4′17″
	64	2′17″	2′13″	4′45″	4′40″	4′35″	4′30″	4′28″	4′26″	4′24″	4′22″
	62	2′20″	2′16″	4′50″	4′45″	4′40″	4′35″	4′33″	4′31″	4′29″	4′27″
	60	2′23″	2′19″	4′55″	4′50″	4′45″	4′40″	4′38″	4′36″	4′34″	4′32″
不及格	50	2′27″	2′23″	5′05″	5′00″	4′55″	4′50″	4′48″	4′46″	4′44″	4′42″
	40	2′31″	2′27″	5′15″	5′10″	5′05″	5′00″	4′58″	4′56″	4′54″	4′52″
	30	2′35″	2′31″	5′25″	5′20″	5′15″	5′10″	5′08″	5′06″	5′04″	5′02″
	20	2′39″	2′35″	5′35″	5′30″	5′25″	5′20″	5′18″	5′16″	5′14″	5′12″
	10	2′43″	2′39″	5′45″	5′40″	5′35″	5′30″	5′28″	5′26″	5′24″	5′22″

注：小学五年级至六年级：50米×8往返跑；初中、高中、大学：800米跑。

2.加分指标评分表

表 3-16　男生 1 分钟跳绳评分表（单位:次）

加分	一年级	二年级	三年级	四年级	五年级	六年级
20	40	40	40	40	40	40
19	38	38	38	38	38	38
18	36	36	36	36	36	36
17	34	34	34	34	34	34
16	32	32	32	32	32	32
15	30	30	30	30	30	30
14	28	28	28	28	28	28
13	26	26	26	26	26	26
12	24	24	24	24	24	24
11	22	22	22	22	22	22
10	20	20	20	20	20	20
9	18	18	18	18	18	18
8	16	16	16	16	16	16
7	14	14	14	14	14	14
6	12	12	12	12	12	12
5	10	10	10	10	10	10
4	8	8	8	8	8	8
3	6	6	6	6	6	6
2	4	4	4	4	4	4
1	2	2	2	2	2	2

注:1 分钟跳绳为高优指标,学生成绩超过单项评分 100 分后,以超过的次数所对应的分数进行加分。

表 3-17　女生 1 分钟跳绳评分表（单位:次）

加分	一年级	二年级	三年级	四年级	五年级	六年级
20	40	40	40	40	40	40
19	38	38	38	38	38	38
18	36	36	36	36	36	36
17	34	34	34	34	34	34
16	32	32	32	32	32	32
15	30	30	30	30	30	30
14	28	28	28	28	28	28
13	26	26	26	26	26	26
12	24	24	24	24	24	24
11	22	22	22	22	22	22
10	20	20	20	20	20	20

续表

加分	一年级	二年级	三年级	四年级	五年级	六年级
9	18	18	18	18	18	18
8	16	16	16	16	16	16
7	14	14	14	14	14	14
6	12	12	12	12	12	12
5	10	10	10	10	10	10
4	8	8	8	8	8	8
3	6	6	6	6	6	6
2	4	4	4	4	4	4
1	2	2	2	2	2	2

注:1分钟跳绳为高优指标,学生成绩超过单项评分100分后,以超过的次数所对应的分数进行加分。

表3-18 男生引体向上评分表(单位:次)

加分	初一	初二	初三	高一	高二	高三	大一大二	大三大四
10	10	10	10	10	10	10	10	10
9	9	9	9	9	9	9	9	9
8	8	8	8	8	8	8	8	8
7	7	7	7	7	7	7	7	7
6	6	6	6	6	6	6	6	6
5	5	5	5	5	5	5	5	5
4	4	4	4	4	4	4	4	4
3	3	3	3	3	3	3	3	3
2	2	2	2	2	2	2	2	2
1	1	1	1	1	1	1	1	1

表3-19 女生1分钟仰卧起坐评分表(单位:次)

加分	初一	初二	初三	高一	高二	高三	大一大二	大三大四
10	13	13	13	13	13	13	13	13
9	12	12	12	12	12	12	12	12
8	11	11	11	11	11	11	11	11
7	10	10	10	10	10	10	10	10
6	9	9	9	9	9	9	9	9
5	8	8	8	8	8	8	8	8
4	7	7	7	7	7	7	7	7
3	6	6	6	6	6	6	6	6
2	4	4	4	4	4	4	4	4
1	2	2	2	2	2	2	2	2

注:表3-17和表3-18中引体向上、1分钟仰卧起坐均为高优指标,学生成绩超过单项评分100分后,以超过的次数所对应的分数进行加分。

表 3-20　男生 1000 米跑评分表 (单位 : 分·秒)

加分	初一	初二	初三	高一	高二	高三	大一大二	大三大四
10	−35″	−35″	−35″	−35″	−35″	−35″	−35″	−35″
9	−32″	−32″	−32″	−32″	−32″	−32″	−32″	−32″
8	−29″	−29″	−29″	−29″	−29″	−29″	−29″	−29″
7	−26″	−26″	−26″	−26″	−26″	−26″	−26″	−26″
6	−23″	−23″	−23″	−23″	−23″	−23″	−23″	−23″
5	−20″	−20″	−20″	−20″	−20″	−20″	−20″	−20″
4	−16″	−16″	−16″	−16″	−16″	−16″	−16″	−16″
3	−12″	−12″	−12″	−12″	−12″	−12″	−12″	−12″
2	−8″	−8″	−8″	−8″	−8″	−8″	−8″	−8″
1	−4″	−4″	−4″	−4″	−4″	−4″	−4″	−4″

表 3-21　女生 800 米跑评分表 (单位 : 分·秒)

加分	初一	初二	初三	高一	高二	高三	大一大二	大三大四
10	−50″	−50″	−50″	−50″	−50″	−50″	−50″	−50″
9	−45″	−45″	−45″	−45″	−45″	−45″	−45″	−45″
8	−40″	−40″	−40″	−40″	−40″	−40″	−40″	−40″
7	−35″	−35″	−35″	−35″	−35″	−35″	−35″	−35″
6	−30″	−30″	−30″	−30″	−30″	−30″	−30″	−30″
5	−25″	−25″	−25″	−25″	−25″	−25″	−25″	−25″
4	−20″	−20″	−20″	−20″	−20″	−20″	−20″	−20″
3	−15″	−15″	−15″	−15″	−15″	−15″	−15″	−15″
2	−10″	−10″	−10″	−10″	−10″	−10″	−10″	−10″
1	−5″	−5″	−5″	−5″	−5″	−5″	−5″	−5″

注 : 表 3-20 和表 3-21 中 1000 米跑、800 米跑均为低优指标,学生成绩低于单项评分 100 分后,以减少的秒数所对应的分数进行加分。

(四) 登记卡及申请表

(1)《国家学生体质健康标准》登记卡 (见大学样表)。

(2) 免予执行《国家学生体质健康标准》申请表 (见样表)。

《国家学生体质健康标准》登记卡（大学样表）

学校_____

姓　名			性　别			学　号		
院(系)			民　族			出生日期		

单项指标	大一			大二			大三			大四			毕业成绩	
	成绩	得分	等级	成绩	得分	等级	成绩	得分	等级	成绩	得分	等级	得分	等级
体重指数(BMI)(千克/米^2)														
肺活量(毫升)														
50米跑(秒)														
坐位体前屈(厘米)														
立定跳远(厘米)														
引体向上(男)/1分钟仰卧起坐(女)(次)														
1000米跑(男)/800米跑(女)(分·秒)														
标准分														

加分指标	成绩	附加分	成绩	附加分	成绩	附加分	成绩	附加分		
引体向上(男)/1分钟仰卧起坐(女)(次)										
1000米跑(男)/800米跑(女)(分·秒)										
学年总分										
等级评定										
体育教师签字										
辅导员签字										

注：高等职业学校、高等专科学校参照本样表执行。

学校签章：　　　　　　　年　月　日

免予执行《国家学生体质健康标准》申请表(样表)

姓　名		性　别		学　号	
班　级 /院（系）		民　族		出生日期	
原因					申请人： 　　　年　月　日
体育教师签字			家长签字		
学校体育部门意见					学校签章： 　　　年　月　日

注:中等职业学校及普通高等学校的学生,"家长签字"由学生本人签字。

第四章　提高运动能力

第一节　提高身体基本素质

　　身体素质是指身体各个器官系统在进行身体活动时,外在显示的一种身体潜能。身体素质包括力量、耐力、速度、灵敏、柔韧等。身体素质是人体活动的基础,对获得行动自由和提高生活质量起着关键的作用。

一、发展力量素质

(一) 力量素质的概念及种类

力量素质是指人身体部分肌肉在工作时克服阻力的能力。

力量素质可分为最大力量、相对力量、速度力量和力量耐力。

最大力量:排除体重因素,身体或身体一部分克服最大阻力的能力。

相对力量:练习者每公斤体重所具有的最大力量。相对力量=最大力量÷体重(公斤)。

速度力量:快速克服阻力的能力。速度力量是力量与速度有机结合的一种特殊力量素质。在尽可能短的时间内发挥出尽可能大的力量,称之为爆发力。评定爆发力可采用爆发力指数。爆发力指数=用尽可能大的力量÷用尽可能短的时间。

　　力量耐力:长时间克服阻力的能力。

(二) 力量素质练习的基本方法

(1) 负重抗阻力练习:运用杠铃、壶铃、哑铃等进行练习。这种练习是力量练习最常用的方法。

(2) 对抗性练习:如双人顶、推、拉等。这种练习不需要任何器材,尤其可引起练习者的兴趣。

(3) 克服弹性练习:如拉力器、拉橡皮带等。

（4）克服自身体重的练习：如引体向上、倒立推起、跳跃练习等。

（5）克服外部环境阻力练习：如在沙地或草地上做各种跳跃练习。

（6）电刺激：通过电流的刺激发展力量。

（三）力量素质练习的基本要求

1. 正确选择练习方法

选用方法总的要求是对准所练习的肌肉群。如提升股四头肌力量，可选负重半蹲的练习，同时要求练习者双脚平行或稍内扣，否则就达不到锻炼股四头肌的目的，反而改变了臀部肌肉的形态。

2. 合理安排各种力量练习的顺序

各种力量练习对肌体影响是不同的，小负荷多次数的练习，主要影响肌肉的结构，使肌肉纤维变粗，肌肉横断面增大；而大负荷少次数的练习，主要改善肌肉的协调功能。力量练习应先使肌肉结构改变，然后再提高肌肉的协调功能。

3. 处理好负荷与恢复的关系

专家通过实验认为，隔日练习力量增长77.6%，每日练习力量增长只有47%。练习者应针对各肌体部位交替练习，有利于疲劳的消除。负荷要有节奏，大、中、小、负荷合理调整，逐渐提高。

4. 力量练习后要特别注意放松

放松有利于肌肉的恢复，有利于提高神经调节功能，有利于速度力量的发展。如不放松，肌肉的紧张得不到消除，会使血管继续受压，血流受阻，可能引起静止状态下的肌肉痉挛。因此，力量练习后的放松特别重要。

5. 力量练习要保持常态，做到循序渐进

专家通过实验认为，练习20周，每天坚持练习，力量增长100%，以后完全停止练习40周后练习所获的效果完全消失。另一实验，练习45周，每周只练习一次，力量增长70%，停止练习70周后效果尚未完全消失。

上述实验表明，力量练习增长得快，停训后消失得也快；增长得慢，停训后消失得也慢。

二、发展耐力素质

（一）耐力素质的概念及种类

耐力素质是指有机体长时间工作抗疲劳的能力。

耐力素质可分为心血管耐力和肌肉耐力。

心血管耐力又分为有氧耐力和无氧耐力（通常指速度耐力）。人的耐力会受到遗传、自然规律、后天环境、体育锻炼等因素的影响。判断人的耐力水平的高低，一般用肺活量和在400米场地进行的12分钟跑及"库珀"测试法即2400米跑来测试。

（二）耐力素质练习的基本方法

（1）各种形式的长时间跑，如持续跑、变速跑、变换练习环境的越野跑、"法特莱克跑"即"游戏跑"、间歇跑。

（2）长时间的其他周期性运动，如游泳、滑冰、骑自行车、划船等。

（3）长时间重复做某一非周期性运动，如排球练习中各种移动救球，篮球练习中的各种滑步等。

（4）各种长时间的游戏。

（三）耐力素质练习的基本要求

1. 要注意呼吸问题

呼吸的作用在于摄取发展耐力所必需的氧气。练习中随着练习负荷的增加，体内耗氧与供氧的不平

衡程度也随之增大。而肌体的摄氧是通过提高呼吸频率和加深呼吸深度两方面来实现的。因此培养练习的呼吸能力,对耐力素质练习来说是十分重要的。

2. 无氧耐力练习应以有氧耐力练习为基础

有氧练习是无氧练习的基础,有氧练习使练习者心腔增大,脉搏血液输出量增加,这样可为以后的无氧练习打好基础。如只进行无氧练习,就会使心肌壁加厚,脉搏血液输出量难以提高,将影响全身血液供给,对发展无氧耐力不利。所以,进行无氧练习前应进行有氧练习。

3. 耐力素质练习中,意志品质所起的作用是十分重要的

意志坚强者比意志薄弱者的耐力表现好得多,所以在耐力练习中加强对练习者意志品质的培养。

三、发展速度素质

(一)速度素质的概念及种类

速度素质是指人体快速运动的能力。

速度素质可分为反应速度、动作速度、移动速度。

反应速度:人体对各种信号刺激快速应答的能力。

动作速度:人体快速完成某一动作的能力。

移动速度:在周期性运动中,在单位时间内人体快速位移的能力。

(二)速度素质练习的基本方法

(1)利用各种突然发生的信号,令练习者快速作出应答反应。

(2)利用外界阻力、助力、信号刺激等提高运动员的动作速度。

(3)逐步缩小完成动作的空间和缩短完成动作的时间,以提高动作速度。

(4)不同动作跑的专门练习,如高抬腿跑、小步跑、后蹬跑、车轮跑等。

(5)不同形式跑的练习,如加速跑、变速跑、让距离跑、行进间跑等。

(6)利用各种自然条件跑的练习,如顺风跑、下坡跑、上坡跑。

(7)各种专门力量的练习,如负重屈伸、直腿抓举、俯卧挺身、提踵。

(三)速度素质练习的基本要求

(1)速度素质练习应结合练习者所从事的运动专项进行。

(2)速度素质练习应在练习者情绪饱满、兴奋性高、运动欲望强烈的情况下进行。

(3)速度素质练习是大强度无氧代谢为主的活动,需以有氧代谢练习为基础。

四、发展柔韧素质

(一)柔韧素质的概念及种类

柔韧素质是指人体各关节肌肉、肌腱、韧带等软组织的伸展能力,即指关节活动幅度的大小。

柔韧素质可分为一般柔韧性和专项柔韧性两种。

一般柔韧性是指适应一般身体技术、战术等练习所需要的柔韧素质,也可将肌体中那些最主要关节的活动能力视为一般柔韧性。

专项柔韧性是指专项运动所需要的特殊柔韧素质,如游泳运动所需肩关节的柔韧素质等。专项柔韧性是提高专项技术的重要条件。

(二)柔韧素质练习的基本方法

(1)发展肩部、腿部、臂部、脚部柔韧性的主要练习方法有压、搬、劈、摆、踢、蹦、环绕等练习。

(2)发展腰部柔韧性的主要练习手段有站立体前屈、转体、甩腰、绕环等练习。

(三)柔韧素质练习的基本要求

(1)控制好柔韧素质的发展水平。任何运动项目对柔韧素质都有一定范围的要求,过分地发展柔韧素质会导致关节和韧带的变形,影响关节的牢固和体态。

(2)注意主要部位柔韧素质的发展与相互联系的身体各个部位柔韧素质的发展练习。

(3)柔韧素质练习要持之以恒。经常练习使柔韧素质提高很快,但在停止后又很快消失,因此练习必须持之以恒。

(4)发展柔韧素质练习要与力量素质练习相结合。柔韧素质练习若安排不好,就会影响力量素质的提高。只有把肌肉练得柔而不软、韧而不僵,才能把柔韧素质和力量素质结合起来。

(5)要注意练习的外界温度和练习时间。外界温度过高或过低都会影响柔韧素质练习的效果,外界温度为18℃时最适于柔韧素质的练习。一天之内,早晨的练习效果不好,上午和下午时间段人体表现出很好的柔韧性,更适合柔韧素质练习。

(6)柔韧素质练习要从小开始,收效比较显著。

五、发展灵敏素质

(一)灵敏素质的概念及种类

灵敏素质是指在各种突然变换的条件下,练习者能够迅速、准确、协调改变身体运动的能力。衡量灵敏素质的标准是练习者在各种复杂的条件下,能够迅速、准确、协调地作出某些相应的动作。灵敏素质又可分为一般灵敏素质与专项灵敏素质。

(二)灵敏素质练习的基本方法

(1)让练习者在跑、跳中迅速、准确、协调地完成各种动作。如快速改变方向跑、各种躲闪跑和突然起跑练习,各种急停和迅速转体的练习等。

(2)各种调整身体方位的练习。如利用体操器械做各种较复杂的动作。

(3)专门设计的各种复杂多变的练习。如"之"字跑、躲闪跑、穿梭跑和立卧撑四项运动组合的综合性练习。

(4)各种变换方向的追逐性游戏和对各种信号作出回答反应的游戏等。

(三)灵敏素质练习的基本要求

(1)根据练习者所从事的专项要求进行练习。

(2)灵敏素质练习方法是多种多样的,并且要经常地改变,采用多种多样的方法练习灵敏素质,可以提高练习者各种器官的机能。

(3)注意消除练习者紧张的心理。

(4)灵敏素质的练习应安排在练习者体能充沛、精神饱满、运动欲望强烈的情况下进行,兴奋度下降时不宜进行灵敏素质的练习。

第二节　提高身体活动能力

在人类发展过程中,若揭示人类生存的奥秘,无非是人类比其他动物大脑更加发达、四肢更加灵活,并具有自由支配行动的能力。运动能力是指跑、跳、投、支撑、攀登、爬跃、负重等身体活动能力的总和,它与人类的生存和生活有着极为密切的关系。尽管身体的基本活动能力是人生来具有的活动能力,但为了驾驭生活和体现生命的活力,必须通过后天的锻炼不断予以强化。

一、提高跑、跳、投的能力

人类为了提高生存能力,在与自然界的斗争中,必须加强自身锻炼,不断发展跑、跳、投的能力。虽然有众多的体育项目可供锻炼时选择,但效果最为显著的是田径运动项目。这是因为它不但源于生产、劳动和军事防卫,而且跑、跳、投的内容都属于日常生活所需的最基本的技能。

(一)提高奔跑能力

1. 跑的分类

跑是人类在生存与发展中最基本的身体活动能力之一。它也是人类进行强身、健体、游戏、娱乐和竞赛活动不可缺少的内容,是当今社会文化和校园文化活动中的组成部分。跑的种类较多,按跑的目的不同可分为健身跑和竞赛跑两种。前者以健身为目的,一般按年龄、性别和体能特点采取自然跑,跑的动作没有严格的技术要求。经常参加各种跑的活动,可以起到健身、健心的作用。具体表现在提高心血管系统功能,使心肌收缩和血管弹性好,呼吸系统功能加强,对自主神经的稳定与心理健康有积极的促进作用。后者根据竞赛的距离分为短跑、中跑和长跑。竞赛跑除跨栏、障碍、接力的特殊技术要求外,其技术结构由起跑、加速跑、途中跑和冲刺跑四个部分组成。

2. 短跑练习的方法

短跑是田径运动中表现速度力量的典型项目,包括60米跑、100米跑、200米跑和400米跑。若对短跑的全过程进行观察,可发现为了解决"快速奔跑"这个核心问题,在着重提高力量素质的基础上,还应注意练习方法,所选用的练习方法应有利于提高反应速度、动作速度和位移速度。

(1)提高反应速度。

反应速度作为表现快速启动能力的基本要素,主要依赖于大脑皮层信号的快速反应,并指挥身体迅速摆脱静止状态。据研究,人的反应速度主要受遗传因素影响,但并非锻炼就毫无意义。为了提高反应速度,可以通过看、听、触觉反应进行练习。

(2)提高动作速度。

动作速度作为体现加速能力的基本要素,主要依赖于提高动作的交换频率。在短跑过程中,由于快速启动后,只有通过两臂快速摆动,迫使频率急剧增加,才能使身体在疾跑阶段获得加速度,并尽快达到很高的速度转入途中跑。

(3)提高位移速度。

位移速度是指单位时间内人体快速移动的能力,与短跑各阶段都有关系,但对途中跑所起的作用则更为明显。因此,它同时又作为体现保持高速能力的基本要素,主要依赖于步幅的逐渐加大与稳定。为了在途中跑至终点阶段使已获得的高速度持续保持,只有提高后蹬的能力,即增加参与后蹬动作的主要肌群的力量,选择合理的后蹬角度和方向。同时也要有正确的跑步技术,其中包括积极送髋、上体正直、摆臂有力、摆动腿快速前摆扒地等跑步技术的专门练习。

3. 中长跑练习的方法

中长跑属于典型的耐力运动项目,肌肉长时间活动是其主要特点,常被作为提高人体持久工作能力的重要练习方法。按竞技运动的分类,把800米跑、1500米跑、3000米跑称为中距离跑,5000米跑、10000米跑称为长距离跑。由于中长跑对改善心、肺功能产生不同的影响,根据心血管、呼吸、肌肉系统承受的不同负荷,通常可分为有氧耐力、无氧耐力和肌肉耐力三方面内容。

（1）提高有氧耐力。

有氧耐力是人体在氧气供应充足的情况下，不负氧债而坚持长时间活动的能力。大学生发展基本活动能力应以有氧耐力为主。每天坚持锻炼对有氧训练非常好。

（2）提高无氧耐力。

无氧耐力是人体在负氧债的情况下，仍能持续保持较高速度的活动能力，通常又称速度耐力。由于介入了"速度"这个概念，发展无氧耐力除需要建立在有氧耐力的基础之上，还必须逐级提高100米跑、200米跑和400米跑的绝对速度，并采取重复跑、间歇跑等练习方法，进行强度较大的练习。

（3）提高肌肉耐力。

鉴于中、长跑的持续时间较长，除心、肺功能是影响耐力水平的决定性因素外，作为人体赖以运动的肌肉系统，同样也持久承受工作疲劳的负荷。经常从事中长跑练习固然可以提高肌肉耐力，但仍须通过重复次数较多、持续时间较长、负荷强度适中的负重抗阻练习进行不间断的练习。根据中长跑运动的肌肉工作范围，练习时应注重提高小肌肉群的耐力。

（二）提高跳跃能力

1. 跳跃的分类

跳跃是人类在生存与发展过程中表现出的基本能力之一。随着社会文明程度的提高，跳跃从生活劳动的形式转变为游戏，再从游戏发展成为今天的竞技体育项目。所以，跳跃可分为以生活、劳动、健身为目标的跳跃和以竞技为目标的跳跃两种。前者是后者的基础，无严格的技术要求，经常从事跳跃活动能促进人体的新陈代谢，协调神经系统与运动器官之间的关系，改善内脏器官的功能。后者无论是跳高或跳远，技术结构都由助跑、起跳、腾空（或过杆）、落地四个部分组成，对技术动作要求严，必须有规律地进行训练。

2. 提高水平速度练习

助跑中均匀用力，逐渐加大步幅和加快步频，目的是使人体预先获得水平加速度，直至起跳前达到最大。为了利于积极加速起跳，远度与高度项目的助跑节奏又有各自的特点。

（1）跳远助跑练习。

①两脚平行半蹲姿势，双手扶着膝关节，做自然前倒迈出第一步的练习，要求固定助跑开始启动的步长。

②在跑道设助跑开始段、助跑中段和最后四步段三个标志点进行助跑节奏的练习，要求开始段用快频率助跑，中段加大步幅，最后四步段使助跑速度达到最大，但最后一步时步长应明显缩小。

③在助跑道上做有节奏的加速跑练习，要求在30～35米距离时采取身体稍前倾姿势，并使跑的步幅大致均等。

（2）跳高助跑练习。

①在助跑道上随意快走或慢跑3～4步后，做8～10步加速跑练习，要求步幅稍大、节奏快、富于弹性。

②在助跑道上做低重心的"滚动步"跑练习，要求跑进中由全脚掌着地过渡到前脚掌蹬地。

③在助跑道上做三步助跑练习，要求最后一步身体稍后仰，积极向前送髋，大腿带动小腿前伸，由上向下主动放脚，在短暂制动后迅速做扒地起跳动作。

④先直线跑，逐渐转入降低重心的弧线跑（3～5步）。要求上体向弧线内沿倾斜，由全脚掌着地过渡到前脚掌着地，最后一步身体保持直立姿势，重心不宜过低，用脚掌外测滚动着地，背对横杆准备起跳（背跃式）。

3. 起跳动作速度练习

任何跳跃的起跳动作都强调快速有力,但向上跳和向远跳又有方向上的不同。因此,除应处理好助跑准备阶段与起跳动作的衔接外,还必须通过各种跳跃练习,增强弹跳力量和合理用力的技巧。最常见的练习有纵跳、蛙跳、立定跳、单脚跳、台阶跳、多级跨跳、屈伸跳、左右横跳等。

(1)原地对墙纵跳摸高,或2~3步助跑做纵跳(单双脚均可)触篮板、篮圈、悬吊物练习。

(2)双脚自然开立,取半蹲姿势,双臂引向身后,前摆手臂伸展身体做立定跳远练习。

(3)同上姿势,连续做蛙跳练习。

(4)双脚原地起跳,单脚落地后,做左、右脚交替的多级跨跳练习。

(5)双脚起跳单脚落地后,做连续的单脚跳练习。

(6)取半蹲姿势,双手背于腰后,连续做双脚跳上台阶的练习。

(7)纵向排列3~5个栏架,栏间距适中,栏架前双脚起跳,双膝向上高抬,连续做依次越过栏架的屈伸跳练习。

(8)在地面画两条间距30~50厘米的平行线,先左脚横向贴近右侧线外,右脚分开,用左脚外侧、右脚内侧蹬地横跳至左侧线外,反复依此方法连续左右横跳(两线间距随水平提高逐渐加宽)。

(三)提高投掷能力

投掷在人类生产劳动和生活过程中,都是不可缺少的身体基本活动能力。根据投掷能力、目的、形式的不同,可分为健身和娱乐、生产劳动与竞技投掷三大类。

健身、娱乐投掷主要包括投飞盘、沙包、网球、篮球等运动内容。投掷形式有投中、投远,这类投掷活动老少皆宜。以上这两种投掷活动在技术上没有严格要求,容易掌握,对人身心健康能起到一定的积极性作用。而竞技体育的投掷项目技术性要求很强,其完整技术都由持器械、助跑、最后用力、器械出手四部分组成,如推铅球、掷铁饼、投链球等体育运动项目。为了达到不断增强体力的目的,大学生有必要根据自身实际水平,力求掌握抛投远度的核心因素,重点选择有利于发展抛投能力的练习方法。

1. 提高“预动”速度的练习

投掷运动中的“预动”速度是指投掷前身体与器械先获得的速度。由于投掷器械的重量、形状各异,为便于抛投动作的完成,采用助跑交叉步、滑跑和旋转三种不同的“预动”方式,目的都是提高器械的初速度,为抛投出手创造有利条件。

(1)身体侧对跑进方向,以髋关节为轴,连续做侧向跑的前、后交叉步练习。要求右脚前跨交叉时,脚跟与左脚尖齐平;左脚后伸交叉时,脚尖与右脚跟齐平,手臂则左右协调摆动。

(2)身体侧对(背对)滑动方向单脚支撑微屈,身体稍前俯,悬浮脚向侧(后)预摆,内收贴近支撑脚后,做向侧(后)蹬摆的侧滑步(背向滑步)练习。

(3)两脚开立微屈,右腿抬起向前侧跨跳的同时,要求以髋关节为轴向左旋转,左脚迅速后伸支撑,保持与肩形成的纵轴呈稳定的侧支撑,并尽量将身体扭紧。

2. 提高出手速度练习

投掷运动中的出手速度,是指器械出手时的速度。如果掌握适宜的抛投角度,出手速度的快慢则是决定器械抛投远度的关键。

(1)两人相距10米,手持实心球随意变换各种抛投方式,可做单手肩上推球、单手旋转抛球、双手头上掷球、双手向后抛球、双手胯下后抛球等练习。

(2)手持垒球距墙15米,进行原地“背后过肩”单手投球练习。要求右手经前向后下方侧引球,以髋关节为轴向左转体朝向投掷方向,投掷臂从背后过肩,沿45°角把球向前上方投出。可在墙上画1米×1

米靶标练习投准,也可两人对墙投球后,按反弹距离进行比赛。

二、提高支撑、悬垂、攀爬能力

支撑是指人体肩轴高于器械轴并对支点产生压力的一种动作;悬垂是指人体肩轴低于器械并对支点产生拉力的一种动作。从古至今,人们都比较重视对自己的支撑、悬垂能力的练习,以促使自己生活得更加安全,增强对自然环境的适应能力和生存能力。

支撑、悬垂、攀爬能力的强弱,与自身的身心素质(力量、灵敏、柔韧和勇敢、顽强)紧密相关。因此,人们十分重视通过体育运动中有关手段练习来提高支撑、悬垂、攀爬的能力。

(一)提高支撑能力

1. 徒手体操练习

徒手体操是采用徒手方式进行的身体体操,主要用于提高身体素质和基本活动能力。内容包括身体各环节的不同类型的单个和组合动作。徒手体操形式多样,所起作用不同,如果着眼于提高支撑能力,可选择由手和身体某环节接触地面做坐撑、蹲撑、俯撑、侧撑、仰撑和倒立撑等练习。

(1)混合支撑练习法。

混合支撑是指用手和身体某部位同时支撑于地面的练习方式。由于支撑点较多,身体容易保持稳定,对身体素质的要求相对较低,也可为逐渐向单纯性支撑过渡打下好基础。

①头手倒立:如图4-1所示,两手与头部支撑点呈等边三角形,头部前额着地,脚向上伸直。

②桥形撑:如图4-2所示,双手与脚支撑最大限度地呈背弓形。

图4-1 头手倒立

① ②

图4-2 桥形撑

(2)单纯支撑练习法。

单纯支撑是指仅身体某部位支撑于地面进行练习的方法。由于支撑点较少,身体难以保持稳定,对身体素质的要求相对较高,既有利于提高身体在特定状态下保持支撑平衡的能力,也能发展力量、灵敏、柔韧、协调等身体素质,为提高专项运动能力创造有利条件。练习时可先由同伴帮助,并注意掌握动作要领,然后争取在反复练习后做到独立完成。

①燕式平衡:如图4-3所示,单脚支撑,上体前倾,另一腿后举,两臂侧举。

②仰平衡:如图4-4所示,单脚支撑,上体后仰至水平,一腿前举,两臂下垂。

图4-3 燕式平衡　　　　图4-4 仰平衡

③倒立支撑：如图4-5所示，双手支撑地面，身体变成倒立姿势。

④俯卧撑击掌：如图4-6所示，在做俯卧撑向上推起时双手击掌然后再支撑。

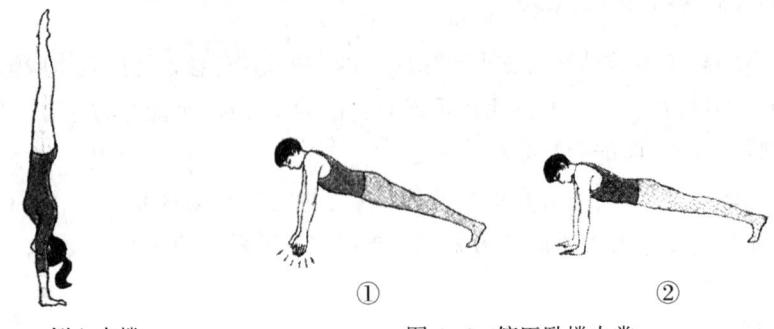

图4-5　倒立支撑　　　　　　　　图4-6　俯臣卧撑击掌

2. 器械操练习

(1)低单杠练习法。

由于动作多在支撑状态下完成，难度相对较小。为了提高练习效果，可在单个动作练习基础上，选择由单个动作组合的成套动作进行经常性练习。

①跳上成支撑：如图4-7所示，直臂正握，双脚蹬地上跳成支撑，腹部靠杠，抬头挺胸。

图4-7　跳上成支撑

②翻上成支撑：如图4-8所示，直臂正握，屈臂上体贴杠，单脚向前上方摆踢，倒肩用力使腹靠杠，同时翻腕上杠，抬头挺胸。

图4-8　翻上成支撑

③骑撑前回环：如图4-9所示，反握抓杠，右腿骑撑，两臂伸直，重心前移；同时右腿前伸，上体挺直前倒。当上体回环至杠后水平部位，右腿继续后摆，上体立腰，两臂伸直压杠，翻腕撑杠成骑撑。

图4-9　骑撑前回环

④骑撑后倒挂：如图 4-10 所示，两臂伸直握杠，上体后倒，当身体后摆，肩过杠下垂直部位后，迅速屈左腿挂杠，右腿加速后摆，同时两臂用力压杠，翻腕成骑撑。

图 4-10　骑撑后倒挂

（2）双杠练习法。

利用双杠可以使身体在支撑、悬垂状态下，完成摆动屈伸、转体、滚翻、回环、空翻和静力性用力动作。由于双杠动作移动范围较大，变化相对复杂，大学生应尽可能多选支撑，少选悬垂动作；多选侧撑，少选正撑动作；多利用两杠，少采用一杠进行练习。

①杠端支撑成分腿坐：如图 4-11 所示，杠端跳起支撑，屈腿顺势向前举起，当超过杠面用大腿内侧坐杠并挺直。

②前滚翻成分腿坐：如图 4-12 所示，由杠端分腿坐开始，两手靠近大腿摆杠，上体前倾，顺势提臀、收腹、团身。杠上做前滚翻，当臀部移过垂直部位时，两手前移握杠，两腿迅速分开压杠，两臂撑起成分腿坐。

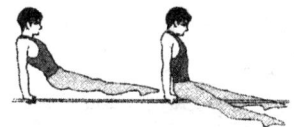

图 4-11　杠端支撑成分腿坐

图 4-12　前滚翻成分腿坐

③挂臂屈伸上：如图 4-13 所示，由挂臂撑摆开始，前摆高出杠面成屈体，然后用力向上方伸展髋、两臂同时压杠，上体向上急振起肩成支撑。

图 4-13　挂臂屈伸上

④支撑摆前、后下杠（女生前摆下）：如图 4-14 所示，身体伸展，做前后摆动运动，然后下杠。

图 4-14　支撑摆前、后下杠

（3）支撑跳跃练习法。

横马分腿腾越：如图4-15所示，起跳后，两臂撑马顶肩使上体稍前倾，接着两臂前伸，两腿后摆，推手分腿，抬头并腿落地。

图4-15　横马分腿腾越

（二）提高悬垂能力

1. 肋木练习法

悬垂举腿：如图4-16所示，背靠肋木，两手正握肋木顶端，身体直体悬垂，然后屈腿上举或直腿上举。

2. 高单杠练习法

（1）高杠直臂身体悬垂：高单杠上做直体或屈体悬垂（可计时）。

（2）后摆挺身下：如图4-17所示，由悬垂开始，前后摆动，身体挺直逐渐加大摆幅，但身体后摆超过垂直面后，两臂压杠，抬头、纵肩，向后摆动至最高点前，两手用力推杠，展体下杠。

图4-16　悬垂举腿　　　　　　　　图4-17　后摆挺身下

（三）提高攀爬能力

攀爬由攀登、爬梯、爬杆等运动组成。它对人类生存和发展具有重要的意义，尤其是对提高人的勇敢、顽强、坚韧的心理素质和发展身体力量等都具有重要作用。

1. 爬梯练习法

如图4-18所示，采用固定的木梯或肋木，一般为徒手攀行。在爬行过程中依赖双手、双腿的稳定支撑和正确移动，为保持身体稳定，应遵守"三点不动一点动"的基本要领，也就是在身体移动的过程中，始终有双手一脚或双脚一手处于支撑状态。

2. 爬杆（绳）练习法

根据爬杆悬挂方式，进行不同的悬垂攀爬练习，如杆的上端固定，下端离地20~30厘米垂直杆（绳），做手脚并用或仅用双手向上爬、倒爬；杆的两头分别固定，可做挂膝和挂踵的爬行。

（1）"三拍"爬（杆）法。

如图4-19所示，第一拍，两腿前屈，两膝和两脚背夹杆，两臂微屈。第二拍，两腿伸直，同时做屈臂引体向上。第三拍，两腿夹杆动作不变，两手向上换握成直臂悬垂。

（2）引体爬杆法。

如图4-20所示，直臂悬垂两手紧握杆，然后用力上引，两手轮流向上换握，两腿伸直，不准夹杆，使身体仅靠双臂引体向上移动。

　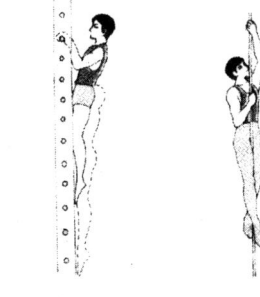　

图4-18　爬梯练习法　　　图4-19　爬杆(绳)练习法　　　图4-20　引体爬杆法

三、提高涉水能力

在自然环境中生活，经常会遇到浅水河滩，涉水而过往往是克服水障碍最简单的办法。尽管在不超过膝、腰部位的浅水区域行走，并没有太大危险，但在水中行走毕竟不同于陆地，为了打消怕水的顾虑心理，最好在学习游泳前先在游泳池的浅水区进行涉水练习。

(一)水中行走

1.水中行走

为了体会水的阻力、压力、浮力并设法在水中保持平衡，应先在水深齐腰处练习，身体直立，以前脚掌向前、后、左、右移动，节奏先慢后快。

2.水中跳动

跳动是用前脚掌蹬池底，手臂上举、前举或贴近大腿，轻轻跳起后屈膝下落，再连续均衡地用力向前跳动。

(二)水中游戏

1.拉网捕鱼

在规定的浅水区域，选一人当"渔夫"，其余人分散，凡被"渔夫"抓到的"鱼"，与"渔夫"手拉手结网继续捕"鱼"，直至将全部"鱼"捕完为止。

2."火车"赛跑

队员分成两个纵队，每队成员用双手扶搭前面同伴的肩部，采取同步走或跳的方式进行比赛。

第三节　提高野外生存能力

野外生存是一项探索性活动，集体育、探险、旅游于一体，新颖刺激、神秘莫测，符合青年学生的兴趣和爱好，对培养学生的抗挫折能力、拼搏精神、团队意识、创新意识、发展学生个性等方面都有帮助。它包括登山、野营、野炊、负重行军、攀岩、速降、定向漂流、涉水、穿越丛林、野外自救、野外觅食(水)等丰富内容，本节仅简要介绍野营、登山和攀岩。

一、野营

(一)装备与野外饮食

1. 背包

背包要结实、舒适,背包要有腰带,以便使大部分重量分担在臀部,而不是肩部和背部,肩膀和背部都易酸痛而不堪承重。

2. 睡袋和帐篷

野营时睡袋可选择绒毛或真空棉的,要防火、防潮、卫生。帐篷是必备品,选择抗风性、保暖性、防雨性都强的帐篷为佳。

3. 鞋子

野营时步行鞋要软而轻,应有防滑条纹,试穿时脚尖最好能自由活动。

4. 药品

野营时要备有常用药和急救箱,箱内应备好解毒剂、消炎粉、感冒药、腹泻药、纱布、胶带、绷带等。

5. 火具或燃料

应事先准备好浸过油的木屑,这种木屑便于燃烧木柴。用石头起灶,灶口朝向风口,剩下三面用石头围起来。

6. 食物和水

野外生存获取食物的途径有两种:一种是猎捕野生动物;另一种是采集野生植物。常见的昆虫食用法有:蝗虫蘸酱油烤着吃,螳螂去翅后烤或炒,蜻蜓干炸后可食,蝉可生吃或炸,蚂蚁可炸食。野菜(包括藻类、地衣、蘑菇等)可生吃、炒食、煮食。获取饮水的途径有两种:一种是挖掘地下水;另一种是净化地面水。通常,雨水不可以直接饮用,不论多么口渴,都不要饮用不洁净的水。

7. 其他用品

野外探索必须带上手电筒、指南针、地图、绳索、折叠铲、针线、砍刀、照相机等。

(二)宿营和野外活动

1. 宿营

宿营地的选择要求:近水、背风、避险、防兽、平整和日照时间长。总之,夏季露营应选择在干燥、地势较高、通风良好、蚊虫较少的地方;冬季设营应选在森林和灌木丛中,应避开积雪掩埋的地点。

2. 野外行进

在山地中行进,为避免迷失方向,节省体力,提高行进速度,应力求走道路而不穿林翻山,走大路不走小路。如没有道路,可选择在纵向山梁、山脊、山腰、河流小溪边缘以及树高林稀、空隙大、草丛低疏的地形上行走。在丛林中跋涉,经常会遇到许多荆棘,需小心躲闪,并把脚包裹好,以免被刺伤或被毒蛇、毒虫咬伤。水路行进可选择漂流,但只能在白天进行。在野外行进过程中辨别方向,首先用地图和指南针,其次可用自然特征来判定。

(三)生存技巧与安全防护

1. 睡袋的使用

睡袋本身并不发热,它只是能有效地保持体温。因此,睡袋要保持干爽,睡前要热身。

2. 水的饮用

如果是雪水一定要先融化再饮用,有条件的话最好烧开了再喝,直接吃雪会使体温降低。死水不能喝,死水是指没有流动的水,这种水往往有毒。

3. 饮食

森林里虽然有许多蕨类植物和野生菌都是美味,但采菌时应注意色彩鲜艳的菌类可能有毒。在野外,可以把大豆粉、小米粉、玉米粉和芝麻糊混合食用,还可以准备些蛋白质含量很高的食品,比如猪肝、鸡精、鱼罐头等。

4. 对付意外事故

在野外如被毒蛇咬伤,患者会出现出血、局部红肿和疼痛等症状,严重者几小时内就会死亡。这时要迅速用布条、手帕、毛巾等将伤口上部扎紧,以防止毒液扩散,然后用消过毒的刀在伤口处划开一个1厘米长、0.5厘米深的刀口,用手将毒液挤出。被昆虫叮咬或蜇伤时,可用冰或水冷敷后,在伤口处抹氨水。如果被蜜蜂蜇了,用镊子将刺拔出后,再涂抹一些氨水或牛奶。若吃了腐败变质食物,有可能导致食物中毒,会出现腹痛、腹泻、发烧等症状,此时,应多喝些饮料或盐水,也可采用催吐方法将食物呕吐出来。

二、登山

(一)登山基本技术

登山技术分为行进技术、保护技术和结绳技术三大类。行进技术又包括攀登、下降、渡河。

1. 攀登

攀登可分为攀岩石作业和攀登冰雪作业两大类。

(1)攀登技术。

登山过程中遇到难以攀登的岩石峭壁,就需要手脚齐用,协同配合。

(2)攀登石裂缝技术。

这种技术适用于攀登宽度不超过1米的裂缝。一般有坐式、剪式、立式、跪式四种攀登技术。

(3)攀登冰陡坡技术。

攀登20°以上的冰陡坡时,鞋上要佩戴冰爪,双手要握冰镐置于身前。待冰镐尖扎入冰面且牢固后才能移步。在某些地段还常用冰镐修筑台阶或使用钢锥。

2. 下降

按地形可分为缓坡、中坡、陡坡、峭壁四种下降方法。在40°以下的缓、中坡下降,无须借助专门器械;从陡坡和峭壁下降一般采用器械下降的方法进行,即将主绳一端固定在峭壁顶部,然后将主绳缠绕在下降者身上的下降器械上,左手在上握住主绳,右手握住由下降器械穿绕出来的主绳,面向岩壁,两腿分开,身体后坐,右手放绳,利用主绳与下降器械间的摩擦,在身体蹬离岩壁时沿主绳下降。

3. 渡河

渡河是登山过程中的一种行进技术。遇到水流不急、水位较浅的河流时,可直接涉水渡河(不应脱鞋,以避免碎石伤脚);水流较急,可用绳扎在渡河者身上,另一人在对岸牵绳保护的方法渡河;如遇水深、湍急、地势险要的河流时,必须采用绳索渡河技术。具体方法有三种:

(1)牵引渡河。

绳索固定要拉紧,渡河者可用滑轮或攀缘过河。

(2)地锚过河。

将绑上铁锚或冰爪的主绳一端抛向对岸,待铁锚在岩石上抓牢后即可按牵引渡河法过河。

(3)吊桥渡河。

先将三根主绳两端分别固定于两岸,每根绳间隔1米,拉成中间低两边高的倒立等边三角形,再用辅助工具将三条主绳按一定间隔连接稳固,使三条主绳受力均匀,下面的主绳供人员通行,上面两条主绳作

为护栏。

(二)基本防护方法

1. 行进中保护

这是登山运动中重要的安全措施之一。按全队的年龄、性别、体质、体力以及登山经验、技术水平和处理突发事件的能力等实际情况分成若干小组,用一条主绳将小组成员间隔一定距离联结在一起,行进中一旦有人滚坠,其他组员即可采取紧急措施将自己固定,以免滚落者继续下落。

2. 固定保护

固定保护是一人保护行进中的另一人的方法。运用登山器材(钢锥、冰镐、绳索、保护锁等),根据地形预先设置各种保护。

3. 自我保护

进行自我保护,必须掌握一定的结绳技术。常用的结绳方法有下列几种:布林结、通过结、平结、交织结、混合结、抓结、双套结。

用于他人保护和自我保护的布林结:一个小组中的第一人和最后一人都扣布林结;用于他人保护和自我保护或固定绳索的通过结,中间数人必须通过铁锁或胸腰保护带或保护绳打通过结,才能进行各种连接和固定;绳索长度不够时,需运用平结、交织结或混合结与另一绳索相接;在主绳上还需间隔打出供队员固定用的抓结;在攀登陡险地段时,挂在钢绳上作为脚蹬的双套结,俗称"马镫结"。

(三)登山常见的几种险情及应付方法

1. 滚石

滚石是指经风化后从山上滚落的石头。如遇到滚石时,自己要镇静,并迅速辨明滚石的方向并躲避到安全处,如因地形限制无处躲藏则应紧盯滚石,待滚石接近时伺机躲闪,如果是数量较多的碎滚石,可将背包顶在头上防护。

2. 雪崩

山坡上的大量积雪突然朝下崩塌称为雪崩。雪崩有顺坡下滑、大块塌落和巨团滚下等形式。遇到雪崩,迅速将冰镐插入坡面,使身体不被雪流带下,如已被挟带下,双手要尽力向上扒动,力求使身体处于雪层之上,如已被埋住,也要在口鼻位置将雪挤压出较大空隙,以便能延缓窒息时间。

3. 暴风雪

登山途中遇到暴风雪应立即停止前进,选择合适地点避风或挖雪洞暂避。

4. 雷电

有积雨云或浓积云时,会产生雷电。此时应停止活动,下山或进入帐篷内躲避,并迅速远离能导电的金属物体。

三、攀岩

攀岩运动即徒手攀登岩壁,是衍生于登山运动的一项新兴极限运动,是一种不用攀登工具,仅靠手脚和身体的平衡攀登陡峭岩壁或人造岩墙的竞技性运动项目,攀岩运动不依赖任何外在的辅助力量,只靠攀登者的自身力量完成攀登过程。它要求人们在各种高度及不同角度的岩壁上,连续完成转身、引体向上、腾挪、跳跃等惊险动作,集健身、娱乐、竞技于一身,是一项刺激而不失优美的极限运动,被全球的攀岩迷们称为"峭壁上的芭蕾"。

(一)攀岩装备

攀岩装备是攀岩运动的基础,是完成攀岩过程的保障。它的功能要适应攀岩这一特殊项目的要求,

在设计、选材、用料、制作上要尽量轻便、坚固、科学,使操作者使用方便、安全。

1. 安全绳

(1)主绳。

主绳俗称攀登者的生命线。它是轻便坚固的尼龙制品,颜色鲜艳,直径为9~12毫米,拉力为2200~3200千克,分动力绳和静力绳两种,用途各不一样,长度一般为50~100米。长度可根据攀岩者的要求自行剪裁,它在攀登过程中起保护作用。

(2)辅助绳。

辅助绳与主绳配合使用,其直径小于主绳,为6~8毫米,承受力约为1800千克,其质料与主绳相同。

(3)注意事项。

①使用时注意绳与岩面接触的角度,尽量减少摩擦,以防绳索损坏,消除事故隐患。

②禁止脚踏绳子。

③避免绳子与水接触。

④用完绳子后按要求收好,以便下次再用。

⑤经常检查绳索是否受损,保证安全无误。

2. 安全带

安全带是尼龙制品,它牢固、实用、舒适,由圈套、带子、扣子和卡子等组成,是各种保护装备与人体连接的装置,主要起保护作用。

3. 铁锁

(1)铁锁。

由合金材料制作而成,轻便、坚固,设计合理,拉力为2200~3200千克。

(2)铁锁的用途。

在技术操作中,装备之间需要交替地进行连接固定,也是为避免繁琐的绳结操作,使动作迅速简单,有时它可代替滑轮使用。

(3)注意事项。

使用时要检查铁锁是否挂好,是否符合要求,根据需要挂不同规格的铁锁。

4. 下降器

下降器分为两种:

(1)"8"字形下降器,它是由合金材料制作而成的,有两种使用方法:

①将主绳套在下降器上。

②将主绳从下降器的"大环"穿过套在与下降器连接的铁锁上。

(2)制动阀和滑轮组成的下降器,由合金材料制作而成。

5. 攀岩鞋

鞋面由尼龙布或皮革制作而成,鞋底为耐磨软胶。它的特点是合脚、整体受力好、受力点多、摩擦力大、轻便。

6. 攀岩辅助器材

安全帽、手套、衣裤、扁带、岩钻、岩锥(多种)、锤子、抹粉袋。

(二)攀岩的绳结技术

利用打结使绳索之间、绳索与其他装备之间相互连接的方法,称为绳结技术。

1. 绳结类型及用途

依其用途不同可分为固定绳结、接绳绳结、保护绳结和操作绳结四种。

（1）固定绳结。

固定绳结是将绳索一端直接固定在装备或自然物体上的绳结技术，多采用下列几种方法：

①织布结：通过这种绳结可将绳索一端与装备、自然物体固定在一起，也可用此结打胸绳。

②通过结：用于固定在自然物体和安全带上或通过铁锁作中间环节的各处连接和固定。

③双套结：用于特定攀登和固定的一种绳结。

④牵引结：用于绳索一端在树干或自然物体上的固定拉紧结。

（2）接绳绳结。

将短绳索连接成长绳使用的绳结为接绳绳结。它可分为：

①平结：用于直径相同的绳索之间的连接。

②交织结：用于直径相同绳索之间的连接，分为单交织结和双交织结。

③"8"字结：用于直径相同绳索之间的连接。

（3）保护绳结。

绳索之间或绳索与铁锁之间能产生摩擦和滑动的连接方法。它可分为：

①单环节：用于沿主缆快速下降时的速度控制，可代替下降器使用。

②抓结：用于行进中的自我保护，可分为单抓、双抓和变形抓结三种。

（4）操作绳结。

用于特殊的攀登和下降技术中的结绳法，此结法既可用作固定用结，也可用于攀登和下降。

2. 结绳的要求及注意事项

（1）结绳的要求。

①科学实用，牢固可靠，易结和易解。

②绳结是每个野外探险活动者必须掌握的基本技术之一，不但要熟练掌握绳结的方法，还要知道各种绳结的用途。

（2）结绳的注意事项。

①在利用结绳组合各种技术装置时，对绳索要进行认真检查，看看是否完好无损。

②绳结打好后，一定要仔细检查绳结是否正确，不正确的话要解开重新打好，千万不能马虎。

③对绳索的展收要有条理，不能乱拉乱放，如果造成交织缠绕，会影响使用。

④随时观察绳索在岩壁上的磨损情况，一旦发现磨损应及时加固或更换。

⑤绳索用过之后必须收好，以便下次再用。绳索不要放在水里浸泡，不能踩踏。

（三）攀岩技术

攀登岩石峭壁的技术简称攀岩技术，分为徒手攀岩方法和机械攀岩方法两种。它的特点是险、新、奇、难，并且经费开支少，装备简单，有较强的实用性和观赏性。

1. 徒手攀岩方法

攀登岩壁的基本方法是利用支点，移动手、脚和身体重心进行徒手攀登。基本要领是"三点固定"，即在双手、双脚四个支点中抓或踏牢三个支点的条件下，才能移动第四支点。"三点固定法"是攀岩的基本方法。

（1）技术动作。

身体姿势在攀岩时要自然放松，以三个支点稳定身体重心，随攀岩动作的转换，身体重心要随之移

动,这是攀岩平衡、稳定、省力和成功的关键。

在攀岩时身体切勿靠岩壁太近,这样会影响观察攀岩路线和支点的选择,同时攀岩者易较快产生疲劳。如果保持重心落在脚上,身体保持与岩面平行,就不易碰撞到岩面,视野开阔,便于观察路线,寻找攀登支点。但在攀登人工岩壁时,身体可贴得近一些。在攀登过程中身体要舒展,上下肢要协调用力、有节奏,上拉、下蹬同时用力,身体重心的移动随支点移动而移动。

(2)手臂动作。

手在攀岩中是抓握支点,维持身体平衡,使身体顺利向上攀登的关键所在。手臂力量的大小和技术动作掌握的好坏会直接影响攀岩的质量效果和速度。初学者不善于用下肢和全身的协调力,手臂力量就显得尤为重要。

(3)脚部动作。

在攀岩过程中想快速、顺利、省力地完成全程,充分利用腿部的力量是非常重要的。完全用手臂力量是不能持久的,最大力量在下肢。

脚的动作要领是:两腿外旋,大脚趾内侧贴近岩面,两腿微屈以脚踩稳支点,维持身体重心。膝部不能接触岩壁,否则会影响脚的支撑和身体平衡,甚至会造成滑脱而使腿部受伤。切忌用力过猛,注意用力方向。

(4)手脚及全身协调配合。

攀岩爱好者上肢及全身力量应是协调发展的,但对初学者或技术不熟练的人而言,上、下肢力量就显得更为重要。攀登往往是上肢引体,通过下肢蹬压、抬腿、伸直来移动身体,同时需要有腰的动作配合。如果仅仅靠上臂引体,往往会出现麻木、酸痛、僵硬,逐渐失去抓握能力。即使下肢有很大的力量,也难以维持身体的平衡。在攀登过程中,首先要练好上肢力量,上肢又要以手指、手腕和小臂力量为主,其次配合以脚踝、脚趾及腿部的力量,使身体重心随着用力方向的不同而协调移动,手脚动作的配合就顺畅自如了。在移动下肢的同时两眼要看好手抓下一支点的位置,及时移动上肢,完成攀登的一个轮回。

2. 机械攀岩方法

将主绳一端固定在壁顶,另一端扔至下方固定拉紧,利用上升器卡于主绳上,与双脚协调配合,不断攀登。

(四)下降技术

在平缓或比较平缓的环境下,危险性小,一般不需要特殊的下降装备和技术,可进行自然下降。但在45°以上的陡坡、峭壁下降则必须有一定的装备和技术。下面介绍利用下降器的下降方法:

1. 固定主绳

将主绳一端在壁顶部固定,另一端抛至下方。下降者系好安全带,将主绳与下降器、铁锁连接,左手握住主绳上端,右手在胯后紧握从下降器穿绕出来的主绳。

2. 站立姿势

面向岩壁,两腿分开,蹬住岩边,身体后坐,将上方主绳搭于岩边后,开始下降。

3. 手脚动作

下降时两腿分开,手拉紧主绳,并将左手上方的绳子搭于岩边,左右腿上下支撑,用脚蹬住岩壁,开始下降,先臀部后坐,同时右手松绳,两腿随着身体的下降而迅速地向下移步,使身体始终保持平衡。

第五章　体育运动安全

主要内容提示	● 体育锻炼的自我医务监督 ● 体育运动损伤的预防与处置
	● 运动损伤急救的方法

第一节　体育锻炼的自我医务监督

体育锻炼中自我医务监督的主要任务是,对个人的身体健康和功能状况,以及在体育运动影响下发生的变化进行系统观察。通过自我监督帮助锻炼者把握自己的健康状况,粗略评定运动负荷的大小,分析自己选用的锻炼方法,了解对个人卫生、生活计划及体育锻炼的执行情况,以避免运动性伤病、锻炼过度及其他有损于身体健康的现象发生,并为及时发现问题,以便配合医务检查及合理处置创造必要的条件。

一、身体适应性诊断与处置

在锻炼的过程中,由于每个人的身体情况、学习负担及肌体承受能力存在差异,因此当运动负荷超过身体承受能力时,就会产生由身体不适应而引起的不良反应。为了免于出现伤病而使身体健康受损,有必要通过自身感觉和对客观指标的检查,得出反映身体状况的客观材料和数据,以判定运动负荷与自身承受力之间的合理界限,并最终达到正确指导体育锻炼的目的。

(一)日常精神情绪变化

1.一般精神感觉

通常认为,当运动负荷适宜时,人的精神感觉总是良好的,它表现为体力充沛、活泼愉快及精神饱满。如果身体患病或锻炼过度,则会出现身体软弱无力、倦怠或容易激动、精神萎靡不振等不良反应。必须指出,当把各种情绪感觉作为评价体育锻炼是否适度的指标时,还应考虑日常学习与生活中出现的其他因素。如学习感到顺利、考试成绩优秀时,也可能导致精神异常兴奋,虽身体状况不佳,但一般感觉仍良好

的错觉。而与此相反,由不愉快因素造成的原因,即使身体的感觉不良,只要肌体状况正常,也不见得会出现什么问题。

2.参加锻炼的愿望

锻炼愿望和精神情绪是密切相关的,有无参加锻炼的愿望,是衡量日常状态健康的重要标志。因此,当一个心情愉快、乐意参加体育锻炼的人,一旦出现对体育运动不感兴趣,且表现冷淡厌倦时,就应该考虑这是锻炼方法不当,或疲劳未及时消除而引起的,有时甚至可能是锻炼过度的一种早期征象。当然,由其他诸如身体疾病、学习负担过重、生活作息时间不规律、营养补充不充分等因素造成的锻炼积极性下降,也是不容忽视的,但这些可作为附加因素考虑,在自我监督日记备注栏中标明。通常情况下,根据个人参加体育锻炼的愿望,分别用对锻炼有积极愿望、有一般锻炼愿望、不想参加体育锻炼、冷淡或厌倦等文字记载。

(二)日常睡眠与食欲情况

1.睡眠情况的诊断

为了保证肌体的健康发育与生长,每天应有 8 小时的睡眠时间。正常睡眠的表现是,入睡快、睡得沉、少梦或无梦、晨起后身体感觉爽快、精神振奋且体力充沛。通常认为,合理的体育锻炼和生活计划能改善睡眠状态。但只要身体状况稍有变化,正常睡眠又极易受到影响。因此,睡眠作为一种身体适应性诊断指标,可以为正确选用体育锻炼方法、合理安排运动负荷及判断身体疾病提供依据。例如,在体育锻炼之后,出现嗜睡、易醒、失眠、多梦或入睡慢等现象,以及晨起感到头晕或精神疲惫,即表明正常睡眠状态已受到破坏。

2.食欲变化的诊断

食欲是反映肌体状况十分敏感的一项适应性诊断指标。体育锻炼不正常、身体不适或睡眠不足,均可在食欲上反映出来。如果体育锻炼过度使身体健康状况受到影响,不仅食欲会减退,甚至还容易出现口渴现象,但这必须和锻炼刚结束产生的暂时性食欲减退有所区别。通常认为,早晨的食欲感觉特别重要,若睡醒后 30~45 分钟就有进食的欲望,表明身体状况良好;如果起床后 2~3 小时仍无进食要求,则被认为是一种不正常现象。

(三)体重增减规律

1.体重增减的变化规律

每次体育锻炼之后,由于肌体多余水分和脂肪的消耗,体重常略有下降,特别是初锻炼者和身体较为肥胖的人,这种现象尤为明显。有时运动强度越大,锻炼持续时间越长,体重下降的趋势也会随之增加。因此,在合理范围内的体重下降是一种正常现象。通常认为,开始运动时体重下降持续 3~4 周,体重下降范围为 2~3 千克,基本比例应控制在自身总重量的 3%~4%。在之后的 5~6 周,体重处于相对稳定状态。随着体育锻炼继续进行,由肌体内部产生的一系列适应性变化,还会使骨骼的长度和直径增长、变粗,骨密质增厚,肌肉肥大,肌腱和韧带的抵抗力增强,从而形成体脂比例减少,体重却相应增加的合理体重结构。

2.体重检查的注意事项

测量体重,最好在清晨起床或午饭前空腹时进行。刚开始参加体育锻炼的人,最好每周测一次。以后随着锻炼时间的延长及运动负荷的增加,每周可测两次。若有条件者,体育锻炼开始之前和结束时,都应测量体重,以便做更精确的比较。特别是当锻炼负荷较大时,由于能量消耗较多,就更有必要随时测定锻炼后的体重,以便通过体重变化,达到判断运动负荷适宜程度、避免锻炼过度的目的。

(四)日常心率检查

心率随年龄、性别、身体姿势和体质强弱不同而有明显的差异,健康成年人安静时每分钟心率的变动范围在 60~100 次,平均为 75 次/分钟。

1.基础脉搏的测定诊断

基础脉搏是指清晨起床前的卧位脉率。由于基础脉搏所具有的相对稳定性(平均 70 次/分钟),故在自我监督中,常以此作为评定锻炼水平和身体功能状况的客观指标。通常认为,经体育锻炼后,基础脉搏稳定或逐渐下降,说明肌体机能状态良好,对运动量适应。但负荷逐渐加大之后,肌体往往会有一个逐步适应的过程,此时的基础脉搏一般都略有加快,但大致不超过 6 次/分钟。在未受其他因素影响的情况下,基础脉搏波动幅度若超过 12 次/分钟,应考虑负荷安排是否不当或过大。由于基础脉搏与自我感觉有关,当基础脉搏持续上升并伴有疲劳感时,则可能说明锻炼过度或身体患有某种疾病,此时应考虑做进一步医学检查。测定基础脉搏,一般记录 10 秒内的脉搏次数,可连续测定两次,待得出稳定值后,即可计算出每分钟的脉率数。

2.运动脉搏的测定诊断

一般认为,运动后即刻心率达 180 次/分钟以上为大强度运动;心率在 150 次/分钟左右为中等强度运动;心率在 140 次/分钟以下为小强度运动。这样在体育锻炼中,就可以根据上述参数估计运动负荷,然后通过测定运动和恢复期的心率,来判断自己的肌体机能水平。生理学研究表明,心率恢复快慢和运动负荷大小成正比,运动负荷越大,恢复时间越长。如果在运动后 5~10 分钟测定恢复期心率,小运动负荷心率可恢复到运动前水平,中等运动负荷的心率恢复一般较运动前快 12~30 次/分钟,大运动负荷心率一般可恢复到比运动前快 30~60 次/分钟。在通常情况下,体育锻炼后 20 分钟,脉率应逐渐恢复到正常水平,若 30 分钟仍未恢复,则表明还要经常参加锻炼,以继续提高心脏功能水平。

二、身体应急性诊断与处置

(一)长跑"极点"和第二次呼吸

1.长跑"极点"现象

在长跑时,能量消耗大,特别是下肢回流血量减少,加剧了大脑氧债的积累,当达到一定程度时,就会出现暂时性的呼吸急促、胸闷难忍、下肢沉重、动作不协调,并有恶心现象,甚至想退场,这在运动生理学上称为"极点"。

2.第二次呼吸

当长跑"极点"出现后,情绪要稳定,并适当减慢跑速,加深呼吸,坚持一段时间,上述生理现象将会逐步消失,也就闯过了难关。这是由于,一方面,氧供给逐步得到增加,另一方面,肌体的适应性使内脏器官功能重新得到调节与改善,从而使运动能力提高,动作重新变得协调有力。这标志着"极点"已经过去,生理过程出现新的平衡。这种现象在运动生理学上称为第二次呼吸。"极点"与第二次呼吸是中长跑运动中的正常生理现象,无须疑虑和恐惧。即使是一位优秀的中长跑运动员,也会出现"极点"现象,但随着训练水平的提高,上述生理反应将逐步消失或减轻。

(二)运动中腹痛

1.发病机制与症状

运动中腹痛常在中长跑和剧烈运动时发生,主要是运动前准备活动不充分,或者运动前吃得太饱,饮水过多或者腹部受凉,致使脏腑功能失调,引起腹痛。也有的因运动时间过长或过于剧烈,使下腔静脉压力上升,引起血液回流受阻。也有的因呼吸节奏紊乱,引起运动异常,或者肝脾积气,导致两肋部位胀痛等。

2.处置与预防

(1)处置:如果没有器质性疾病,一般采用减慢运动速度、进行腹式呼吸、按压疼痛部位等方法,短时间内即可减轻疼痛,直至消失。数分钟后,如果疼痛仍不减轻,甚至加重,就应停止运动。必要时可服药

物,或揉按内关、大肠俞等穴位,如仍不见效,应送医院诊治。

（2）预防:运动前避免吃食物或饮水过多,充分做好准备活动(特别是腹部按摩),坚持循序渐进,注意呼吸节奏。夏季运动要适量补充盐分。

(三)运动性昏厥

1.发病机制与症状

由于脑部突然供血不足或者因脑血管发生痉挛,而出现意识性知觉丧失的现象,称之为运动性昏厥。导致运动性昏厥的原因,主要是长时间运动或剧烈运动,大量血液聚集在下肢,回心血流量减少,因而心血输出量也减少,致使脑部缺血而引起昏厥。在日常生活中,因长时间站立,或过久下蹲后骤然起立、情绪过分紧张激动、病后体弱参加剧烈运动等情况,都可能发生类似的昏厥现象。

昏厥前,患者感到全身软弱、头昏眼花、面色发白。昏倒后,面色苍白、手足发凉、出冷汗、脉搏减弱、血压下降、呼吸缓慢。

2.处置与预防

（1）处置:发病后,立即让患者平卧,松解衣领,抬高下肢,按压人中穴与合谷穴,并从小腿向内做推摩和揉捏。如果有昏迷现象,可嗅氨水或静脉注射25%～50%葡萄糖40～60毫升,在知觉恢复前禁止喝饮料或吃其他药物。如有呕吐,应让患者的头偏向一侧。如停止呼吸,应立即进行人工呼吸抢救。

（2）预防:坚持经常性锻炼,以增强体质。剧烈运动后不要立即停下来,而应继续慢跑缓冲,并做深呼吸,有饥饿情况不要参加剧烈运动。

(四)运动中暑

1.发病机制与症状

中暑是长时间受高温或热辐射引起的一种高温疾病,特别是在气温高、通风不良或头部缺乏保护,被烈日直接照射等情况下,引起体温调节功能发生障碍而导致中暑。

症状:中暑早期有头晕、头痛、呕吐等症状,严重时体温升高,皮肤灼热干燥,甚至出现精神失常、抽搐、心律失常、血压下降,直到昏迷危及生命。

2.处置与预防

（1）处置:快速将患者护送至阴凉、通风处平卧休息,并采取降温措施,如解开衣领、服饮清凉饮料或人丹、十滴水等,也可补充葡萄糖水。严重患者,经临时性处理后,应立即护送医院诊治。

（2）预防:在高温炎热环境下锻炼时,应适当减少运动量和锻炼时间,尽量避免在烈日下锻炼。夏天在室内锻炼时,注意良好的通风,并备有低糖含盐的饮料。室外锻炼时,应戴白色凉帽,穿宽松浅色运动服。

(五)运动过敏性反应

1.发病机制与症状

运动过敏是指在运动后出现皮肤瘙痒、荨麻疹、血管性水肿、腹部疼痛和腹泻等过敏反应。这种综合征的临床症状与食物、药品和蚊虫叮咬所致的过敏反应极为相似。但从发生运动过敏反应的病例中,却极少找到典型的引起过敏的物质。因此,目前对运动过敏反应的原因尚不清楚。据估计,这可能是一种免疫与非免疫因子的共同作用,促使组织胺释放而引起的。由运动引起的过敏反应一般持续时间为0.5～4小时,其表现特征先从瘙痒和荨麻疹开始,继而发展到手、足和面部肿胀。严重病例出现呼吸困难、精神错乱、知觉丧失和低血压症状。据某些病例报道,临床也有胃痉挛、腹泻、呕吐和头痛等表现,持续时间可长达72小时。

2.处置与预防

（1）处置:过敏反应较为严重者,可用皮质激素、肾上腺素、氨茶碱治疗,有些抗组织胺药物对治疗也有一定疗效。

(2)预防:迄今为止,对运动引起的过敏反应的预防,还只限于重视前期症状的诊断,一旦出现则应立即停止锻炼。

(六)肌肉痉挛

1.发病机制与症状

在对抗性激烈或游泳等运动项目中,有时突然会发生肌肉不听指挥的现象,特别是小腿腓肠肌、脚前掌和脚趾部位有酸痛的感觉,继而不能活动。这种肌肉的强直性收缩就是肌肉痉挛,俗称抽筋。肌肉痉挛对身体没有什么直接危害,在几秒钟或几分钟之内即可消失。但在游泳时发生肌肉痉挛,如不及时采取措施,往往就会引起意外事故。因此,懂得如何防治肌肉痉挛的方法是十分重要的。发生肌肉痉挛前,一般都伴有肌肉乏力,出现轻微的酸痛,并感到肌肉硬度增加,弹性减少。一方面,是因为运动时间过长,强度过大,或由于大量出汗带走许多盐分,致使身体失去钠、氯等矿物质,从而改变了肌肉的内环境。另一方面,则可能是由于受较大的寒冷刺激,人体温度发生突然变化所致。有时身体非常疲劳,支配肌肉活动的精神刺激机能失调,而使肌肉发生挛缩。

2.处置与预防

(1)处置:如已经发生肌肉痉挛,可以牵拉或重按正在挛缩的肌肉,促使其放松和伸长。如小腿后部肌肉或脚底抽筋时,只要脚趾背屈,脚跟用力前蹬,并施以局部按摩,肌肉痉挛现象一般即可消除。

(2)预防:首先,在体育锻炼中,要经常注意自己肌肉的不良反应,这将有助于防止肌肉痉挛现象的发生。其次,要充分做好准备活动。冬季锻炼加强保暖、运动不要过于疲劳、游泳时注意体温变化等,都是积极的预防措施。特别是当大量出汗、感觉肌肉有紧张感时,就应及时喝些淡盐水来适当进行补充。

三、身体医检性诊断与处置

(一)低血糖症

若平时缺乏系统锻炼,或在患病期体力不佳,身体处于空腹饥饿状况下,从事强度过大、时间持续太长的体育锻炼,往往会因血糖大量消耗而导致头晕、心悸等不良感觉,特别是参加长时间比赛,因靠个人意志强迫动员有限的肝糖原储备,还会产生神志感觉模糊、呼吸短促、面色苍白、冷汗淋漓及四肢发抖等严重症状。通常认为,这种症状的产生是由低血糖所引起的,应及时停止运动并补充含糖物质。运动中的低血糖症,需要进行血糖检查才能确定,如血糖浓度低于55毫克时,就应该对运动量适当控制或将锻炼暂停一段时间。

(二)运动性贫血

产生运动性贫血的原因比较复杂,在医检中发现,血液的红细胞及血红蛋白含量低于正常生理数值,如男性血红蛋白含量每100毫升低于12克,女性血红蛋白含量每100毫升低于10.5克,则可视为贫血。但是否由运动过度或运动后营养不良所引起,还必须在锻炼中注意观察有无头晕、乏力、食欲下降或运动后恢复状况不佳等现象发生。如长期有这种不良感觉就应适当休息,补充含有蛋白质和铁等的食物,并配合医检确诊和治疗。

(三)运动性血尿

运动性血尿产生的原因至今尚未完全明确。如无其他原发病灶,凡在自我监督中发现肉眼可见的血尿,则应停止运动并到医院做进一步检查。通常认为,出现运动性血尿的明显程度与运动负荷大小有关,其症状一般不超过3天即可迅速消失。

(四)游泳性中耳炎

这种疾病是因不洁水质进入中耳产生细菌感染而引起的。患者在经医检之前,会感到耳内疼痛剧

烈,并伴有听力减退、发烧、恶心、呕吐、食欲不佳及便秘等症状,此时就必须立即到医院检查,确诊后应及时采取抗菌疗法。如鼓膜已破裂,可用双氧水洗涤,外用消毒剂或抗生素溶液滴耳,然后用消毒棉条填塞外耳,并可在乳突部做热敷及红外线治疗。

凡耳道易进水的游泳者,为了防止中耳炎的发生,可用凡士林棉球或橡皮耳塞将耳孔堵住。外耳道一旦进水,上岸后可采取以下方法进行处置:

1.同侧单足跳

如右耳道存水,头偏向右侧,左腿弯曲提起,用右腿支撑单脚原地跳几次,水即流出;左耳道内有水,头偏向左,用左腿支撑单脚跳。

2.吸引法

应把头偏向积水的耳朵一侧,用手掌紧压在这个耳朵的耳孔上,屏住呼吸,然后迅速提起手掌,即可将水吸出。

第二节　体育运动损伤的预防与处置

一、体育运动损伤产生的原因

在体育运动中所发生的损伤,统称为体育运动损伤。造成体育运动损伤的原因是多方面的,既与锻炼者的运动基础、体质水平有关,也与运动项目的特点、技术难度、运动环境及安全意识等因素有关,其主要原因有以下七点:

(1)思想麻痹大意是所有体育运动损伤因素中最主要的因素。其中包括运动前不检查器械、预防措施不得力、争强好胜,常在盲目和冒失的行动中受伤。

(2)运动前准备活动不充分,特别是缺乏针对性的准备活动,使运动器官、内脏器官的机能没有达到运动状态,易造成损伤。

(3)运动情绪低下,容易在畏难、恐惧、害羞、犹豫及过分紧张时发生伤害事故。有时因缺乏运动经验,缺乏自我保护能力致使受伤。如摔倒时用肘部或直臂撑地,造成肘关节或尺桡骨损伤。

(4)训练内容组合不科学、方法不合理、纪律涣散及技术上的错误等,都会造成损伤。如投掷手榴弹时上臂外展,屈肘小于90°,肘部低于肩部时,容易造成肌肉拉伤。

(5)好高骛远。超出技术能力所及的范围做动作,产生不适应性损伤。

(6)运动场地狭窄,地面不平坦,器械安装不当或不牢固,锻炼者拥挤或多项运动混在一起活动,容易相互冲撞致伤。

(7)空气污浊、噪声、光线暗淡、气温过高或过低,以及运动服装不符合要求等原因,都可能直接或间接造成伤害事故。

二、体育运动损伤的预防

(1)加强运动时的安全教育,克服麻痹思想,提高预防损伤意识。

(2)做好准备活动,对可能发生运动损伤的环节和易伤部位,要切实做好预防措施。

(3)合理组织安排锻炼,合理安排运动量,防止局部运动器官负担过重。

(4)加强保护与帮助,特别要提高自我保护能力。如摔倒时,立即屈肘低头,团身滚动,切不可直臂或肘部撑地;由高处跳下时,要用前脚掌着地,注意屈膝、弯腰,两臂自然张开,以利缓冲和保持身体平衡。

三、常见体育运动损伤的处置

(一)软组织损伤

这类损伤可分为开放性损伤和闭合性损伤两类。前者有擦伤、撕裂伤等;后者有挫伤、肌肉拉伤等。

1.擦伤

(1)原因与症状:运动时皮肤受挫致伤。如跑步时摔倒,体操运动时身体摩擦器械受伤。擦伤后皮肤出血或组织液渗出。

(2)处置:小面积擦伤,可用红药水涂抹伤口或用创可贴盖上即可。大面积擦伤,先用生理盐水洗净,后涂抹红药水,再用消毒布覆盖,最后用纱布包扎。

2.撕裂伤

(1)原因与症状:在剧烈、紧张运动时,感受到突然强烈牵拉、撞击,造成肌肉撕裂,其中包括开放伤和闭合伤两种。常见有局部撕裂、跟腱撕裂等。开放伤顿时出血,周围肿胀。闭合伤触摸伤处时有凹陷感和剧烈疼痛。

(2)处置:轻度开放伤,用红药水涂抹伤口即可;开放伤裂口大时,则需止血,送医务室缝合伤口,必要时注射破伤风抗毒血清,以防破伤风症。肌腱撕裂,则需手术缝合。

3.挫伤

(1)原因与症状:因撞击器械或练习者之间相互碰撞而造成挫伤。单纯挫伤在损伤处出现红肿、皮下出血,并有疼痛。内脏器官损伤时,则出现头晕、脸色苍白、心慌气短、出虚汗、四肢发凉、烦躁不安甚至休克。

(2)处置:在24小时内冷敷或加压包扎,抬高患肢或外敷中药,24小时后可以按摩和治疗,进入恢复期可进行一些功能性锻炼。如果怀疑内脏损伤,则做临时性处理后,送医院检查和治疗。

4.肌肉拉伤

(1)原因与症状:通常在外力直接或间接作用下,使肌肉过度主动收缩或被动拉长时引起肌肉拉伤,特别是由于准备活动不充分、动作不协调以及肌肉弹性、伸展性、肌力差者更容易拉伤。损伤后伤处肿胀、压痛、肌肉痉挛,触诊时可摸到硬块,严重的肌肉拉伤是肌肉撕裂。

(2)处置:轻者可即刻冷敷,局部加压包扎,抬高患肢,24小时后可施行按摩或理疗。如果肌肉已大部分或完全撕裂者,在加压包扎急救后,立即送医院手术治疗。

(二)关节、韧带扭伤

1.肩关节扭伤

(1)原因与症状:一般因肩关节用力过猛或肩部疲劳所致,也有因技术错误、违反解剖学原理而造成损伤。如投掷、排球的扣球和大力发球时,常出现这类损伤。其症状有压痛、疼痛。急性期有肿胀,慢性期三角肌可能出现萎缩,肩关节活动受限。

(2)处置:单纯韧带扭伤,可用冷敷,加压包扎处理,24小时后可采取理疗、按摩和针灸治疗。出现韧带断裂时,应立刻送医院缝合和固定处理。当肩关节肿胀和疼痛减轻后,可适当施行功能性锻炼,但不宜过早活动,以防推迟痊愈时间。

2.髌骨损伤

(1)原因与症状:髌骨具有保护膝关节面,维护关节外形,传递股四头肌力量的作用,是维护关节正常功能的主要结构。髌骨劳损是膝关节长期负担过重或反复损伤累积而成的,也可能因一次直接外力撞

击致伤。如篮球滑步急停,跳高和跳远时踏跳不合理或摔倒撞击,都可能导致这种损伤。

(2)处置:采用中药外敷、针灸、按摩等。平时加强膝关节肌肉群力量练习。如采用高位静力半蹲,每次保持3~5分钟即可。病情好转时,可逐渐增加时间,每日进行1~2次。

3.踝关节扭伤

(1)原因与症状:运动中跳起落地失去平衡,使踝关节过度内收或外翻致伤。在准备活动不充分、场地不平坦的情况下,更易造成这种损伤。主要症状为伤处疼痛、肿胀,韧带损伤处有明显压痛,皮下瘀血。

(2)处置:受伤后应立刻冷敷,用绷带固定包扎,并抬高伤肢。24小时后根据伤情采取综合治疗,如用药外敷、理疗、按摩等。必要时做封闭疗法,待病情好转后,施行功能性练习,对严重患者,可用石膏固定。

4.急性腰伤

(1)原因与症状:运动时,身体重心不稳定或肌肉收缩不协调,突然用力过猛,引起腰部扭伤。多数因腰部受力过重,或脊柱运动时超过了正常生理范围。例如,挺身式跳远中,展体过大;举重上挺时,过分挺胸塌腰;跳水时,下肢后摆过大,都有可能造成腰部扭伤。损伤后,当场疼痛,有时听到瞬间的"咯咯"响声,有时出现腰部肌肉痉挛、运动受限或直立困难。

(2)处置:腰部急性扭伤后,让患者平卧,不能随意动。如果剧烈疼痛,则用担架抬送医院诊治。处理后,应卧硬板床或腰后垫一枕头,使肌肉韧带处于放松状态,也可针灸、外敷伤药或按摩。

(三)骨折

(1)原因与症状:运动中,身体某部位受到直接或间接的暴力撞击时造成骨折。例如,在踢球时,小腿被踢,造成胫骨骨折;摔倒时,手臂直接撑地引起尺骨或桡骨骨折;跪倒地时,可造成髌骨骨折等。

骨折是比较严重的损伤,但发病率很低。常见骨折有肱骨骨折、前臂骨骨折、掌骨骨折、大腿骨骨折、小腿骨骨折、肘骨骨折、脊柱骨骨折和头部骨折等。

骨折发生后,患处立即出现肿胀,皮下瘀血,并有剧烈疼痛(活动时加剧),肢体失去正常功能,肌肉发生痉挛,有时骨折部位发生变形,移动时可听到骨摩擦声。严重骨折时,伴有出血和神经损伤、发烧、口渴甚至休克等症状。

(2)处置:若出现休克,应先进行处理,即点按人中穴,并进行对口人工呼吸或心脏胸外按摩。若伴有伤口出血,应同时实施止血和包扎。骨折后切勿移动患肢,应用夹板或其他代用品固定伤肢,及时护送医院检查和治疗。

(四)关节脱位(脱臼)

(1)原因与症状:因受外力作用,使关节面失去正常连接关系,叫关节脱位,又称脱臼。关节脱位可分为完全脱位和半脱位(或称错位)两种。严重的关节脱位,伴有关节囊撕裂,甚至损伤神经。运动中发生的关节脱位,都是间接外力撞击所致。如摔倒时,用手撑地,引起肘关节或肩关节脱位。

关节脱位后,常出现畸形,与健康肢对比不对称,因软组织损伤而出现炎症反应,局部疼痛、压痛和关节肿胀,并失去正常活动功能,甚至发生肌肉痉挛等现象。

(2)处置:用长度和宽度相称的夹板固定伤肢,如果没有夹板,可将伤肢固定在自己的躯干和健肢上,防止震动,随后及时送医院治疗。必须指出,如果没有把握时,切不可随意做复位手术,以免再度导致伤害。

(五)脑震荡

(1)原因与症状:脑震荡是指头部受到外力冲击后,使大脑管理平衡的半规管、椭圆囊等感受器机能失调,引起意识和机能的意识性障碍。在体育锻炼时,两人头部相撞,或撞击硬物,或从高处跌下时,头部撞地都可能造成脑震荡。

锻炼者致伤时,神志昏迷,脉搏缓慢,肌肉松弛,瞳孔稍大但能对称,神经反射减弱或消失。清醒后,患者常有头痛、头晕、恶心呕吐等症状,平时情绪烦躁、注意力不集中。

(2)处置:立即让患者平卧,头部冷敷,若有昏迷,立即指压人中穴;若呼吸发生障碍,立即进行人工呼吸。经上述处理后,出现反复昏迷或耳鼻口出血,两眼瞳孔放大且不对称时,表明病情严重,应立即护送至医院治疗。在运送途中,要让患者平卧,头部固定,避免颠簸。

轻微脑震荡一般可自愈,无须住院治疗,但要注意休息和必要的药物治疗,保持情绪稳定,减少脑力劳动。

在恢复过程中,可定期做脑震荡痊愈平衡试验,以检查病况进展。其方法是:闭目、单腿站立、两臂平举,如果能持续一定的时间,表明脑震荡已基本治愈,这时,可适当参加体育锻炼,但要避免滚翻和旋转性动作。

第三节　运动损伤急救的方法

急救是指在运动中对突然发生的损伤进行紧急和合理处理,并为转送医院进一步诊治创造条件。正确和有效的处置,对减轻患者的痛苦,预防并发症和感染乃至挽救生命,都具有十分重要的意义。

一、止血法

(一)冷敷法

这种止血法常用于急性闭合性软组织损伤。最简便的方法是用冷水冲洗或冷毛巾敷于伤处,有条件的可使用氯化烷喷射。冷敷可以使血管收缩,减少局部充血,降低组织温度,抑制神经感觉,从而有止血、止痛和减轻局部肿胀的作用。

(二)抬高伤肢法

将出血的肢体抬高超过心脏水平。抬高伤肢可以降低出血部位的血压,以减少出血。即使已采用加压包扎后,仍应抬高伤肢。

(三)压迫法

可以分为指压法、止血带法、包扎法等。

(1)指压法:常用于动脉出血。方法是在出血部位盖上消毒纱布后,用手指腹压迫出血部位,也可指压出血部位的上端动脉管,以切断出血渠道。

(2)止血带法:常用止血带有布条、皮带、皮管、毛巾等。进行时先将伤肢抬高,然后在患处上方缚扎止血,其松紧适中,以防肢体组织坏死。

(3)包扎法:主要用绷带包扎,并根据不同部位和伤势进行不同方法的包扎。如环形包扎、螺丝形包扎、反折螺旋形包扎等。

二、搬运法

伤员经过现场急救后,应迅速和安全地转运到安全地休息或直接送医院治疗,其中包括扶持法、托抱法、椅抬法和三人托抱法等。

（一）扶持法（图5-1）

此法适用于神志清醒、伤势较轻、自己基本能步行的伤员。施救时挽住伤员的腰部，并让伤员一臂搭扶在扶持者肩上。

（二）托抱法（图5-2）

急救者托抱住伤员，并让伤员一臂挽住自己的肩颈部位。此法适合于身体虚弱的伤员。

（三）椅抬法（图5-3）

两名急救者两手搭成像椅子一样，让患者像坐椅子一样进行运送。

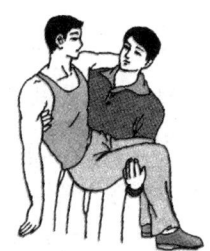

图5-1　扶持法　　　图5-2　托抱法　　　图5-3　椅抬法

（四）三人托抱法（图5-4）

三人站在同一侧，将伤员托抱起来，并协调地行走。此法适用于体力严重衰弱和神志不清的伤员。

三、人工呼吸法

人工呼吸法有举臂压胸法、仰卧心脏胸外挤压法、俯卧压背法、口对口呼吸法等。其中以仰卧心脏胸外挤压法和口对口呼吸法效果最好。

（一）仰卧心脏胸外挤压法（图5-5）

将患者仰卧，急救者两手上下重叠，用掌根置于患者两乳头连线中点处，借助于体重和肩臂力量，均匀而有节奏地向下施加压力，将胸骨向下压5~6厘米为度，然后迅速将手轻轻提起，胸骨也自然地弹回，如此反复进行，每分钟以100~120次的频率进行，直至恢复心脏跳动为止。

（二）口对口人工呼吸法（图5-5）

让患者仰卧，头部后仰，托住下颏，捏住鼻孔，压住环状软骨（即食道管），防止空气吹入胃里，急救者深吸口气，两口相对，将大口气吹入患者口中，吹气后将捏鼻子的手松开，如此反复进行，吹气频率每分钟16~18次，直至患者自主恢复呼吸为止。如患者口唇紧闭，一时撬不开，也可采取口对鼻吹气法。

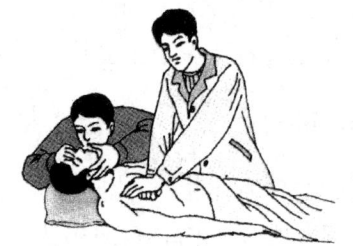

图5-4　仰卧心脏胸外挤压法　　　图5-5　口对口人工呼吸法

第六章 体育文化

主要内容提示　● 体育文化　● 校园体育文化节及运动竞赛　● 校园体育文化俱乐部

第一节　体育文化

一、体育文化

体育文化是人类体育运动的物质、制度、精神文化的总和。包括体育认识、体育情感、体育价值、体育理想、体育道德、体育制度和体育的物质条件等。体育的技术方法属于体育认识的范畴，它是人类认识过程的一种特殊形式。体育文化的概念不同于传统的体育理论、体育概论给体育运动所做的定义。它的含义包括：

第一，把体育运动当作一种文化现象。

第二，研究体育活动的文化背景，观察体育运动与文化的关系。

第三，考察体育运动的文化意义，确定体育在人类文化大系统中的地位。

第四，研究如何自觉地塑造具有独立形态价值的体育文化等。

二、体育文化的特征

（一）体育文化的身体表征性

体育是用身体来表现的文化，体育文化是一种非语言文字文化，是运动者用身体来表征和传承这种独特的文化形式。身体动作的节奏犹如语音，身体运动的动作、技巧、姿态等犹如语汇，动作、技巧、姿态等的衔接规律与组合方法犹如语法，三者的有机结合体，在动律中的形态与神态，组成体育文化的语言交际功能。在进行体育锻炼的同时，特别是集体的运动项目中，也进行着人际关系的交流。

（二）体育文化的民族性

体育文化的民族性是指一个民族在历史上，由于生存区域、生存环境、生产和生活方式、文化积累和传播的不同，而产生不同于其他民族的体育文化。体育运动的民族性十分强烈，世界上任何一种民族体育都独具特色，带有强烈的民族文化气息，内含较强的民族意识。如中国的武术、巴西的足球、日本的柔道等。

（三）体育文化的继承性

体育文化的继承性是指体育文化经过不同时代，仍然保留原有某些特质的属性。文化的继承是有选择性的，在继承过程中，人们总是有选择性地进行传统文化继承。我国的体育文化具有悠久的历史，各种养生导引术、武术技击、民间游戏娱乐等，经历了几千年的承袭、发展、演变，成为当今世界体育文化中的瑰宝，充分证明了文化的继承性。

（四）体育文化的时代性

体育文化的时代性是指体育文化的内容和形式随时代变化而发生变化的特征。任何文化的发展都不是一成不变的，都具有一定的时代特点和差异，时代的经济和政治变动得越激烈，这种特点和差异就越明显。古希腊竞技运动是祭典、健身、强身的活动，而当时我国封建时代的竞技运动却是统治阶级教化民心、闲暇消遣的手段，现代奥运会是在资本主义从自由资本主义走向垄断资本主义时期诞生的，竞技运动的拼搏、对抗、竞争精神，正是时代精神的充分体现，体育文化观念和时代思想意识融合，相辅相成，互相促进和发展。

（五）体育文化的竞争性

运动比赛实质上包含了三种不同层次的竞争。首先，是对自我的超越；其次，是对对手的超越；最后，是对当前某层级保持纪录和体育运动规律的超越。这些超越其实就是竞争。现代体育运动正越来越复杂地体现出运动形式的多样性，日渐融合了现代科技等因素，但竞争性依然未变，有人把竞争称作"体育运动的灵魂"。体育竞争讲究"公平竞争"的精神，强调机会均等、公平对抗，这正是时代所需要的竞争性精神。

三、校园体育文化

（一）校园体育文化的内容

一种文化的诞生，必须具备三个基本条件，即创造的主体对象，以及一定的文化创造进行的手段和环境。所谓文化，从宏观的意义上说，是人类社会历史实践过程中所创造出来的全部物质财富与精神财富。文化包括物质和精神两大层面，物质文化和精神文化又分别包含着许多层面。校园文化是整个人类文化的其中一方面，属于精神文化范畴，它是一个多层次主体化的有机整体。作为这个整体重要组成部分的校园体育文化，可以说，是推动校园文化发展的最有力的催化剂，是校园文化的重要内容。体育活动与文艺活动一起，构成了校园文化最有活力、最富创新意识的"两朵鲜花"。这是与校园文化自身所具有的特色相一致的。校园文化的主体是学生，这一年轻群体有朝气、富于幻想、富有活力。因此，作为校园文化重要载体的体育活动，以其特有的观赏性、挑战性、普及性而受到广大师生的欢迎。校园体育文化是以校园为空间，以学生、教师参与为主体，以身体练习为手段，以多种多样的体育锻炼项目为主要内容，具有独特表现形式的一种群体文化。

校园体育文化是校园文化和体育文化两种体系交汇产生的，两者互相影响、融合、渗透、促进和发展，有着密不可分的联系。校园体育文化可通过多种形式来体现，其主要形式有：早操、课间操、课外体育活动、运动队训练、小型运动竞赛、体育讲座、专题报告会、体育技能表演、学校体育节等。其中体育文化节是近年来发展比较快的一种校园体育文化活动，成为目前校园文化的亮点之一，它以自身独特的风格吸引着全体师生来参与体育活动，起到了活跃校园生活的作用。

(二)校园体育文化的特点

学校作为社会重要的组成细胞,不能脱离民族的、时代的文化背景而存在。与其他亚文化形态一样,校园体育文化在一定程度上是社会文化的缩影,也是社会大文化中的一个具体组成部分。校园体育文化的生存发展,既受到社会文化特性的制约,又有其自身的独特表现。

1. 客观性

校园体育文化是在长期的教学实践中逐步形成的,是一种文化的历史积淀,它在社会文化环境和学校本身发展的合力作用下形成,尽管不排除人为的主观努力,但从总体上看,是客观的、独立的。教育界形成一种共识:凡是育人工作有特色、对外声誉高的学校,一般都有优良的、健康向上的校园文化,更有丰富多彩、生动活泼的校园体育文化。而体育活动开展不好、群体活动不普及的学校,大多是管理无生气、育人不景气。校园体育文化作为一种客观存在的形态,不管你是否意识到,它总是会对学校的发展产生作用。

2. 连续性和继承性

校园体育文化和其他亚文化一样,同样具有历史延续性,是可以形成传统和风气的。学校体育传统和风气,是指一个学校在体育活动方面形成并进行的带有普遍性、重复出现和相对稳定的一种集体行为风尚,是学校教育的一种氛围与环境,是师生员工共同创建的校园文化,是校风的有机组成部分。这种传统和风气,作为一种社会文化现象,既有区别又有联系。一般认为,传统多指纵向性的继承,风气更多指的是横向性的传播,某种风气的长期存在也可能逐渐形成传统。校园体育文化开展得如何,主要看学校体育传统和体育风气。因此,校园体育文化不是在短时间内可以形成的,需要长期的积累和人们坚持不懈的努力。

3. 时代性

任何文化都是时代的产物,都具有在一定程度上反映时代本质的特征,同时,又随着时代的发展前进而不时地演化自己的形态。学校离不开时空环境,时空环境是影响学生生存发展的重要因素。在校园体育文化的形成和发展中,其内容与形式,都受到一定时代的政治体制、经济体制、教育体制,以及社会结构、文化风尚等的制约,因此,容易受时代特征的影响,这就是校园体育文化的时代性。

4. 新颖性

校园体育活动的最大特色就在于它的新颖性。例如,在每年春季运动会上推出团体操、健美操、武术表演,以及广播体操比赛、趣味性游戏等内容,某些师范院校对所有师范生在毕业前进行队列、口令指挥,及广播操的过关测试等。

5. 封闭性

从组织观念看,学校是一个大组织,其内部由小组织构成,因此,具有组织层次分明、组织单位集中的特点,这给校园体育文化带来了新的特点。一方面,在内容上向开放方面发展,但另一方面,也存在形态上相对封闭,从而形成"体育文化圈",如院校里的专业、年级、班级,以及自发组成的专项体育协会等。这些群体组织形成的相对闭合的体育文化圈,形成相对独立的集体、相对固定的群体、相对定向的实践对象。可以这样讲,校园体育文化环境,就是由一个个的体育文化圈组成的,没有体育文化圈,就没有校园体育文化。

6. 动态性

校园体育文化形成的主体是在校学生,他们天生好动,不习惯于长期静坐和沉默。一般而言,校园的课堂教学活动是一种静态性的教育形式,长时间"三点一线"式的学习生活,往往使许多好动的学生感到枯燥无味。因此,在学习之余所钟情的是,既能调剂生活,又能学习各种瞬息万变、充满强烈动感的校园体育文化。在紧张学习的闲暇时间,组织一场小型的体育比赛或一场舞会,既能调节学习生活节奏、陶冶情操,又能使学生得到积极的休息。特别是在节假日到来的时候,如果进行丰富多彩的体育活动,就能使宁静的校园又"动"起来。

四、体育文化的功能

（一）教育熏陶,促进学生全面发展

通过体育教学不仅可以强身健体,而且还可以发展学生的思维能力,并对学生进行爱国主义、集体主义等思想品德教育,培养学生不怕苦、不怕累、勇于拼搏、敢于创造的优良品质,让学生努力成为有担当有责任的新时代青年。在体育理论课教学中,使学生学会运动创伤的简易处理,懂得营养保健知识,掌握科学锻炼身体的方法,培养良好的生活卫生习惯,从而丰富学生的知识结构,提高学生的体育文化修养。并通过体育运动,使学生感受动作美,体验心灵美和行为美,有利于培养学生正确的审美情趣。充分发挥体育文化所包含的功能,为全面提高学生的素质服务,这是高校体育文化的一个重要内容。

（二）陶冶情操,增进身心健康

高校体育文化是存在于学校这一特定环境中的体育文化形态,体育教师是传播校园体育文化的使者,教师要根据学生的身体素质、接受能力、个性差异,适当地分层教学,切实做到因人而异,因材施教。在完成练习的数量、质量、空间以及时间上,对不同层次学生提出不同的要求,各个层次的目标应该是相应层次的学生通过努力可以达到的,使各类学生都能体验到接受教学中成功的喜悦,满足不同层次学生生理、心理的需要,激发学生体育学习的乐趣,真正使全体学生都学有所长,学有所得。

（三）娱乐与审美,丰富课余生活

各种体育竞赛,都具有娱乐性和趣味性,它不仅可以满足学生展现自己体育才能方面的需要,也为他们创造一种气氛和谐、心情舒畅的环境。兴趣是最好的老师,学生对感兴趣的活动,往往心驰神往。如有趣的体育游戏、激烈的体育比赛、有优美音乐伴奏的艺术体操等,都是学生喜欢参加的活动,让学生在愉悦的气氛中,获取知识,调节情绪,并使他们以旺盛的精力、饱满的精神投入紧张的学习,这是高校体育文化的又一功能。

第二节　校园体育文化节及运动竞赛

校园体育节活动是培养学生全面素质的途径之一。在校生是学校体育文化建设的主体,营造一个活跃、丰富、向上的体育文化氛围,有利于学生的身心健康发展。体育节的活动能有效地提高学生对体育的兴趣,调动学生体育锻炼的积极性,对增强学生的体育意识、提高体育素养、扩大知识面、培养综合能力等方面,具有重要意义。

一、校园体育活动制订方案

根据体育活动的工作环节、内容等具体要求,先由学校领导层拟定一个基本框架,然后由承办部门（体育部）拟订实施方案。实施方案分以下三个层次:

（一）组织领导

建立以主管体育的校长担任组长,由宣传、体育、共青团、保卫等有关部门负责人共同参与的体育节领导小组。下设活动组织组（部）、新闻宣传组（部）、安全保卫组（部）等办事机构,并由领导小组的秘书长具体负责各办事机构的工作协调和落实领导管理工作。

活动组织组是办事机构中的一个重要机构,是活动的主体机构。其主要的任务是:制定总的实施方案,对全校体育节的活动做总体安排,包括主要内容、时间、场地等安排。掌握基层准备工作的落实情况,活动过程中各方面的联系、沟通、检查、督促工作。

新闻宣传组的主要任务是:制定体育节活动期间的新闻宣传方案,加强新闻报道人员的组织,通过校广播电台、电视台,向全体师生进行体育节的宣传报道和各媒体的公开报道。

安全保卫组的主要任务是:确保体育节安全、顺利、有序地进行。

(二)活动形式与时间

总的实施方案中,要确定体育节整个活动的具体时间,并对采取的组织形式作出具体的规定。学校体育节的形式,有各种体育比赛、体育表演、体育讲座等。开展范围有全校性的、以系部为单位的、以班级为单位的等。

(三)制定活动规程

体育节活动规程的主要内容有:

1. 基本事项

首先应明确本次活动的目的和任务、主办单位、活动日期和地点、参加单位及级别等。这些内容根据组织方案决定。

2. 活动内容

应根据体育节的性质、规模、参加级别、参加者的实际水平情况来设置比赛项目。对有关项目的比赛规则、器械的重量和规格作出不同的要求,不能同正式比赛要求一样,应体现其普通学生参加体育比赛的特点。

3. 领导小组对各基层组织进行此项活动提出原则性要求

其中包括组织领导、宣传发动、安全教育与组织。在体育节期间,利用校广播电台、电视台和讲座等活动,加强体育节的宣传活动,掀起全校性群众体育锻炼热潮。

4. 提出学校体育活动总的效果要求

通过体育节的开展,使全校师生达到锻炼的效果,发挥每个人的体育项目特长。

二、广泛宣传报道

召开领导小组会议,讲清实施方案中的各项任务、要求,统一思想,统一步调。召开各层级领导小组负责人的会议,听取汇报,检查落实情况,使上下各级工作同步进行,通过各种媒体进行广泛宣传报道。对所有参加体育节活动的工作人员进行思想动员,引起足够重视,使其兢兢业业、严肃认真地做好体育节活动期间的准备工作。做好全校师生的思想教育和组织工作,使其充分认识到学校体育节的目的和价值。

三、组织实施

要搞好活动,制订好实施方案只是第一步,要把方案落到实处,取得理想的效果,严密细致的组织实施,是十分重要的。所谓组织,是使人的活动更有效地协调一致的手段,有意识地调整人的各种活动,以及各方面的力量,为实现所达到的目的和目标而规定各成员应负的责任,及他们之间的相互关系,使之在整体实施过程中发挥作用。

四、校园体育文化节的主要形式

(一)田径比赛

田径比赛是学校体育节开设的主要项目。田径比赛项目多种多样,内容丰富,既有个人项目,也有集体项目,能激发参加者的积极性。

(二)球类比赛

球类项目比赛也是学校体育节的主要活动内容。球类项目竞赛,不仅具有激烈的竞争性,而且具有游戏的特点,尤其是大学生更爱好这些项目,它已成为丰富学校体育文化生活的主要组成部分。

(三)广播操比赛

广播操比赛是学校体育节的主要内容之一,可以全校性地开展,也可以班为单位进行。广播操是根据人体生理规律和使身体各主要部位都得到活动的原则编制的,动作简单,易学易练。广播操每做一遍约需5分钟,做操时心率和呼吸频率比安静时增加近一倍,从而加速血液循环,促进新陈代谢,消除疲劳,提高学习和工作效率。做操时认真领会每节操的动作要领,加大动作幅度,坚持质量标准,必然会收到良好的锻炼效果。

(四)健美操

健美操是根据练习者的身体特点,发展身体各部位的要求,把体操和舞蹈中的简单动作组编成操,在音乐的伴奏下进行的一种体育锻炼手段。健美操动作简单易学,讲求实效,造型优美,动作连续。它练习密度较大,融健身、健心与健美为一体,对增强体质、塑造体形美和姿态美有着明显的效果。当前,健美操发展很快,普遍受到人们的青睐。青少年学生正处在长身体时期,具有塑造健美体形的强烈愿望,特别是女生更是如此,学校可以普遍采用。推广健美操健身法,是学校体育节的主要内容之一。

(五)体育知识讲座

为了推动体育运动的深入开展,让每个学生都能意识到它的重要性,激发学生参加体育锻炼的积极性,在全校范围内开展有关体育的目的和任务、体育的社会价值、体育的健身价值等方面的知识讲座,是必要的。须具备以下三个因素:

(1)所选主题是否为当前热点问题。

(2)讲座内容是否与本校学生的实际情况相适应,能否被学生所接受。

(3)讲演者是否具有"名人效应"和较高的学术与演讲水平。在组织体育节期间的讲座时,应争取请到校内外的知名体育专家或具有较大影响力的运动员。

(六)体育知识竞赛

体育知识竞赛可以促进学生对体育知识的掌握和理解,也是加强体育知识学习的重要途径。它把体育的竞争性运用到知识竞赛之中,具有较大的吸引力。组织一次这样的知识竞赛,需要具备以下五个条件:

(1)抢答器。一套围绕体育科普知识为主的、丰富多彩、生动有趣的题目设置,让学生来回答(专业性太强的题目不适用于广大学生)。

(2)每个问题应该有唯一正确的答案。

(3)由3~4名专家组成的仲裁委员会,他们可以处理意外情况。

(4)高效的工作人员班子,包括计分员、计时员等。

(5)及时做好参赛选手的选拔和培训工作。

五、运动竞赛方法

学校体育竞赛活动是学校体育工作的一个重要组成部分,是推动学校群众性体育活动广泛开展,促进运动技术水平提高的重要组织形式。根据运动竞赛的具体要求、项目特点、参赛队(人)数、比赛的期限和场地设备要求因素,可选用不同的比赛方法。最常用的有以下几种:

(一) 淘汰制

淘汰制是通过比赛,逐步淘汰成绩差的队或个人,最后确定优胜者。淘汰制分两种情况:一种是按一定顺序让参赛队或个人一个接一个地比赛得出成绩,通过及格赛、预赛、复赛和决赛淘汰失败者,比出优胜名次,如田径、游泳等项目。另一种是球类和其他对抗性比赛项目,双方按淘汰表进行比赛,胜者进入下一轮,负者淘汰,直至最后一对,从而决定优胜者。

淘汰制优点:在参加比赛队或运动员数量多而比赛日期又短时,能在较短时间完成比赛,决出优胜者。

淘汰制缺点:除第一名外,很难合理地确定出其他队或队员名次。有些强队或个人有可能在第一轮相遇,一旦失利,则会失去机会而被淘汰,胜负偶然性强,不利于发挥,学习锻炼机会少。

淘汰制分两种:第一种是单淘汰,第二种是双淘汰。有种子法和补赛法,可根据比赛目的和需要采用相应方法。

1. 单淘汰

单淘汰指参赛队或个人在比赛中失败一次,即失去继续参赛资格的方法。

编排方法:以 8 个队或 8 名运动员比赛为例,参加队数或人数为 2 的乘方数,即 4、8、16、32,可按图 6-1 编排。比赛轮次计算:轮次=选用号码位置数 8,8=2^3,为三轮。

比赛场次计算:场次=队或运动员数-1。即 8-1=7 场。

第三轮,产生第一名和第二名。第二轮,失败的两队或运动员可补赛一场,决赛第三、四名,也可并列第三名。

如果参赛队或个人数不是 2 的乘方数时,可选择最接近的较大于参加队或运动员数 2 的乘方数,并计算出轮空队数。使第二轮比赛的队数正好是 2 的乘方数。如 13 个队参赛:轮次=选用号码位置数为 16,16=2^4,为 4 轮。

轮空场次的计算办法:轮空场数=选用号码位置数-参加队数,轮空场数=16-13=3 场。

2. 双淘汰

双淘汰是指参赛队或个人在比赛中失败两次,即被淘汰的赛制。其编排方法与单淘汰相似。

编排方法:以 8 个队或个人比赛为例,如图 6-2 所示。

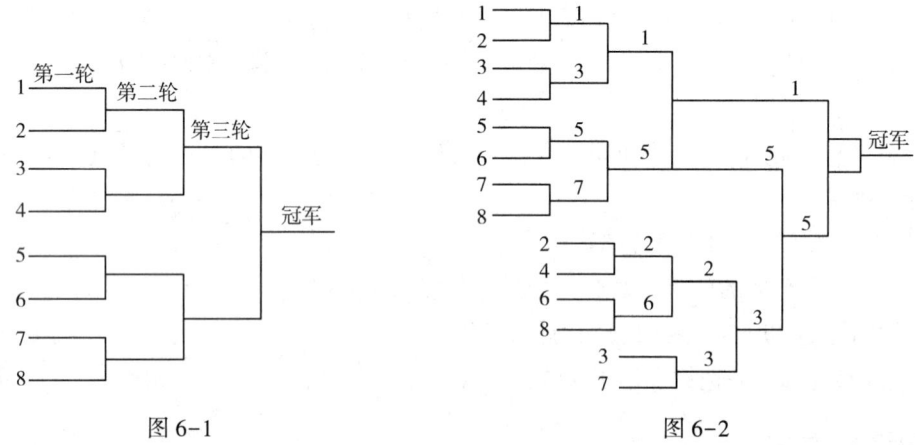

图 6-1   图 6-2

双淘汰总场次的计算:
$$总场次 = (队数-1) + (队数-2) = (8-1) + (8-2) = 13 场。$$

决赛时,如果 1 胜,则 1 为第一名,5 为第二名;如果 5 胜,则 1 和 5 都只失败一次,所以应当进行补赛,胜者名次在前。

3. 种子法

种子法是在赛前了解参赛队或个人运动成绩,以及技术、战术水平,或依据上一年比赛的成绩,选定若干实力较强的队或个人为种子队或队员,然后有计划地合理安排在淘汰表的不同位置,使他们避免过早相遇而淘汰,使比赛愈到后面水平越高。

编排方法:如有 6 个队或个人参加比赛,不是 2 的乘方数,就会有轮空的队。轮空只能在第一轮出现,根据定义可安排如下:

比赛轮次的计算:号码位置数是 8,8 = 2^3,为 3 轮,轮空场数 = 8−6 = 2 场,如图 6-3 所示。

②与⑦为轮空位置,种子队 1 号与 8 号为第一轮轮空,非种子队再抽签时对号入座。

4. 附加赛

附加赛指决赛后用附加比赛方法来确定第 2 名以后的名次。每一轮的胜者与胜者、负者与负者比赛。

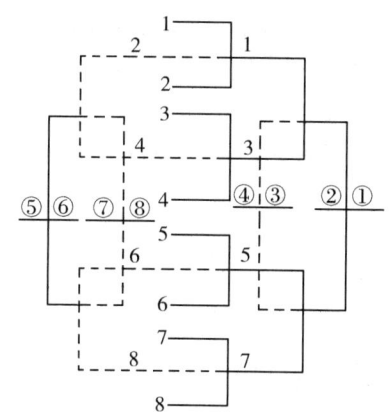 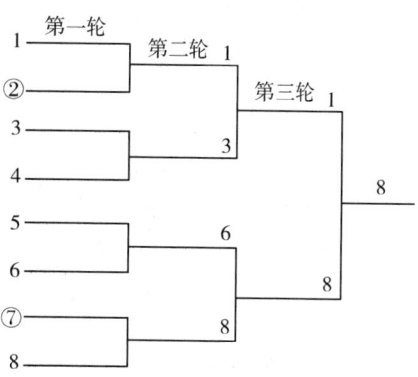

图 6-3

(二) 循环制

循环制是指在比赛过程中每个队或个人之间均会相遇,最后依照各队比赛胜负、场数、得分多少来决定名次。

循环制的优点:能合理地产生名次,获胜的偶然性小,有利于发挥技术、战术水平,相互学习机会多。在参加队数较少、比赛期较长时,采用循环制较为合理。

循环制缺点:比赛场次多、时间长,当参赛队或个人较多时,运动员易疲劳。

循环制可分单循环、双循环、分组循环三种。可根据比赛时间、任务、性质合理地采用。

1. 单循环

单循环指所有参赛队或个人之间相互比赛一次。这种方法一般在参加的队数、人数较少时采用。

单循环轮次计算办法:各队都参加完一场比赛即为一轮。

如果比赛队数是奇数时:轮次 = 队数(或个人)

如果比赛队或运动员数是偶数时:轮次 = 队数−1

单循环比赛场次的计算:比赛场次 = 队数×(队数−1)÷2

编排方法(以 7 个队参赛为例):比赛轮次 = 7 轮

$$比赛场次 = 7×(7−1)÷2 = 21 场$$

用 1,2,3,4,…,7 分别代表各队,按表 6-1 程序排出各轮次的比赛程序表。

从表中可以看到,每轮比赛都把 1 号位置固定不动,其他号码按逆时针方向移动位置,凡是与 0 号位置相遇的队,即为轮空。如果是 8 个队参赛,则将 0 换成 8。

表 6-1

第 1 轮	第 2 轮	第 3 轮	第 4 轮	第 5 轮	第 6 轮	第 7 轮
1—0	1—7	1—6	1—5	1—4	1—3	1—2
2—7	0—6	7—5	6—4	5—3	4—2	2—0
3—6	2—5	0—4	7—3	6—2	5—0	4—7
4—5	3—4	2—3	0—2	7—0	6—7	5—6

比赛程序编排后进行抽签,按各参赛队(个人)所抽的号码对号入座,填写参赛队(个人)名,最后编排比赛日程表。

当参赛队(个人)是奇数时,比赛程序表中的 6 号位置,在第三轮后总是和前一轮轮空的队相遇(即 4、2、7、5),比赛是在均等条件下进行的。如要防止这种情况出现,可采用贝格尔编排方法。例如,以 7 个队参加比赛为例,如表 6-2 所示。

表 6-2

第 1 轮	第 2 轮	第 3 轮	第 4 轮	第 5 轮	第 6 轮	第 7 轮
1—0	0—5	2—0	0—6	3—0	0—7	4—0
2—7	6—4	3—1	7—5	4—2	1—6	5—3
3—6	7—3	4—7	1—4	5—1	2—5	6—2
4—5	1—2	5—6	2—3	6—7	3—4	7—1

贝格尔编排原则:奇数轮次 7 右上角为轮空号并固定不动,左上角的位置号从左至右顺序为 1、2、3、4 且固定不动。

偶数轮次,左上角为轮空号并固定不动。右上角的位置号从左至右顺序为 5、6、7 且固定不动。将全部比赛轮次左、右上角位置号确定以后,各轮次按逆时针方向排列顺序号即可。

例如,有 5 个队参加比赛,全部比赛为 5 轮,其中奇数轮次为 3 轮,则 1、2、3 从左上至右,分别固定在奇数轮次的左上角并轮空,0 在右上角;偶数轮次为 2 轮,则 4、5 从左至右,分别固定在偶数轮次的右上角并为轮空队,0 在左上角。

例如,有 9 个队参加比赛,全部比赛为 9 轮,其中奇数轮为 5 轮,则 1、2、3、4、5 从左至右,分别固定在奇数轮次的左上角并为轮空队,0 在右上角;偶数轮次为 4 轮,则 6、7、8、9 从左至右,分别固定在偶数轮次的右上角并为轮空队,0 在左上角。从上述例子可以看出,编排时先确定全部比赛的奇数轮次数和偶数轮次数,即可确定顺序号的位置和 0 号位置。这个规律适合循环制所有奇数队的编排法。

2. 双循环

双循环宜在比赛队数不多、比赛时间较长时采用。编排方法与单循环相同,但比赛场次比单循环多一倍,即队与队之间要比赛两次。

3. 分组循环

分组循环是将比赛分为两个阶段,第一阶段将比赛队分成若干小组,各组先进行单循环比赛,决定出各小组的名次。第二阶段的比赛是根据第一阶段的组数和决定多少名次,可采用同名次分组,单循环进行比赛。

如果第一阶段比赛只有两个组,可采用同名次决赛,也可采用交叉赛决定名次,即两个组的前两名先交叉赛,然后同名次比赛决出一至四名,两个组的三、四名用同样办法决出五至八名,其余名次类推。

(三)轮换制

轮换制是将运动员分成若干组,在同一时间内分别进行不同项目的比赛,赛完一项后,各组依次轮换,再进行另一项比赛。如体操比赛中双杠、跳马、单杠等三组的轮换,即轮换制。

(四)混合制

混合制是将淘汰制和循环制配合运用的方法。是将比赛分为两个阶段,第一阶段为分组淘汰(或循环制),第二阶段采用循环制(或淘汰制)。其编排方法同淘汰制和循环制。

第三节 校园体育文化俱乐部

体育俱乐部是一种自发的由社会兴办的开展体育活动的基层组织,是以体育爱好者自发性、自立性结合为基础,为增进健康和促进相互间的和谐而进行持续性体育活动的组织、形式或过程。它分单项和综合两种,设有运动场地、器材和技术指导人员,可进行运动员训练和开展比赛活动。

随着体育俱乐部的发展,其内涵得到了进一步的拓展,在形式上也呈现出多样化的格局。我国体育俱乐部主要有两种模式:一类是由体育教育行政或实施部门所组建的体育教学俱乐部;另一类是由学生社团组织或体育爱好者自发组织成立的课外体育锻炼俱乐部。

一、校园体育俱乐部的组织与管理

(一)俱乐部的设置

俱乐部的设置原则,是顺应社会发展趋势,以培养目标为依据,根据学校现有体育场地设施条件、师资专业结构和学生体育需求等情况而设置的。目前,开设较普及的有篮球、排球、足球、网球、乒乓球、羽毛球、健美操、体育舞蹈、健身运动、跆拳道、野外生存等单项体育俱乐部。

(二)俱乐部的选项工作

通过宣传栏、广播、网络等多种信息平台和渠道,使广大学生在选择项目以前,能基本了解体育教学俱乐部的项目设置、组织形式、活动内容,及教师的基本情况。学生根据自己的兴趣和爱好,根据自己对体育课程的全面评价,自由选择和确定参加体育教学俱乐部。具体的选课工作应采取网络系统进行,教务处和体育部(室)共同研制体育俱乐部选课系统,学生通过网络进行选课。

(三)俱乐部教学形式

俱乐部采用以学生为主体的教学组织形式,教学的基本形式有:教师依据学期教学计划,根据学生的实际情况,制订以"教学模块"为单元的教学计划,灵活地实施教学进程。在教学过程中,教师应采取集中辅导与个别辅导相结合的教学方式,并可采用"以赛带练""以赛促练"的方式进行,以不断提高和巩固学生对该运动项目的兴趣,促进技术和技能水平的提高。

(四)体育教学俱乐部学习效果的评定

体育学习效果的评价,应采取过程评价和结果评价相结合的方法。注重学生的实际参与过程,注重平时参与体育教学俱乐部活动时的具体表现和态度,注重学生个体的差异性,注重学生在运动竞赛中所取得的成绩与名次及进步情况。采用定量与定性相结合的评价手段,客观公正地评价每位学生的体育学

习,最大限度地激发每一位学生学习体育的积极性。

二、校园体育俱乐部的主要特征

(一)大学生体育教学俱乐部的主要特征

将传统班级授课制改革为由学生自主选择授课时间、授课项目、授课教师的教学俱乐部形式,且一般实行学分制或学年选课教学管理制度。它规定授课时数,强调以学生"会学体育"为目的,将传统的以教师为主体的班级授课制改革为"主导制"或"辅导制",充分体现了"以学生为主体"的指导思想,实现了体育教育目标的更新。目前,在体育课程改革不断深化的前提下,其教学形式已经在全国许多高校实施并各具特色,它与专项体育课或选项体育课有许多不同点。

(二)学生课外体育锻炼俱乐部的主要特征

将学生课外体育锻炼的"计划安排制""自主锻炼制""随机组合制"改革为"有机组合制""主动参与制",在"自觉、自愿"的基础上,组合了相对固定的活动伙伴,并实行"自主自律、自我管理、自我发展"的管理方式。通过俱乐部活动,有利于缔结活动伙伴关系,塑造和培育团队精神,培养俱乐部活动骨干的组织和管理能力。

第七章 奥林匹克运动

主要内容提示
● 奥林匹克运动概述 ● 中国与奥林匹克运动
● 奥林匹克精神

奥林匹克运动所倡导的是加强各国人民之间的友谊,促进不同种族、宗教、政治观点、文化背景的人民之间的相互尊重和理解。奥林匹克运动同时主张通过体育运动与教育和文化的结合,促进青年人的身心和谐发展。因此,奥林匹克运动的宗旨是积极向上的,有利于世界和平事业。四年一届的奥林匹克运动会已成为当今最举世瞩目的活动,是整个人类民族文化精神的象征。奥林匹克运动会的参加者非常广泛,已成为当今规模最大、名声最高、最为重要的体育盛会。奥林匹克运动会对整个人类文明的进步和世界各民族文化的交流与发展影响之深远,在人类历史上是罕见的。

第一节 奥林匹克运动概述

一、古代奥林匹克运动会

古代奥林匹克运动会起源于古代希腊。那时希腊有许多城邦国家,各国间战争频发,各国人民渴望和平,本来是祭神的体育竞技会就逐渐变为和平与友谊的运动会。公元前 776 年,第一届全希腊运动会在奥林匹亚举行。在奥林匹克运动会进行期间,希腊境内保持和平,即使交战的双方也必须放下武器休战,若有违反,就要受到严惩。从公元前 776 年到公元 394 年,共举办了 293 届古代奥林匹克运动会。

二、现代奥林匹克运动会

现代奥林匹克运动会是近代资本主义发展的必然产物,也是近代体育思想形成后在欧美各地广泛实施的必然结果。1894 年,在法国人顾拜旦的努力和各种因素的促进下,"恢复奥林匹克运动会代表大会"在巴黎举行。会上成立了国际奥林匹克委员会,并决定复兴奥林匹克运动会。现代奥林匹克

运动会受到了古代奥林匹克运动会的深刻影响,但它已不是祭神的体育竞技,而是真正的国际性的体育竞赛。现代奥林匹克运动会的产生是运动竞赛史上的一个重要里程碑,它标志着体育运动进入了一个崭新的时代。

(一)奥林匹克运动会的有关规定

1.奥林匹克运动会宣誓仪式

在奥林匹克运动会的开幕式上,由主办国最著名的运动员宣读誓词:"我以全体运动员的名义,保证为了体育的光荣和我们运动队的荣誉,将以真正的体育道德精神参加本届奥林匹克运动会,承诺不使用兴奋剂,尊重并遵守指导运动会的各项规则。"之后,裁判员也进行了宣誓。

2.奥林匹克运动会奖牌

奖牌分金、银、铜三色,圆形,直径至少60毫米,厚3毫米。

3.奥林匹克运动会举办期限

从1932年开始,国际奥林匹克委员会规定,奥林匹克运动会四年一届。夏季奥林匹克运动会的时间不得超过16天,冬季奥林匹克运动会不得超过12天。

(二)国际奥林匹克委员会

1894年成立的国际奥林匹克委员会是一个国际性的、非政府的、非营利的组织,是领导奥林匹克运动和决定奥林匹克运动会一切有关问题的最高权力机构,它的总部设在瑞士的洛桑。国际奥林匹克委员会设主席1人、副主席4人。主席从委员中选举产生,一般任期8年,连选可再任4年。

(三)现代奥林匹克运动会竞赛项目的设置

第一届现代奥林匹克运动会举行时,国际单项体育组织还很少,奥林匹克运动会项目无严格规定,基本上由东道国决定。因此,前几届奥林匹克运动会不仅一些项目中的单项变化较大,而且大项也不稳定。随着各种国际单项体育组织的先后建立,奥林匹克运动会项目逐渐趋向稳定。1972年至1984年,奥林匹克运动会比赛大项一直固定为21项。第二十四届奥林匹克运动会则有历史性的突破,增加了乒乓球、网球两大项目,使夏季奥林匹克运动会的大项目达23个,单项数达237个,其中男子项目有151个,女子项目有72个,男女混合项目为14个。被列入奥林匹克运动会正式比赛项目的批准条件是:夏季奥林匹克运动会男子项目至少要在四大洲75个国家广泛开展,女子项目至少要在三大洲40个国家广泛开展。

三、奥林匹克运动会的经济效益

举办奥林匹克运动会将为东道国带来巨大的社会效益和经济效益。"二战"之后,历届奥林匹克运动会东道国,通过举办奥林匹克运动会对本国的经济及社会各个方面的发展都产生了重要的作用。例如,1964年东京奥林匹克运动会大大刺激了日本经济迅猛发展,成为日本跃居世界经济强国的催化剂。1988年汉城(现首尔)奥林匹克运动会的举办,对韩国的经济发展和打开国际局面也起到了很大的推动作用。1992年巴塞罗那奥林匹克运动会,不仅使巴塞罗那市的经济有了发展,而且使其国际地位有了大幅度提高。当地人在谈到巴塞罗那发展的时候,都将1992年奥林匹克运动会作为分界线。一些发达国家也从举办奥林匹克运动会中获得不小的收益。悉尼奥林匹克运动会在10年筹备和举办过程中,为新南威尔士州创造了10万个就业机会。2000年悉尼奥林匹克运动会,估计其电视转播、国内外赞助收入、出售门票收入及专用商品的许可证等直接收入达26亿美元左右,旅游等行业间接收入更多。从社会影响看,以亚特兰大奥林匹克运动会为例,全世界有196亿人次的观众通过电视在两周多的时间内观看奥林匹克运动会的转播,极大地提高了该市的知名度。奥林匹克运动会的成功举办,对一个国家增强民族自尊和民族凝聚力也有着积极的促进作用。

中国成功申办 2008 年北京奥林匹克运动会,筹备和举办奥林匹克运动会使北京的发展提前了 10 年至 20 年。奥林匹克运动会的举办,大大推动了北京电信、交通、环境治理、社会服务等各方面事业的发展。长期受益的不只是北京市民,也带动了全国各地人民从中受益。

第二节　中国与奥林匹克运动

从 1894 年国际奥林匹克委员会成立,奥林匹克运动已经经历了一个多世纪,这期间,无论是国际奥林匹克委员会本身,还是拥有世界近 1/5 人口的中国都发生了巨大而深刻的变化。中国与国际奥林匹克委员会的关系按其发展过程大体可以分为以下几个阶段:

一、"零的纪录"

1896 年第一届现代奥林匹克运动会召开前夕,法国人顾拜旦致函清政府,邀请中国参加将在希腊雅典举行的奥林匹克运动会。中国第一个接到奥林匹克运动会邀请书的是清朝光绪皇帝,后因慈禧太后及其幕僚不懂得"田径"一词的含义而未能派队参加。1928 年,中国首次派出宋如海观摩第九届奥林匹克运动会。第十届奥林匹克运动会于 1932 年在美国洛杉矶举行,刘长春一人代表运动员参加了该届比赛。由于日本帝国主义的侵略,中国处于动荡时期,无法保证刘长春进行正常的训练,加之在太平洋上漂泊了 21 天,已使他疲惫不堪。这位当时的中国第一飞人在预赛中就被淘汰。第一次参加奥林匹克运动会的中国运动员,单刀赴会,黯然而归,留下了一抹心酸的回忆,但却向世界宣告了中国奥林匹克运动的存在。1936 年第十一届奥林匹克运动会在德国首都柏林举行。中国申报了近 30 个参赛项目,派出了 140 余人的体育代表团,但运动员仅有 69 人,其余是武术表演队、体育考察团及职员等。在所有的参赛项目中,除撑竿跳高选手符宝卢跳过 3.80 米进入复赛外,其他人都在初赛中遭淘汰。中国代表队最终全军覆没,许多外国人都讥笑中国队为"鸭蛋队"。体育的落后是当时中国政治、经济、文化状况的真实写照。1948 年在英国伦敦举行了第十四届奥林匹克运动会,中国队再次失利。

1932 年至 1948 年,中国共参加了三届奥林匹克运动会,却一次又一次遭遇了惨重的失败,艰辛苦涩的奥运梦成了令人心酸的痛苦回忆。

二、被扭曲的奥运圣火

1952 年 7 月,第十五届奥林匹克运动会的圣火在芬兰赫尔辛基点燃。然而,由于受到某些国家蓄意制造"两个中国"的影响,国际奥林匹克委员会拒绝中国运动员参赛。为了新中国的荣誉,中华全国体育总会向国际奥林匹克委员会提出了强烈的抗议。最后,国际奥林匹克委员会妥协,批准中国参赛。但是,中国代表团到达之日,离第十五届奥林匹克运动会闭幕只有 5 天了,大部分比赛已近尾声,只有游泳选手吴传玉赶上了百米仰泳比赛,他成了新中国第一个正式参加奥林匹克运动会比赛的运动员。由于旅途劳累,最终未进入决赛。

由于国际奥林匹克委员会违反了奥林匹克宪章,中华人民共和国成立后,对于中国在国际奥林匹克委员会的合法席位问题一直没有得到合理的解决,因此,从 1956 年到 1979 年间,中国没有派队参加奥林匹克运动会。

1980 年第二十二届夏季奥林匹克运动会在莫斯科举行。为维护奥林匹克精神和世界和平,反对霸权主义,包括中国在内的 66 个国家一起抵制和拒绝参加第二十二届奥林匹克运动会。

三、彪炳青史焕新章

(一)锋芒初露洛杉矶

1984 年,第二十三届奥林匹克运动会在美国洛杉矶举行,中国派出了一个大型的体育代表团参加这次盛会。52 年前,中国第一次参加的奥林匹克运动会就是在这里举行的,当时的运动员只有刘长春一个人,而 52 年后的同一地点,参加奥运盛会的中国体育代表团共 353 人(其中运动员 225 人),可谓发生了翻天覆地的变化。这是中华人民共和国成立后第一次全面参加奥林匹克运动会。

洛杉矶射击场上许海峰的枪声打破了中国在奥林匹克运动会上金牌"零"的纪录,雪洗了"东亚病夫"的屈辱,全世界华人半个多世纪的梦想终于成真。1984 年 7 月 29 日,是中国人民永远值得骄傲和自豪的日子。

中国体育代表团首次全面出征奥林匹克运动会,不仅实现了"零的突破",而且获 15 枚金牌、8 枚银牌和 9 枚铜牌,在金牌榜上居第 4 位,成为中国当代体育全面走向世界的一个里程碑,迎来了中国奥林匹克的新时代,大大提高了我国在奥林匹克运动中的地位,为中国奥运史写下了辉煌的一页。

(二)磨砺汉城观差距

1988 年在韩国汉城举行的第二十四届奥林匹克运动会上,中国派出了由 445 人组成的体育代表团,其中运动员 300 名。他们参加了除曲棍球、马术两个项目以外的其余 21 个大项的比赛。

中国运动员在这届奥林匹克运动会上有成功的喜悦,也有失败的泪水。共获金牌 5 枚、银牌 11 枚、铜牌 12 枚,金牌榜上居第 11 位。在取得成绩的同时,也看到了与世界体育强国之间存在的差距。

(三)巴塞罗那显辉煌

1992 年,第二十五届奥林匹克运动会在西班牙的巴塞罗那举行,172 个国家和地区的运动员参加了比赛。经过两次奥运大战洗礼的中国体育代表团一行 380 人(其中运动员 251 人)参加了 20 个项目的争夺。在强手如云的角逐中,中国运动员位居金牌榜和奖牌榜第 4 位,并有 3 人 2 次创 2 项平 1 项世界纪录,铸造了中华人民共和国奥运史上的辉煌。

(四)亚特兰大　百年盛典

1996 年,举世瞩目的第二十六届奥林匹克运动会在美国亚特兰大举行。适逢百年华诞的第二十六届奥林匹克运动会,堪称奥运史上规模空前、水平最高的竞技体育盛会,197 个国家和地区的 1 万余名运动员出现在赛场上,是奥运历史上第一次所有成员都参加的"大团圆"。这次精英荟萃、争夺异常激烈的世纪之战使本届奥林匹克运动会成了 20 世纪竞争最激烈的奥林匹克运动会。中国奥运健儿不畏强手,在竞技场上所表现出的精湛技艺和顽强拼搏精神,令人难以忘怀。

中国运动员在竞技场上共获 16 枚金牌、22 枚银牌、12 枚铜牌,名列金牌榜和奖牌榜的第 4 位。让全世界都看到了我们伟大祖国追求"更快、更高、更强、更团结"的坚定步伐。

(五)扬威悉尼　辉煌 2000

2000 年 9 月,第二十七届奥林匹克运动会的圣火在澳大利亚的悉尼点燃。经过紧张的筹备和严格的筛选,我国派出了 452 人的大型体育代表团,其中有 284 名运动员参加 24 个大项 166 个小项比赛。

本届奥林匹克运动会共有 199 个会员国家和地区的 11116 名运动员参加了比赛。中国军团以 28 枚金牌的战绩第一次跻身第一军团。这一骄人成绩的取得向世人宣告:中国是当今竞技赛场上的体育强国。

(六)决战莫斯科　梦想成真

2001 年 7 月 13 日,国际奥林匹克委员会主席萨马兰奇在莫斯科宣布:第二十九届奥林匹克运动会的

举办城市是"北京"！整个会场沸腾了，整个中国沸腾了，整个世界沸腾了。1896年至2008年的100多年，中国实现了举办奥林匹克运动会的夙愿，圆了举办奥林匹克运动会之梦。这是一个民族的奥运情结，这是一个民族的百年期盼，历史将永远地记住这一刻。

（七）辉煌雅典2004　迎接北京2008

2004年第二十八届奥林匹克运动会在希腊的雅典举行，中国运动健儿共获得32枚金牌，为祖国赢得了荣誉，以实际行动向世界证明了中国的强大实力。2004年雅典奥林匹克运动会的闭幕式上，15分钟的表演，让中华民族文化的精髓得到了更充分、更灿烂的体现，给世界传递一个伟大民族的共同心声——2008年，北京欢迎您！

（八）同一个世界　同一个梦想

2008年北京第二十九届奥林匹克运动会的主题口号是"同一个世界，同一个梦想"，充分体现"绿色奥运，科技奥运，人文奥运"的理念，也集中体现了奥林匹克精神的实质和普遍价值观——团结、友谊、进步、和谐、参与和梦想，表达了全世界在奥林匹克精神的感召下，追求人类美好未来的共同愿望。我们属于同一个世界，我们拥有同样的希望和梦想。中国运动健儿在这次盛大的奥林匹克运动会上共获得了51枚金牌。国际奥林匹克委员会主席罗格称其为"真正无与伦比"的一届奥林匹克运动会。

（九）游伦敦　看世界

2012年伦敦奥林匹克运动会新闻发布会上，英国伦敦旅游局局长塔玛拉·英格拉姆表示："2012伦敦奥林匹克运动会宣传项目主题叫'游伦敦，看世界'，背后的理念是，在伦敦你可以看到整个世界。但这些旅客到伦敦，也可以有更多经历，包括去看话剧，欣赏艺术，或者去购物。因为我们相信，在伦敦所有的这些经历，能够帮助你体会在全球的旅游。"

（十）点燃你的激情

2016年第三十一届夏季奥林匹克运动会在巴西里约热内卢举行，207个国家和地区的11544名运动员参加比赛，设置了306套奖牌和28个奥林匹克运动会项目，主会场是马拉卡纳体育场。2016年里约热内卢奥林匹克运动会的口号是"点燃你的激情"。

（十一）东京奥林匹克运动会

2021年第三十二届夏季奥林匹克运动会在日本东京举行。东京继1964年之后再次主办夏季奥林匹克运动会，也是目前唯一举办两次夏季奥林匹克运动会的亚洲城市。

四、中国获奥林匹克运动会金牌统计

中国体育健儿们在奥林匹克运动会上奋勇拼搏、为国争光，在1984年、1988年、1992年、1996年、2000年、2004年、2008年、2012年、2016年、2021年和2024年奥林匹克运动会上，分别获得了15、5、16、16、28、32、51、38、26、38、40枚金牌，共计305枚金牌，为祖国争得了荣誉，也受到了全国人民的尊敬和爱戴。他们的精神和成就激励着后来者更加努力拼搏，为祖国争取更大的荣誉。

第三节　奥林匹克精神

一、《奥林匹克宪章》

《奥林匹克宪章》是国际奥林匹克委员会为奥林匹克运动发展而制定的总章程。第一部章程的倡议

和制定者是法国人顾拜旦,1894 年 6 月在巴黎国际体育会议上正式通过。主要内容是奥林匹克运动基本宗旨、原则以及举行奥林匹克运动会的有关事宜。多年来,宪章曾多次修改、补充,但由顾拜旦制定的基本原则和精神未变。

二、奥林匹克宗旨

《奥林匹克宪章》中的"基本原则"部分指出,奥林匹克运动的宗旨是:"通过没有任何歧视、具有奥林匹克精神——以友谊、团结和公平竞争的精神互相理解的体育活动来教育青年,从而为建立一个和平的更好的世界作出贡献。"奥林匹克运动宗旨有以下基本含义:

奥林匹克运动的目的是促进人类社会向真、善、美的方向发展。通过奥林匹克运动架设沟通各国人民之间联系的桥梁,增进不同民族、不同文化的人们之间的相互了解,促进世界和平,减少战争的威胁。奥林匹克运动的宗旨与人类社会正义事业所要达到的目标是一致的,并在一定程度上满足了现代国际社会的需要,对进入现代社会以来的人类有直接的现实意义。奥林匹克运动的宗旨,使它成为世界和平事业的一个重要组成部分,从而确定了它在当代国际社会中的重要地位。

将体育运动的作用提高到不仅促进人的全面发展,而且与社会的发展联系起来,明确地将体育作为一种改造社会的力量,并有意识地将这种力量辐射到广阔的范围,应该说是奥林匹克运动的一大创举。这不仅反映了进入现代社会以来体育运动内涵的扩展和功能的增加,而且反映出人们对体育运动的认识进入了一个新阶段。

三、奥林匹克精神

《奥林匹克宪章》指出,奥林匹克精神就是相互了解、友谊、团结和公平竞争的精神。奥林匹克精神对奥林匹克运动具有十分重要的指导作用。奥林匹克精神强调对文化差异的包容和了解。

奥林匹克运动是国际性的运动,它不可避免地面临世界上文化间的各种差异及由此引发的各种问题。奥林匹克精神强调互相了解、友谊和团结,就是要形成一种精神氛围。在这种氛围中,人们得以摆脱各自文化带来的偏见,在不同文化的展示中看到的不是矛盾与冲突,而是人类社会百花齐放、千姿百态的文化图景,使文化差异成为促进人们交流的动因,而不是互相轻视的诱因,从而使奥林匹克运动所提倡的国际交流真正得以实现。

奥林匹克精神强调竞技运动的公平与公正。奥林匹克运动以竞技运动为其主要活动内容。竞技运动最为本质的特征就是比赛与对抗。在直接而剧烈的身体对抗和比赛中,运动员的身体、心理和道德得到良好的锻炼与培养,观众也得到感官上的娱乐享受和潜移默化的教育。但是,竞技体育的教育功能和文化娱乐功能的基本前提是公平竞争。只有在公平的基础上竞争才有意义,各国运动员才能保持和加强团结、友谊的关系,奥林匹克运动才能实现它的神圣目标。正如已故美国著名黑人田径运动员杰西·欧文斯所说:"在体育运动中,人们学到的不仅仅是比赛,还有尊重他人、生活伦理、如何度过自己的一生以及如何对待自己的同类。"

四、奥林匹克格言

奥林匹克格言,亦称奥林匹克座右铭或口号,系奥林匹克运动宗旨之一。格言为"更快、更高、更强",是顾拜旦一位密友迪东于 1895 年提出的。顾拜旦对此颇为赞赏,经他提议,1913 年获国际奥林匹克委员会正式批准,将它定为奥林匹克格言。1920 年它又成为奥林匹克标志的一部分。此外,也有把"体育就是和平""重要的是参加,不是胜利"作为格言的。北京 2022 年冬奥会演绎了"更快、更高、更强、

更团结"的奥林匹克格言。

五、奥林匹克标志

奥林匹克标志是由《奥林匹克宪章》确定的。旗为白底无边,中央有五个相互套连的圆环,即我们所说的奥林匹克环。环的颜色自左至右为蓝、黄、黑、绿、红五种颜色。奥林匹克环象征五大洲的团结,全世界的运动员以公正、坦率的比赛和友好的精神,在奥林匹克运动会上相见。奥林匹克会旗系 1913 年根据顾拜旦的构思而设计制作的。

1914 年为庆祝现代奥林匹克运动恢复 20 周年,会旗在巴黎举行的奥林匹克代表大会上首次升起。1920 年在安特卫普奥林匹克运动会上,比利时国家奥林匹克委员会绣了同样一面锦旗在当届奥林匹克运动会上使用。运动会后,比利时将它赠给了国际奥林匹克委员会并成为国际奥林匹克委员会正式会旗。历届奥林匹克运动会开幕式上都有会旗交接仪式,由上届奥林匹克运动会主办城市的代表将会旗交给国际奥林匹克委员会主席,主席再将会旗递交当届主办城市的市长。然后将旗帜保存在市政府大楼,4 年后再送交下届主办城市。冬季奥林匹克运动会会旗,是 1952 年挪威奥斯陆市赠送的,交接仪式与夏季奥林匹克运动会相同。

根据《奥林匹克宪章》规定,奥林匹克环是奥林匹克运动的象征,是国际奥林匹克委员会的专用标志,未经国际奥林匹克委员会许可,任何团体或个人不得将其用于广告或其他商业性活动。

六、顾拜旦与《体育颂》

顾拜旦(1863—1937),出生于法国巴黎的一个贵族家庭,是一位历史学家、教育家和人文主义者。他的体育思想,集中反映了作为人文主义的积极宣传者对团结、友好与和平的强烈愿望。顾拜旦对现代奥林匹克运动会的创办起到了举足轻重的作用,他的功绩将永载奥运史册。

1912 年在斯德哥尔摩第五届奥林匹克运动会期间,顾拜旦发表了一篇赏心悦目、美妙绝伦的经典文章《体育颂》,获得了奥林匹克运动会文艺竞赛金质奖章。这篇倾注顾拜旦对体育的无限热忱且极富真知灼见的短文,形象、生动地表达了他对体育所倾注的全部感情和深刻理解。

体育颂

啊,体育,天然的欢娱,生命的动力。你猝然降临在灰蒙蒙的林间空地,受难者,激动不已。你像是容光焕发的使者,向暮年人微笑致意。你像高山之巅出现的晨曦,照亮了昏暗的大地。

啊！体育,你就是美丽！你塑造的人体,变得高尚还是卑鄙,要看它是被可耻的欲望引向堕落,还是由健康的力量悉心培育。没有匀称协调,便谈不上什么美丽。你的作用无与伦比,可使两者和谐统一;可使人体运动富有节律;使动作变得优美,柔中含有刚毅。

啊！体育,你就是正义！你体现了社会生活中追求不到的公平合理。任何人不可超越速度的一分一秒,逾越高度民主的一分一厘。取得成功的关键,只能是体力和精神融为一体。

啊！体育,你就是勇气。肌肉用力的全部含义是敢于搏击。若不为此,敏捷、强健有何用？肌肉发达有何益？我们所说的勇气,不是冒险家押上全部赌注似的蛮干,而是经过慎重的深思熟虑。

啊！体育,你就是荣誉！荣誉的赢得要公正无私,反之便毫无意义。

顾拜旦

有人耍弄见不得人的诡计,以此达到欺骗同伴的目的,他内心深处却受着耻辱的绞缢。有朝一日被人识破,就会落得名声扫地。

啊!体育,你就是乐趣!想起你,内心充满欢喜,血液循环加剧,思路更加开阔,条理更加清晰。你可使忧伤的人散心解闷,你可使快乐的人生活更加甜蜜。

啊!体育,你就是培育人类的沃地。你通过最直接的途径,增强民族体质,矫正畸形躯体,防病患于未然,使运动者得到启迪;希望后代成长茁壮有力,继往开来,夺取桂冠的胜利。

啊!体育,你就是进步!为了人类更大的进步,人们身体和精神要同时改善。你规定了良好的生活习惯,你要求人们对于过度的行为引起警惕;你告诫人们要遵守规则,发挥人类最大能力而无损于健康的身体。

啊!体育,你就是和平!你在各民族间建立愉快的联系。它在有节制、有组织、有技艺的体力较量中产生。全世界的青年,通过你学会互相尊重学习。不同民族特质成为高尚而和平竞赛的动力。

体育运动技能编

- ◎ 田径运动
- ◎ 球类运动
- ◎ 游泳运动
- ◎ 健身运动
- ◎ 武术搏击运动
- ◎ 娱乐休闲运动

在中国共产党第二十次全国代表大会上，习近平总书记在"推进文化自信自强，铸就社会主义文化新辉煌"的报告部分，再次重审强调要加快建设体育强国的目标。体育强国的基础在于群众体育，而外显则在于竞技体育。从党的十八大到党的二十大，十年间中国体育健儿共获得986个世界冠军，创127次世界纪录。中国体育健儿时刻牢记习近平总书记谆谆教诲，坚定不移听党话、跟党走，怀抱梦想、脚踏实地，为广大青少年作出了表率，以实际行动激励青少年为全面建设社会主义现代化国家贡献了青春力量，也吸引了成千上万名青少年投身到体育运动中来。高校体育实践课就是引导大学生选择一两项运动项目进行深入学习，养成锻炼的习惯，提升健康水平，培养健康的生活方式，为健康中国建设贡献高校体育的力量。

第八章 田径运动

第一节 田径运动概述

一、田径运动概述

田径运动是以竞走、跑、跳、投掷和全能运动组成的运动项目,是体育运动的主要项目之一。田径运动历史悠久,它是在人类社会发展中逐步产生和发展的。随着工农业生产和科学技术水平的提高,田径运动竞赛项目、竞赛条件、竞赛办法逐渐改进,并逐步形成了现代田径运动。

公元前 776 年在希腊奥林匹亚举行的古代奥林匹克运动会上就有了田径项目的比赛。1896 年在希腊雅典举行的第一届现代奥林匹克运动会上,田径运动的竞走、跑、跳和投掷就被列为大会的主要比赛项目。当前国际重大田径比赛主要有奥林匹克运动会的田径比赛、世界杯田径赛和世界田径锦标赛等。

二、田径运动分类及项目

田径运动分为径赛和田赛两大类。以时间计算成绩的竞走和跑的项目叫径赛;以远度和高度计算成绩的投掷和跳跃项目叫田赛(表8-1)。全能运动是由若干个跑、跳、投等项目所组成,并按固定程序进行的比赛。

表 8-1　田径运动分类和项目

类 别	项 目	成 年		少 年			
		男子组	女子组	男子甲组	男子乙组	女子甲组	女子乙组
径 赛	竞 走	20 千米	5 千米				
		50 千米	10 千米				

续表

类别	项目	成年		少年			
		男子组	女子组	男子甲组	男子乙组	女子甲组	女子乙组
径赛	短距离跑	100 米	100 米	100 米	60 米	100 米	60 米
		200 米	200 米	200 米	100 米	200 米	100 米
		400 米	400 米	400 米	200 米	400 米	200 米
					400 米		400 米
	中距离跑	800 米	800 米	800 米	800 米	800 米	800 米
		1500 米	1500 米	1500 米		1500 米	
		3000 米	3000 米	3000 米		3000 米	
	跨栏跑	100 米	100 米	110 米	110 米	110 米	100 米
		400 米	400 米				
	障碍跑	3000 米					
	马拉松	42195 米	42195 米				
	接力跑	4×100 米	4×100 米	4×100 米	4×100 米	4×100 米	4×100 米
		4×400 米	4×400 米				
田赛	跳跃	跳高、撑竿跳高、跳远、三级跳远	跳高跳远撑竿跳	跳高、撑竿跳高、跳远、三级跳远	跳高、撑竿跳高、跳远、三级跳远	跳高跳远	跳高跳远
	投掷	铅球、标枪、铁饼、链球	铅球、标枪、铁饼、链球	铅球、标枪、铁饼、链球	铅球、标枪、铁饼、链球	铅球、标枪、铁饼、链球	铅球
全能运动		十项（100 米、跳远、铅球、跳高、400 米、110 米栏、铁饼、撑竿跳高、标枪、1500 米）	七项（100 米栏、铅球、跳高、200 米、标枪、跳远、800 米）	五项（跳远、标枪、200 米、铁饼、1500 米）	三项（100 米、铅球、跳高）	五项（100 米栏、铅球、跳高、跳远、800 米）	三项（100 米、铅球、跳高）

第二节 竞走和跑步

一、竞走

竞走是两腿交替迈步前进,与地面保持不间断的接触。在任何时间都不得两脚同时离地。迈步时,后脚必须在前脚落地后才能离地;每走一步,向前迈步的脚在着地过程中,腿必须有一瞬间的伸直(膝关节不得弯曲)。特别是支撑腿在垂直部位时必须伸直。

竞走比赛项目主要有男子场地10000 米、公路20 公里和50 公里,女子场地5000 米、公路10000 米等项目。目前,我国竞走运动已冲出亚洲,走向世界。

竞走是很好的运动项目,它不受年龄、季节、场地条件限制,经常练习竞走能增强全身肌肉力量,提高

呼吸和循环系统机能,尤其能培养吃苦耐劳、不怕困难等意志品质。

（一）竞走技术

1.下肢动作

下肢动作是竞走技术的主要环节。在一个周期里,单腿可分着地缓冲、后蹬、前摆、准备着地四个阶段。

（1）着地缓冲:竞走时,一条腿自脚跟着地起到身体垂直支撑止,称着地缓冲。其作用是减少着地时的阻力,完成缓冲。要求着地脚跟靠近运动的中线先着地,然后通过脚外侧柔和滚动过渡到全脚掌,成下扒状态,使身体重心很快移到支撑点上,此刻膝关节必须伸直。当身体与地面垂直时,支撑腿同侧骨盆稍有升高以缓冲着地时的阻力。

（2）后蹬:当身体重心前移超过垂直面而到脚趾离开地面支撑称后蹬阶段。其作用在于积极扒蹬地面,使人体前移获得动力。后蹬动作过程主要有支撑腿蹬地、摆动腿前摆和骨盆沿身体垂直轴的转动、髋关节积极前移。

（3）前摆:从支撑腿蹬离地面到膝关节摆至最高点,称前摆阶段。支撑脚蹬离地面后,小腿微向上摆,脚掌稍离地面,屈膝向前摆动,大腿不要高抬,髋部放松,使骨盆沿垂直轴向前转动,腰部微前挺。

（4）准备着地:由膝关节前摆至最高点到脚跟即将着地止,称准备着地阶段。此时,膝关节伸直,脚尖放松稍内转,重心前移,腿和脚呈鞭打动作,积极准备着地（图8-1）。

2.上体和摆臂动作

上体正直稍前倾,眼看前方,颈部肌肉放松。摆臂时两手半握拳,两臂屈肘90°于体侧配合两腿同时摆动,前摆时手接近胸骨,不超过身体中线和下颏,后摆稍向外,屈臂角度稍大于垂直时的角度（图8-1）。为维持身体平衡,加强后蹬效果,两肩与上体配合两腿动作,沿身体纵轴稍有转动。

图8-1　竞走下肢动作

3.身体重心的移动

竞走时身体重心起伏和左右摇摆较小,身体重心轨迹接近直线向前移动。竞走中所有动作都应力求使身体重心轨迹近似直线向前移动。

（二）竞走练习方法

1.学习脚着地技术

（1）原地两脚前后站立（前脚从脚跟着地,后脚从脚掌着地）,后脚蹬伸送髋使前脚由脚跟着地滚动为全脚着地,反复若干次。

（2）前摆小腿,脚跟着地放松走。

（3）以脚跟着地放松大步走。

2.学习腿部动作和骨盆沿身体纵轴转动和脚着地技术

（1）交叉步走,体会骨盆围绕身体纵轴转动和脚着地技术。

（2）沿直线做普通大步走（要求脚跟先着地）。

（3）两脚左右开立（同肩宽）,做骨盆回环转动。

（4）两脚左右开立（间隔一脚左右）,两肩向前平屈,手心向下。肩与骨盆围绕身体纵轴做方向相反

的转动练习。

3.学习摆臂与腿部动作配合技术

(1)原地摆臂练习。

(2)原地摆臂听信号(掌声、口令等),做不同节奏练习。

(3)原地摆臂配合骨盆沿纵轴转动,反复若干次。

(4)行进间,臂、腿配合练习 100~200 米。

4.学习完整技术练习

(1)普通走过渡到竞走 20~30 米。

(2)较小步长的快步竞走。

(3)较大步长的快步竞走。

(4)中速弯道、下弯道竞走 200~300 米。

(5)快速竞走 200~400 米。

(6)变速竞走(100 米慢与 100 米快交替进行)。

(三)竞走规则简介

竞走是与地面保持不间断接触的向前跨步走。在每步中后脚离地之前,前脚必须与地面保持接触,支撑腿在垂直部位时,至少有一瞬间是伸直的。因此,在比赛中出现双脚同时离地的"腾空"和支撑腿弯曲是犯规动作。

在比赛规则中,"警告"表示,当竞走裁判员认为运动员有犯规动作时,出示两面带有相同标志的白色牌。"取消比赛资格"表示,在比赛中,如有三名裁判员认为某运动员竞走技术不符合规定时,由裁判长向该运动员出示红牌,取消该运动员的比赛资格。在比赛过程中,因故未能及时地通知运动员取消比赛资格时,可在比赛结束后立即补发通知。

二、中长跑

中长跑是中距离跑和长距离跑的简称。中跑有 800 米跑、1500 米跑和 3000 米跑;长跑有 5000 米跑和 10000 米跑。

(一)中长跑的特征

中长跑是指较长时间连续不断的较高强度的全身运动,既要跑得快又要跑得持久,比赛或测验都要尽量跑出好的成绩,在一定意义上要全力以赴地奔跑。因此,对运动员提出全面而较高的要求,运动员必须要有明确的运动目的、坚强的意志、良好的心肺机能、完善的中长跑技术、合理的体力分配等。只有以上诸种要素协同作用,才能获得良好的效果。

(二)中长跑的技术要领

中长跑是人们有意识的主动运动,它是人体内各有关子系统协同作用的外在表现。中长跑要求各有关子系统具备合理的姿态和运动方法。

1.明确坚定的中长跑意识

人的一切运动都是人的内在意识的体现,想跑和不想跑会产生两种截然不同的结果。因此,忽视建立中长跑意识是不科学的。中长跑意识是中长跑的先导,是无形的力量,要有明确的运动目的,强烈的运动欲望,跑好、跑快的必胜信念,坚定不移、从容不迫的运动气概。

2.中长跑运动技术

各中距离跑的技术基本上是相同的,只是因为跑速和强度的不同,在跑的技术细节上会有不同程度

的差异。

（1）起跑及起跑后的加速跑。

起跑一般用站立式起跑（图8-2）。起跑前，运动员在起跑线后3米的集合线上准备。

图8-2　站立式起跑

当听到"各就各位"时就跑到起跑线后，两脚前后开立，有力的脚在前，紧靠起跑线的后沿，后脚用前脚掌着地。听到枪声后，两脚用力蹬地，两臂配合积极摆动，使身体迅速向前冲出，力争在短时间内获得跑速。

（2）途中跑（图8-3）。

图8-3　途中跑

途中跑时，上体保持正直或稍前倾，两眼平视，两手大小臂弯曲约90°，以肩为轴自然摆动，当摆动腿前摆时，支撑腿迅速伸展髋、膝、踝关节并脚蹬地。进入腾空后，大腿向前上方摆动，大小腿顺惯性自然折叠，摆动腿落地时，脚落地点更靠近身体重心投影点。脚与地面接触后，落地腿、膝、踝关节做缓冲动作；在垂直阶段，脚跟稍向下沉，缓冲脚落地时产生的冲击力，为过渡到后蹬创造良好条件。在弯道跑时，身体内倾，左臂靠近身体摆动，后摆时，用力较大。途中跑时，必须合理地分配体力，灵活运用各种战术。如领先跑、跟随跑、变速跑等。

（3）终点冲刺跑。

终点冲刺跑是指临近终点时的最后一段距离的拼跑。冲刺跑的时机根据项目、个人的能力以及战术要求而定，一般情况下，800米跑可在最后200～250米开始加速跑，1500米可在最后300～350米开始加

速跑,3000 米以上可在最后 400 米甚至更长距离时加速跑。

(4)中长跑的呼吸。

中长跑时的呼吸是很重要的,没有良好的呼吸机能就难以取得优异的成绩。呼吸应以满足跑时身体的需要为主,与跑速相一致,做到深沉有力,用鼻与半张开口吐吸气,呼吸节奏一般是三步一呼,三步一吸;或二步一呼,二步一吸。中长跑出发后就应注意呼吸的方法、深度和节奏,以防氧债提前出现和加剧。轻视呼吸、被动呼吸和表浅的呼吸都是错误的。

(5)中长跑时的战术。

中长跑时实施正确的战术是取得优异成绩的要素,战术的失误将导致整体的失利。理论与实践都证明匀速跑是最好的战术,它有利于创造好成绩。为了战胜对手,有时也运用变速跑战术,通常耐力好者采用领先跑,而速度好者往往采用跟随跑,即伺机奇取战术。合理的战术一定要知己知彼,切合气候、场地等实际情况。最不明智的是开始跑得太快,而后越跑越慢,甚至半途而废。只有勇敢、理智、善于控制自己的速度和具备顽强的作风,才能运用好战术。

(三)中长跑的练习法

1.一般耐力练习

(1)耐力通常是衡量身体健康水平高低的一个标志。一般耐力的练习方法有定时跑、强度较小的越野跑和爬山。

(2)球类活动(如结合中长跑的特点,采用人盯人的方法进行篮球和足球比赛)。

(3)滑冰、滑雪和其他体力练习。

2.专项耐力练习

专项耐力练习一般安排在有比赛(或考试)的前阶段进行,应有计划、有节奏地重点开展。开展专项耐力、速度感和跑的节奏的方法:

(1)较长距离的反复跑(如 800 米、1000 米等)。

(2)变速跑(80 米快跑与 120 米慢跑)。

(3)越野跑。

(4)配合定期的检查跑与参加接近专项、专项和超专项的比赛。

3.中长跑练习的注意事项

(1)练习应注意循序渐进,掌握适宜的运动量。练习时心率控制在 130~150 次/分钟较适宜。

(2)练习应持之以恒。耐力练习不仅是人的生理与体力练习,而且是人的心理与意志力的练习,只有不断地练习,才能更有效地增强体质。

(3)速度练习是始终贯穿于中长跑训练中的主线,只有不断缩短单位距离的时间、打破原有的节奏,才能提高成绩。

三、短距离跑

短距离跑(以下简称短跑)是一项典型的极限运动。它要求人体在最短的时间内,以最快速度跑完规定的距离。短跑是 400 米和 400 米以下距离跑的统称。

(一)短跑技术

短跑技术包括:起跑、起跑后的加速跑、途中跑、终点跑、弯道起跑和弯道跑技术等几部分。

1.起跑

它的任务是使身体迅速摆脱静止状态,获得向前的最大冲力,尽快地发挥速度转入途中跑。起跑过

程包括"各就各位""预备""鸣枪"三个环节。

（1）听到"各就各位"口令时，运动员两脚蹬紧起跑器，两手四指并拢与拇指呈"八"字形，两手稍宽于肩支撑在起跑线后。肩在起跑线的垂直上方，颈、背自然放松，目视前方，镇静听候"预备"口令(图8-4①)。

（2）听到"预备"口令时，从容抬臀稍高于肩，两臂伸直，身体重心前移，身体肩线超过起跑线，稳定这种姿势静听枪声(图8-4②)。

（3）听到枪声后，两手迅速推离地面，同时屈肘有力前后摆，两脚迅速蹬离起跑器，以较大前倾姿势跑出(图8-4③)。

图8-4　起跑

2.起跑后的加速跑

起跑后，立即转入加速跑，加速跑的距离一般为20~30米，用11~13步跑完。起跑后，两臂加快摆速，两腿交替用力蹬伸，逐渐加大步长和加快步频，上体逐渐抬起进入途中跑(图8-5)。

图8-5　起跑后的加速跑

3.起跑器的安装方法

短跑比赛，必须使用起跑器，采用蹲踞式起跑。起跑前，必须安装好起跑器。安装起跑器的目的是：符合比赛规则要求；更有利于人体克服静止状态下的快速起跑。起跑器的安装方法一般有普通式、接近式和拉长式三种。

4.途中跑

途中跑是短跑的主要部分，距离最长，速度最快。

（1）前摆和后蹬阶段。当身体重心移过支撑垂面，即进入前摆与后蹬阶段。后蹬动作，首先从伸髋关节开始，当身体重心远离支撑点时，再迅速有力地伸直膝关节和踝关节，最后用脚趾蹬离地面。在后蹬结束时，髋、膝、踝关节迅速伸直，使后蹬的反作用力有效地通过身体重心，更快地推动身体重心向前运动(图8-6②⑧⑨)。

（2）腾空阶段。摆动腿膝关节放松，以髋关节为轴，大腿积极下压，小腿随下压惯性自然向前下伸展，同时脚做背屈动作，准备着地时，踝关节做有力的扒地动作。这时，当蹬地腿蹬离地面后应放松刚刚参加后蹬活动的肌肉，大腿积极向前上方摆动，小腿放松顺惯性向上和大腿自然折叠，以缩小前摆半径，增加向前摆动的速度(图8-6②~⑦)。

（3）着地缓冲阶段。前脚掌着地时，支撑腿部各关节主动缓冲，同时背屈的踝关节应积极地做背伸，完成"扒地"动作，随即转入后蹬阶段(图8-6②~④)。

在途中跑中，头应正对前方，上体正直或稍前倾，两臂的摆动要积极有力。以肩关节为轴，手前摆不超过鼻子,后摆至最大限度。

图 8-6　途中跑

5.终点跑

终点跑是全程跑的最后一段,技术和途中跑基本相同。终点跑应力求在疲劳状况下保持途中跑的正确技术,动员全身力量,以最快的速度跑过终点。这时,上体可适当前倾些,并注意加强后蹬和两臂的同时摆动。到离终点最后一步时,上体迅速前倾,用胸部冲过终点线。

6.弯道起跑和弯道跑技术

(1)弯道起跑和起跑后的加速跑,为了便于加速,起跑后的开始阶段应沿着直线跑进,因此,起跑器应安在跑道的右侧方,正对弯道内侧切点方向。

(2)弯道跑技术。弯道跑近似圆周运动,身体应采用向左倾斜的姿势,沿弯道内侧快速跑进,跑速加快,向左倾斜的程度相应增大。后蹬时,右脚用内侧脚掌,左脚用外侧脚掌着地。腿的摆动,右膝稍向内,左膝稍向外,右臂摆幅大于左臂。

(二)短跑的练习方法

短跑的成绩主要取决于反应时间、加速能力、最大速度能力、维持最大速度的时间。上述四要素都与神经反射速度、强度、均衡性、灵活性和神经细胞工作的耐久力有关。因此,首先所有练习应围绕短跑神经系统进行。其次还应注意短跑的技术动作,如后蹬角度、躯干姿势和摆臂动作等。最后就是注意发展肌肉力量,提高肌肉力量、柔韧性、关节的灵活性及身体的协调能力。

反应时间是人们听到信号后快速反应所用的时间,练习方法有听到枪声启动、听击掌和门铃启动等。

加速能力是人体从静止状态快速奔跑起来至最大速度的能力,练习方法主要有 30 米加速跑、单足加速跑、原地快速小步跑后接 15 米加速跑等。

最大速度能力是一个动态指标,主要是指个人的绝对速度。随着运动员各方面素质的提高,绝对速度也可不断地提高。练习方法有反复冲 15 米标记(插两根标枪间隔 15 米,当起跑至最快速度时再全力跑 15 米)。辅助练习还有各类跳跃练习,例如,三级跳、跨步跳、两跳一换等。负重力量练习,例如,负杠

铃深蹲、半蹲、挺举、抓举等。

速度耐力是指维持最大速度的时间。严格地讲,100 米、200 米、400 米的速度耐力练习是不同的。对一个没有参加过短跑训练的人进行一个月的短跑集训计划,用 100 米练习略做分析。训练总课次 8 ~ 10 次,每次训练时间 2 小时,每周训练 2 ~ 3 次,训练间隔 2 天,每次练习 6 ~ 8 趟 100 米。

四、接力跑

接力跑是由短跑和传、接接力棒组成的集体赛跑项目。接力跑项目的种类很多,在正式田径比赛中主要有 4×100 米和 4×400 米两个项目。

接力跑的优劣直接反映在成绩上,而成绩不仅仅取决于每棒队员的个人速度,在很大程度上也取决于全队之间的良好配合和熟练的传、接棒技术。

(一)4×100 米接力跑的技术

1.起跑

(1)第一棒起跑方法:用右手持棒,采用蹲踞式起跑,其技术与弯道跑技术相同,持棒方式有三种(图 8-7)。通常采用图 8-7③的握棒方法。

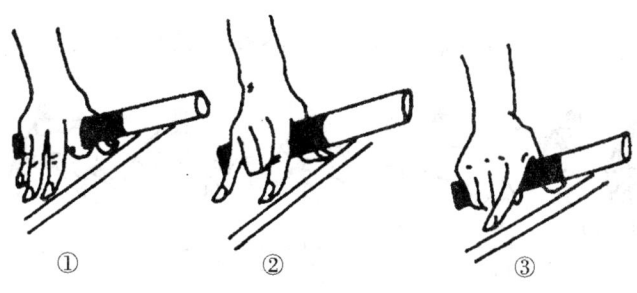

① ② ③

图 8-7 接力跑的握棒方法

(2)接棒人起跑的方法:第二、三、四棒的起跑采用半蹲踞式的起跑方式或站立式的起跑。在接力区后端或预跑线内,选定起跑位置。

2.传、接棒的方法

传、接棒的方法有上挑式和下压式两种。比赛中可将两种方法混合使用。

(1)上挑式:接棒人手臂后伸,四指并拢,掌心向下,虎口张开朝前,传棒人将棒由下向前上方挑送入接棒人的手中。

(2)下压式:接棒人手臂后伸,掌心向上,虎口张开朝后,传棒人将棒自上而下压放在接棒人的手中。

3.起跑标志线的确定和传、接的时机

(1)标志线的确定:标志线是根据传棒人和接棒人的跑速和传接棒技术的熟练程度来确定的,一般是在预跑线的后面,应通过队员之间反复练习来核准确定。

(2)传、接棒的时机:传棒人和接棒人相距约 1.5 米时,传棒人立即发出"接"的信号,接棒人立即后伸手臂接棒。

4.各棒队员分配

在安排队员时,首先要考虑发挥每个人的特点,一般是:第一棒安排起跑技术好、善于跑弯道的;第二棒应是速度耐力好、善于传接棒的;第三棒除具备第二棒的条件外,还要善于跑弯道;把速度最快,冲刺能力强、拼劲最足的安排在第四棒。在基层接力比赛的棒次安排上还应考虑将速度相近的队员安排在一起交接棒,以避免相互压速度。

（二）4×400 米接力跑技术

4×400 米接力跑，跑速在最后阶段明显降低，所以传、接棒技术比较简单。传、接棒的方法和时机都是根据传、接棒队员的最后速度决定的。第一棒队员采用蹲踞式起跑，其技术与 4×100 米相同，其余三棒均采用站立式起跑。4×400 米接力跑第一棒应安排起跑技术好、实力强的队员，争取领先，有利于第二棒抢得内道的优先主动位置。第四棒应是实力最强的队员，这对最后胜利起着主要作用。

五、跨栏跑

跨栏跑技术有四个要点：①栏间跑时身体重心起伏应保持平稳，特别是过栏时身体重心起伏不应过大；②过栏时不应减速，要求完成一系列动作是越快越好，尽量缩短腾空时间；③栏间跑不但要求跑得快，跑得直，而且步数要固定，动作要有节奏；④过栏和跑紧密衔接，不应有任何停顿。跨栏跑技术分起跑到第一栏、跨栏步、栏间跑、终点冲刺撞线四个环节。这里以 110 米栏为主介绍跨栏跑技术。

（一）起跑到第一栏

起跑和疾跑是从蹬离起跑器开始到第一栏起跨前止。其任务是：在固定的距离内用固定的步数发挥出较高的速度，一般用八步跑完。

（二）跨栏步

它是指腾空越过栏架的一步，动作从起跨脚踏上起跨点到摆动腿的脚下栏着地止（图 8-8）。

图 8-8　跨栏跑

（1）起跨攻栏：跨栏技术好坏，很大程度上取决于起跨栏动作的准确程度。准确动作又与起跨前的一步的大小（起跨点距栏架 2~2.2 米）和起跨角度（约 60°）有密切关系。起跨脚要快放、放正。摆动腿要积极前摆高抬，过栏时小腿迅速前伸，大腿下压，小腿和脚回收做下栏时的"鞭打"动作。起跨腿快速有力地充分蹬伸，加速重心前移；同时，异侧手臂快速有力地向前伸出，维持身体的正位平衡。

（2）过栏：过栏时运动员的胸部和摆动腿膝关节正对前方，膝关节略微弯曲，有助于积极下栏并进入栏间跑，前腿异侧臂快速有力地前伸，对过栏时身体重心前移和栏上平衡起到积极作用。起跨腿在充分蹬伸结束后，膝关节、脚向外侧旋转。前腿在做下栏时，后腿向上向前提拉，前腿下压，两腿做协调快速的剪绞动作。

（3）下栏：当摆动腿的脚跟越过栏架后，整条腿积极下压，以"鞭打"动作切栏而下，脚着地后踝关节缓冲，而膝、髋关节则尽量保持伸直。起跨腿越过栏架后提拉至胸时，小腿仍保持收起，准备跑出栏间第一步，一般下栏点距栏架 1.3~1.5 米为宜。

（三）栏间跑

栏间跑是从下栏着地到下一栏起跨点之间的跑法，其任务是以正确节奏、最快速度通过每一栏间距离，为跨栏创造速度条件。

两栏之间应用三步跑完，一般第一步在 1.50~1.60 米，第二步在 2.00~2.25 米，第三步在 1.90~2.00 米左右，三步步长不等。栏间跑要尽量使重心处于较高部位，减少上下起伏，上体保持适当前倾。总的要求是频率快、节奏好、重心高、方向直。

(四)终点冲刺和撞线

跨最后一栏时,下栏动作要更加积极,加强蹬摆和摆臂动作,上体前倾奋力冲向终点撞线。

第三节　跳　跃

跳跃是运用人体自身能力(或借助一定的器材),按所需方向,通过一定的运动形式,使人体腾跃尽可能高的高度或跳跃尽可能远的远度的一种运动。

一、跳高

跳高是田径运动中的一个越过垂直障碍的跳跃项目。现阶段其技术发展已使背越式跳高替代了其他跳高姿势。

背越式跳高技术:人体通过弧线助跑,起跳以背对横杆的姿势越过横杆的方法叫背越式跳高。背越式跳高能更好地利用水平速度使重心向上腾起,并能合理地利用腾起高度做过杆动作。技术含量高且容易掌握(图8-9)。

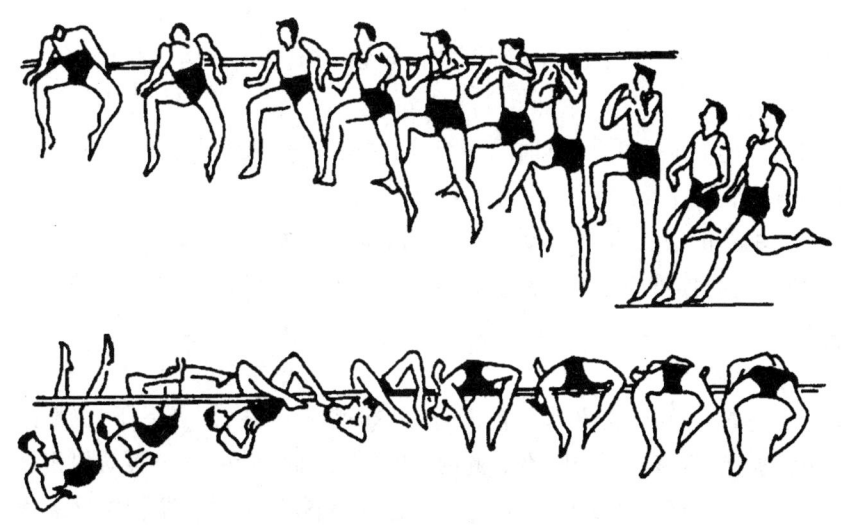

图8-9　跳高

(一)助跑

背越式跳高是用"弧线"内侧脚起跳的,因此从左侧起跳的运动员用右脚起跳,从右侧起跳的运动员用左脚起跳。起跳点距横杆垂直投影点的距离是50~80厘米。起跑点和起跳点连线与横杆为70°左右的夹角,跑弧线时身体向内侧倾斜,跑得愈快,倾斜度愈大。

一般采用走步丈量助跑弧线法:先确定起跳点,从该点向助跑一侧平行于横杆的方向自然走5步,然后向助跑起点方向自然走6步,并做一个标志,这点是直、弧段交会处,再继续向前走7步做一标志即是起点。由直、弧交界点向起点画一"抛物线",即四步助跑弧线,直段跑4步,弧线跑4步,全程共8步(图8-10):

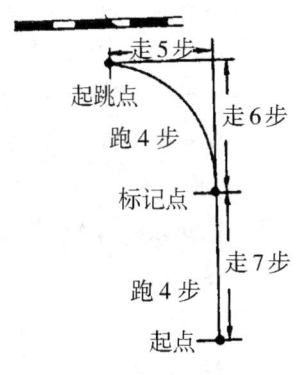

图8-10　走步丈量助跑弧线

（二）起跳

助跑最后一步起跳脚顺弧线切线踏上起跳点，用脚跟外侧先着地并迅速滚动到全脚掌着地，同时身体由倾斜转为垂直，双臂配合摆动腿和膝一起用力上摆，起跳腿蹬伸起跳。

（三）过杆和落地

在起跳腾空过程中，身体转向背对横杆，重心升向最高点时，摆动腿一侧髋关节放松并展开，膝放松，腿自然下放，并向后仰头，肩过杆后下沉，髋部充分展开并上顶，使身体变成反弓形，此刻肩部位置低于髋部，背与横杆为斜交叉状态。借助反弓形的"反弹"作用，把未过杆的两腿上举，以肩背落在跳高垫上。

二、跳远

跳远由助跑、起跳、腾空和落地四个环节组成。助跑和起跳是跳远技术的关键。

（一）助跑

助跑的距离，男子为40米左右（18~24步），女子为35米左右（16~21步）。它由启动、加速跑、高速跑、准备起跳组成。

（1）启动两腿微屈，两脚左右平行或前后站立于起跑标志点上，躯干前倾。当身体重心前移时，开始蹬地、摆臂、摆腿，向前跑去。

（2）加速跑启动后，在逐渐增大步长的情况下加快步频，身体前倾较小，蹬地、抬腿、摆臂的用力程度逐渐加大，动作放松自然。

（3）高速跑一般为助跑的最后8步，跑时后蹬充分，大腿高抬，躯干正直，两臂摆幅大而有力，步幅大，动作协调，身体重心移动平稳。

（4）准备起跳是指助跑的最后两步，倒数第二步时，步幅稍大，身体重心略有降低，最后一步步长较上一步稍短（约30厘米），身体重心略有升高。为缩短腾空时间，起跳腿应抬得稍低些，以利于快速前伸小腿，用足跟触板。

（二）起跳

（1）起跳放脚。助跑最后一步，起跳大腿前摆时应抬得略低一些，积极下压，在腿接近伸直的情况下快速上板；先以足跟触板，然后滚动至全脚掌。此时，躯干与地面保持垂直，摆动腿积极折叠，大、小腿加速向前摆动，两臂协调配合。着地角度65°~70°，以尽量减小制动，为缓冲蹬伸做好准备。

（2）起跳缓冲。起跳脚全脚掌着地后，快速屈膝、屈踝进行缓冲。在两臂配合下，摆动腿向起跳腿靠拢，髋部迅速前移，在身体重心投影点与着地点重合时结束。

（3）起跳蹬伸技术。缓冲结束后，起跳腿迅速伸髋、伸膝、伸踝直到足尖蹬离地面，同时，配合快而有力的提肩、拔腰、挺胸、抬头、摆臂、摆腿等动作起跳。离地时，起跳腿同侧臂向前上方摆出，异侧臂向后侧摆，摆动腿向前上方摆出，异侧腿向后摆，形成腾空开始动作。

（三）腾空

腾空是起跳后，人体在空中的飞行阶段。人体在空中保持平衡，尽可能推迟落地时间，为伸腿落地创造有利条件。腾空初期，身体保持跨步姿势，形成"腾空步"，然后，以不同姿势在空中飞行并落入沙坑。腾空姿势一般有蹲踞式、挺身式和走步式。

（1）蹲踞式（图8-11）：起跳形成腾空步后，上体正直，摆动腿继续高抬，两臂向前挥摆，起跳腿向前摆举与摆动腿靠拢，在空中形成蹲踞姿势。落地时，由前向下后两臂挥摆，同时上体前倾，前伸小腿落地。

图 8-11 蹲踞式

（2）挺身式（图 8-12）：起跳形成腾空步后，摆动腿下放，向下、向后摆动与起跳腿靠拢，使髋关节伸直，臀部前移，胸、腰稍向前挺出屈体，同时，两臂向上、向后上方摆振，继而从上至下至后做弧形摆动，收腹、摆腿、前伸小腿准备落地。

图 8-12 挺身式

（3）走步式（图 8-13）：形成腾空步后，继续在空中做大幅度的迈步，两臂配合两腿动作，以肩为轴，做协调的大幅度绕环、摆动，以维持身体平衡，然后双腿前伸准备落地。

图 8-13 走步式

（四）落地

着地前，上体不宜过于前倾，以免引起前旋、收腹、举腿，此时膝关节主动向胸部贴近。即将着地时，膝关节迅速伸直，使小腿前伸，在两臂的配合下，以足跟先接触沙面，双脚触沙后，立即屈膝，骨盆前移，两臂前伸，使身体重心迅速移过落点，并向前或侧倒体，避免后坐（图 8-14）。

图 8-14 落地

（五）常见蹲踞式和挺身式跳远的练习方法

1.原地模仿起跳动作练习

①原地起跳练习，摆动腿在前，起跳腿在后，随着身体重心的前移，起跳腿屈膝前摆，做放脚、踏板、起跳的模仿练习。

②高抬腿跑或和一般跑动相结合，做起跳练习。

③用短距离、中距离的助跑起跳后做腾空步的练习，助跑起跳后，保持"腾空步"姿势，以摆动腿着

地,接着向前跑进。

④在30~50米跑步中每隔几步做一次起跳练习(包括"腾空步")。初期跑的速度可适当放慢,随动作的掌握逐渐提高速度,并注意加大起跳中的向前用力。

⑤在30~50米的快跑中听口令立即完成一次起跳,注意起跳前不要破坏跑的技术,保持放松的动作和落地前的弹性。

2.落地练习

①原地起跳在空中抱膝。

②多做立定跳远练习。

③以立定跳远的动作从40厘米左右的高度跳下。

3.蹲踞式跳远空中动作的练习

掌握了腾空步和落地技术以后,将腾空步和落地技术连接在一起,就是蹲踞式跳远练习的基本方法,在短、中距离助跑的完整技术练习中,主要要求是:有明显的"腾空步"和身体的平衡。

4.挺身式跳远空中动作的练习

①在原地和行进间做挺身是跳远动作的模仿练习。

②此练习可分为三个节拍:模仿起跳结束时的姿势;放下摆动腿的同时送髋、挺胸,两臂向下、向后摆动;模仿落地前的收腹举腿。

③同上练习方法,从高处跳下。

④练习跳绳,两腿前后分立(摆动腿在前),两腿依次单跳落地(单跳单落),体会放下摆动腿时的送髋和挺身动作。

⑤助跑起跳后,摆动腿放下并送髋,然后稍收腹,身体以较自如的姿势落地。

第四节　投　掷

合理的投掷技术应符合力学原理,投出器械的远度是由器械出手的角度和空气阻力因素决定的。

一、铅球技术

推铅球的完整技术由握铅球、持球、预备姿势、滑步和最后用力五部分组成。

(一)握球(以右手为例)

五指自然分开,将铅球放在食指、中指、无名指的指根处,拇指和小指扶在球的两侧。

(二)持球

握好球后,将球放在右肩锁骨窝处,紧贴颈部,掌心向前,肘部抬起略高于肩部,上臂与身体的夹角约为45°。

(三)预备姿势

(1)侧面:持球后,身体在左侧正对推球方向,两脚左右开立比肩稍宽,左脚尖与右脚弓在一条直线上。右腿弯曲,上体向右倾斜,重心落在右腿上。左腿伸直,左臂微屈于头前上方,眼看右斜下方。

(2)背向:持球后,背对持球方向,两脚前后开立,右脚尖抵住投掷圈内眼,脚跟正对推球方向。重心落在右脚上,上体正直放松,右臂肘部低于肩,左臂自然上举,左腿稍屈用脚尖内侧点地,距右脚跟20~30厘米,眼看前方。

（四）滑步

（1）侧向滑步：从侧向预备姿势开始，左腿预摆，在最后一次预摆的同时，右腿弯曲，降低身体重心。当左腿回摆到靠近右腿时，左大腿带动小腿向推球方向摆出，同时右腿发力蹬地，用摆腿蹬地的力量带动髋部向前移动。右腿充分蹬伸后迅速收小腿，前脚掌沿地面滑行至投掷圈中心附近，同时左腿积极地以前脚掌内侧着地，完成滑步动作（图8-15）。

图8-15　滑步动作

（2）背向滑步：从背向预备姿势开始，预摆一两次，左腿向后上方摆起，上体自然前俯，左臂自然地伸于胸前，然后左腿回收，同时右腿弯曲，上体前俯，当左腿回收靠近右膝时变成团身姿势，身体重心略向后移，同时右腿用力蹬伸，使身体重心向推球方向移动。当右腿蹬直时，迅速收小腿，同时右膝、右脚边收边向左转，右脚掌沿地面滑行至投掷圈中心附近，左脚积极迅速地用前脚掌内侧着地，完成滑步动作。

（五）最后用力

滑步动作即将结束时，左脚一触及地面，右脚便开始蹬地从右髋部向左转发力，然后扩大到全身用力。用力顺序是：右腿迅速蹬地，右脚跟提起，右膝向内转，右髋部边转边前送，上体逐渐抬起向推球方向转动，当身体的左侧移至与地面垂直的一刹那左肩固定，右腿迅速蹬直，以身体左侧形成支撑轴。上体和头部向推球方向转动，右肩向前送出，挺胸抬头，右臂积极快速做推球动作，用手腕和手指的力量，将球从肩前上方沿50°抛射角推送出去。最后用力顺序可以归纳为：蹬、转、送、撑、挺、推。

二、推铅球练习方法

（一）原地推铅球练习法

（1）正对推铅球方向，两脚左右开立，只用手臂、手腕、手指力量向前推拨球，可以用轻重量铅球或实心球体会技术动作。

（2）同上练习方法，两腿弯曲后蹬伸向前上方推球。

（3）徒手做侧向、背向原地推铅球的模仿练习，要求动作连贯、迅速。

（4）持轻器械或实心球做原地侧向或背向推铅球练习。

（二）滑步练习方法

（1）手扶肋木或其他物体，做好侧向或背向的预备姿势后，左腿摆动，右腿蹬伸，左腿再回摆成原来的姿势，反复练习。

（2）同上练习方法，在左腿摆出的同时右腿用力蹬伸，髋部向前移，左脚内侧脚掌落地。

（3）徒手做好侧向或背向预备姿势，按口令预摆1~2次后，向推球方向连续滑步。

（4）持球左侧向或背向预备滑步练习，滑步结束时仍保持超越器械的姿势。

（三）最后用力练习方法

（1）徒手做侧向或背向推球动作。

（2）投掷圈外做侧向或背向滑步轻推铅球，并逐渐加快动作和出手速度。

（3）投掷圈内做侧向或背向滑步推铅球。

三、掷铁饼

（一）掷铁饼的技术动作

掷铁饼是在直径2.50米的圆圈内进行，其动作形式是：背对投掷方向站立，经过向后旋转的移动，把身体转向投掷铁饼方向将铁饼掷出。掷铁饼的完整技术动作包括握法、预备姿势、预摆、旋转和最后用力五部分。

1.握法（以后各部分技术分析均以右手为例）

五指自然分开，拇指和手掌自然贴于饼面，以四指的最末端指节扣住铁饼边缘，肩臂放松，手腕微屈，使铁饼的上缘靠于小臂，铁饼的中心垂线在食指和中指之间（图8-16）。

图8-16　铁饼握法

2.预备姿势

在圈内后缘处，背对投掷方向，两脚左右开立于中线两侧，两脚齐平或左脚略后，间隔大于一肩之宽度。

3.预摆

预摆是为了摆脱铁饼的静止状态，增强持饼臂和手对铁饼的肌肉感。预摆结束时身体扭转拉紧，为顺利进入旋转创造有利的条件，通常摆饼的方法有两种：

①左上右后摆饼法。持饼在体侧前后轻微摆动，摆至体后时，体重移向左腿，上体稍向左扭转，左手在饼下托着以防脱落。回摆时，以身体带摆至身体右后方最大限度的部位，身体向右扭转稍前倾，两腿微屈于胸前，两眼平视，这种方法多用于初学者。

②体前左右摆饼法。铁饼摆至身体上方时约与肩平，为防止铁饼脱落，手掌翻转为手心向上，右肩略低。铁饼摆至右后方时，高度约与肩平，其他方法与左上右后摆饼法相同。这种方法，动作较放松，幅度大，采用这种方法的人数也较多。

不论哪一种方法，在预摆的最后，都要将身体扭转拉紧，使投掷臂与肩轴形成一定的水平拉引角度，

与髋轴形成一定的扭转角度,预摆一般一至两次即可。

4.旋转

旋转是完整技术动作中技术动作最复杂的部分,动作形式是由投掷圈后缘,向后旋转并向投掷圈前缘移动。其动作过程是:由预摆结束的双脚支撑、单脚支撑、腾空、单脚支撑、双脚支撑,预摆结束进入旋转,弯曲的右腿蹬地,头部和上体左转,右臂左摆,左脚以前脚掌为轴向左转动。这时右脚不要急于离地,当左膝、左肩和头部即将转至投掷方向,重心转移时右脚蹬离地面,变成单脚支撑。

单脚支撑是指右脚蹬离地面不要过高,右腿自然变屈,以大腿带动小腿围绕左腿,做弧形大幅度向投掷方向摆动。这时身体的转动是以左侧为轴,旋转的半径大,动作幅度也大,有利于右腿右髋的转动和即将要做的腾空动作。

腾空:随着身体的转动,右腿蹬离地面使身体腾空,右腿带动右髋向内转扣,这时身体是在转动中向前移动,右脚向圆圈中心处着地。

单脚支撑:右脚以前脚掌着地于圆圈中心处,弯曲的右腿负担着体重。这时最重要的是右脚要继续转动,不能停顿,脚腕和膝部不得颤动和摆动。左肩高于右肩,右臂在胸前微屈。上体稍前、收腹,随着身体以右侧为轴的转动,左腿屈膝靠近右膝,迅速向身体后面摆插,做迅速着地动作。

双脚支撑:在右脚以前脚掌转动的过程中,左脚迅速向身后摆插,右脚外展,以内侧有力的脚蹬地于圆圈中心的左侧,两脚之间不少于一肩半的宽度,形成有力而稳固的支撑,右腿弯曲负担体重,这时腰部已充分扭紧,髋轴超越肩轴,铁饼处在身体的后方,左臂微屈自然上摆,形成最后用力的有利姿势。

5.最后用力

从旋转开始到铁饼出手,铁饼是加速运行的,在左脚着地时就已经开始了最后用力。当左脚着地时,右脚还在以前脚掌继续蹬转,使右髋积极向转动方向转动和向前,髋轴超越肩轴,进一步加大身体的扭转程度。在以上动作基础上,头向左转并抬起,左臂与肩向投掷方向牵引,左肘下降低于肩,上体以左侧为轴向左转动并向前,体重逐渐向左腿转移。上体以胸带臂带动铁饼以最大半径沿最大弧度向前快速挥摆。当铁饼挥摆到髋的右侧时,右腿还在转动并蹬伸,形成稳固有力的左侧支撑。挺胸抬头,身体右侧迅速向投掷方向转动,肩轴超过髋轴。当胸部转向投掷方向时,铁饼已挥摆至身体的右侧与肩同高处,这时左腿用力蹬伸,全身的力气通过投掷臂和手作用到铁饼上,使铁饼出手。

铁饼的出手是由手指依次拨饼,铁饼出手后产生自转,可增加铁饼飞行中的稳定性(图8-17)。

铁饼出手后,为了防止身体因向前的惯性而冲出圈外,应迅速做交换两腿的动作。同时降低身体的重心,或继续旋转,改变运行方向,缓冲向前的冲力,维持身体的平衡。

图8-17　铁饼的出手

(二)掷铁饼技术的练习方法

(1)参考技术部分的动作要点,做握饼和摆饼练习。

(2)原地正面掷铁饼。两脚左右开立约一肩半宽,做左右后或身体前后摆饼,幅度要逐渐加大,最后一次要摆至身体后最大限度的部位,两腿微屈,回摆至体侧约与肩高时,两腿蹬地将铁饼掷出。

(3)原地侧向掷铁饼。身体左侧向投掷方向,两腿左右开立约一肩半宽,左脚略向后。当铁饼摆至体后最大限度部位时,上体略向前俯身扭转,右腿弯曲,并负担体重,左臂自然微屈于胸前,然后按技术要领将铁饼掷出。

四、掷标枪

掷标枪是一个比较复杂的多轴性旋转项目。它的完整技术,是由肩上经过一段预先助跑连接投掷步获得动能,通过爆发式的最后用力作用于标枪的纵轴上,将枪经肩上投出去。为了便于分析掷标枪的技术,下面分握法和持枪、助跑、最后用力和缓冲几个部分来介绍。

(一)握法和持枪(以右手投掷为例)

1.握法

目前广泛采用的握枪方法是将标枪斜放在掌心上,大拇指和中指握在标枪把手末端第一线圈上沿,食指自然弯曲斜握在标枪上,无名指和小指握在把手上(图8-18①)。这种握法能利用中指的长度,加长投掷半径,使标枪获得较大的力量。也可将拇指和食指握在标枪把手末端第一线圈上沿,其余手指按顺序握在把手上(图8-18②)。

2.持枪

合理的持枪方法应做到既不妨碍助跑动作,便于发挥助跑速度,又便于引枪和控制标枪方向、位置和角度。目前大都采用的是屈臂举枪于肩上,大小臂夹角约为90°,稍高于头,枪尖低于枪尾(图8-19)。

图8-18　标枪握法　　　　　　　　　图8-19　持枪

(二)助跑

标枪助跑在技术上要求较高,既要完成引枪又要在投掷步中使下肢超越上体,做好最后用力前的有利姿势。助跑分为两个阶段:

1.预跑阶段

从第一标志线跑到第二标志线,这段距离为预跑阶段,长15~20米,跑8~12步。(图8-20)。

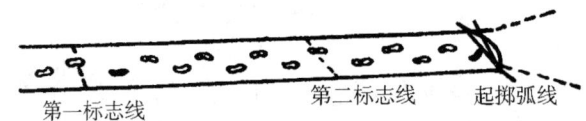

第一标志线　　　　　第二标志线　　起掷弧线

图8-20　预跑阶段

预跑阶段主要是加速,跑时上体稍前倾,用前脚掌着地,后蹬力量强,动作轻快而富有弹性,持枪臂随着跑的节奏与左臂配合,自然前后摆动,在加速中进入投掷步。

2.投掷步阶段

投掷步阶段是指第二标志线到起掷弧线,要求在较高跑速中不停顿地过渡到最后用力。投掷步的基本形式有两种,即跳跃式投掷步和跑步式投掷步。一般多采用跳跃式投掷步,它有利于引枪。下面主要介绍投掷和直接向后引枪的技术。

第一步:左脚踏上第二标志线,右脚积极前迈,同时,右肩后撤并向后引枪,左肩逐步向标枪靠近,左臂自然摆至胸前,髋正对投掷方向,持枪臂尚未伸直(图8-21)。

第二步:当右脚落地,左脚离地前开始第二步,左脚前迈时,髋稍向右转动,右肩继续后撤并完成引枪

动作,右手接近于肩的高度,枪身与前臂夹角较小,枪尖靠近右眉(图8-21⑤⑥⑦)。保证标枪纵轴和投掷方向一致。

第三步(交叉步):交叉步是助跑过渡到最后用力关键的一步,这一步两腿加快向前运动,迅速超越上体和髋部。当左脚一落地,右腿膝关节自然弯曲,大腿带动小腿积极有力地向前摆出,右腿靠近左腿时,左腿快速有力地蹬伸,促使右腿加快前迈。由于两腿快速蹬摆,使下肢得以迅速向前,形成良好的超越器械,此时髋轴转向投掷方向,并与肩轴形成交叉状态,拉长了躯干肌肉。左臂自然摆至胸前帮助左肩向右转,投掷臂充分伸直,枪尖不要高于头,右脚尖外转用脚跟先着地,然后过渡到全脚掌与投掷方向角度呈55°~60°(图8-22)。

图8-21 投掷步阶段　　　　　　　　图8-22 交叉步

第四步:在交叉步右脚尚未落地前,左腿就要积极前迈,右腿落地后,右膝下降,右小腿与地面构成较小的夹角(图8-23①~⑨),身体重心落在弯曲的右腿。右腿积极蹬地,加快髋部向水平方向移动,同时左腿用脚内侧或脚跟先着地,作出强有力的制动和支撑,保持下肢超越上肢的良好姿势,这样有利于完成最后用力动作。

图8-23 交叉步

掷步一般是第一步大,有利于引枪;第二步小,为过渡到后两步做准备;第三步大,有利于投掷步的加速,作出良好的超越准备;第四步小,这一步小便于转髋和做"满弓"。

3.最后用力

投掷步第三步右脚着地后,由于惯性,髋部继续向前,在超越了右腿支撑点之后,右脚就开始最后用力。当左脚一着地,便形成了以左脚到左肩的左侧支撑,为右腿继续蹬地转髋创造了条件。右腿继续蹬地推动右髋加速向投掷方向运动,足髋轴超越肩轴,投掷臂向上转动,带动前臂,手腕向上翻转,形成"满弓"(图8-23⑩~⑭)。此时投掷臂处于身后,由于向前的惯性和右腿蹬伸的力量,重心前移体重向左腿,左腿弯曲(图8-23⑮、⑯)。当上体与躯干成一条直线时,左脚作出迅速有力的收缩,带动上臂迅速向前做爆发性"鞭打"动作,使全身力量将枪掷出,标枪出手的适宜角度为30°~35°。但在不同风向的情况下,应适当改变出手角度。

4.缓冲

标枪出手后,人体必然随着向前的惯性而继续向前运动,为了防止越线犯规,应及时向前跨出一步,身体稍向左转或稍前倾,降低身体重心,维持身体平衡(图8-23⑰、⑱)。

(三)掷标枪练习方法

(1)掌握正确的握枪和持枪方法。

(2)学习原地掷枪技术。

①正面投掷实心球(图8-24)。

②正面上步投掷实心球(图8-25)。

图8-24　正面投掷实心球

图8-25　正面上步投掷实心球

③正面原地投掷标枪。面对投掷方向,上体微向右转,右手持枪于右肩上方,枪尖向前下方,左脚在前,重心落在弯曲的右腿上,以胸带动臂向前上方稍远地方掷枪(图8-26)。

④原地侧向掷枪。侧对投掷方向,重心落在右腿上,然后右腿用力蹬地转髋,以胸带动上臂将枪掷出。

图8-26　正面原地投掷标枪

(3)学习上两步或三步掷枪。

①上两步结合做"满弓"练习。

②上两步或三步掷枪,动作要连贯,第二步稍跳起来,有利于超越器械和最后用力,第二步要控制好器械,使之平衡。枪尖与眼平齐。

(4)学习助跑掷枪技术。

①学习引枪技术。

②学习持枪跑,结合引枪动作。

③中速助跑6~8步,过渡到引枪结合投掷步动作。

④全程助跑在投掷区掷枪练习。

第五节　田径运动竞赛规则

一、径赛主要规则

(1)在跑道上举行的径赛项目,手计时应判读到较差的1/10秒。停表时如果指针停在两线之间,应

按较差的时间计算。当百分位秒不是零时,应进位至较差的 1/10 秒,如 10.11 秒应进位到 10.2 秒。在 3 只正式表中,两只表所计的时间相同而第 3 只表不同时,应以这两只表所计时间为准;如 3 只表所计时间各不相同,应以中间时间为准;如只使用两只秒表,所计时间不相同时,应以较差的时间作为正式成绩。计时应从发令枪发出的闪光或烟开始,直至运动员躯干(不包括头、颈和四肢)的任何部位抵达终点线后沿垂直面的瞬间为止。

(2)400 米及 400 米以下(包括 4×400 米和 4×400 米接力的第 1 棒)各个项目,运动员应采用蹲踞式起跑(正式比赛必须使用起跑器)。在"各就各位"口令之后,双手和一个膝盖必须触地,双脚必须接触起跑器。发出"预备"口令时,运动员应立即抬高身体重心,做好最后的起跑姿势。此时运动员的双手必须与地面接触,两脚不得离开起跑器。运动员已就位时,其双手或双脚不得触及起跑线或起跑线前地面。运动员做好预备姿势之后到鸣枪之前开始做起跑动作,应判起跑犯规。

(3)运动员在过栏瞬间其脚或腿低于栏顶水平面,或者跨越他人栏架,或者裁判长认为该运动员有意用手推或用脚踢倒栏架,应该取消其比赛资格。

(4)接力跑时运动员必须持接力棒跑完全程。如发生掉棒,必须由掉棒人捡起。允许掉棒运动员离开自己的分道捡棒,但不得因此而缩短比赛的距离,如果捡棒时缩短比赛距离或侵犯其他运动员,则取消其比赛资格。在所有接力赛跑中,必须在接力区内传递接力棒。仅以接力棒的位置决定是否在接力区内完成接力,而不取决于运动员的身体或四肢的位置。

4×400 米接力的三、四棒运动员应在指定裁判员指挥下,按照同队传棒运动员跑完的先后顺序(由内向外)排列各自的接棒位置。

二、田赛主要规则

(1)跳高比赛应抽签排定运动员的试跳顺序。运动员必须用单脚起跳,试跳后,由于运动员的试跳动作,致使横杆未能留在横杆托上,则判为试跳失败。在越过横杆前,身体的任何部分触及立柱前沿(离落地区较近的边沿)垂直面以外的地面或落地区,也判试跳失败。如果运动员在试跳中一只脚触及落地区,而裁判员认为其并未从中获得利益,则不应判为试跳失败。在任何高度上,只要运动员连续 3 次试跳失败,即失去继续比赛的资格。因第一名成绩相等而进行的决名次赛的试跳除外。比赛时,运动员可以在横杆升高计划中的任何一个高度开始试跳,也可在以后任何一个高度根据自己的愿望决定是否试跳或请求免跳。但在某一高度上请求免跳后,不准在该高度上恢复试跳。丈量高度时,需使木尺与地面垂直,从地面量至横杆上沿的最低处。

(2)田赛远度项目的比赛应抽签决定运动员试跳或试掷的顺序。运动员超过 8 人,则每人先试跳或试掷 3 次,成绩最好的前 8 名运动员再按成绩差在前的先后顺序再试跳或试掷 3 次。如果在试跳或试掷结束后出现成绩相等,按田赛远度项目成绩相等处理办法处理。当比赛人数只有 8 人或少于 8 人时,每人均可试跳或试掷 6 次。

(3)跳远比赛时,在未做起跳的助跑中或在起跳中,运动员以身体任何部位触及起跳线前面的地面;从起跳板两端之外的起跳线的延长线前面起跳;在落地过程中触及沙坑以外地面;完成试跳后,从后走出沙坑。以上情况均属于试跳失败。

(4)三级跳远比赛时,第 1 跳(单足跳)是用起跳腿落地,第 2 跳(跨步跳)是用另一腿 (摆动腿)落地,第 3 跳(跳跃)是用双脚落入沙坑,才算完成试跳。运动员在试跳中摆动腿触地不应视为试跳失败。其余同跳远比赛规则。跳跃远度项目测量成绩的方法应从运动员身体任何部位触地的最近点量至起跳线或起跳线延长线,测量线应与起跳线或其延长线垂直丈量。

（5）铅球比赛时，运动员应从投掷圈内从静止姿势开始试掷。推铅球时，应将铅球靠近颈部或下颏，用单手从肩部将球推出，在推球过程中持球手不得降到此部位以下，不得将铅球置于肩轴线后方。运动员进入圈内开始投掷后，如果身体任何部位触及圈外地面，或触及铁圈，或以不符合规定的方式将铅球推出均判为一次投掷失败。运动员在器械落地后方可离开投掷圈；离圈时，必须从后半圈走出；铅球必须完全落在落地区角度线以内，投掷方为有效。每次有效投掷后，应立即测量成绩。从铅球落地痕迹的最近点取直线量至投掷圈圆心。其他投掷项目比赛，除场地、器械和投掷方法与铅球有差异外，比赛规则与铅球基本相同。

第九章　球类运动

主要内容提示　● 篮球　● 排球　● 足球　● 乒乓球　● 羽毛球　● 网球

第一节　篮　球

一、篮球运动简介

现代篮球运动起源于1891年,创始人是当时在美国马萨诸塞州斯普林菲尔德市基督教青年会干部训练学校任教的体育教师詹姆斯·奈斯密斯(图9-1),他出生于加拿大。美国的马萨诸塞州冬季严寒,室外的体育活动很难开展,所以詹姆斯·奈斯密斯将置于地上的篮筐游戏移至室内,并将篮筐悬挂于室内的墙壁两侧,离地约3.05米,即现在篮圈离地的高度,利用足球向篮筐内投球,投中篮筐内得1分,以得分多少来决定胜负。由于此项运动具有较强的对抗性,后来便制定了一些限制性的规定。随着此项运动的发展,以及比赛方式的不断改进,投篮这种游戏得到逐步的完善并向现代篮球运动过渡。

在中国,篮球运动的发源地是天津市。于1895年由美国国际基督教青年会派往中国天津基督教青年会就职的第一任总干事来会理(图9-2)介绍传入。1896年我国的第一次篮球比赛在天津基督教青年会举行。

图9-1　詹姆斯·奈斯密斯

图9-2　来会理

一个世纪多以来,此项运动已成为广大人民群众喜闻乐见的社会体育文化形态。1913 年在华北运动会上被列为比赛项目,1956 年我国举办了全国甲、乙、丙级篮球联赛,以后又被列为全运会比赛项目。

1896 年在首届现代奥林匹克运动会上,篮球被列为表演项目。1932 年国际业余篮球联合会在瑞士日内瓦成立。1936 年国际奥林匹克委员会将男子篮球正式列为奥林匹克运动会比赛项目。1948 年国际业余篮球联合会决定举办男篮锦标赛。1952 年决定举办四年一届的世界女篮锦标赛。1976 年女子篮球被列为奥林匹克运动会比赛项目。1992 年国际篮联允许 NBA 职业队员参加奥林匹克运动会比赛。

篮球运动对抗性强,比赛激烈有趣,具有较高的锻炼价值和观赏价值,所以发展迅速,深受广大人民的喜爱。目前,国际篮球的主要赛事有世界锦标赛、世界青年锦标赛和奥林匹克运动会比赛。国内的主要篮球赛事有 CBA 男子篮球甲 A 联赛及 CBA 职业篮球联赛、WCBA 女子篮球甲级联赛、CUBA 大学生篮球联赛、大学生超级篮球联赛(简称"大超")。

NBA 是 National Basketball Association 的缩写,指"国家篮球联赛"。目前,世界最高水平的篮球比赛就是 NBA,美国国内和世界各国的优秀篮球运动员云集在此。NBA 职业联赛的竞赛方法是:将联赛分为常规赛和季后赛两个阶段。常规赛从每年的 11 月初开始,至次年 4 月 20 日左右结束。季后赛从 4 月下旬开始,到 6 月下旬决出冠军为止。第一轮采用 5 战 3 胜制,第二轮、第三轮和 NBA 东、西部总决赛均采用 7 战 4 胜制。

二、篮球运动的基本技术

在篮球比赛中,运动员为了进攻和防守所采用的专门动作方法的总称叫作篮球技术。篮球技术包括两大方面:一是进攻技术;二是防守技术(如图 9-3)。篮球运动中攻防技术相互交替,各技术动作之间相互促进、相互联系、相互制约。

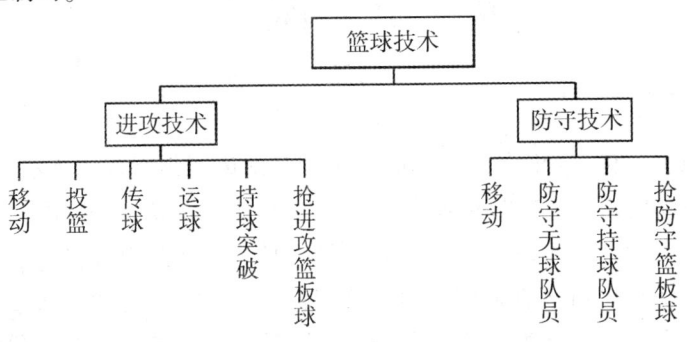

图 9-3 篮球技术

(一) 篮球运动中的移动技术

移动是篮球运动中攻防技术的基础,它是运动员利用各种脚步动作改变速度、位置、方向和高度的一种手段,进攻时摆脱防守,防守时防住对手,争取主动。移动技术一般由起动、跑、跳、急停、转身和滑步组成。

1. 起动

起动是队员在球场上由静止状态变为运动状态的一种动作。在进攻和防守中可以起到摆脱对手和防住对手的目的,保持或抢占有利位置。

从基本站立姿势开始,起动时,身体重心向跑动方向移动,以后脚(向前起动)或异侧脚(向侧起动)的前脚掌内侧突然用力蹬地,同时上体迅速前倾或侧转,手臂协调摆动,充分利用蹬地的反作用力,迅速向跑动方向迈步。

2. 跑

跑是队员在球场中利用速度来改变位置的一种脚步移动方法。比赛中常用的跑有以下几种:

（1）变速跑：队员在跑动中利用突然加速或减速积极地完成攻守任务的一种方法。加速跑时，队员两脚要突然短促有力地连续蹬地，同时上体稍前倾，手臂协调摆臂；减速跑时，队员利用前脚掌蹬地来减缓前冲力，同时上体稍直立，保证身体重心的后移，从而降低跑速。

（2）变向跑：队员在跑动中突然改变方向跑的一种脚步移动方法。变向跑是指从左向右变向时，最后一步右脚着地，脚尖稍内扣，用前脚掌内侧用力蹬地，屈膝，腰部随之左转，上体左前倾，快速移动重心，左脚向左前方跨出，然后加速前进。

（3）侧身跑：队员在向前跑动中侧转上体，来观察球场情况，从而进一步地抢位或者接侧向传球的一种跑法。队员在跑动时，头部和上体转向有球一侧，脚尖朝向移动方向。在保持奔跑速度时还要完成攻守的任务。

（4）后退跑：队员由攻转守时，为了观察场上情况，背对前进方向的一种跑法。队员在跑动时，两脚前脚掌交替用力蹬地，上体放松直起，两臂协调摆动，保持身体平衡，两眼平视，观察场上情况。

3.跳

跳是队员在球场上争取远度和高度的一种动作方法。篮球运动中要靠跳来完成的技术动作很多。例如，原地单、双脚起跳，跑动中和对抗条件下向不同方向的跳，抢篮板球连续起跳等，要求队员要跳得高、跳得快、滞空时间久，在空中更好地完成各种攻守动作。

（1）单脚起跳：单脚起跳一般在行进间进行，常用于接球、投篮、断球、"盖帽"、冲抢篮板球等。跑动中屈膝降重心，起跳腿用力蹬地，同时腰胯用力，摆动腿屈膝上抬，身体到最高点时，摆动腿自然伸直。落地时屈膝降重心，保持身体平衡。

（2）双脚起跳：双脚起跳一般在原地或急停后进行，常用于跳球、投篮和抢篮板球等。起跳前屈膝降重心，两臂屈肘于胸前，起跳时用力蹬地，两臂迅速上摆，提肩拔腰，身体在空中自然伸展。落地时屈膝降重心，保持身体平衡。

4.急停

急停是队员在移动中突然进行制动的一种方法，也是随时转换和衔接其他技术动作的过渡环节。因此，急停动作的质量，直接影响到其他技术动作的发挥。

（1）跨步急停（二节拍急停）：在快速移动中需要急停时，先向前跨出一大步，用全脚掌抵住地面，迅速屈膝，同时后移身体重心。第二步落地，脚尖稍向内转，用前脚掌内侧蹬地，两膝弯曲，腰胯用力，重心落在两脚之间（图9-4）。

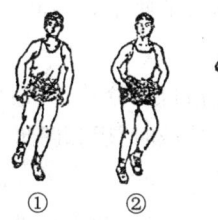

图9-4　跨步急停　　　　　　　　图9-5　跳步急停

（2）跳步急停（一节拍急停）：在移动中，用单脚做起跳，两脚同时并平行落地，落地时用全脚掌着地，两膝弯曲，两脚尖稍内扣，重心落在两脚之间，保持身体平衡（图9-5）。

5.转身

转身是队员以一脚为中枢脚，另一脚做向前或向后跨移进行身体转动，以此来改变身体方向的一种动作方法。在进攻中可摆脱防守，创造接球、传球、运球、投篮等机会。在防守时利用转身动作抢占有利位置，或进行堵截、抢断和抢篮板球等。

6.滑步

滑步是防守队员为了阻截对方进攻采用的移动步法。滑步分为侧滑步、前滑步、后滑步三种。由两脚左右或前后站立开始(图9-6)。

图9-6　滑步

(1)侧滑步:以向左滑步为例,两脚左右站立,上身微向前倾,两臂自然左右张开,抬头注视对手,屈膝降低重心,滑步时右脚迅速蹬地,左脚先向左滑,接着右脚跟随左脚向内侧移动,保持身体姿势平稳。

(2)前滑步:两脚前后开立比肩略宽,前脚的同侧臂前上举,另一臂侧下举,屈膝降低重心,向前滑步时,后脚的前脚掌内侧蹬地,前脚先向前跨一步,后脚紧跟着向前滑动,并保持前后开立姿势。

(3)后滑步:基本站立姿势和手臂动作同向前滑步,向后滑步时,前脚的前脚掌内侧蹬地,后脚先向后跨出,前脚紧跟着向前滑动,并保持前后开立姿势。

7.移动技术动作组合练习(图9-7)

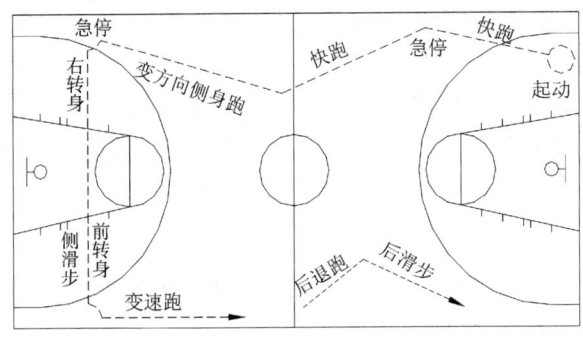

图9-7　移动技术动作组合练习

(二)篮球运动中的传、接球技术

传、接球是篮球运动中进攻队员之间有目的地转移球的方法,是实现战术、组织配合的纽带和桥梁。传、接球技术的好坏直接影响战术质量。因此,传球要做到准确、及时、隐蔽和多变。

1.双手胸前传、接球

两手持球于胸腹之间,五指自然分开,拇指相对呈“八”字形,用指根以上部位握住球的侧后方,手心空出,两肘自然弯曲于体侧。传球时,后脚蹬地,身体重心前移,两臂前伸,手腕翻转,拇指用力下压,食、中指用力弹拨,将球传出。

接球时两眼注视来球,两臂伸出,两手自然分开呈半圆形,拇指相对呈“八”字形。当手指触球时,两臂顺势屈肘后引,缓冲来球力量,两手持球于胸腹前,呈基本站立姿势(图9-8)。

2.单手肩上传、接球

持球方法与双手胸前传球相同,两脚平行开立。右手传球时,左脚向传球方向跨出半步,双手将球引到右肩侧上方,手腕后屈,右手持球的后下方,左肩对着传球方向,身体重心落在右脚上。传球时,右脚蹬地的同时转体带动上臂,肘领先,前臂迅速前甩,手腕前扣,最后通过食指、中指、无名指的弹拨,将球传出。

接球时,接球手向来球方向伸出,五指张开,掌心正对来球。当手指触球时,顺球的来势迅速收臂置

图 9-8　双手胸前传、接球

球于体前或体侧,另一手迅速扶球,做好下一进攻动作的准确姿势(图 9-9)。

图 9-9　单手肩上传、接球

3.反弹传球

反弹传球的方法很多,如单、双手胸前,单手体侧,单手背后等,都可以通过地面反弹传球给同伴。动作方法与其他传球相同。但运用反弹传球要掌握好球的击地点,一般应在传球者距接球者三分之二的地方,球弹起的高度一般在接球人的腹部为宜。

4.传、接球练习方法

(1)原地传、接球练习。

1)2 人面对面原地传、接球练习:2 人一组一球,相距 3~5 米做各种传、接球练习。

2)五角传球练习:参加者 5 人一组站成五角形,①传给③,③传给⑤,⑤传给②,②传给④,④传给①,如此反复练习。训练后可用两球同时进行练习(图 9-10)。

(2)移动传、接球练习。

1)迎面上步传、接球练习:参加者排成纵队,①持球面对纵队站立相距 5~7 米,②上步接①传来的球,做急停后,再回传给①,然后跑到原来队伍的后面,接着③上步接①传球,再回传给①。多次反复练习。传一定次数后,轮流替换①(图 9-11)。

3)三角传、接球练习:参加者成三路纵队,各相距 4~6 米。①持球传给②后跑到②队尾,②持球传给③后跑到③队尾,③持球传给①后跑到①队尾,依次进行练习(图 9-12)。

4)四角传、接球练习:④持球传给跑向空位的①,①接球后传给向侧前方移动的②,然后跑到②的队尾,②接球后传给③,然后跑到③的队尾,③接球后传给移动的④,然后跑到④的队尾。四角各点都依次进行(图 9-13)。

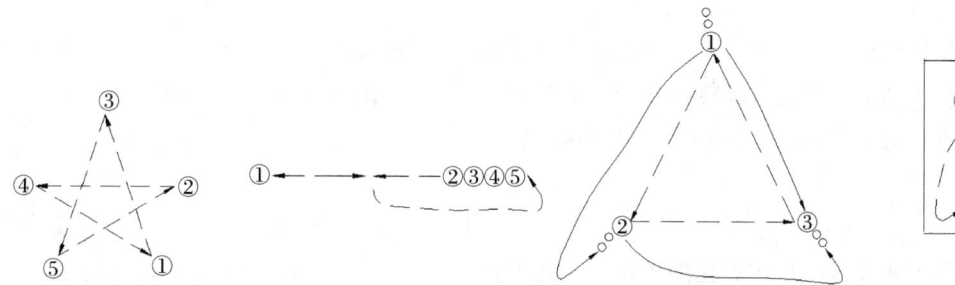

图 9-10　五角传球练习　　图 9-11　移动传、接球练习　　图 9-12　三角传、接球练习　　图 9-13　四角传、接球练习

5）2人进行传、接球练习：2人一组一球。①持球传给向前跑的②，①向前跑动再接②的回传球，②向前跑动再接①的回传球，如此反复练习（图9-14）。

6）3人围绕传、接球练习：3人一组一球，站在端线外。中间者⑤持球将球传给向斜前方向跑动的④后，并快速从④背后绕前切进，④接球后，将球传给另一侧向斜前跑动的⑥后，并从⑥背后向前切进，如此反复进行至篮下投篮为止（图9-15）。

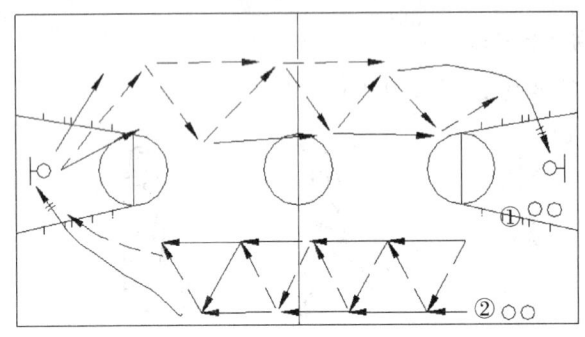

图9-14　2人传、接球练习

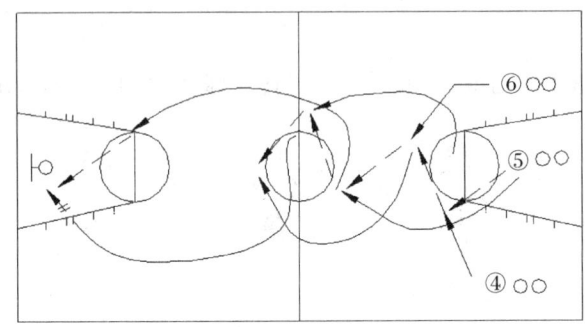

图9-15　3人围绕传、接球练习

（三）篮球运动中的运球技术

持球队员在原地或移动中，用手连续拍由地面反弹起来的球，叫运球。运球是控制、支配球，组织战术配合及突破防守的重要手段，是篮球运动的一项重要进攻技术。合理恰当地运球，能创造有利的进攻机会，在进攻中发挥积极作用。滥用运球，则会影响全队推进速度，贻误战机，或形成被对方夹击的被动局面。

1.高运球

它是在没有防守队员阻挠的情况下，为了加快向前推进或在进攻中调整进攻速度和攻击位置时，所采用的一种方法。运球时抬头，目视前方，上体稍前倾，以肘关节为轴，用手拍球的后侧上部，球的落点在身体侧前方，球反弹的高度在腰、胸之间（图9-16）。

图9-16　高运球

2.低运球

它是当运球受到防守队员拦截时，采用低运球方法保护球，摆脱防守。低运球时应目视前方，两腿迅速弯曲，降低重心，上体前倾，用上体和腿保护球。同时，用手短促地拍球，控制球从地面反弹的高度在膝部以下，以便更好地控制球，摆脱防守继续进攻（图9-17）。

3.运球急停、急起

它是利用速度的突然变化来摆脱防守的一种方法。运球急停时，两脚做跨步急停，用手快速拍球的前上方，同时转入低运球，用臂、身体和腿保护球。运球急起时，后脚用力蹬地，同时，拍球的后上方，向前加速运球，超过对手（图9-18）。

图 9-17　低运球

图 9-18　运球急起、急停

4.体前变向运球

它是队员利用横向运球,突然改变运球方向,突破防守的一种运球方法。以右手运球为例,当对手向自己右侧转移身体重心堵截时,运球队员突然急停,右手拍球的右侧上方,使球在体前从右侧反弹至左侧,同时,右脚向左前方跨步,上体左转侧肩,换左手快速运球推进(图 9-19)。

图 9-19　体前变向运球

5.背后运球

这是当防守队员堵截运球队员进攻时,运球队员采用从身体背后改变运球方向,突破防守的一种运球方法。以右手运球为例,当对手向自己右侧转移身体重心堵截时,运球队员突然急停,右手将球拉至身后,迅速拍球的右侧后方,使球从自己背后反弹至左侧的前方,同时,右脚快速向左前方跨步,上体左转侧肩,换左手运球快速推进(图 9-20)。

图 9-20　背后运球

6.后转身运球

这是当防守队员堵截运球队员进攻时,运球队员采用后转身改变运球方向,突破防守的一种运球方法。以右手运球为例,左脚跨出,将球运在身体右侧,在球向上反弹的同时,以左脚为中枢脚,右手按在球的前上方,然后右脚蹬地后撤做后转身动作,同时右手将球向后提拉至身体后侧方,接着换左手运球快速推进(图9-21)。

① ② ③ ④ ⑤ ⑥ ⑦ ⑧

图9-21 后转身运球

7.运球练习方法

(1)原地运球。

①原地高运球或低运球练习。体会手指、手腕上吸下按的动作,以及手触球的部位和控制球。

②原地体前左、右手交替运球练习。体会换手时推拨球的动作和按拍球的部位。

③原地体侧前、后推拉运球练习。前推、后拉运球时,体会手拍球的部位和用力感受。

(2)直线运球。

①和⑤各持一球。练习开始,①和⑤向前运球到另一端线,分别将球交给③和⑦,然后站到④和⑧的后面。③和⑦接球后,向前运球到另一端线,分别将球交给②和⑥,如此反复进行练习(图9-22)。

(3)换手变向运球。

提高队员运球时转移、控制身体重心的能力和手脚的协调配合。

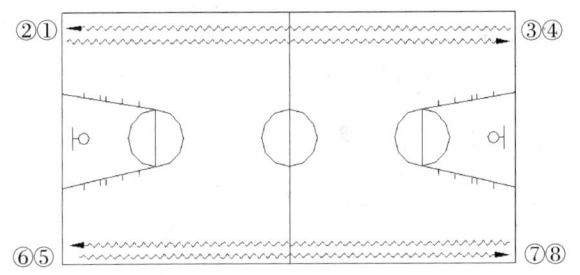

图9-22 直线运球

沿罚球圈、中圈做圆周运球到对面端线,再沿边线直线运球返回。要求练习时要用远离圆圈的手左右交换进行运球(图9-23)。

(4)运球急停、急起。

⑥⑦⑧⑨⑩⑤①到⑤每个队员一球,根据教师的信号练习急停、急起或变速运球。相对的两个组进行交换练习(图9-24)。

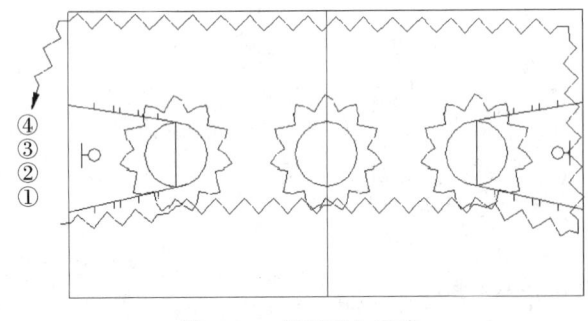

图9-23 换手变向运球

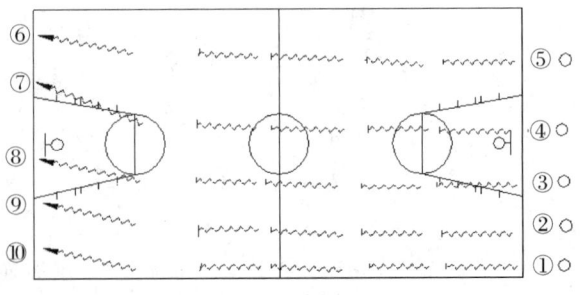

图9-24 运球急停、急起

(四)篮球运动中的持球突破技术

这是持球队员运用脚步做运球配合,快速超越防守队员的一项攻击技术。持球突破同投篮、传球交

替灵活运用,攻击性强,不仅使突破上篮容易奏效,而且能吸引防守队员,为传球或中距离投篮创造有利条件。

(1)交叉步突破:以右脚为中枢脚从防守队员左侧突破为例,两脚平行站立,屈膝降低重心,突破时,用左脚掌内侧迅速蹬地并向右前方跨出一大步,上体向右转体探肩,在右脚离地前,用右手立即将球拍至左脚右侧前方,右脚迅速蹬地跨步,加速超越对手(图9-25)。

①　　　　　②　　　　　③　　　　　④　　　　　⑤

图9-25　交叉步突破

(2)同侧步突破:以左脚为中枢脚从防守队员左侧突破为例,准备姿势同交叉步突破,突破时,左脚掌内侧迅速蹬地,右脚迅速向右前方跨出一大步,同时上体向右转体探肩,在左脚离地前,用右手立即将球拍至右脚右侧前方,然后左脚迅速蹬地向右前方跨步,超越对手。

(五) 篮球运动中的投篮技术

投篮是篮球运动的主要进攻技术,要取得比赛的胜利,就必须掌握和运用好投篮技术,不断提高命中率。投篮手法可分为双手和单手两种;动作的形式有行进间、原地和跳起投篮。

1.原地双手胸前投篮

持球于胸前,肘关节自然下垂,两膝微屈,身体重心放在两脚之间,目视瞄准点。投篮时,两腿蹬地,腰腹伸展,两臂上伸,拇指向前压送,两手腕同时外翻,通过拇指、食指、中指将球投出。球出手时,腿、腰、臂自然伸直,脚跟提起(图9-26)。

2.原地单手肩上投篮

以右手投篮为例,右手五指分开,向后屈腕、屈肘持球于肩上,左手扶住球的内侧,两脚左右开立,右脚稍前,两膝微屈。投篮时,用力蹬地,伸展腰腹,抬肘手臂上伸,手腕前屈,中指、食指用力拨球,将球投出(图9-27)。

图9-26　原地双手胸前投篮　　　　图9-27　原地单手肩上投篮

3.行进间单手肩上投篮

以右手投篮为例,右脚向前跨一大步接球,接着左脚跨一小步并用力起跳,右腿屈膝上抬,同时举球于肩上,当身体跳到最高点时,向前上方伸臂、压腕,食指和中指用力拨球,通过指端将球投出

（图9-28）。

图9-28 行进间单手肩上投篮

4.行进间单手低手投篮

跑动步法与行进间单手肩上投篮基本相同,只是在接球后的第二步要继续加快速度,向前上方跳起,腾空时间要短。投篮时,持球手五指自然分开,托球的下部向球篮上方伸展,接近球篮时,手腕上挑,食指、中指向上拨球,使球向前旋转投向篮圈(图9-29)。

5.原地跳起单手肩上投篮

双手持球于胸前,两脚开立屈膝,重心在两脚之间。两腿用力蹬地垂直向上起跳,同时双手迅速引球至额侧前上方,当身体上升接近最高点时,扶助手离球,投篮手稳定托球,利用伸臂、压腕、指拨力量将球柔和投出(图9-30)。

图9-29 行进间单手低手投篮　　　　图9-30 原地跳起单手肩上投篮

6.投篮练习方法

(1)原地投篮练习。学生呈体操队形站立,做投篮练习的模仿练习;2人一组做面对面的投篮练习;对墙投篮练习;投篮练习距离可由近到远,注意正确运用手法。

(2)两点移动投篮练习。2人一组一球,②在篮下传球,①在0°和45°角两点间移动接球,定位投篮或跳投。1人连投10次为一组,2人交换练习(图9-31)。

(3)罚球比赛。规定好每人罚球次数,最后看谁罚中的次数多。

(4)运球上篮练习。每组前3人各持一球,①和②同时向两篮下运球做行进间高手或低手投篮,投篮后自抢篮板球传给对面组的⑦和⑧,然后到其排尾。当①和②投篮后,③和④再运球投篮,依次连续进行投篮练习(图9-32)。

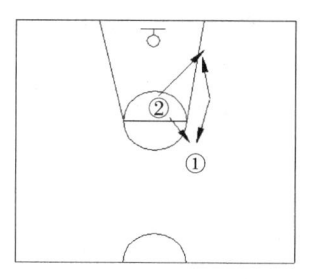

图9-31　两点移动投篮练习

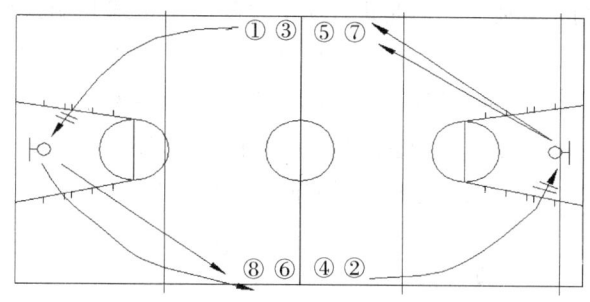

图9-32　运球上篮练习

（六）篮球运动中的个人防守技术

防守是指防守队员合理运用脚步移动和手臂动作,积极抢占有利位置,阻挠和破坏对手的进攻,达到争夺控制球权目的的行动。个人防守是集体防守的基础,因此,必须加强个人防守的训练。

个人防守技术包括防无球队员和防持球队员两种。

1.防无球队员

防守时应正确、合理选占有利位置,一般站在对手与篮圈之间的适当位置上,并积极移动,保持正确的防守准备姿势。防离球较近的对手:经常采用面向对手侧向球的斜前站立姿势,做到人球兼顾,以主要精力防止对手摆脱接球。防离球较远的对手:经常采用面向球侧向对手的平行站立姿势,以便断球或进行战术协调配合。无论采用哪种防守方法,都应积极移动跟紧对手,堵截移动路线。同时手臂还必须随着移动配合做挥摆、上举等动作,以便有效地阻挠或破坏对手接球,力争断球。

2.防持球队员

防守时应根据持球队员的技术特点及与篮圈的距离,运用各种移动方法,随时抢占有利位置,积极地做移动和挥臂,进行干扰、封盖和阻截对手的传球、投篮和突破。根据对手的特长,采用不同的防守步法。如防守善于投篮者,宜用两脚前后站立斜步防守,前脚同侧臂上伸挥动干扰,另一臂侧伸进行阻挠。防善于突破者,宜用两脚平步防守,两臂侧伸和挥摆。无论采用哪种防守方法,都要始终积极抢、打对手的球,但要判断准确,动作突然快速,保持身体平衡,避免犯规。

（七）篮球运动中的抢篮板球技术

抢篮板球是在投篮未中时,双方争抢从篮板和篮圈反弹出的球,是攻守矛盾转化的关键。

（1）技术要求:第一,正确判断球的反弹时间、方向和落点。第二,及时抢占有利位置。第三,起跳及时、方法得当。第四,积极拼抢篮板球。第五,抢到篮板球后迅速、正确地处理。

（2）动作方法:第一,双手抢篮板球。跳到最高点指端触球的刹那,双手用力握球,腰腹用力,迅速屈臂将球下拉至胸腹部位,同时两肘外张保护球。第二,单手抢篮板球。身体在空中充分展开,手臂伸直,达到最高点时,五指张开,指端触球的侧方,用手指贴着球,屈指、屈腕、屈肘收臂将球拉至胸腹前,另一手立即扶球。

三、篮球运动的基本战术

战术是篮球比赛中队员所运用的攻防方法的总称,是队员个人技术的合理运用和队员之间协调配合的组织形式。战术的目的是更好地发挥本方队员的技术和特长,制约对方,力争掌握比赛的主动权,争取比赛胜利。

（一）篮球运动中进攻战术的基础配合

基础配合是指二三人之间的简单配合,它是组成战术的基础。有了熟练的基础配合,才有灵活多变的全队战术。

（1）传、切配合。它是进攻队员之间利用传球和切入技术组成的简单配合。持球队员传球后，快速摆脱对手向篮下切入，同伴接球后利用瞄篮、突破、运球或假动作吸引、牵制对手，当切入队员摆脱对手处于有利位置时，及时将球回传给切入队员（图9-33）。

（2）突分配合。它是持球队员利用持球突破，打乱对方防守布局或吸引其他防守队员，在突破过程中及时将球传给处于有利位置的同伴（图9-34）。

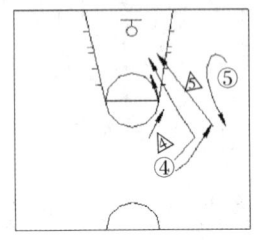

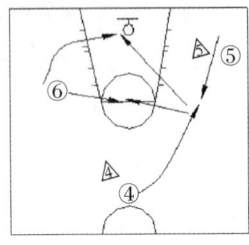
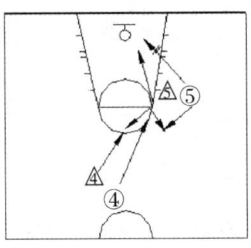
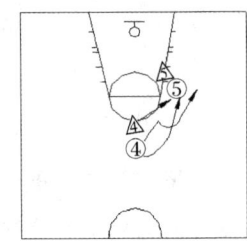

图9-33　传、切配合　　　图9-34　突分配合　　　图9-35　掩护配合　　　图9-36　前掩护

（3）掩护配合。它是掩护队员采取合理的行动，用自己的身体挡住同伴的防守者的移动路线，使同伴借以摆脱防守，创造接球、运球和投篮的机会。根据掩护者与被掩护者身体位置和方向的不同，有前掩护、侧掩护、后掩护三种形式（图9-35）。

示例一：前掩护如图9-36所示，④传球给⑤后先下压，然后突然绕到⑤的身前，⑤转身传球给④并给④做掩护，④可根据防守者的情况及时投篮或突破。

示例二：侧掩护如图9-37所示，⑤传球给④后跑到△的侧后方做掩护，④接到球后可先向左做突破假动作，然后从右侧贴着⑤的身体运球突破上篮。⑤掩护后随即转身切入篮下。

示例三：后掩护如图9-38所示，④传球给⑥时，⑤跑到罚球线右侧示意接球，实际是给④做后掩护，④传球给⑥后，先向左跨步移动，然后突然向右变向，利用⑤的掩护切入篮下，接⑥的传球投篮。

（4）策应配合。一般指内线队员背对进攻方向接球后，与同伴的空切或绕切相配合，借以摆脱防守，创造各种进攻机会的一种战术方法。

示例一：如图9-39所示，⑤提前抢占有利位置，④将球传给⑤后，然后突然向⑤身前绕切，接⑤传球进行跳投，或根据防守者的位置从侧面突破投篮。⑤做策应传球用前或后转身动作将△挡在身后，并为自己跟进切入、抢篮板球创造条件。

示例二：如图9-40所示，④传球给⑤后立即绕切，⑤策应传球假动作，诱使△去补防④，然后转身向下运球投篮。

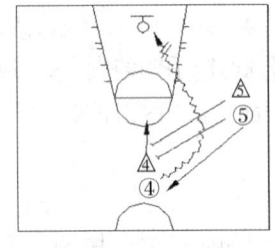
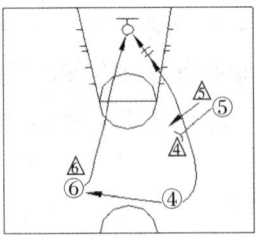
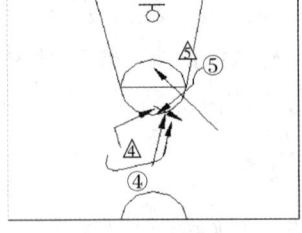
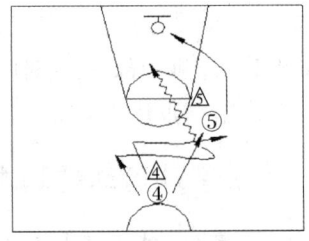

图9-37　侧掩护　　　图9-38　后掩护　　　图9-39　策应配合（1）　　　图9-40　策应配合（2）

（二）篮球运动中防守战术的基础配合

二三个防守队员之间采用的协同防守方法。

1.挤过、绕过配合

为了破坏进攻方的掩护配合，防守队员在掩护者被阻挡时，主动从2个进攻队员之间侧身挤过去或

从掩护者身后迅速绕过,继续防住自己的对手。

示例:如图9-41所示,④运球去给⑤做掩护,当④靠近⑤时,防守的△快速贴近⑤并从⑤与④之间侧身挤过或从④身后迅速绕过,继续防住⑤。

2.交换防守配合

为了破坏进攻方的掩护配合,防守队员及时交换自己所防守的对手。

示例:如图9-42所示,⑤传球给⑥后,去给④做掩护,此时△跟紧⑤同时提醒△,当④切入时,△快速换防,并争取断⑥传给④的球,△则要及时抢占内侧位置防守⑤,防⑤转身切入篮下。

3."关门"配合

对方持球突破时,邻近的两个防守者迅速靠近(似关门),共同堵截其突破路线。

示例:如图9-43所示,④持球,防守者了解到自己的左侧有⑤协防,△采取偏于右侧站位防守,迫使对手从自己的左侧突破。⑤采取错位防守,人球兼顾,当④运球突破时,△迅速向斜侧方滑步堵截,△及时移动与△靠拢"关门",抢占位置挡住④的突破路线,若④回传给⑤,△应及时快速回防⑤。

4.夹击配合

这是攻击性较强的一种防守方法,防守队员可在局部地区主动造成以多防少的局面,破坏对方的进攻配合,造成对方的慌乱和失误。

示例:如图9-44所示,在迫使⑤向边运球时,△大胆放弃对④防守,待⑤停球时,立即与△合作夹击⑤,此时△迅速补防④,并准备断球。

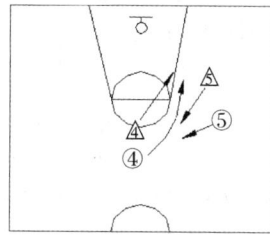 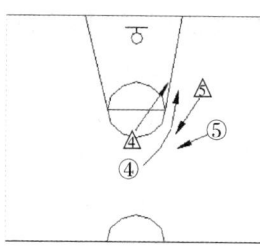 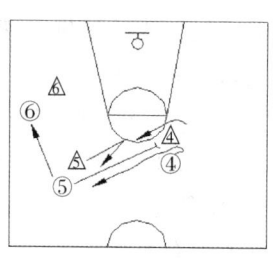

图9-41 挤过、绕过配合　　图9-42 交换防守配合　　图9-43 "关门"配合　　图9-44 夹击配合

(三)篮球运动中全队的攻防战术

1.快攻

快攻是由防守转入进攻时,以最快的速度、最短的时间争取在人数上造成以多打少的优势,或趁对方立足未稳时,果断进行攻击的一种快速攻击战术。

发动快攻一般有四种时机:开始跳球时;发后场端线界外球时;抢到后场篮板球时;抢断或打掉对方球获得控球权时。

快攻的组织形式,一般分为长传快攻、短传快攻和快速运球突破快攻三种。

(1)长传快攻。防守队员在后场获球后,立即将球传给超越对手快速向对方篮下移动的同伴进行投篮的一种配合。

示例:如图9-45所示,⑦抢得后场篮板球时,④、⑤快下,⑦长传球给④或⑤投篮。

(2)短传快攻。防守队员在后场获球后,几个队员在快速奔跑过程中运用短而快的传接球,迅速通过中场逼近对方篮下进行攻击的一种配合。

示例:如图9-46所示,当⑦抢得斜线传球后,快速运球突破,④、⑤分散沿边快下,⑥插中接应,⑦根据情况可传球给④、⑤投篮或⑥中路突破。

(3)快速运球突破快攻。它是指由防守转入进攻时,持球队员在不便于传球的情况下,及时向前快速运球突破,摆脱防守,创造时机与其同伴协同配合展开攻击的一种快攻形式。

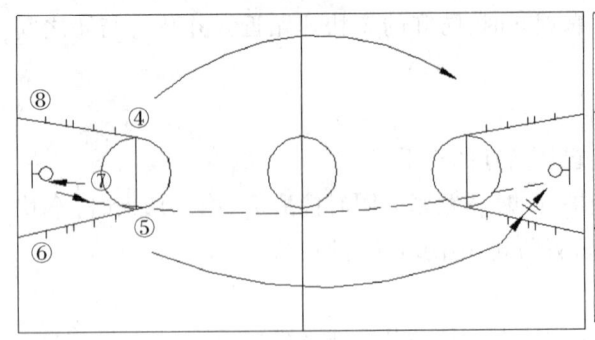

图9-45　长传快攻

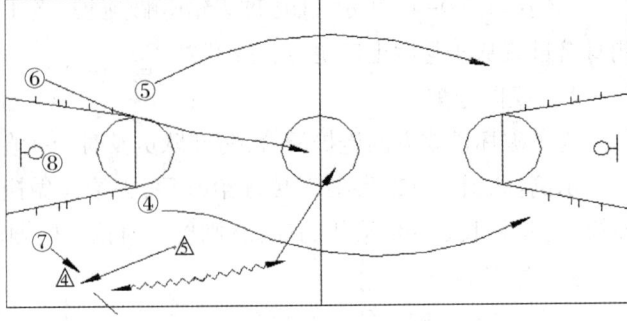

图9-46　短传快攻

示例:如图9-47所示,⑥抢篮板球后,△积极封堵传球时,⑥及时从场角方向突破,传球给⑤展开进攻。

2.防守快攻

防守快攻是防守战术的重要组成部分,目的在于制约对方的进攻速度,为本队防守赢得时间。比赛中从进攻转入防守后,应积极、主动、顽强、沉着地运用封、堵、夹、抢、断等手段,特别是要先封、堵第一传,造成对方失误或减慢进攻速度,以及时调整防守阵形,掌握防守的主动权。

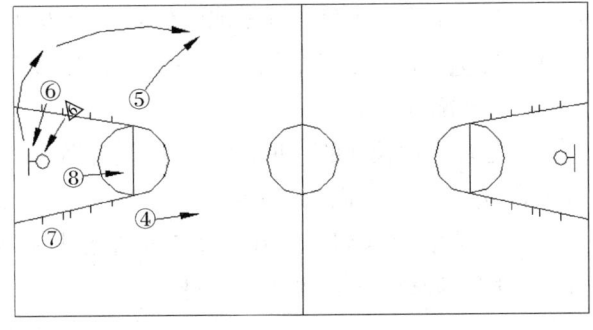

图9-47　快速运球突破快攻

3.半场人盯人防守与进攻半场人盯人防守

半场人盯人防守:防守方放弃前场,全队在后半场以人盯人防守形式为主。其特点是防守队员分工明确,任务具体,针对性强。防守区域根据场上情况扩大或缩小,机动性大,故运用较普遍。半场人盯人防守方法有两种:

(1)缩小人盯人防守。防守区域较小,便于队员间互相协作,有利于运用防守的基础配合,控制后场篮板球,减少犯规。这一战术适用于防守外线突破和内线进攻能力强的队。

(2)紧逼人盯人防守。一般用来对付外围攻击力强而内线攻击力较弱的队。当对方进入中场后,防守队员立即迎上盯住各自对手,积极移动、抢断,以破坏对方进攻。对持球队员要紧逼,干扰投篮,并注意相互协调配合,控制篮下限制区。

(3)进攻半场人盯人防守。根据本队的风格和特点,快速穿插,不断换位,移动中配合,最大限度地调动全队的积极性,发挥各自特长,并要随机应变,以对付各种半场人盯人防守战术。

进攻半场人盯人时,根据本队条件,特别是中锋的特点和站位,常采用的方法和落位队形如下图所示:

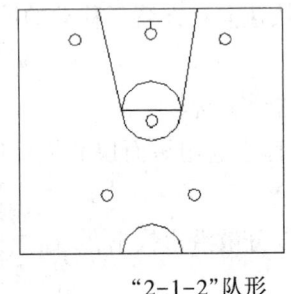
"2-1-2"队形

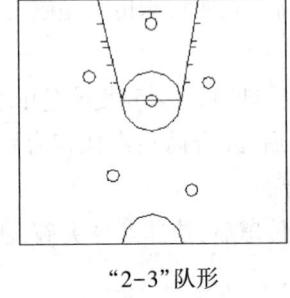
"2-3"队形

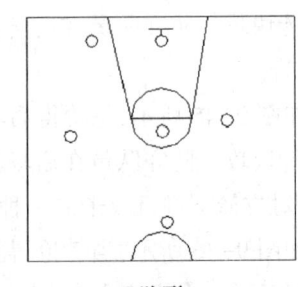
"1-3-1"队形

4.区域联防与进攻区域联防

（1）区域联防。当进攻转入防守时,迅速退回后场,每人负责防守一定区域,并配合以互相补位和换防而构成的一种集体防守战术。其特点是,防守队员的行动随球的转移而变化,随时抢占有利的防守位置,监视和限制自己防区内进攻队员的行动,破坏对方的战术配合。区域联防的形式如下图所示:

（2）进攻区域联防。应了解和掌握区域联防的特点和规律,针对对方的联防形式、薄弱环节和本队的具体情况,确定阵形和配合方法。如果对方布置"2-1-2"或"2-3"联防阵形,进攻时可采用"1-3-1"的队形;如果对方为"1-3-1"联防阵形时,进攻时可采用"2-1-2"队形。

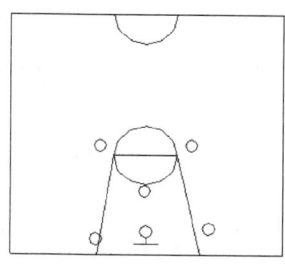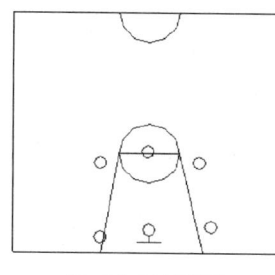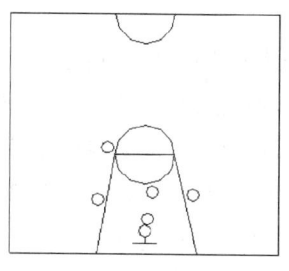

"2-1-2"区域联防　　　　"2-3"区域联防　　　　"1-3-1"区域联防

四、篮球运动的竞赛规则简介

（一）场地

标准篮球场地为长 28 米、宽 15 米的长方形,场地各线宽为 5 厘米,从界线的内沿丈量。其画法与尺寸如图 9-48 所示。

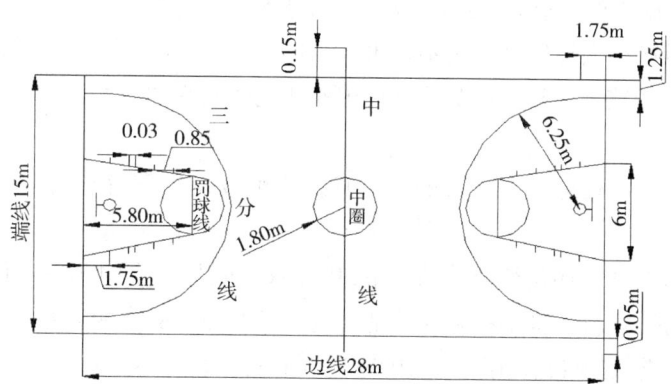

图 9-48　标准篮球场地

（二）设备

篮架应安装在端线外至少 1 米的球场纵轴延长线上。篮板长 1.80 米、宽 1.05 米,篮圈上沿水平面距离地面 3.05 米。

（三）竞赛规则

1.球队

每个球队应该有 1 名教练员,如果球队需要的话,可以有 1 名助理教练员,还有不超过 12 名有资格参赛的队员,其中包括球队队长,最多有 5 名专门职责的随队人员可坐在球队席上,如医生、球队管理、理疗师、统计员、翻译等。在比赛时间内,每队应该有 5 名队员在场上并且可被替换。

2.比赛

篮球比赛由 4 节组成,每节 10 分钟,节与节之间的休息时间为 2 分钟,上下半场之间休息 15 分钟。第 4 节终了时若比分相等,为了打破平局,需要一个或多个 5 分钟的决胜期来继续比赛,每个决胜期之间休息时间为 2 分钟。

比赛开始时,第一节比赛要在中圈内以跳球开始,其他各节则以掷界外球的方式开始。如果某队在场上准备比赛的队员不足 5 名,比赛不能开始。一次投篮中篮得 2 分,一次罚球中篮得 1 分,在 3 分投篮区投球中篮得 3 分。比赛结束时,以累计得分多者为获胜方。

3.违例

违例是违反规则。罚责:违例队失去球权,将球判给对方队员在最靠近违例的地点掷球入界,但正好在篮板后面的地点除外,除非本规则另有规定。

(1)3 秒违例。进攻队在前场控制活球并且比赛时钟正在运行时,该队的队员不得在对方的限制区内超过持续的 3 秒钟,若违反则是 3 秒违例。

(2)5 秒违例。在罚球、掷界外球时,当裁判将球交给该队员进行处理时,超过 5 秒钟没有使球离手;队员在场上持着活球时被对方严密防守,5 秒钟内没有进行传、投和运球则为 5 秒违例。

(3)8 秒违例。当 1 名队员在他的后场获得控制活球时,该队必须在 8 秒钟内使球进入本方的前场。若违反则是 8 秒违例。

(4)24 秒违例。当 1 名队员在场上获得控制活球时,该队必须在 24 秒内尝试投篮。若违反则是 24 秒违例。

(5)带球走。在场上持一个活球的队员用同一脚向任何方向踏出一次或多次,而其另一脚(称为中枢脚)不离开与地面的接触点时为旋转(合法移动)。若违反则是违例。

(6)非法运球。队员第一次运球结束后不得再次运球,再次运球即为非法运球。

(7)球回后场。在前场控制活球的球队不得使球非法地回到它的后场,若违反则是违例。

4.犯规

犯规是对规则的违反,含有与对方队员的非法身体接触或违反体育道德的举止。犯规包括侵人犯规、技术犯规等。

(1)侵人犯规。不管在活球还是死球的情况下,攻守双方队员发生的非法身体接触的犯规。队员不准通过伸展他的手、臂、肘、肩、髋、腿、膝、脚或将他的身体弯曲成"反常的姿势"来拉、阻、推、撞、绊对方队员,或阻止对方队员行进,也不准作出任何粗野或猛烈的动作。

(2)技术犯规。比赛的正当行为要求双方球队的成员与裁判员、技术代表有完美和真诚的合作。每个球队应尽最大的努力去获得胜利,但胜利的取得必须符合体育道德精神和公正竞赛的要求。任何故意或不遵守本规则的精神,要视为一次技术犯规并按相应的条款处理。

(3)判犯规罚则。一般性质的犯规,登记个人及全队犯规一次,由对方在犯规地点附近的边线掷界外球。对投篮队员的犯规,投中有效,加给罚球一次。没有投中,按投篮区域给以 2 次或 3 次罚球。

在一场比赛中,1 名队员发生了 5 次侵人犯规或技术犯规,裁判员应通知其本人,他必须立即离开比赛,并且必须在 30 秒内被替换。

一节比赛中,一个队全队犯规已发生 4 次时,该队处于全队犯规处罚状态。所有随后发生的对未做投篮动作的队员的侵人犯规应被判 2 次罚球,由被犯规的队员执行罚球。

5.暂停与替换队员

(1)暂停。每队每半时(两节)的比赛时间内可允许两次暂停。每个决胜期中,每队有一次暂停机

会。每次暂停必须由教练员直接向记录台提出,记录台立即发出信号。在信号发出前,教练员可以请求取消此次的暂停机会。

暂停机会可以不用,但不允许挪用。每次暂停时间为1分钟。遇到下列情况之一者均可暂停:宣判争球时;宣判犯规时;宣判违例时;球出界时;对方投中篮时。

暂停50秒时,记录员应发出信号通知裁判员,某队每消耗1分钟即给该队登记一次暂停,如暂停时间未到而请求暂停队已做好准备,也不能提早重新开始比赛。

(2)替换。替补队员必须在做好准备后到记录台前报告被替换队员的号码,然后坐在替补队员席上,遇有下列机会,记录台鸣笛通知临场裁判,准许后方可换人:宣判暂停时;宣判跳球时;宣判犯规时;裁判员中断比赛时。

在第4节或任何决胜期的最后2分钟内,当某队已请求了替换,对方队员投篮得分时,这时也可以换人;掷界外球的队换人时,另一方也可以换人,替换应尽快完成,如果裁判认为无理地延误时间,应登记换人队一次暂停。

(四)三对三篮球规则

1.场地和比赛

标准的三对三篮球场地面积是15米宽和14米长。三对三所有级别比赛统一使用6号球。三对三比赛每队共4名队员,其中场上队员3名,替补队员1名。每场比赛有1名或2名裁判员,记录员和记时员不超过2名(含2名),初始控球权由裁判员掷硬币来选择,比赛时间为10分钟,得分限制为21分(仅仅适用于常规比赛时间),国际篮联建议采取与比赛时长一致的得分限制(10分钟为10分;15分钟为15分;21分钟为21分),如果比赛取得平局,在加时赛中先取得2分的球队获胜,控制球队的进攻时间为12秒钟。球投中篮后,控球权为防守队发球权,在球篮正下方,运球或传球给弧线外球员。防守队员不允许在"无撞人半圆"之内进行防守。防守队员获得篮板球或抢断后的控球权必须运球或传球至弧线以外。

2.得分和犯规/罚球

比赛中在圆弧以内中篮,计1分;在圆弧以外区域中篮,计2分;罚球中篮,计1分。球队全队犯规发生6次后,该队处于全队犯规处罚状态。在该队的7、8、9次犯规罚则是2次罚球。该队9次以后的任何犯规都被认为是技术犯规,罚则是2次罚球加发球权。队员不因侵人犯规的次数而被逐出场外。

3.暂停和替换

在比赛中每队拥有一次30秒钟的暂停。队员可在死球状态下请求暂停。当球成死球时并且防守队员与进攻队员之间完成传递球之前,允许任一队替换球员。替补队员在其队友离开场地并与之发生身体接触后,方可进入场地。替换只能在球篮对侧的端线外进行,替换无须临场裁判员或记录台裁判员发出信号。

第二节　排　球

一、排球运动的起源

现代排球运动起源于美国,是美国人威廉·摩根于1895年所创造的,是在"空中飞球"这一运动的基础上演变、发展起来的。

国际排球联合会成立于 1947 年,现已有 170 多个国家成为该组织会员国成员。我国于 1953 年成立排球协会,1954 年 1 月 11 日被正式接纳为国际排联成员国。

现代排球最高层次的三大国际赛事是世界排球锦标赛、奥林匹克运动会排球比赛、世界杯排球赛。

排球运动是三大球中唯一的隔网对抗比赛项目,在教学练习和日常锻炼过程中,对场地要求不高,设施较简易,竞技性、娱乐性和游戏性共存,活动量适中。适合不同年龄、性别和技术的群体参加,比赛和活动过程中能充分体现技术与战术、体力与智力、思维与创造,具有鲜明的斗智又斗勇的竞技运动特征。

二、排球基本技术与特点

排球的基本技术包括准备姿势和移动、发球、垫球、传球、扣球和拦网。

（一）准备姿势和移动(图 9-49)

1.概念

人处在无球状态下,为移动和击球做好充分准备的过程。合理的准备姿势比一般的准备姿势移动快而准。

2.技术要领

两脚自然开立向前看,身体重心在脚掌,双腿微屈把体降,双手自然放体前,放松身体微向前,利于启动把球接。

（二）发球

1. 概念

发球是比赛的开始,也是进攻的开始,是直接得分的有效手段,是唯一不受他人制约的技术。

2. 发球技术和要领

发球分为下手发球、正面上手发球、侧面发球和跳发球等技术。不同姿势的发球,在击球时,触球点和部位不同,击出的球的质量和效果也就不相同。

图 9-49　准备姿势　　　　　　　　　　图 9-50　下手发球

3. 练习方法

徒手挥臂练习,持球对墙或近距离网上练习,重点领悟和把握击球的时机,多加重视击球点和击球部位,在运动中领会和体会它的要点。

(1)下手发球。在了解了排球基本要素后,面对发球方向,两腿前后自然开立,一般击球手法用虎口和掌根,击球体的后中部或中下部均可(图 9-50)。

(2)正面上手发球。正面上手发球的优势在于人是正面对着球网,便于观察对方号位与人的格局分布。基本要领:抛球体前适中位,展体挥臂瞬息间,手形变化在个人(全掌、掌根和虎口),击球点面是关键,其落手点在球体后中部(图 9-51)。

（3）侧面发球。持球侧对球网站，放松，两脚自然开立，将球平稳抛肩侧前上方一臂处，击球蹬地把体转，发力手臂要伸直，掌根击球中下部，五指并拢腕后仰。如图9-52所示。

（4）跳发球。抛球高度要适当，具体结合自己跳起的高度、球下落时间等因素，助跑起跳要快捷，空中挺收要到位，做功发力在腰腹，挥臂用扣球的方法将球击出。如图9-53所示。

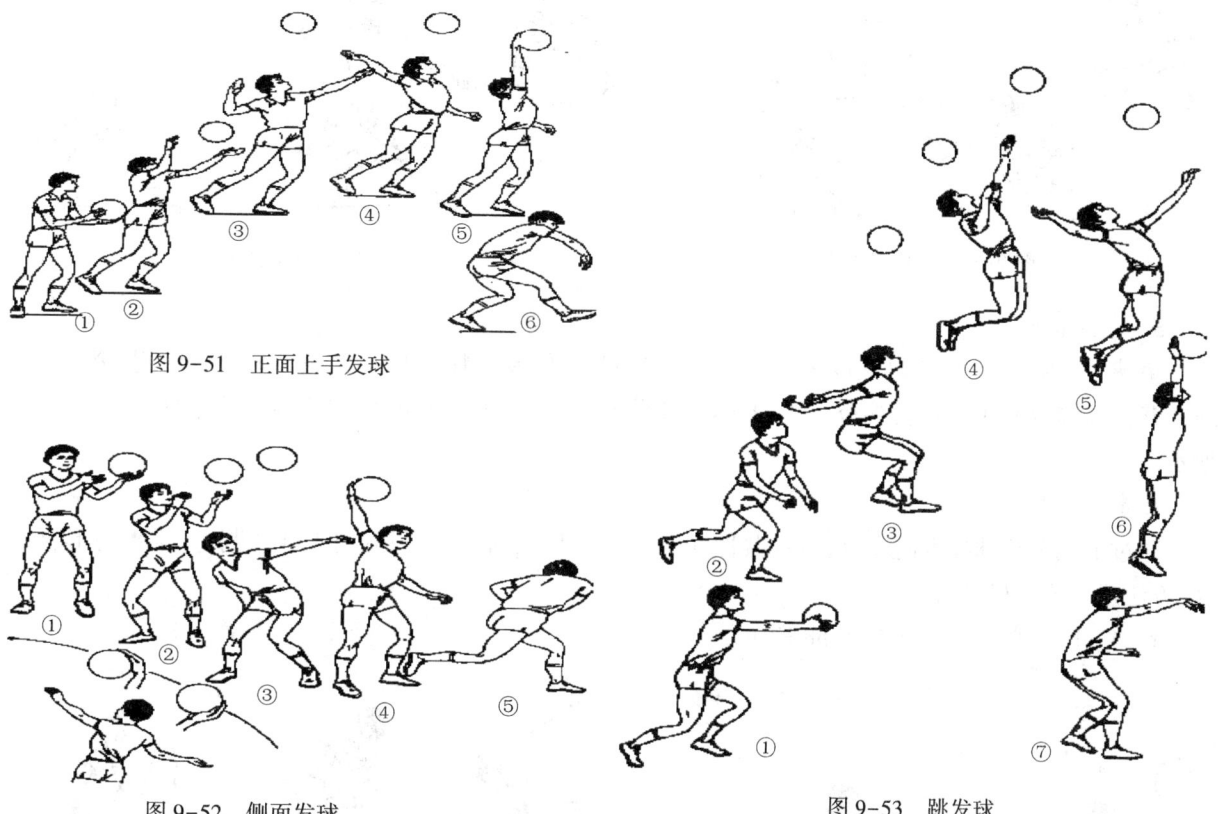

图9-51　正面上手发球

图9-52　侧面发球

图9-53　跳发球

（三）垫球

垫球是通过手臂或身体其他部位迎击球的动作，是比赛和平时活动中最为常用的一种击球方式，是打好球的基础。主要技术动作有正面双手垫球、体侧垫球、跨步垫球、背垫球和低姿垫球等。垫球手形如图9-54所示。

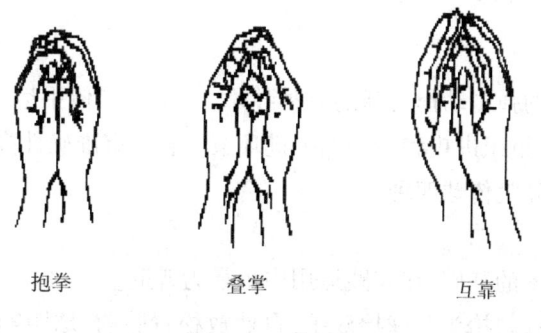

抱拳　　　叠掌　　　互靠

图9-54　垫球

1. 正面双手垫球

根据球的落点，迅速移动并半蹲姿势站立，双手腹前要放松，下肢贯彻移、蹬、跟，上肢莫忘插、夹、提，垫球瞬间伸双臂，提肩压腕把肘顶，肢下动作要跟上，重球撤臂缓冲接，轻球抬臂迎送它。如图9-55所示。

2. 体侧垫球

当球向体侧飞来,队员来不及移动去对准来球时,可用双臂体侧垫击球,两臂夹紧,保持姿态截击球,切忌随球把臂摆。如图9-56所示。

图9-55　正面双手垫球　　　　　　　　　　　图9-56　体侧垫球

3. 跨步垫球

垫球手法随球路变,来球速度快又低,跨步垫球最合适,及时判断来球点,迅速向前或向侧,跨出一步或一臂,屈膝制动,重心落稳再跨出腿,上体前倾臀下降,两臂插入球下面,垫击球的后中部。如图9-57所示。

4. 垫球原则

通过前几种垫球技术简介,垫球的共性在于一看二移三插下,不同方向来球速判定,手形身形合一体,方法运用要随机灵活。

背垫、让垫、单手垫。如图9-58所示。

图9-57　跨步垫球　　　　　　　　　　　图9-58　背垫、让垫、单手垫

(四) 传球

传球是利用手指与手腕的弹击动作击球的一种技术,多用于二传手运动员,是二传手运动员调整各种来球及变化的重要手段,是组织进攻和防守的关键环节。它具有准确性高、变化灵活的特点,动作可分为正面传球、背传球、侧传球和跳传球四种。

1. 正面传球

正面传球是其他传球技术的基础,在实践运用中也最为普遍。

技术要领:两腿开立稍下蹲,抬头看球抬双手,自然放松置脸前,球距额头一球位,开始蹬地把膝伸,双臂双手要协调,触球双手自然张开,手形呈半球状,手腕抬起稍后仰,两拇指相对呈"一"字形,间距不超过球的直径,通过球压在手上使手腕所产生的反弹力将球传出。如图9-59所示。

2. 背传和侧传

背对传球目标,上体稍后仰,利用抬臂、送肘的动作和手指、手腕主动向后方传出球。侧对传球目标,

迎球时,上体和手臂应向侧上方用力,触球下方用力将球传出。侧传如图 9-60 所示,背传如图 9-61 所示。

3. 跳传

跳传是指跳起在空中进行单、双手传球,手法动作要领同正面传球。如图 9-62 所示。

图 9-59　正面传球

图 9-60　侧传

图 9-61　背传

图 9-62　跳传

(五) 扣球

扣球是排球中较难掌握的一种技术,是比赛中进攻得分的重要手段之一,是人跳起来在空中,将高于球网上沿的球有力击入对方场区的一种击球方法。由于是在空中完成的技术动作,因此需要有良好的弹跳力、时空感觉及协调性作为基础。

基本技术动作一般分为正面扣球、抡臂扣球、单脚起跳扣球和勾手扣球。按照扣球的节奏可分为快攻和强攻。按照区域可分为前排和后排的扣球。

随着排球运动的发展,扣球技术也在不断提高和创新。在此仅介绍最基本的正面扣球技术和方法。

扣球动作包括助跑和起跳、空中击球和落地等环节:

(1)助跑和起跳。助跑步数要视球的远近采用一步、二步或三步等不同的步法。现以两步助跑右手扣球为例。助跑时左脚先向前迈出一步,接着右脚再快速跨出一大步,左脚及时并上踏在右脚之前,脚尖稍向右转。第一步小,第二步大,脚跟先着地过渡到全脚掌着地,两腿从弯曲制动的最低点猛力蹬地向上跳起,两臂也配合起跳有力地向上摆。如图 9-63 所示。

(2)空中击球。起跳后挺胸展腹,挥臂时以迅速转体和收腹动作发力,依次带动肩、肘、腕各关节以鞭甩动作向前上方挥击。击球点在起跳的最高点和伸直手臂最高点的前上方。如图 9-64、图 9-65 所示。

（六）拦网（图 9-66）

拦网不仅仅是比赛中的第一道防线，也是得分和转守为攻的主要手段。拦网主要分单人拦网和集体拦网两类。

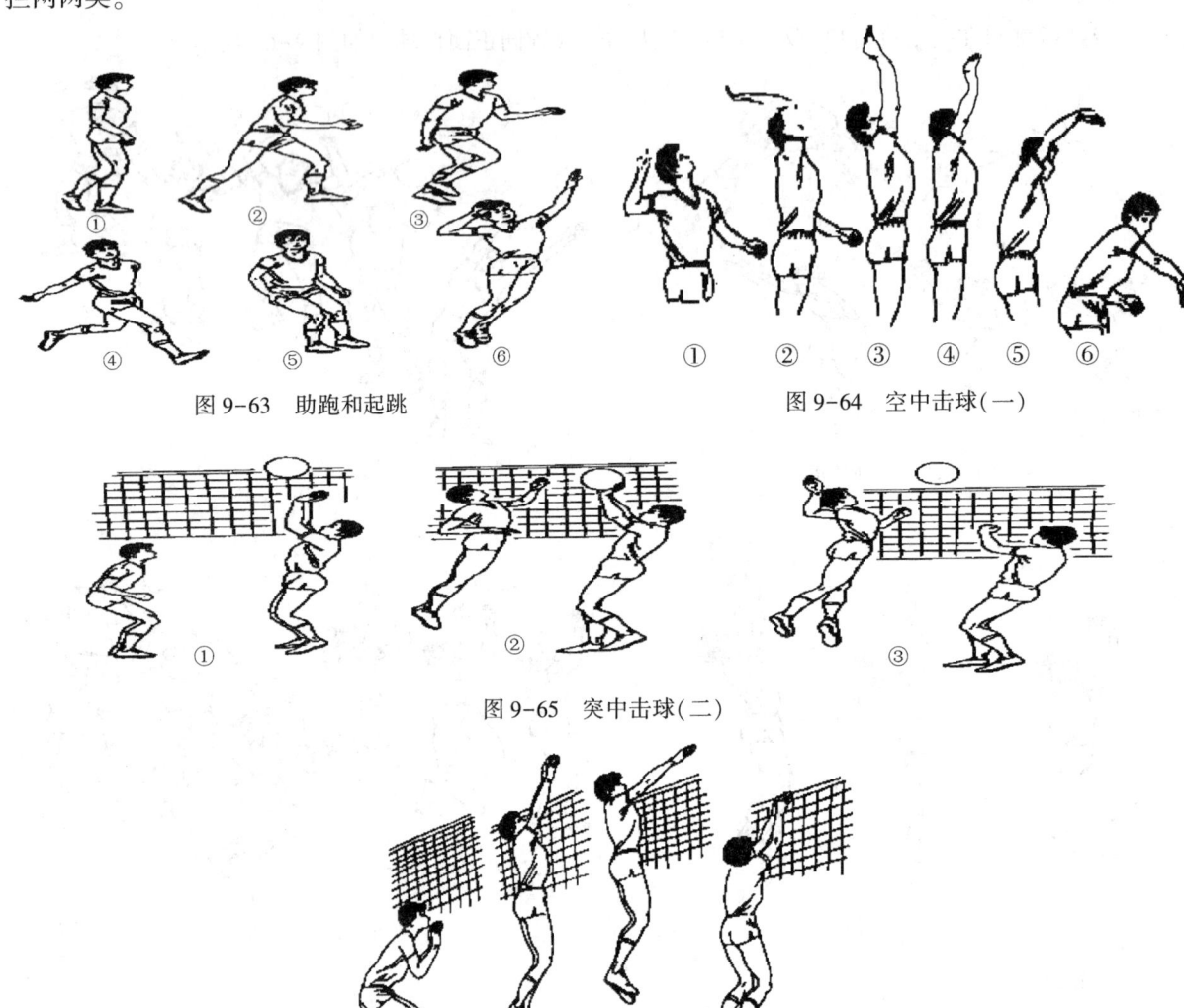

图 9-63　助跑和起跳　　　　　　　　　　图 9-64　空中击球(一)

图 9-65　突中击球(二)

图 9-66　拦网

步骤与环节：

拦高点扣球时，因为扣球者有腾空的过程，所以，拦网者跳起晚于扣球者。拦快球时，拦网者应稍早或与扣球者同时跳起。拦网回击时，两臂要尽力伸直，前臂尽量靠近球体，两手间距要适中，屈腕用力盖掐球，阻截时机把握好。

（七）阵容配备

阵容配备就是合理地安排场上队员技术力量的组织形式。技术力量是指场上队员个体的特点，充分发挥每一个队员的作用，使进攻手和二传手(组织者)之间默契配合，有效的队员组合能充分展示本队的实力。阵容的主要形式有以下几种：

(1)"四二"配备。它是指场上有两个二传手，两个主攻手和两个副攻手。一般站位为对角位置，站位无论怎样轮转，场上始终都能保持整体的攻击阵形，以便于组织和发挥最有效的力量。如图 9-67 所示。

（2）"五一"配备。它是指场上有一个二传手,其余队员全是攻手,这种阵容配备一般在高水平运动队中采用较多。优点是加强了攻击力量和拦网,具有全队容易调动和默契配合等优势。如图 9-68 所示。

（3）进攻阵形。它是进攻时所采取的基本阵形,合理地选择进攻阵形是各种进攻战术变化的基础。我们以二传手组织进攻时的位置,把进攻阵形定名为"中二传"进攻阵形、"边二传"进攻阵形和"心二传"进攻阵形。

以"中二传"为例介绍进攻阵形及其变化。

由一名前排或后排队员在前排中间位置做二传手,其他队员参与进攻的阵形,称为"中二传"进攻阵形。"中二传"进攻阵形是最基本的进攻阵形,其特点是二传队员在中间,容易组织,战术变化不多,适合不同技术水平的队。技术水平较低的队可组织前排 2 号位或 4 号位扣球,技术水平较高的队可组织各种战术进攻乃至立体进攻。其站位及变化如图 9-69、图 9-70、图 9-71 所示。

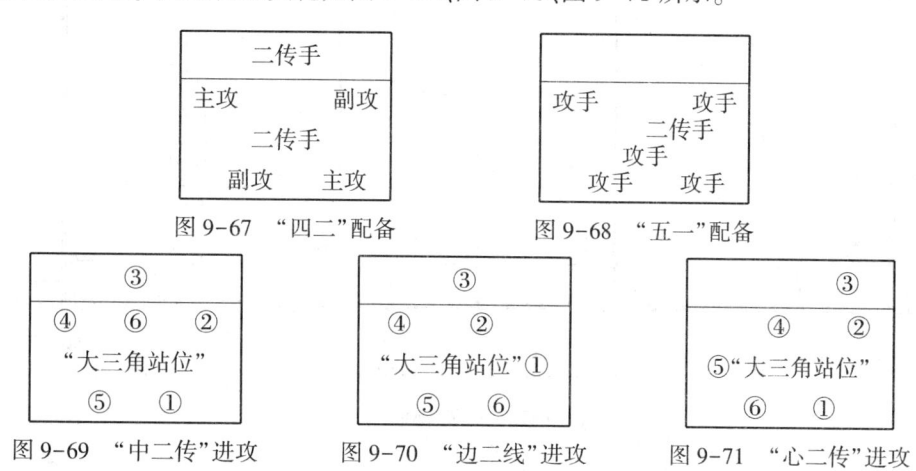

图 9-67 "四二"配备　　　　　图 9-68 "五一"配备

图 9-69 "中二传"进攻　　图 9-70 "边二线"进攻　　图 9-71 "心二传"进攻

（八）组织进攻和防守反击

（1）在排球比赛中,为了使球落在对方场区或造成对方失误而采取的一切合理手段,都称为进攻。反之,为了不使球落在本方场区的一切合法手段,均属防守。

（2）进攻一般由一传、二传和扣球三个环节组成,以接起对方发球为前提,经过二传调整,为最后一击创造有利条件和战术配合。通常运用"中一二"进攻战术,如"四二"阵容配备,即前排 3 号位是二传,接球时都把球传给二传手,再由他将球传给 4 号位或 2 号位等队员,完成扣球进攻或其他形式的进攻。

（3）"防反"战术由拦网、后排防守、二传调整、扣球等几个互为衔接的部分组成。一般水平的比赛,场上只要做到积极主动接来球,减少失误,拦网是第一道防线,后排防守是反攻的基础,必须做好后排防守技术。

（4）系统战术。系统战术是进攻和防守及打法的组合运用。排球运动中进攻与防守是一对贯穿始终的矛盾,排球比赛的特点之一是攻防转换快,因此,实战中进攻和防守及打法是组合运用的。我国排球界的专家、教练员在长期的教学训练中,根据实战中进行的防守打法组合运用规律,总结了比赛中对方来球的不同方式,将排球系统战术分为:接发球及其进攻、接扣球及其进攻、接拦回球及其进攻、接垫球及其进攻(排球界俗称"四攻"系统)。由于比赛采用"每球得分制",因此,各个战术系统都非常重要,战术运用合理意味着得分,失败意味着失分。

三、比赛场地与器材

排球比赛场地长 18 米、宽 9 米,男子比赛网高 2.43 米,女子比赛网高 2.24 米,场地的所有界线均宽

5厘米,场地的长和宽均包括界线,压线球为界内球。标志杆高于球网0.80厘米,距中线3米处有一条进攻线,以限制后排队员在前排进行攻击性击球,中线和进攻线被视为无限延长。发球区的宽度为9米,深度延长无障碍区的终端,发球队员无位置错误犯规。比赛用球,圆周为65~67厘米,重量为260~280克,气压为0.30~0.325千克/平方厘米。如图9-72、图9-73所示。

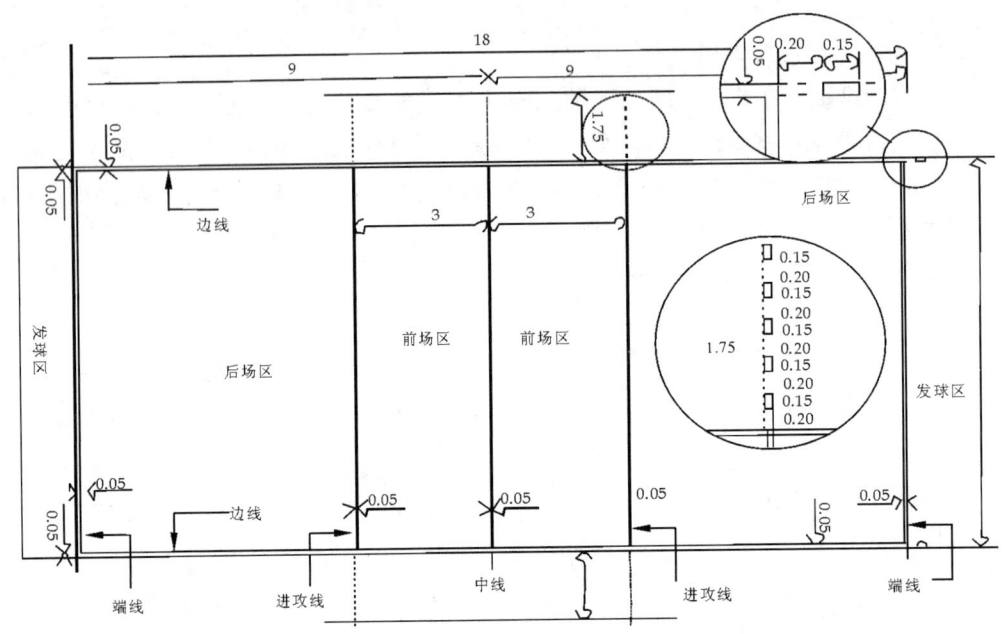

图9-72 比赛场地(一)

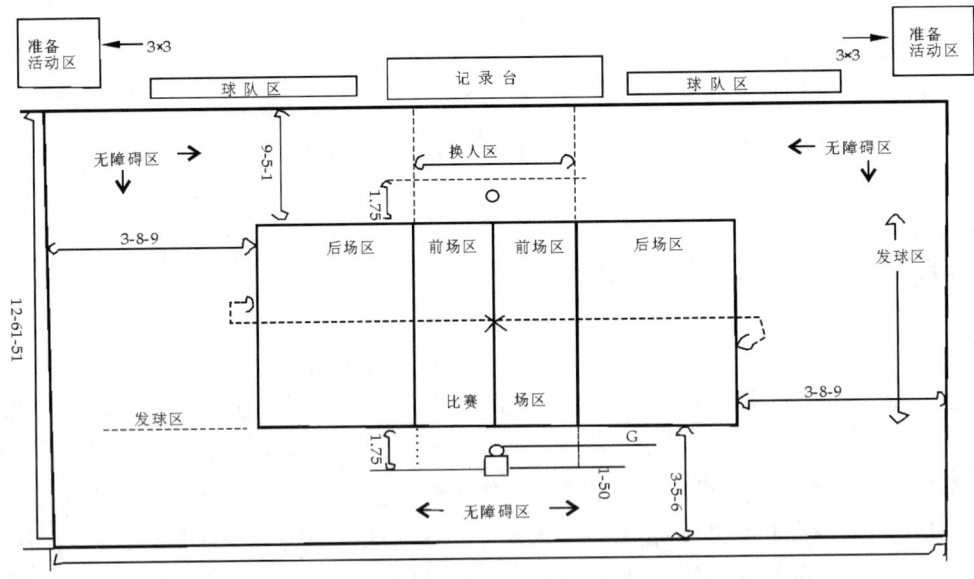

图9-73 比赛场地(二)

四、排球的组织工作及规则简介

(一)组织工作的一般程序

(1)组织工作主要包括成立竞赛组织机构、设立和确定竞赛规程及相关文件的制定。

(2)编排和确定赛制及日程表的安排,编印秩序册及下发文件等。

（3）组织裁判员学习,安排赛时统计等诸项工作,做好赛中和善后总结等事宜。

（二）竞赛制度及赛制原则

竞赛制度一般有三种:循环制、淘汰制和混合制。选定赛制一般是组织机构在制定和安排组织工作的同时,根据参赛队、场地器材及时间等条件,采用什么样的赛制较合理并达到比赛的预期效果,而选择和确定某种赛制及比赛办法。

例如,循环制的固定编排法如下表9-1所示。如果参赛队是奇数,可以"0"代替一个队使参赛队变成偶数后再进行编排,凡与"0"号相连的队即为轮空队。

表9-1 固定轮转法编排

第一轮	第二轮	第三轮	第四轮	第五轮
①—6	①—5	①—4	①—3	①—2
2—5	6—4	5—3	4—2	3—6
3—4	2—3	6—2	5—6	4—5

（三）比赛规则及基本法则

排球比赛所执行的规则是每队上场队员均为6人(含自由人),按限制线分前后排站位,比赛先由后排1号位队员在发球区发球,采用每球得分制。每场比赛为五局,前4局每局以先得25分制判定胜负,决胜局为15分制。在全场比赛中,每局判定胜负必须是某方超出对方2分值,则可判定一局取胜。

（1）比赛过程中,球在规定的网区上空飞过时,触网并落在对方场区内,对方失误,则本方得分,并继续发球。

（2）发球失误或被对方将球击落在本方场区内,则算失分并由对方得分且获得发球权。取得发球权一方应按照顺时针方向依次轮换一个位置发球,比赛继续进行。

（3）发球击球瞬间,双方任何一名队员不在规则规定的位置上,则构成位置错误犯规。

（4）暂停与换人。当每局比赛到8分、16分时为技术暂停,而在决胜局的比赛中没有技术暂停,但每一队有两次30秒的暂停机会。比赛成为死球时,教练或队长可向裁判员请求暂停两次,并有两次技术暂停,所有暂停时间为60秒。每队每局比赛只能换6人次,每局开赛队员只能退出比赛一次。再上场时,只准换下替换他的队员。

（5）触球与击球。每队在本场区内,最多击球3次(拦网除外),第三次击球队员应将球击入对方场区内。比赛中队员身体任何部位都能触球,但触球时要短时将球快速击出,不得有捞、捧、携带等较长时间停留现象。一人不得连续两次触球,否则,判连击犯规(拦网除外)。

（6）判定界外球。球的整个落点完全在场区以外的地面上,球触及场外物体或排球比赛队员或天花板(超高);球触及标志杆或标志杆以外部分;球的整体或部分从网区以外超过网的垂直面。

（7）网上犯规。在进行扣球、拦网或试图击球时,队员身体任何部位与球网接触为触网犯规(无意中触网或被动触网除外)。进攻队员不能过网击球,拦网队员的手在对方扣球前不得触球,否则,判网上犯规。

（8）后排队员的犯规。后排队员在比赛中,从进攻线前或踏在进攻线上(3米线),将整体高于球网上沿的球直接击入对方场区为犯规。

（9）发球与"自由人"的规定。发球队员得到第一裁判允许发球指令,必须在8秒内将球发出,否则,判为延误比赛犯规。发球时球如果在过网区内触网并越过球网到达对方场区内,则比赛继续进行。关于"自由人",现规定每一方有两名自由防守队员(12 名队员之中),比赛时场上只能有一名自由防守队员,服装必须与本队队员明显不同。可以自由上、下场,不限制次数,也无须经裁判员同意,但必须为"死球"时。自由防守队员不能列为正式上场队员,如想要开始上场,应把上场位置表上交后,再请求换人,然后才能上场。规则规定只能在后排 1、6、5 号位接球,不能参加发球或到进攻区进行拦网,并不得在球场任何地区将高于球网上沿的球直接击入对方场区。自由防守队员在进攻区内用上手传出高于球网上沿的球,本方任何队员不得直接将球击入对方场区。

第三节　足　球

一、足球概述

古代足球运动起源于中国,当时被称为"蹴鞠"。据大量的史料记载,我国早在战国时期就开始有了足球游戏。唐代是我国足球运动发展的鼎盛时期,"充气的毡"和"设立毡门"是在场地器材方面的两大创造。唐代的女子"蹴鞠"也很盛行,并传到了日本。

现代足球运动于 1863 年起源于英国,并得到迅速发展。1863 年 10 月 26 日,英国人建立了世界上第一个足球运动组织——英国足球协会。1904 年 5 月 21 日,由法国、比利时、西班牙、荷兰、丹麦、瑞典、瑞士 7 个国家的代表在巴黎召开会议,成立了国际足球联合会(FIFA),迄今已接纳了 204 个国家和地区为会员,是国际上最大的单项体育组织,总部设在瑞士的苏黎世。1900 年足球被列为奥林匹克运动会的正式比赛项目。如今,国际大型的足球比赛主要有世界杯足球赛、奥林匹克运动会足球赛、世界杯女子足球赛等多项大赛。其中,世界杯足球赛反映了世界足球运动的最高水平和发展方向,对世界足球运动发展起到了积极的推动作用。足球是世界上开展最广泛、影响最大的体育运动项目,被誉为"世界第一运动",有些国家还把足球定为"国球"。

我国足球运动,是在 1840 年鸦片战争以后,随着英帝国主义进入香港传入我国的。中国于 1931 年加入了国际足球联合会。从 1910 年至 1948 年中国举办了 7 次全国运动会,足球都被列入正式比赛。中华人民共和国成立后,我国足球运动在党和政府的亲切关怀下,随着社会经济的不断发展而蓬勃开展,成为人民喜爱的运动项目之一。2002 年中国国家队在南斯拉夫人米卢的带领下,历史性地打入 2002 年第十七届世界杯决赛,实现了几代中国人的夙愿。

二、足球基本技术

足球基本技术就是运动员在比赛中运用人体各个部位去合理地支配球的动作方法的总称。常用的基本技术有踢球、接停球、运球、头顶球、掷界外球、防守技术和守门员技术。

(一)踢球

踢球是指有目的、有意识地用脚的某一部位把球踢向预定目标以达到进攻或防守功效的技术动作。踢球的脚法很多,动作要领均由助跑、支撑脚站位、踢球腿摆动、脚触球和踢球后的随前跟进动作 5 个环节组成踢球动作的完整过程。

(1)助跑:助跑的作用有两个,一个是调整人与球之间的相对位置,另一个是通过助跑使身体获得一定的速度。

（2）支撑脚站位：立足支撑，有利于踢球脚摆动、击球。

（3）踢球腿摆动：利用助跑速度，发力于腿部。

（4）脚触球：它是决定作用点这一要素的关键。它决定被踢出球的性质（旋转与否）和高、平、低等，通过这一环节决定了踢出球的准确性。

（5）随前跟进：目的是保证前4个环节的顺利正常进行，加之身体重心前移，结合射门跟进，摆腿跑位等传接球。

1. 脚内侧踢球

直线助跑，支撑脚落于球侧后方约15厘米处，膝关节微屈。踢球腿以髋关节为轴由后向前摆动。在前摆过程中膝盖外转，踢球脚内侧与出球方向约呈90°，脚尖稍跷起，踝关节紧张用力，小腿加强前摆，脚掌平行于地面，用脚内侧部位击球后中部（图9-74）。

图9-74　脚内侧踢球

2. 脚背内侧踢球

由脚的大趾骨后方接触球。踢球时，采用斜线助跑，与球约为45°角，支撑脚踏在距球25厘米左右处，脚尖正对出球方向，膝关节微屈，脚踏在与出球方向垂直的球的横轴延长线上。上体向支撑脚一侧倾斜，踏脚同时，摆动腿以关节为轴，大腿带动小腿由后向前摆。当身体转向出球方向和膝盖摆至接近球的内侧垂直上方刹那间，小腿加速前摆，脚面绷直，脚尖稍外转指向斜下方，用脚背内侧击球后中部，踢球后继续随球前摆。此脚法常用于任意球、长传球、过顶传球、转身踢球等（图9-75）。

图9-75　脚背内侧踢球

3. 脚背正面踢球

采用正面直线助跑，支撑脚落在与球平行位置，相距约15厘米，脚尖正对出球方向，膝关节微屈。踢球腿由后向前摆，快速用力，脚背绷紧。击球刹那，小腿以最大速度向球摆出，脚背正面击球的后中部，然后随球前摆（图9-76）。

4. 脚背外侧踢球

其脚法与脚背正面踢球方法基本相同。但在摆动大腿带动小腿加速前摆的同时，膝盖和脚尖要向内扣，脚尖绷紧，用脚的外侧部位击球的后中部。踢球后，摆动腿继续向前摆动。此脚法常用于踢定位球、弹拨球、弧线球等（图9-77）。

图 9-76　脚背正面踢球

① ② ③ ④ ⑤

图 9-77　脚背外侧踢球

5. 踢球的练习方法

（1）根据动作要领徒手模仿各种踢球动作,注意助跑、支撑脚站位和摆动腿摆动,动作要协调。

（2）踢固定球,一人踩球,另一人助跑上前踢球,力量做到点到为止。主要练习支撑脚站位、踢球腿摆动和触球部位。

（3）踢墙练习,用不同脚法做对墙踢准练习,力量逐渐加大。

（4）两人之间踢定位球练习。

（5）3 人三角形踢球练习,提高踢活动球和不同方位球的踢准能力。

（二）接停球

接停球是指运动员有目的地用脚等将球有效地控制在一定范围的动作方法。在接停球时要判断、移动、选位,它与迎球、触球动作紧密相连,以缓冲来球力量,改变来球方向,使球处于所需要的控制范围内,为下一个动作,如传、运、过人、射门服务。

1. 脚内侧接球

正对来球方向,膝关节微屈,停球腿摆膝外转向前迎接球,当球与脚接触刹那间,立即后撤,触球时用脚内侧部位,后撤时将球停在需要的位置上。脚内侧停球方法简单易掌握,脚触球面积大,容易将球停稳和便于改变方向,一般用于接地滚球、反弹球和高空球（图 9-78）。脚内侧接高空球时,判断来球,迅速移动选位,接球腿抬起屈膝,脚内侧对准来球路线上迎,在脚与球接触的瞬间后撤,缓冲来球力量,将球控制在所需位置（图 9-79）。

① ② ③ ④ ⑤

图 9-78　脚内侧接球

2. 脚底接球

支撑脚站在来球的侧后方,膝关节微屈,脚尖正对来球方向(图9-80①)。停球脚提起不高于来球,脚尖跷起,膝关节微屈,踝关节放松,用脚前掌轻触球后中上部。此方法一般用于停地滚球和反弹球(图9-80②)。

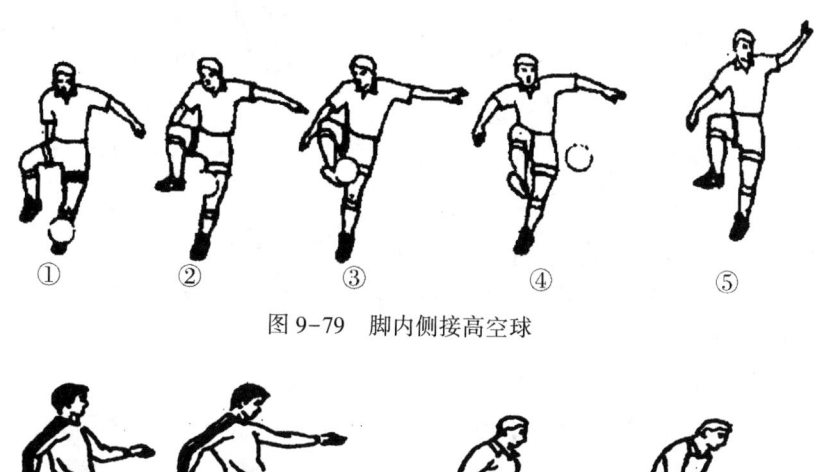

① ② ③ ④ ⑤

图9-79　脚内侧接高空球

① ②

图9-80　脚底接球

3. 脚背外侧接球

停球脚稍提起,膝关节和脚内侧内转,用脚背外侧正对来球,在支撑脚的前方接触球的侧后方,同时把球向停球脚一侧拨动,将球停在自己的侧方或侧后方(图9-81)。脚背外侧停球适用于反弹球、地滚球,可与假动作结合运用,停球具有隐蔽性。

① ② ③

图9-81　脚背外侧接球

4. 胸部停球:有挺胸式和缩胸式两种接球方法

挺胸式:身体正对来球,双脚前后开立,两膝弯曲,上体稍后仰,重心不向后移。球接近胸部之前双臂向两侧自然张开,当球触胸刹那间,收下颏、挺胸、收腹,使球触胸后向前上方弹起后落在身前。此方法一般接高于胸部来球(图9-82)。

缩胸式:身体正对来球,双脚前后开立,双臂自然张开,胸部向前挺迎球,当球触胸刹那间,收胸收腹挡压球,缓冲来球的力量,将球控制于体前(图9-83)。

图 9-82　挺胸式接球

图 9-83　缩胸式接球

接停球练习方法:

(1)两人抛接练习。采用挺胸式或缩胸式接空中来球或反弹球。

(2)徒手模仿练习。有意识设想不同方向来球,并作出相应的停球动作。

(3)对墙踢后接反弹回来的球。

(4)2人一组,由短到长接停各种来球。

(5)接多球练习。将学生围成半径约 10 米的圆,中间站一位同学,接不同方向、不同高度的抛或踢球。

(三)运球

运球是指运动员在行进间连续推拨球,使之处在自己的控制范围内的触球动作。

要领:快跑(频率)、轻推、步幅小、重心低。

(1)脚内侧运球。运球时,由于脚与球接触面积大,不仅便于掩护,而且便于改变运球方向,但运球速度慢。运球的部位和脚内侧踢球相同。脚推拨球后,向前上步,都需要做适当调整动作,一般结合假动作来做(图 9-84)。

图 9-84　脚内侧运球

(2)脚背外侧运球。多在快速奔跑和向外变向时使用。运球时脚跟提起脚尖稍内扣,用脚背外侧推拨球(图 9-85)。

图 9-85　脚背外侧运球

运球练习方法:

(1)推挡球。用两脚内侧部位连续推触球,可原地做也可行进间做。

(2)左右脚后拖球。以脚前掌触球顶部,右脚前脚掌触球,左支撑脚站在球的侧后方约 30 厘米,左支撑脚向后跳跃时,右脚将球向后拖,两脚交替做。

（3）拉球。用前脚掌踩在球的顶部，将球由前向后，由左向右拉球。

（4）扣球。用身体的突然移动和脚踝的急转扣压动作使球变向，可用脚背内、外侧交替做。

（5）绕"圆"字运球。

（6）运球过杆练习。

（7）慢跑中用各种脚法运球，熟练掌握各种运球脚法的触球部位。

（四）头顶球

头顶球是指运动员有目的地用前额将球顶（击）向预定目标的动作。

为争取时间与空中优势，头顶球有着重要的作用，被称为运动员"第三只脚"。它也是停球、射门和抢截的有效手段。

（1）原地前额正面顶球。身体正对来球，双脚前后开立，膝关节微屈，上体后仰，重心放在后腿上，双臂自然张开，两眼注视来球。当球运行到身体垂直部位刹那间，后脚用力蹬地，收腹迅速向前屈体，身体重心移至前脚。前额与球在垂直部位接触，颈部保持紧张，快速甩头。用前额正面顶在球的后中部，然后头与上体随球前送（图9-86）。

① ② ③ ④　　　① ② ③ ④ ⑤ ⑥ ⑦

图9-86　原地前额正面顶球　　　　　图9-87　原地跳起前额正面顶球

（2）原地跳起前额正面顶球。一般多用双脚起跳，起跳前两腿屈膝，重心下降，用力蹬地起跳，两臂屈肘上摆，在身体上升过程中，挺胸展腹，两臂自然张开，眼睛注视来球。在跳至接近最高点时，身体呈背弓，顶球前的刹那间，快速收腹，上体前摆，颈部紧张，用前额正面顶球后中部。顶球后两腿自然屈膝落地（图9-87）。

头顶球的练习方法：

（1）徒手模仿原地跳起顶球动作。

（2）自抛自顶练习。

（3）2人一球，相距5米，互相抛顶。

（4）2人一球，相距5米，对顶练习。

（五）掷界外球

掷界外球是指运动员于边线外合理运用规则，用手将球掷入场内组织战术的一种手段。

当今足球的发展使得掷界外球战术配合如同定位球一样得到重视，掷界外球运动员可通过掷界外球加快进攻速度，而且进攻队员直接接得界外掷球不属越位犯规，对进攻极为有利，应充分利用这种机会。掷界外球必须在球出界的地点执行。

（1）原地掷界外球。面对出球方向，双脚前后开立，膝关节弯曲，上体后仰呈背弓，重心在后脚上。双手持球后半部，拇指相对，屈肘将球置于头后。掷球时，后脚用力蹬地，两腿迅速蹬直，身体重心移至前脚，收腹屈体，双臂迅速前摆。当球摆至头上时，用力甩腕将球掷入场内，后脚沿地面向前滑动。规则规

定掷界外球时,双脚均不得离开地面或踏进场内,动作应连贯,一次掷出,中间不得有任何停顿,否则违例(图9-88)。

(2)助跑掷界外球。助跑时,双手持球在胸前,当迈出最后一步时,将球举过头后,动作同原地掷界外球。

(六)防守技术

图9-88　原地掷界外球

防守技术是指防守运动员运用合理的技术动作(不犯规)把对手控制的球夺过来或阻止掉的各种动作。

防守技术是充分利用争顶、抢、断、铲、围抢等方法由守转攻的积极手段,其主要由判断、选位、各种技术动作运用时机和随后动作的紧密衔接环节组成。

(1)正面跨步抢截球。面向对手,双脚开立应小些,前后开立,双膝微屈,身体重心下降均匀落在双脚上。当对手运球脚触球后还未着地的一刹那,一脚快速用力蹬地,以抢球脚的内侧对准球并向球跨上一步,膝关节微屈,上体前倾,身体重心移至抢球脚,立即将球抢过来,另一只脚前跨变成支撑脚(图9-89)。

图9-89　正面跨步抢截球

(2)侧面抢截球。抢球者与运球者平行跑动时,或2人同时争抢对面来球时,可以在规则允许情况下合理冲撞,将球抢过来(图9-90)。

(七)守门员技术

守门员技术是指守门员正确运用规则及身体的合理部位所采取的有效动作方法。

守门员是防守的最后一道关口。稳健而可靠的守门员给全队以安全感,并且起到鼓舞士气、提高战斗力的功效;反之,其微小的失误则可能使全队奋力拼搏的成果毁于一旦。当今技战术发展使守门员成为进攻的"第一发起人"。及时、合理、快速、准确地发球,不失时机发动反击、快攻可增加攻击的威胁性和有效性。

图9-90　侧面抢截球

守门员基本条件:

(1)位置技术。选位、准备姿势、移动、接球、扑接球、拳击球、托球、掷球和脚踢球等技术要全面(图9-91)。

(2)比赛意识。要有强烈的必胜意识。

(3)身体素质。要有良好的身体素质和身高。

(4)心理智能。要有良好的心理素质和实战能力。

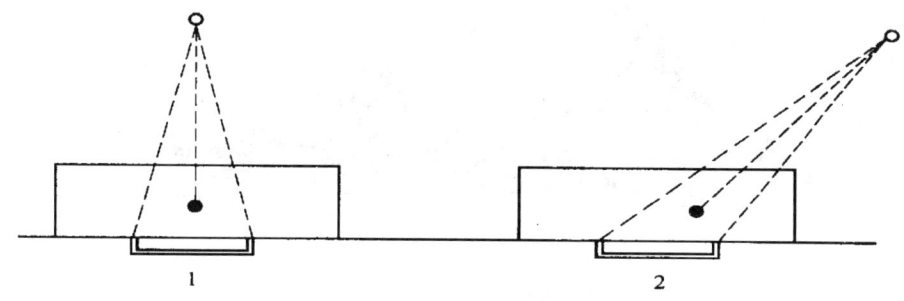

图 9-91 选位

以下介绍几种常用基本技术动作：

（1）单腿跪立接地滚球。接球时，身体正对来球，双脚前后开立，前腿弯曲支持重心，后腿跪立，膝盖接近地面靠拢前脚脚踵。上体前倾，手臂下垂，手掌对准来球稍向前迎，接球的后底部，当手触球刹那间，双手后引，屈肘、屈腕，两臂靠近将球揽抱于胸前，然后起立（图 9-92）。

图 9-92 单腿跪立接地滚球

（2）接平直球。接低于胸部的直球时，应使身体正对来球，双脚左右开立，上体稍前倾，双臂下垂屈肘迎球，两小指相靠，手掌对球。当手触球刹那间，两臂后引屈肘顺势将球抱在胸前。接齐胸高的平直球时，身体正对来球，两脚左右开立，双臂屈肘并上举，两手大拇指相靠近，手掌对球。手触球时，手腕和手指适当用力屈肘后引，两手向内翻掌将球抱在胸前（图 9-93）。

（3）接高空球。在接高球时，先要判断好球的运行路线和落点，确定接球点再迅速起跳。接球时，双臂同时上伸迎球，双手拇指相对呈"八"字形，手掌对准来球。手触球时，手腕和手指适当用力将球接住，同时屈肘、回缩并下引，顺势转腕将球抱在胸前（图 9-94）。

图 9-93 接平直球

图 9-94 接高空球

（4）扑接侧面低球。例如，扑接左侧低球时，右脚迅速蹬地，左腿屈膝向左侧跨出一步，身体向左侧倒，左脚着地后，随之小腿、大腿、臀部、上体和手臂的外侧依次着地，同时两臂向球伸出，左手掌心正对来球，右手在左手前侧上方，两拇指靠近，手腕稍向里弯，触球后把球收回胸前，然后快速站立（图 9-95）。

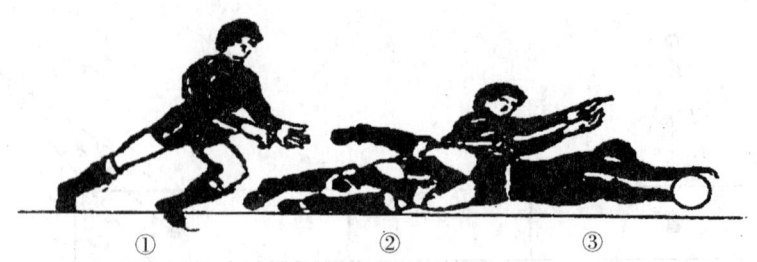

①　　　　　②　　　　　③

图 9-95　扑接侧面低球

三、足球战术

(一) 概念

战术是指战胜对手的方法和手段,一定的战术需要与之相适应的比赛阵形才能充分发挥其威力。而比赛阵形是为了实现预定目标而将各种类型的运动员科学协调地排列在比赛场上。

足球战术分进攻战术和防守战术。无论哪种战术均包括个人战术、局部战术和成队战术。应充分调动每个队员的积极性,发挥集体的攻守力量,使攻防连成一片,力争比赛的胜利。

(二) 比赛阵形

比赛阵形是指为了实现预定目标将各种类型运动员有机而协调地排列在比赛场上。

球队的实力必须通过一定的阵形在比赛中表现出来,阵形也正是为了发挥球队实力而存在的。不同的比赛阵形确定了不同位置队员的职责,各种特点队员的组合必然通过阵形表现出来,从而以恰当的排列形式更好地为实现战术目的服务。比赛阵形的变化,促进了比赛战术的发展,更使比赛水平得到提高。

目前足球比赛中常采用的阵形主要有以下几种:

(1)4—3—3 阵形。

该阵形由 4—2—4 阵形演变而来。主要特点是增加了中场人数,有利于攻防力量的组织,攻防的机动性更大,进攻的突然性、隐蔽性更强。队员位置的排列形式如图 9-96 所示。

(2)4—4—2 阵形。

4—4—2 阵形使中、后场的防守更加巩固,攻防更为灵活、机动,为后线快速插上进攻和快速反击创造有利条件。排列形式如图 9-97 所示。

(3)5—3—2 阵形。

该阵形防守重于进攻,防守力量明显加强,能组织稳固的防线,并且有利于实施快速反击,进攻的突然性与隐蔽性较强。队员位置的基本排列形式如图 9-98 所示。

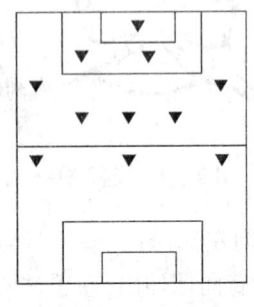

图 9-96　4-3-3 阵形

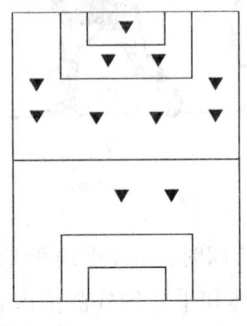

图 9-97　4-4-2 阵形

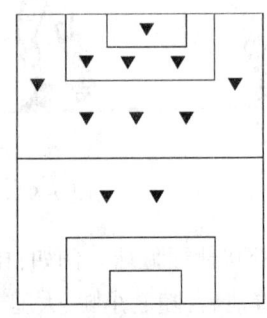

图 9-98　5-3-2 阵形

（三）战术配合

比赛中三种情况的战术核心：

本方控球时：控球—组织进攻—创造射门机会—得分—胜利。

对方控球时：干扰对方—重新夺得控球权—严防对方得分。

攻守转换时：由攻转守时，尽快夺回控球权；由守转攻时，尽快获得射门机会，射门得分。

1.个人进攻战术

（1）摆脱与跑位：队员个人的进攻战术行动。其目的是甩掉防守队员的看守，为同伴制造传球和射门的机会。摆脱和跑位在比赛中有着重要作用。一场90分钟的比赛，队员在大部分时间里都在无球状态下进行穿插跑动。有目的的跑位，能起到接应、牵制、策动、拉开空当的作用，为同伴的传球、突破和射门创造有利条件。总之，跑位应符合全队战术的要求，防止无目的的乱跑，否则，将会扰乱自己的阵线，给对方造成可乘之机，使自己处于被动局面。

（2）运球过人：个人进攻战术之一。运球过人可以突破对方的严密防守，创造射门机会或在局部区域以多打少。善于运球过人又能与传球相配合，将给防守者造成很大威胁。运球过人的方法有强行突破，单、双脚快速拨球突破，变速与变向突破，人球分过突破和穿裆过人等。

2.局部战术配合

比赛中在局部区域进行二三人的配合为局部战术。现介绍"二过一"的配合。所谓"二过一"的配合，是在比赛中，通过局部区域的两个进攻队员传球与跑位，突破防守队员的配合方法。这种配合方法在场上任何位置和区域均可运用。下面介绍几种：

（1）斜传直插"二过一"（图9-99）：⑤斜线将球传给⑥，⑥直线插入接⑤斜传球；⑦斜线将球传给⑧，⑦直线插入接⑧斜传球。

（2）直传斜插"二过一"（图9-100）：⑤将球直传给⑥，⑥斜插接⑤的直传球；⑨直传球给斜线插入的⑩。

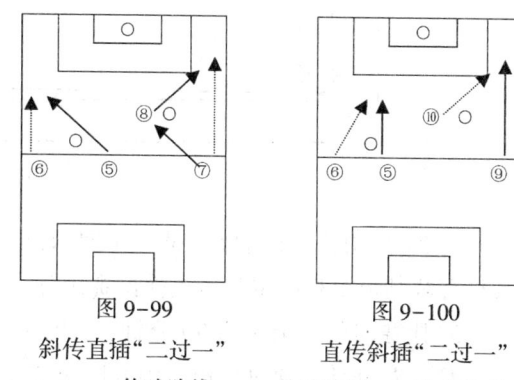

图9-99　　　　　图9-100

斜传直插"二过一"　　直传斜插"二过一"

→：传球路线；⟶：跑动路线；○：防守队员。

"二过一"的配合方法很多，运用时必须准确抓住战机，不可迟缓，方可成功。插入队员突然快速起动，才能摆脱防守人，完成"二过一"的配合，跑位与传球人动作时间应准确配合。无论采用哪种"二过一"的方法，均应根据防守者位置、空位等具体情况来决定。

3.个人防守战术

选位与盯人：选位与盯人是个人防守战术中不可缺少的技术。防守队员选位应在对手与本方球门中心的直线上。盯人应考虑进攻队员特点而灵活地运用防守方法。在一般情况下，防守有球队员或距球较近队员时，采取紧逼盯人防守，对离球较远的无球队员采用区域防守。如遇进攻队员身材高大、速度快、突破能力强等特殊情况，应采用相应、恰当的防守方法。

4.局部防守战术

比赛中防守队员相互间的协防保护和补位，力争每个位置不要出现人员空位，造成比赛被动。可利用人数上的优势，形成以多防少的局面。

四、竞赛规则与裁判法介绍

（1）比赛场地。足球比赛场地一般长90～120米、宽45～90米（图9-101）。国际比赛场地长100～

110米、宽为64~75米。世界杯场地要求为宽68米、长105米。

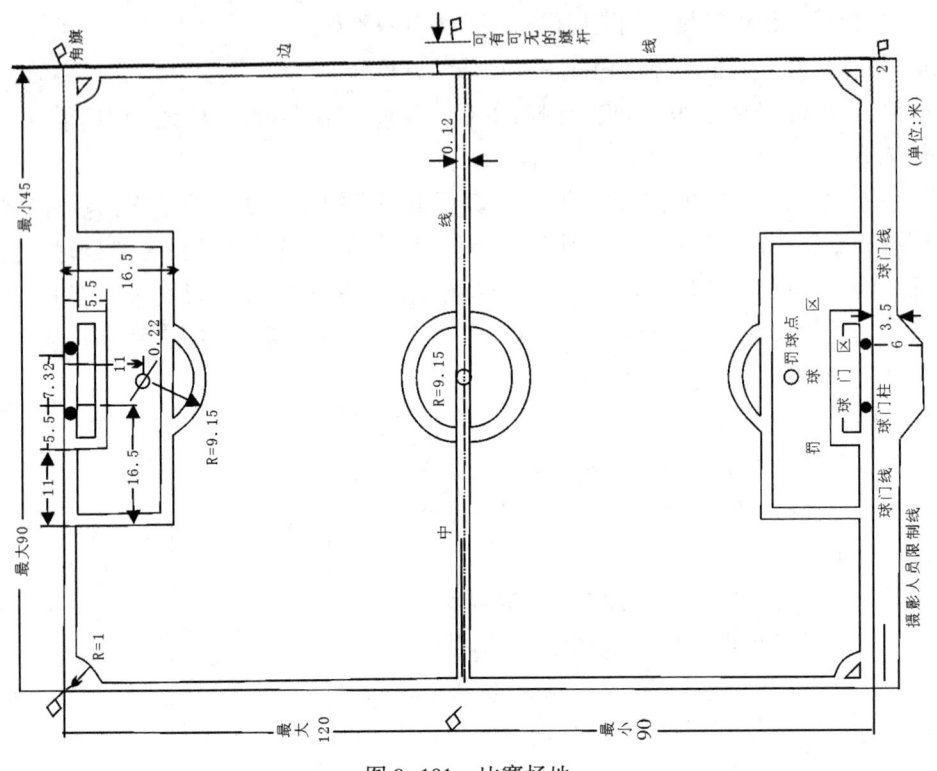

图9-101　比赛场地

（2）比赛用球。球周长为68~71厘米，重量为410~450克，气压为0.6~1.1标准大气压。比赛进行中，只有裁判员有权决定是否更换比赛用球。

（3）比赛时间。全场为90分钟，分上下相等的两个半场，各45分钟。中间休息不得超过15分钟。

（4）比赛开始。通过投币猜中的队决定上半场进攻方向，另一队开球比赛。裁判员鸣哨后，由开球队任一队员将球踢向前方并且移动后，比赛即为开始。但球被其他队员接触前，不能连踢。中圈开球可以直接射门得分。

（5）计胜方法。球的整体从两门柱之间和横木下面越过球门线，方可判进球得分。根据上下半场累计得分判定胜负。如果竞赛规程规定平局将采用加时赛和罚点球时，可按比赛分为上下各15分钟的半场进行加时赛，决胜期比赛无中场休息，若比赛仍为平局时，可按规定进行点球决胜负方法执行。若5球之内无法分胜负，则加比一球，直至分出胜负。

（6）比赛进行及死球。球的整体在空中或地面越过边线、端线，以及裁判员鸣哨停止比赛即成死球。除此之外，比赛始终在进行中。

（7）越位。当进攻队员踢或触及球的一瞬间，同队队员所处的位置更接近于对方端线者，该队员即处于越位位置。

（8）犯规与不正当行为。

1）直接任意球：

①踢或企图踢对方队员。

②绊摔或企图绊摔对方队员。

③跳向对方队员。

④冲撞对方队员。

⑤打或企图打对方队员。

⑥推对方队员。

⑦为了得到对球的控制而抢截对方队员时,于触球前触及对方队员。

⑧拉扯对方队员。

⑨向对方队员吐唾沫。

⑩故意手球。

以上犯规行为如果发生在本方罚球区内时,将被判罚点球。

2)间接任意球:

①动作具有危险性。

②阻挡对方队员。

③阻挡对方守门员从其手中发球。

(9)可警告的犯规。

如果队员出现下列七种犯规中的任何一种,将被警告并出示黄牌:

①非体育行为。

②以语言或行动表示异议。

③持续违反规则。

④延误比赛时间。

⑤当以角球或任意球重新开始比赛时,不按规定的距离踢球。

⑥未得到裁判员许可进入或重新进入比赛场地。

⑦未得到裁判员许可故意离开场地。

(10)罚令出场的犯规。

①严重犯规。

②暴力行为。

③向对方或其他任何人吐唾沫。

④用故意手球破坏对方的进球或明显的得分机会。

⑤使用无礼的、侮辱的或辱骂性的语言及动作。

⑥在同一场比赛中得到二次黄牌警告。

(11)任意球。

①直接任意球。如果直接任意球直接踢入对方球门,判为得分。

②间接任意球。如果间接任意球直接踢入对方球门,判为球门球。如果间接任意球直接踢入本方球门,判给对方踢角球。

③裁判员信号。

直接任意球:单臂前平举指示球的方向。

间接任意球:单臂直上举。

④助理裁判员信号。

球出界:斜上举指向发球方向。

越位:持旗手臂上举,裁判鸣哨后旗指向越位地点。

球门球:平举指向球门区。

角球：斜下举指向角球区。

换人：上举横旗。

第四节　乒乓球

一、乒乓球概述

乒乓球是指由两名或两对选手，用手握球拍在球台两端，按比赛规则进行轮流击球的一项对抗性的球类运动。每局的比赛，以先得11分者为胜方。如打到10平后，则以先多得两分者为胜方。一场比赛，一般采用五局三胜制或七局四胜制。

（一）乒乓球运动的起源与发展

乒乓球起源于英国。20世纪初，乒乓球运动在欧洲和亚洲蓬勃发展起来。1904年，乒乓球运动传入中国。1926年，在德国柏林举行了国际乒乓球邀请赛，后被追认为第一届世界乒乓球锦标赛。同时成立了国际乒乓球联合会。多年来，该项运动得到了飞速的发展，到第四十七届世乒赛，国际乒联已拥有175个会员（国家和地区），成为世界上较大的单项体育组织。从1988年起，乒乓球运动成为奥运家族的一员，4块金牌（男子单打、女子单打、男子双打、女子双打）的设置，为各国体育代表团的金牌战起到了举足轻重的作用，乒乓球运动在奥林匹克运动会的地位正在逐渐上升，该项运动将成为世界上受人喜爱的运动项目之一。

（二）乒乓球运动的特点及锻炼价值

乒乓球运动的特点是球小、速度快、变化多、趣味性强。乒乓球运动的设备比较简单，不但在室内可以进行，在室外避风处制作的水泥面球台上也能开展乒乓球活动。

乒乓球是一项集健身性、竞技性和娱乐性于一体的运动，参与者在以下方面均可受益：

（1）全身的肌肉和关节组织得到活动，从而提高动作的速度和上下肢活动的能力。

（2）有效地发展反应、灵敏、协调和操作思维能力。

（3）培养勇敢顽强、机智果断的品质和保持青春活力、调节神经的有效功能。总之，乒乓球运动具有其他运动所不曾有的某些独特功能，令参与者受益终生。

（三）乒乓球器材

1.球台

乒乓球台可用任何材料制成，台面要平整，弹性要均匀。球台长274厘米，宽152.5厘米，离地面76厘米。台面应是均匀的暗色，无光泽。四周各有2厘米宽的白线，台面中间有一条3毫米宽的白线，称为球台的中线（图9-102）。

2.球网

乒乓球网长183厘米，高15.25厘米。网柱外边距球台15.25厘米。网顶要有15毫米宽的白边，用一根细绳吊起。网为深绿色，网眼是正方形，每边长7.5~12.5毫米（图9-103）。

3.球

球应为圆球体，直径为38毫米，球重2.5克，称为小球；直径为40毫米，球重2.7克，称为大球。大球为国际乒联指定的比赛用球。球呈白色、黄色或橙色，且无光泽。

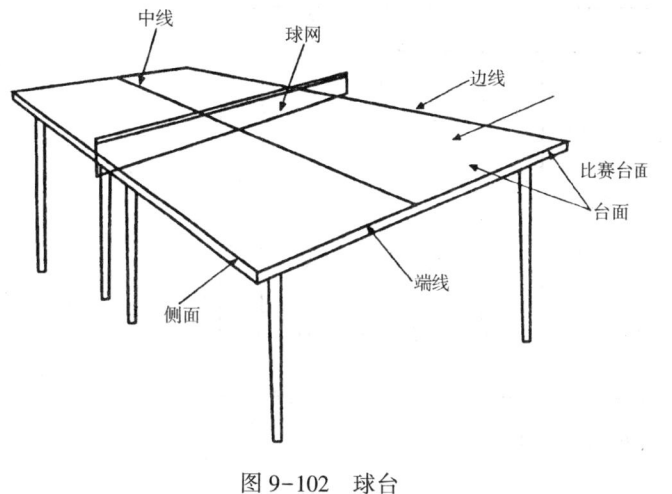

图 9-102　球台

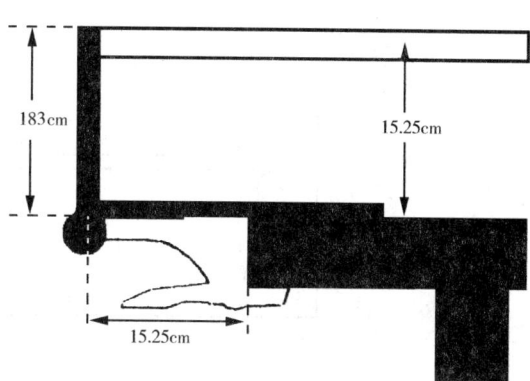

图 9-103　球网

(四)乒乓球常用术语

1.站位术语(图 9-104)

(1)近台站位:指站位在离台端线 50 厘米以内的范围。

(2)中台站位:指站位在离台端线 50~100 厘米的范围。

(3)远台站位:指站位在离台端线 100 厘米以外的范围。

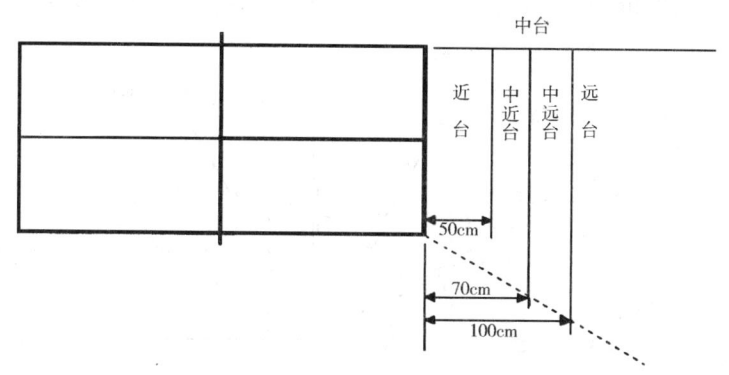

图 9-104　站位

2.击球路线

五条基本线路(以击球者为基准)为:右方斜线、右方直线、左方斜线、左方直线、中路直线(图 9-105)。

3.击球时间(图 9-106)

(1)上升前期:球从台面弹起刚上升的阶段。

(2)上升后期:球弹起接近最高点的阶段。

(3)最高点期:球弹起达到最高点的阶段。

(4)下降前期:球从最高点开始下降的最初阶段。

(5)下降后期:球下降到接近台面之前的这一阶段。

4.击球部位(图 9-107)

(1)击球上部:球拍击球在12~1点钟的部位上。

(2)击球中上部:球拍击球在1~2点钟的部位上。

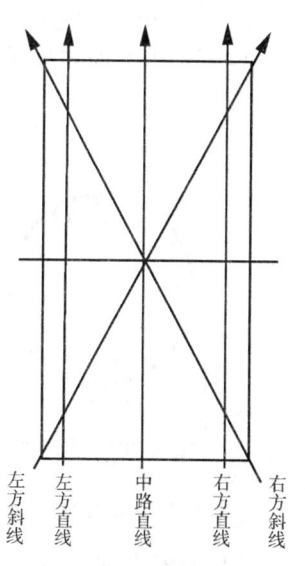

图 9-105　击球路线

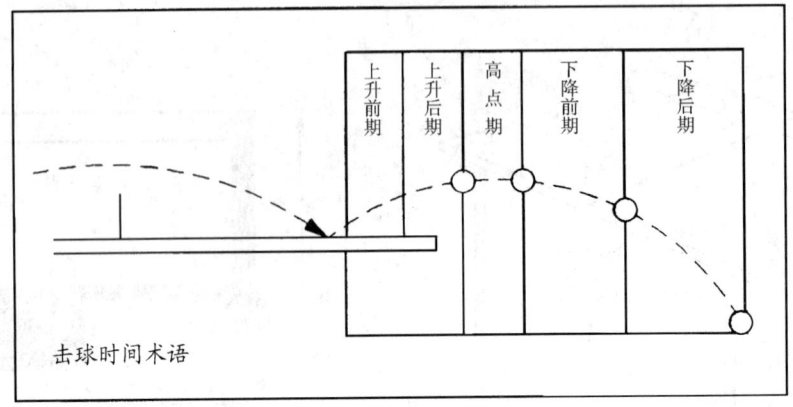

图 9-106　击球时间

（3）击球中部：球拍击球在 3 点钟的部位上。

（4）击球中下部：球拍击球在 4~5 点钟的部位上。

（5）击球下部：球拍击球在 6 点钟的部位上。

5.球拍拍形（图 9-108）

（1）球拍垂直：球拍面与台面呈 90°角。

（2）球拍前倾：球拍面与台面呈约 45°角。

（3）球拍后仰：球拍面与台面呈约 110°角。

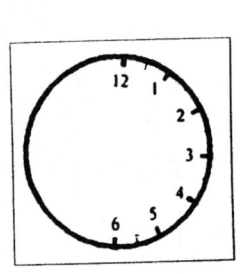

图 9-107　击球部位

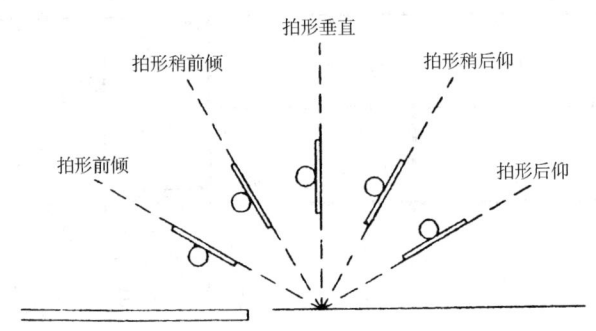

图 9-108　球拍拍形

（五）比赛取胜的五个要素

（1）打好弧线：①调整好球拍的用力方向；②调整好球拍的拍面角度；③调整好发力大小。

（2）提高速度：①了解提高速度的原理；②提高击球速度的方法。

（3）加强旋转：①了解旋转发生的原因；②加强旋转的方法。

（4）增大力量：①了解增大击球力量的原理；②增大击球力量的方法。

（5）控制落点：①提高落点控制和落点变化能力；②依据战术变化落点。

二、乒乓球基本技术

（一）握拍方法

1.直拍握法（图 9-109）

特点：正反手都用球拍的同一拍面击球，出手快，正手攻球快速有力，攻斜、直线球时，拍面变化不大，对手难以判断。

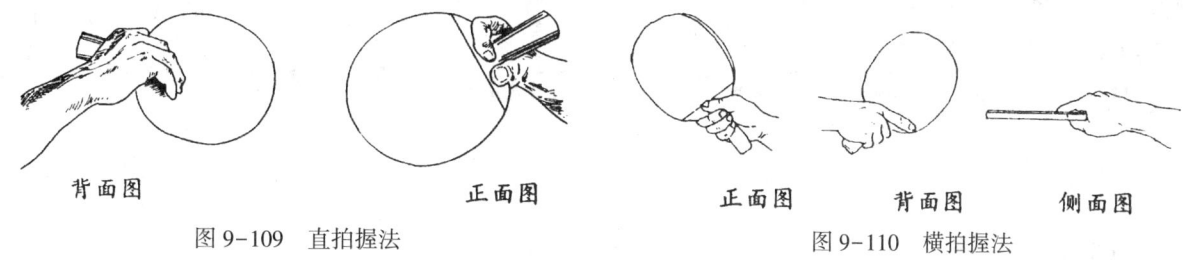

图 9-109 直拍握法　　　　　　　　　　图 9-110 横拍握法

2.横拍握法(图 9-110)

特点:正反手攻球力量大,攻削球时握法变化小,反手攻球容易发力也便于拉弧圈。但正反手交替击球时,需变换击球拍面,攻斜、直线时调节拍形的幅度大,易被对方识破。无论哪种握法,握拍都不应过紧或过松。过紧会使手腕僵硬,影响发力时的手腕动作;过松则影响击球力量和击球的准确性。

(二) 发球技术

1.正手发奔球(图 9-111)

(1)特点:球速急、落点长、冲力大,发至对方右大角或中左位置,对对方威胁较大。

(2)要点:①抛球不宜太高;②提高击球瞬间的挥拍速度;③第一落点要靠近本方台面的端线;④击球点与网同高或稍低于网。

2.反手发急球与发急下旋球(图 9-112)

①　　　　②　　　　③　　　　④　　　　　　①　　　　②　　　　③　　　　④

图 9-111 正手发奔球　　　　　　　图 9-112 反手发急球与发急下旋球

(1)特点:球速快、弧线低、前冲大,迫使对方后退接球,有利于抢攻,常与发下旋球配合使用。

(2)要点:①击球点应在身体的左前侧与网同高或比网稍低;②注意手腕的抖动发力;③第一落点在本方台区的端线附近。

3.发短球

(1)特点:击球动作小,出手快,球落到对方台面后的第二跳下不出台,使对方不易发力抢拉、冲或抢攻。

(2)要点:①抛球不宜太高;②击球时,手腕的力量大于前臂的力量;③发球的第一落点在球台中区,不要离网太近;④发球动作尽可能与发长球相似,使对方不易判断。

4.直拍正手发转与不转球(图 9-113、图 9-114)

(1)特点:球速较慢,前冲力小,制造旋转变化去迷惑对方,误导对方接发球失误或为自己抢攻创造机会。

(2)要点:①抛球不宜太高;②发转球时,拍面稍后仰,切球的中下部。越是加转球,越应注意手臂的前送动作;③发不转球时,击球瞬间减小拍面后仰角度,增加前推的力量。

图 9-113　直拍正手发转球　　　　　　　图 9-114　直拍正手发不转球

5.直拍正手发左侧上(下)旋球(图 9-115、图 9-116)

(1)特点:左侧上(下)旋转力较强,对方挡球时向其右侧上(下)方反弹,一般站在中线偏左或侧身发球。

(2)要点:①发球时要收腹,击球点不可远离身体;②尽量加大由右向左挥动的幅度和弧线,以增强侧旋强度;③发左侧上旋球时,击球瞬间手腕快速内收,球拍从球的正中向左上方摩擦;④发左侧下旋球时,拍面稍后仰,球拍从球的中下部向左下方摩擦。

图 9-115　直拍正手发左侧上旋球　　　　图 9-116　直拍正手发左侧下旋球

6.直拍反手发右侧上(下)旋球(图 9-117、图 9-118)

(1)特点:右侧上(下)旋转力强,对方挡住后,向其左侧上(下)方反弹。发球落点在左方斜线靠近网短球为佳。

(2)要点:①注意收腹和转腰动作;②充分利用手腕转动配合前臂发力;③发右侧上旋球时,击球瞬间球拍从球的中部向右上方摩擦,手腕有一个上勾动作;④发右侧下旋球时,拍面稍后仰,击球瞬间球拍从球的中下部向右侧下摩擦。

图 9-117　直拍反手发右侧上旋球　　　　图 9-118　直拍反手发右侧下旋球

(三) 推挡球技术

1.直拍反(正)手平挡球(图 9-119)

(1)特点:球速慢,力量轻,动作较简单,初学者容易掌握。它可以帮助初学者熟悉球性,认识乒乓球的击球规律,提高控制球的能力。

(2)要点:①挡球是推挡球技术的基础,初学者应形成正确的动作手法;②引拍时,上臂应靠近身体;③前臂前伸近球,手腕手指调节拍形,食指用力,拇指放松。

①　　②　　　①　　　②　　　　　　①　　　②　　　③　　　④

图 9-119　直拍反手平挡球　　直拍正手平挡球　　　　图 9-120　直拍反手快推球

2.直拍反手快推球(图 9-120)

(1)特点:站位近、动作小、借力还击,速度快,线路变化多。适用于回击一般的拉球、推挡球和中等力量的攻球;在相持中能发挥回球速度快的优势,推压两大角或袭击对方空当,为自己的进攻创造条件。它是推挡球最常用的一项技术。

(2)要点:①击球前靠近身体,前臂适当后撤引起;②在前臂向前推送的过程中,完成外旋动作;③转腕动作不宜过大,关键是时机要恰当。

3.加力推(图 9-121)

(1)特点:回球力量重、速度快、击球点较高,充分发挥手臂的推压力量。比赛中运用加力推可迫使对方离台,陷于被动局面(如侧身正手攻前一板,加力推底线或大角度),与减力挡搭配使用,能有效地调动对方,获得主动。它适用于对付速度较慢、旋转较弱的上旋球或力量较轻、着台后弹起比网稍高的来球。

(2)要点:①球拍后撤上引是为了增大用力距离;②击球点适当离身体远一点;③击球时间不宜过早或过迟;④要有效地把身体各部分的力集中在击球的一瞬间。

①　　　②　　　③　　　④　　　　①　　　②　　　③　　　④

图 9-121　加力推　　　　　　　图 9-122　直拍反手减力挡球

4.直拍反手减力挡球(图 9-122)

(1)特点:回球弧线低、落点低、力量轻。回接对方的大力扣杀或加力推挡时能减弱回球的力量,如与加力推结合运用,可以前后调动对方,是对付中台两面拉或两面攻打法的有效战术,它还常用于接加转弧圈球。

(2)要点:①击球前身体重心略升高,稍屈前臂,球拍保持合适的前倾角度;②触球瞬间,有意识地做手臂和手腕后收的动作;③削弱来球反弹力的同时,借来球的力量将球挡过去,回球速度快。

(四)搓球技术

1.直拍正(反)手慢搓(图 9-123、图 9-124)

(1)特点:慢搓动作幅度大,在来球的下降期击球,回球速度慢,但有利于增加搓球的旋转强度。慢搓一般适用于回接旋转较强、线路稍长的来球。在对搓中,快慢搓结合起来,可以变化击球节奏,牵制对方。

(2)要点:①应根据来球的具体情况,控制好拍面的后仰角度;②击球时,前臂用力为主,转腕动作不宜过大;③搓加转球,在向下用力的同时,应增加前送的幅度。

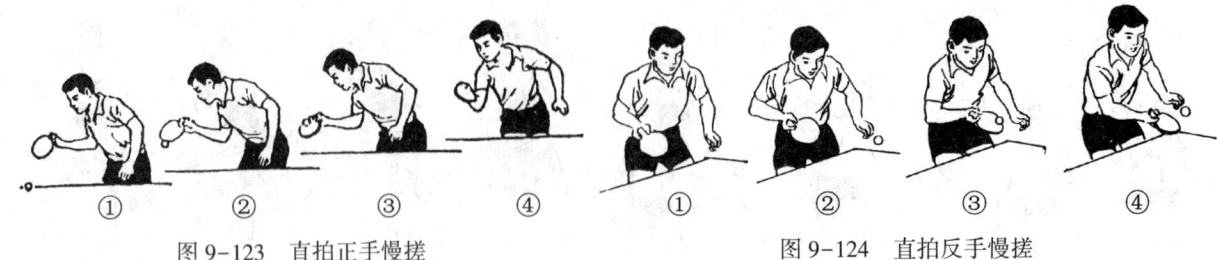

图 9-123　直拍正手慢搓　　　　　　　　图 9-124　直拍反手慢搓

2.直拍正(反)手快搓(图 9-125、图 9-126)

(1)特点:动作幅度小,回球速度快,借来球的前进力将球搓回,常用于接发球或削过来的近网下旋球。在对搓中,利用快搓变化击球节奏,缩短对方回球的准备时间。

(2)要点:①身体重心前移,身体靠近来球;②前臂主动前伸插向球的中下部;③快搓一般借力还击,若来球下旋弱可用力下切。

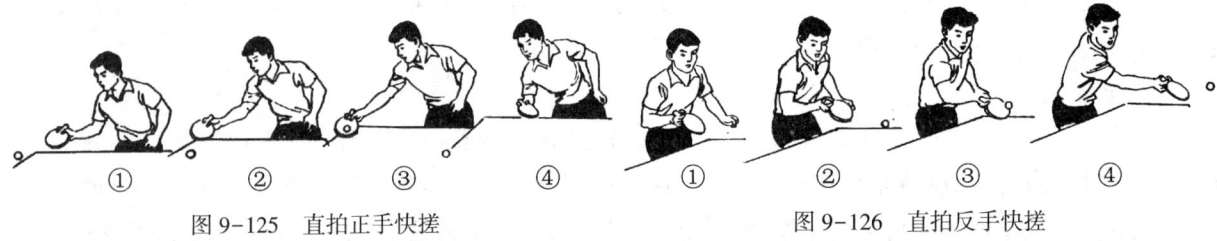

图 9-125　直拍正手快搓　　　　　　　　图 9-126　直拍反手快搓

3.直拍(横拍)正手(反手)搓旋转球(图 9-127～图 9-130)

(1)特点:用相似的手法搓出转球,使对方判断错误而直接得分,或为抢攻创造条件。在对搓中,把旋转变化与落点变化巧妙地结合起来,可以获得更多的进攻机会,在对付削球时,能使自己从被控制的局面中解脱出来。

(2)要点:①加转是前提,转与不转之间差异越大越有威力;②搓加转时,手腕爆发式用力为主;③搓不转时,要注意回球的弧线。

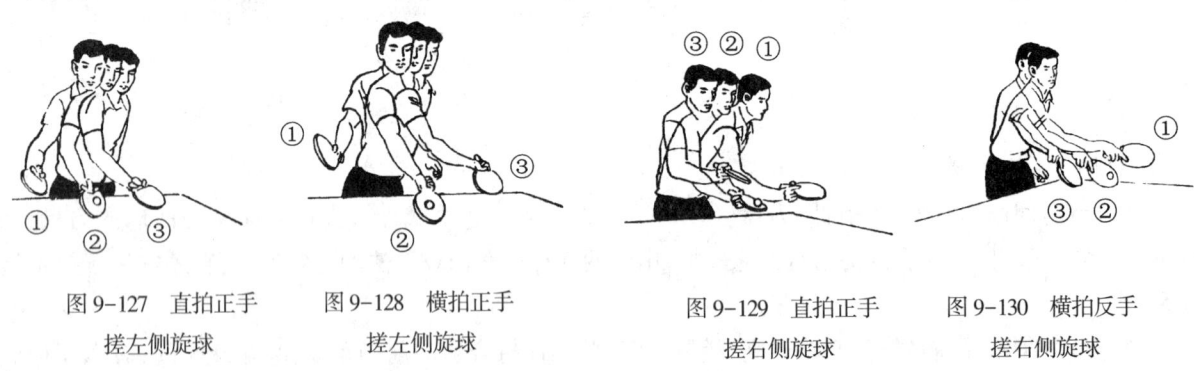

图 9-127　直拍正手　　图 9-128　横拍正手　　　　图 9-129　直拍正手　　图 9-130　横拍反手
　　搓左侧旋球　　　　　搓左侧旋球　　　　　　　　搓右侧旋球　　　　　搓右侧旋球

(五)攻球技术

1.正手近台攻球(图 9-131)

(1)特点:站位近台,击球时间早,球的速度快,动作幅度小,是我们近台快攻打法的主要技术之一。常用于还击正手位的发球、推挡球、一般的上旋球等,使对方措手不及,在对攻中以线路、落点变化相结合,调动对方,伺机扣杀。

(2)要点:①充分利用全身协调用力(蹬地、转腰、移重心);②前臂发力为主,手腕辅助用力;③击球点在身体右前侧(大约为前臂的长度),触球瞬间向前打为主,略带向上摩擦。

图 9-131　正手近台攻球

2.直拍正手中远台攻球(图 9-132)

(1)特点:站位稍远,动作幅度大,力量重,进攻性强,但步法移动的范围较大。多用于对攻中,以力量配合落点变化直接得分或为扣杀创造条件,也用于侧身后扑正手打回头;防御时,在相持中寻找机会;削球选手的削中反攻。

图 9-132　直拍正手中远台攻球

(2)要点:①加大向右手方向引拍幅度,是为了增大击球的动作半径;②上臂向前,上臂带动前臂发力,前臂和手腕向上发力为主;③身体其他部位的协调用力不可缺少。

3.正手扣杀

(1)特点:动作幅度大、力量重、球速快、攻击性强,是得分的重要手段。常用来对付着台后弹起比网高的机会球或前冲力不大的半高球。

(2)要点:①击球点离身体稍远,球拍应与球同高;②在高点期击球,不宜打"落地开花球";③击球瞬间,整个手臂应发挥到最大力量,配合腰部转动及蹬地的力量;④如来球带有下旋,球拍略低于来球,触球瞬间手腕向上抖动发力。

4.正手拉球(图 9-133)

(1)特点:站位近、速度快、动作小、线路活和稳健性好,是回击发球、搓球、削球等下旋球、旋转球的一种必备技术。常用于接发球抢位,对搓中抢位;对付削球时稳拉,根据落点、弧线和旋转程度的变化,伺机进行突击。

(2)要点:①身体重心略下降,右肩稍下沉;②在球的下降期击球,不可过于低于台面;③触球时应尽量增大摩擦球体的面积和时间。

图 9-133　正手拉球　　　　　　　　　　图 9-134　正手台内突击

5.正手台内突击(图 9-134)

(1)特点:站位近、动作小、速度快、突击性强,是处理近网短球的一项重要技术,是我国快攻打法运动员掌握的特有的进攻技术。常用于还击弹跳不出台的下旋球,或在对搓中突击起板,或在对付削球时,利用这一技术直接得分及为扣杀创造机会。

(2)要点:①击球前持拍手臂不宜伸得太直;②用中等力量击球较为合适;③应根据来球的旋转性质与强度,调节好拍面角度、击球的部位和发力的方向。

6.直拍正手杀高球(图9-135)

(1)特点:动作幅度大、击球点高、力量重,配合落点的运用,能给对方致命的打击,多用于对付弹起较高的来球。

(2)要点:①要集中全身的力量于触球的一瞬间;②击球点适当离身体稍远一点(增大挥拍动作的半径);③近网高球只需向下用力,但对杀落点远、落点后有一定前冲力的高球,应保持足够的向前力量。

图9-135　直拍正手杀高球　　　　　　　　图9-136　反手近台攻球

7.反手近台攻球(图9-136)

(1)特点:站位近、动作小、速度快、突击性强。一般用来回击落在左半台的来球,与反手推挡、正手攻球结合,能加强攻势,获得更多的主动权,但反手攻球因受身体限制,攻球力量不如正手大。

(2)要点:①击球过程中要注意收腹,转髋转腰;②以肘关节为轴心,前臂发力为主,手腕有一向前上方摩擦球的动作;③保持适宜的击球点尤为重要,离身体太远或太近难于发力。

8.反手快拨

(1)特点:站位近、动作小、落点变化多,是横拍进攻型运动员常用的一项相持性技术。它主要用来对付弧圈球、直拍推挡或反手攻球,虽有一定的速度,但力量较差,应与侧身攻或反手突击技术等结合运用。

(2)要点:①上臂贴近身体,前臂迅速前伸迎球;②手腕控制拍面前倾,借来球反弹力将球拨回;③掌握好击球时间;④注意线路落点变化并与突击结合运用,为进攻创造条件。

9.横拍反手快点球(图9-137)

(1)特点:速度快、线路活、具有突然性,是直、横拍两面攻打法的一项重要技术,多用于前三板。如发短球后和接近网短球以及相互摆短时,常用它来抢先上手,以争取下一板的进攻机会。以左推右攻为主的运动员,如能熟练运用反手快点技术,可在前三板中获得更多的主动权。

图9-137　横拍反手快点球

(2)要点:①左方近网来球,以左脚向左前方上步,中间偏左来球,则以右脚向前上步,快点斜线时,球拍触球中部偏左,由后向前、向右挥动,快点直线时,球拍触球中部,由后向前、向左挥动;②重心及时前移,上体贴近球台,以利于在高点期击球。

10.直拍、横拍反手快拉球(图9-138、图9-139)

(1)特点:站位近、动作小、速度较快、落点变化多,是对付下旋来球的一项重要技术。用它找机会突击,既可加强攻势,又可避免正手空位过大。横拍和直拍的反面快拉丰富了反手位的节奏,对付搓球或削球时运用它能争取主动或直接得分。

图9-138　直拍反手快拉球　　　　　　　　　图9-139　横拍反手快拉球

(2)要点:①根据来球落点、长短,迅速移位,一般多以单步或跨步向左方、左前方或左后方移动,正对来球;②击球过程中,注意收腹,以增大击球空间;③根据来球的下旋强度,调节摩擦球时用力的大小和弧线的高低。

11.反手扣杀(图9-140)

(1)特点:动作大、力量重、球速快、攻击性强,是还击机会球的一种方法,是得分的有效手段。它一般在发球、相持中取得机会后运用。

(2)要点:①击球点不宜离身体太近;②要以整个手臂和腰的协调配合来增加击球的力量;③球拍触球瞬间用力要集中,避免仅用手腕弹击球。

图9-140　反手扣杀

12.侧身攻球

(1)特点:速度快、力量重、攻势强,它是各种不同类型打法都必须掌握的一项重要技术。侧身攻球技术运用多少在很大程度上标志着进攻能力的强弱。

(2)要点:①侧身后,要保持上体与球台的合适角度,既能攻斜线,也能打直线,同时不妨碍下一次击球;②要有足够的击球空间(收腹);③应尽量避免在移动过程中击球;④攻球时要利用右脚蹬地的力量,重心适当前移,前臂稍向前发力。

(六)弧圈球技术

1.直拍、横拍正手拉前冲弧圈球(图9-141、图9-142)

(1)特点:飞行弧线低、速度快、前冲力强,落后弹起不高。常用于对付发球、推挡球、搓球以及中等力量的攻球,离台相持时,也可以利用它进行反攻。在实际运用中,步法移动的速度快、范围广。

(2)要点:①引拍的幅度大,尽可能增大挥拍的动作半径;②加快挥拍速度,在球拍达到最大速度时触球;③单纯用上肢发力,前冲力不强,因此腿、髋、腰的配合不可缺少;④摩擦力大于撞击力,球拍与球的吻合面要合适,防止打滑。

图9-141　直拍正手拉前冲弧圈球　　　　　　图9-142　横拍正手拉前冲弧圈球

2.直拍正手拉加转弧圈球(图9-143)

(1)特点:飞行弧线高、上旋很强、速度较慢,但着台后向下滑落较快,对方回击容易出高球,甚至出界,可以直接得分或为扣杀争取机会。它是对付削球、搓球和接出台发球的重要技术。另外,由于球出手弧线的弯曲度较大,落到对方台面后迅速下滑,还可起到变化击球节奏的作用。

(2)要点:①引拍时,球拍必须低于来球,但不要下沉太多;②拉球时,持拍手臂由下向上发力,前臂快速收缩,触球瞬间,尽量加长摩擦球体的时间;③身体重心随右脚蹬地、转腰、挥臂提高。

图9-143　直拍正手拉加转弧圈球

3.横拍反手拉前冲弧圈球(图9-144)

(1)特点:反手拉弧圈球,是横拍握法的优势之一。拉球的速度比正手稍快,但力量和旋转略逊于正手。它可用于发球抢冲、接发球、搓中转拉以及一般的对攻和中台对拉,运用得当,可以直接得分,而且能为正手的冲杀创造机会。

图9-144　横拍反手拉前冲弧圈球

(2)要点:①击球点不宜离身体太近;②充分利用肘关节的杠杆作用,先支肘,再收肘,借以增加前臂的挥摆幅度和力量;③近台快拉的击球时间为上升后期或高点期,中远台发力拉的击球时间为下降期,但不可过分低于台面。

(七)削球技术

1.直拍正手、反手远台削球(图9-145、图9-146)

(1)特点:击球动作大、球速慢、弧线长,有利于削转球与不转球,以落点变化来牵制对方。常适用于对付对方的扣杀球、弧圈球和提拉球。它是以削为主打法的选手必须掌握的基本技术之一。

图9-145　直拍正手远台削球　　　　图9-146　直拍反手远台削球

(2)要点:①向上引拍,是为了增大削击球的用力距离;②在下降期击球,但不能过度低于台面;③要保持足够的撞击力,否则,球不会过网。

2.直拍正手、反手近台削球(图9-147、图9-148)

(1)特点:动作幅度小、回球速度快、前进力较强,有一定的威胁,往往能获得主动或直接得分。一般用来对付轻拉球和上旋球。

(2)要点:①向上引拍比肩略高;②根据来球的情况调节拍面后仰角度;③前臂发力为主,手腕配合下压,击球后没有前送的动作。

图9-147 直拍正手近台削球

图9-148 直拍反手近台削球

(八)基本步伐

1.单步(图9-149)

(1)特点:移动简单、范围小,在移动中重心转换比较平稳,是各种类型打法中最常用的步法。一般在来球距身体较近时使用。

(2)要点:以一只脚为轴,另一只脚向前、后、左、右不同方向移动,身体重心随之落在移动脚上。

2.跨步(图9-150)

(1)特点:幅度较大、移动速度快,来球距身体较远或突然时使用,多用于借力还击。

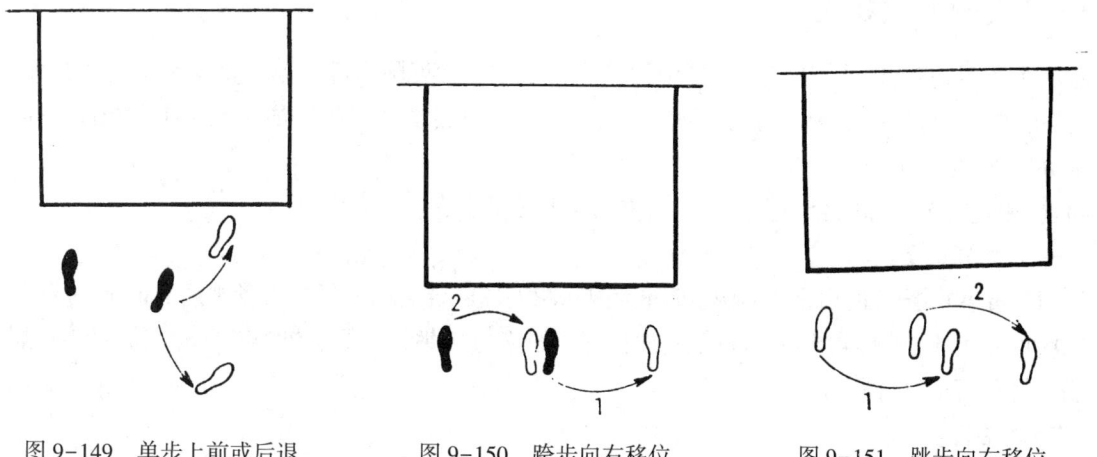

图9-149 单步上前或后退　　图9-150 跨步向右移位　　图9-151 跳步向右移位

(2)要点:一脚蹬地,另一脚向移动方向跨一大步,蹬地脚随后跟上半步或一小步,身体重心快速移

到跨步脚上。

3.跳步(图9-151)

(1)特点:移动幅度比单步和跨步大,有短暂的身体腾空时间。

(2)要点:以来球一侧脚用力蹬地,两脚同时离地向来球方向跳动。

4.并步(图9-152)

(1)特点:幅度比单步稍大,但比跨步、跳步小,没有腾空动作,利于保持身体重心稳定。

(2)要点:一脚先向另一脚并半步或一小步,另一脚在并步脚落地后随即向来球方向移动一步。

5.交叉步(图9-153)

(1)特点:移动幅度比前面四种步法幅度都大,主要用于对付离身体很远的来球,适用于主动发力进攻。

(2)要点:以靠近来球方向的脚作为支撑脚,该脚的脚尖指向移动方向,远离来球方向的脚在体前交叉,向来球方向跨出一大步,身体随之向来球方向转动,支撑脚跟着向来球方向再迈一步,这是前交叉步。后交叉步是在体后完成交叉动作。

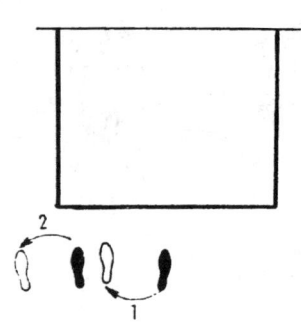

图9-152　并步向左移位

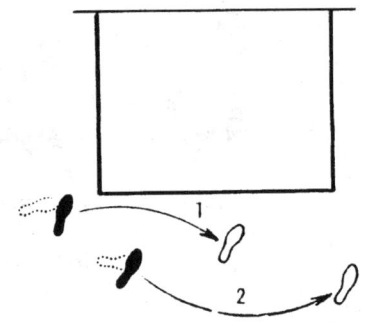

图9-153　交叉步向右移位

第五节　羽毛球

一、羽毛球运动概述

据有关资料记载,现代羽毛球运动起源于英国。1877年,英国出版了第一部羽毛球比赛规则。1893年,在英国成立了世界上第一个羽毛球协会。1899年,该协会举办了第一届"全英羽毛球锦标赛",此后每年举办一次,延续至今。

目前,由世界羽毛球联合会主办的世界重大羽毛球赛事有:

(一)汤姆斯杯赛

汤姆斯杯赛(男子)的由来是:汤姆斯杯为国际羽毛球联合会第一任主席汤姆斯爵士1939年所捐赠,因第二次世界大战,到1948年才举行第一届比赛。原来每年举行一届,1982年后改为每两年一届,比赛由三场单打和两场双打所组成。

(二)尤伯杯赛

尤伯杯赛即世界女子团体羽毛球锦标赛。尤伯杯由英国著名羽毛球运动员尤伯夫人所赠,从1956年开始举办比赛,比赛方法与汤姆斯杯赛基本相同。

（三）世界羽毛球锦标赛

这是世界羽毛球单项锦标赛,共设有男、女单打,男、女双打和混合双打 5 个比赛项目,比赛从 1977 年起每三年举行一届。1983 年起改为每两年举行一届。

（四）苏迪曼杯赛

苏迪曼杯赛即世界羽毛球混合团体比赛。从 1989 年开始举办,每两年举办一届,与世界羽毛球锦标赛同年举行。比赛由男、女单打,男、女双打和混合双打 5 个项目所组成。

（五）国际系列大奖赛

这是世界羽毛球联合会参照世界网球大奖赛的办法组织的,始于 1983 年。

（六）世界杯羽毛球赛

该比赛属于邀请性比赛,由世界羽毛球联合会邀请当年成绩优异的选手参加,创办于 1981 年。

（七）全英羽毛球锦标赛

这是英格兰羽毛球协会于 1899 年创办的,它是世界上历史最悠久的羽毛球比赛。

国际羽毛球联合会于 1934 年成立,主要负责举办羽毛球国际性比赛。我国于 1981 年 5 月恢复了在国际羽毛球联合会的合法席位(1981 年 5 月,国际羽毛球联合会与世界羽毛球联合会正式合并,新名称为世界羽毛球联合会),从此也揭开了国际羽坛历史新的一页,进入了中国羽毛球选手称雄国际羽坛的辉煌时期。1992 年巴塞罗那奥林匹克运动会把羽毛球列为正式比赛项目,从此,羽毛球运动进入了一个新的发展时期。

二、羽毛球在我国的发展

羽毛球运动,是我国日常群体活动中最为普及的一项运动。这项运动能很快风靡我国,且被人们所喜爱,原因在于:其一,全民健身思想深入人心,健康第一和终身锻炼已被人们所认识和接纳。其二,这项运动在场地方面的要求不高(不含正式比赛),只要有一片较平整的空地即可进行锻炼和练习。也可不受规则限制,娱乐性、游戏性强。这项运动的活动量可大可小,适合于不同年龄、不同性别和不同技术的群体参与。其三,这项运动易开展,并可采用多样形式进行练习。

青少年经常进行羽毛球运动,可促进生长发育,能培养青少年自信、勇敢、果断等优良的心理素质,对提高身体各部位的功能有着重要的意义。

三、羽毛球运动基本技术要领

羽毛球握拍正确与否,对于掌握和提高羽毛球技术水平有着重要的影响。一般握法有两种:正手握拍和反手握拍。

（1）正手握拍的基本方法。虎口对着拍柄窄面小棱边,拇指、食指贴在拍柄两宽面,食指、中指稍

图 9-154 正手握拍法　　图 9-155 反手握拍法

分开,中指、无名指和小指并拢握住拍柄的后端,掌心微空莫紧贴,拍面基本垂直于地面(图 9-154)。

（2）反手握拍的基本方法。在正手握拍的基础上,拇指和食指将拍柄向外转,拇指顶点在拍柄内侧的宽面上或内侧棱上,中指、无名指和小指并拢握住拍柄,柄端靠近小指根部,使掌心留有空隙,球拍斜侧向身体左侧,拍面稍后仰(以右手握拍为例)(图 9-155)。

（3）灵活易行的握拍原则。根据来球的不同方向和不同角度,能控制球且能较准确地把握回球落点,握拍的方法也随时会有细微的改变。

（4）正手网前搓球的握拍法。在正手握的基础上，拇指、食指、中指和无名指稍松开，使拍柄离开掌心，拇指斜贴在拍柄内侧的上小棱边上，食指稍前伸，使第二指关节斜贴在拍柄外侧的宽面上（图9-156）。

图9-156 正手网前搓球的握拍法

图9-157 反手网前搓球的握拍法

（5）反手网前搓球的握拍法。在正手握拍的基础上，拇指、食指、中指和无名指稍松开，拍柄离开掌心同时使球拍稍向内转，拇指贴在拍柄内侧的上小棱边上，食指第三指关节贴在拍柄外侧的下小棱边上（图9-157）。

（6）正手接杀球勾对角网前球的握拍法。在正手握拍的基础上，拍柄稍向外转，拇指斜贴在拍柄内侧的宽面上，食指第二指关节和其他三指的指根贴在拍柄外侧的宽面上，拍柄不贴掌心（图9-158）。

图9-158 正手接杀球勾对角网前球的握拍法

图9-159 反手接杀球勾对角网前球的握拍法

（7）反手接杀球勾对角网前球的握拍法。在正手握拍的基础上，拇指、食指、中指和无名指稍松开，拍柄离开掌心，同时将拍柄向内转动，拇指第二指关节的内侧贴在拍柄内侧的上小棱边上，食指第二指关节贴在拍柄的下中宽面上，其余三指自然抓在下中宽面和拍柄内侧的宽面上（图9-159）。

四、击球法

羽毛球击球技术与方法，包括击高球、吊球、杀球、搓球、推球、勾球、扑球、抽球、挑球等，每一种技术又可分为正手和反手击球法。依据实战变化，又可击出直线球或斜线球等不同球路的球。下面简述几种击球方法及特点：

（一）高球

高球是自本方后场打到对方后场端线经过高空飞行的球。高球分为正手、反手和头顶三种手法。

（1）正手高球。判明来球的方向和落点，侧身后退使球处在自己一侧肩稍前上方位置。另一侧肩对网，脚在前，重心在后脚上，身体放松，屈臂，肘手自然高举，持拍手、手臂自然弯曲，将球拍举在肩的上方，两眼注视来球。击球时，上臂后引，随之肘关节上提，明显高于肩部，将球拍后引至头部，自然伸腕（拳心朝上）。然后在后脚蹬地，转体收腹的协调用力下，以肩为轴，上臂带动前臂快速向前上方甩腕，在手臂伸直的最高点击球。击球后，持拍手臂顺惯性往前下方挥动并收拍至体前，与此同时，前脚后撤，重心脚向前迈出，身体重心由后脚移到前脚上（图9-160）。同理，正手高球也可起跳击球，系列动作是在空中完成

的,击球动作是在球将从空中最高点落下的瞬间完成。

图9-160 正手高球

(2)反手高球。当对方将球击到本方反手后场上,采用反手高球。在判明来球的方向和落点后,迅速转体,背对网,身体重心在跨出的一脚上,使球处在身体(持拍臂)上方,迅速换成反手握拍法。持拍手处于身体胸前,拍面朝上。击球时,以上臂带动前臂,通过手腕闪动,自下而上地甩臂,将球击出。在最后用力时,要注意拇指的侧压力与甩腕的配合,以及两腿蹬地转体的全身协调用力。

(3)头顶击高球。动作基本相同于正手高球,在击球时击球点偏向一侧的幅度略大一些。击球时,上臂带动前臂使球拍绕过头顶,充分发挥手腕的爆发力去击球。落地腿的摆动幅度要大些。

(二) 吊球

吊球是自后场打到对方前场向下坠落的球。分为正手吊球(图9-161)和反手吊球(图9-162)。按球的飞行弧线和击球动作的不同分为劈吊、拦截吊和轻吊。

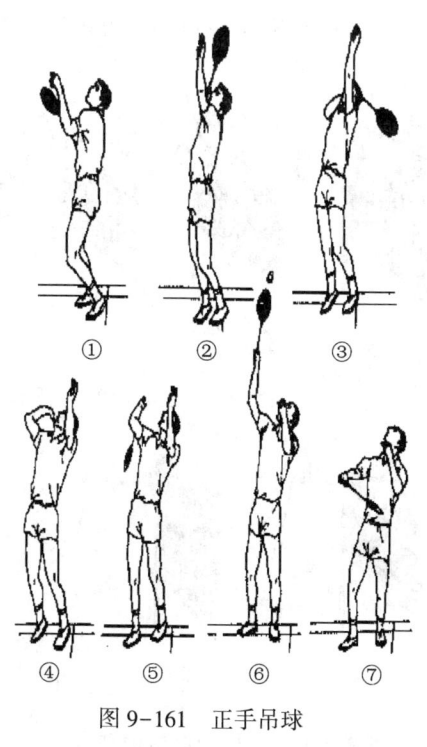

图9-161 正手吊球

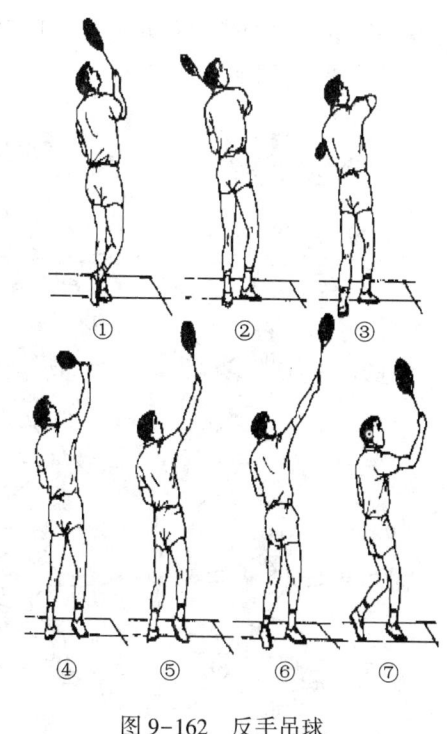

图9-162 反手吊球

吊球可根据来球的高低、快慢及飞行弧线,迅速作出判断,果断采用相应的手法将球回击到对方场区。注意回球的质量,变被动为主动是基本原则。

(三) 杀球

杀球是进攻的主要技术,特点是把对方击来的球在尽量高的击球点上斜压下去。回球的力量要大,弧线要直,球速要快,要有威胁力。杀球分为头顶杀直线球(图9-163)和正手腾空突击杀直线球(图9-164)。

图9-163 头顶杀直线球

图9-164 正手腾空突击杀直线球

(四) 搓球

搓球是用球拍搓击球的左侧或右侧下部或球托底部,使球向左侧或右侧旋转与翻滚过网。搓球有正手搓球和反手搓球(图9-165、图9-166)。

图9-165 正手搓球

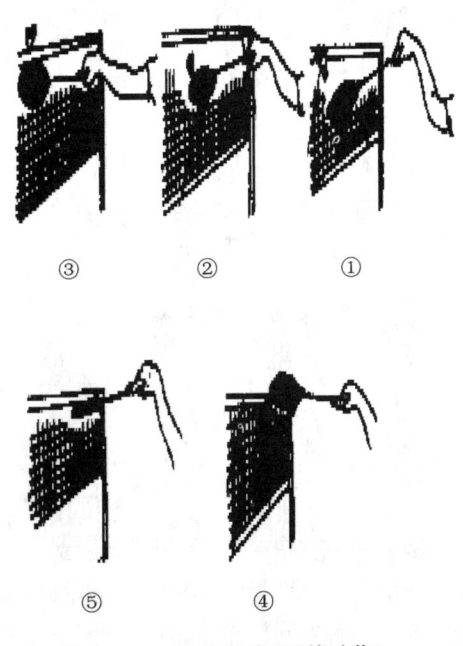

图9-166 反手搓球(网前动作)

（五）推球

推球是把对方击来的网前球推击到对方的后场。推球飞行的弧线较低平，速度较快，分为正手推球和反手推对角线球（图9-167、图9-168）。

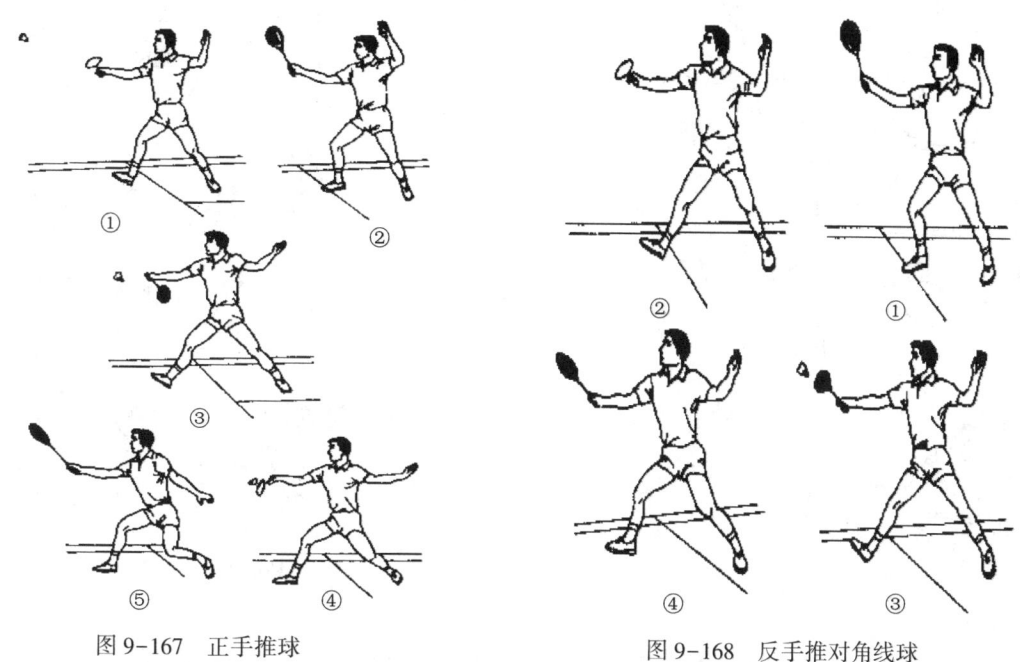

图9-167　正手推球

图9-168　反手推对角线球

（六）勾球

勾球是把在本方左（右）边的网前球击到对方右（左）边网前去的技术动作。勾球分为正手和反手两种方法（图9-169、图9-170）。

图9-169　正手勾球

图9-170　反手勾球

(七) 扑球

对方发网前球或回击网前球时,在球刚到网顶即迅速上网向斜下扑压,称之扑球。扑球有正手和反手两种手法(图 9-171、图 9-172)。

图 9-171　正手扑球

图 9-172　反手扑球

(八) 抽球

抽球是把在肩以下、腰以上身体左侧或右侧的来球平扫过去。抽球有正手和反手两种手法(图 9-173、图 9-174)。

图 9-173　正手抽球

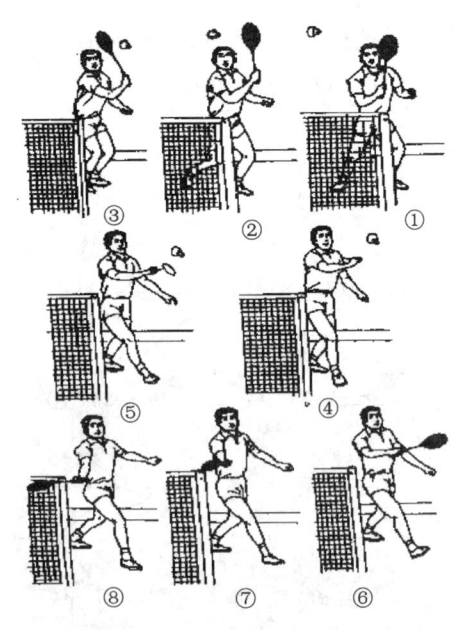

图 9-174　反手抽球

(九) 挑球

挑球是把对方击来的吊球或网前挑高球回击到对方后场,这是在比较被动的情况下采取的一种防守性技术。挑球有正手挑球和反手挑球两种。

（1）正手挑球。正手握拍举在胸前，右脚向网前跨出一大步，左脚在后，侧身向网，重心在右脚上，同时右臂向后摆，自然伸腕，使球拍后引，然后以肘关节为轴，屈臂内旋，并握紧球拍，用食指及手腕的力量，将球向前上方击出（图9-175）。

图9-175　正手挑球

图9-176　反手挑球

（2）反手挑球。右脚向左前方跨出一大步，重心放在右脚上，同时右肩向网方向，屈肘引拍至左肩膀，然后以肘关节为轴，握拍经体前由下往上，用拇指第一指关节压住拍柄的宽面，用力将球击出（图9-176）。

五、步法

羽毛球常用的步法有交叉步、并步、蹬跨步、腾跳步等。在实际应用过程中，合理地判断来球及运用步法是关键的步骤。下面介绍几种常规步法：

（一）上网步法

运动员判断来球后，再决定采用什么步法是每一位打球者在瞬间应作出的反应，如站位靠前，可用两步交叉步上网，若站位靠后，则采用三步交叉或跨步移动法较宜（图9-177）。

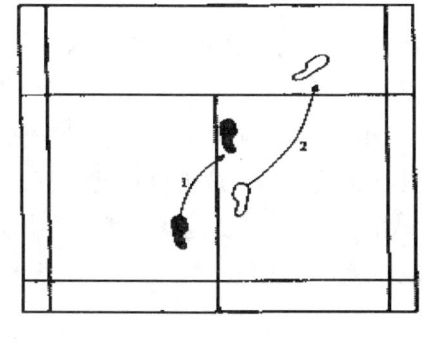

图9-177　两步交叉步上网

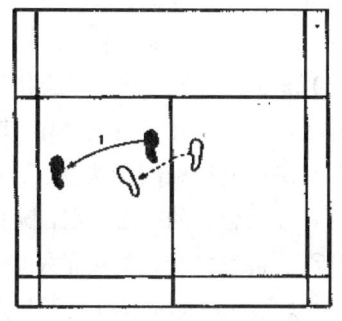

图9-178　蹬跨步

（二）后退步法

后退步法一般都用于侧身后退，以便到位后挥拍击球。如右脚稍前站位，则先完成右脚后蹬、跨步右后转或侧身站位，然后采用三步并步后退或交叉后退，同时也可采用垫步和蹬跨步等步法（图9-178）。

（三）起跳腾空步法

腾空步法是地面步法的转换。在比赛中为了争取战机和更高的击球点，用单脚或双脚起跳，居高临下，凌空一击，称为起跳腾空击球。一般在上网、后退和两侧移动中都可运用腾空步。

六、发球

（1）正手发高远球。以右手持拍为例，右手持拍向右后侧举，发球时左手将球自然放下，同时，右手迅速发力击球（图9-179）。

图9-179　正手发高远球

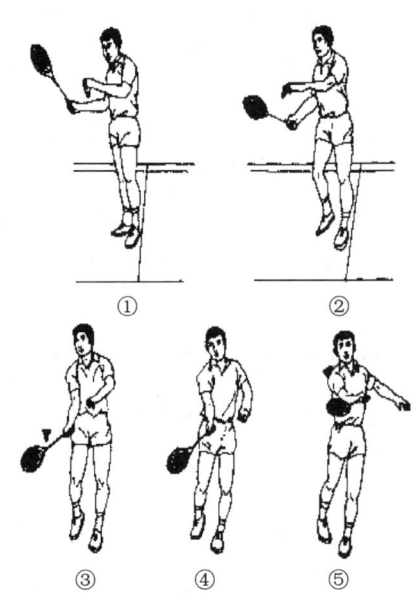

图9-180　正手发网前球

（2）正手发网前球。击球时，上臂动作小，主要靠前臂带动手腕向前"切送"。控制好拍面角度，让球尽量贴网而过，落在前发球线附近（图9-180）。

（3）正手发平快球。击球瞬间拍面的仰角小于30°，击球点在腰部以下，发出的球与地面平行，充分利用手腕发力加快球速（图9-181）。

（4）反手发网前球。反手控制好拍面角度，击球时，前臂带动手腕向前方"切送"（图9-182）。

（5）练习羽毛球的基本方法和要求。

羽毛球运动员在单打比赛中，要在本方场区约35平方米的面积内，来回奔跑并完成各种击球动作，如果没有快速而准确的步法，就会顾此失彼，疲于奔命。因此，没有高质量的发球就会被动挨打，失掉战机。没有细致合理的手法，就控制不了全局。故手法、步法和发球的快、准、狠、变是羽毛球运动中制胜的法宝，所以，接发球和站位也是一个重要技术环节（图9-183～图9-186）。

（6）练习方法及要求有以下几点：

①固定路线的各种步法，起动要快，制动要好。

②不固定路线的单项步法练习，步法要到位，保证训练次数。

③组合练习，吊球组合、上网搓球组合、推球组合、勾球组合练习，要求手、拍、步法协调一致。

④头顶杀上网扣球、吊球、勾球练习,做到狠、准、快,确定一点或两点,如图9-186所示。

⑤发球练习,发高远球、平高球和网前球,要有质和量的标准。

图 9-181　正手发平快球

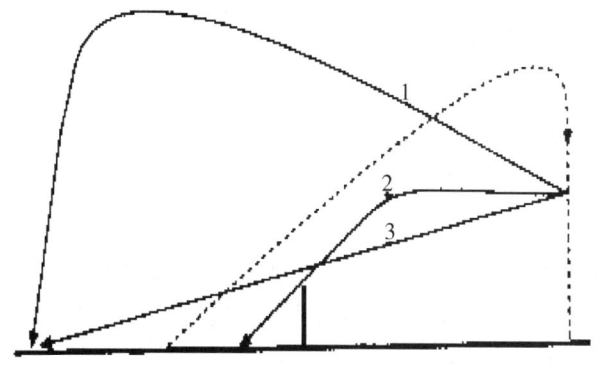

图 9-182　反手发网前球

图 9-183　接发球姿势

图 9-184　接高远球的三种还击球路

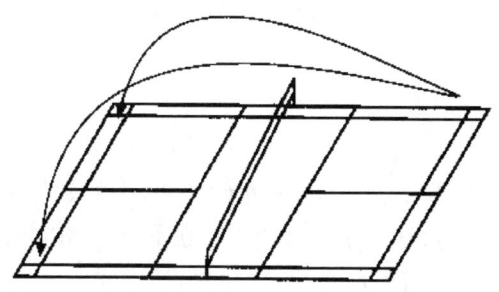

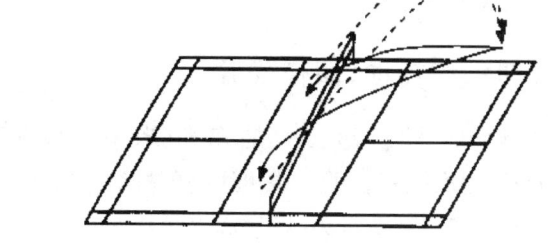

图 9-185　挑一点吊两点

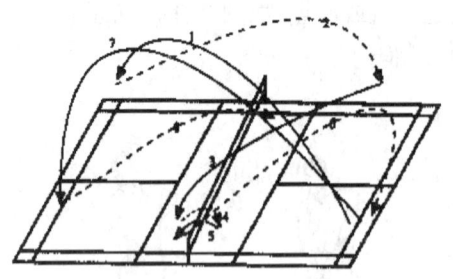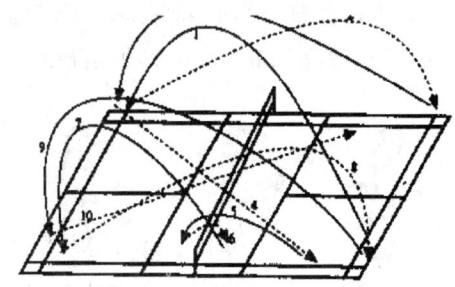

图 9-186　固定球路高杀上网

七、羽毛球的基本战术

羽毛球技术在争夺得分或发球权的过程中,视场上的情况和每个人的不同特点而定,可能某个技术被多次重复地运用,也可能是数个技术被不同地组合起来变化着运用。正因为没有固定的程序和模式,才使得比赛千变万化,精彩纷呈。

(一)单打战术

(1)发球抢攻战术。根据规则,可以用任何方式将球发到对方接球区的任意一点。发出的球要有利于自己进攻,以取得前几拍的主动权来破坏和打乱对方的整体战略部署,是发球抢攻的主要途径。

(2)接发球抢攻战术。接发球抢攻战术是接发球战术中最易得分、最有威胁的一种战术,前提是在对方发球质量欠佳时,抓住时机,果断出击,方能产生效果。

(3)攻后场、前场战术。在通常的往返击高球或压底线角球时,应利用击球线路的多变来调动对方,破坏对方的有效攻击能力。这种战术,要求自身先要有整体全面的技术做保障。

(二)双打战术

(1)攻人(二打一)战术。这是一种经常运用的行之有效的战术。当发现对方一个人的防守能力或心理素质较差,失误率比较高或防守时球路单调,就可采用这种战术,把攻击球多集中于弱者一边,以多打少,以优打劣,获得主动和得分。

(2)攻中路战术。不论对方把球打到什么位置,我方攻球的落点都应集中在对方两人之间的接合部,并靠近防守能力较差者一侧,或在中线上。攻中路战术,可以造成对方抢球或漏球,可以限制对方挑出大角度的球路,有利于我方网前的封网。

(3)后攻前封战术。当本方取得主动攻势时,后场逢高球就积极下压,连续大力扣杀,不断地变换扣杀球路,并与高吊球配合运用,以打乱对方防守阵脚。

(4)守中反攻战术。防守前,主动运用反抽或挑直线平高球,以达到调动对方移动的目的,消耗其体力,迫使对方放弃进攻,然后我方伺机反攻。

八、羽毛球场地、器材简介

羽毛球场地呈长方形,长度是 13.40 米,单打球场宽 5.18 米,双打球场宽 6.10 米。球场外面两条边线是双打场地边线,里面的两条边线是单打场地边线。双打边线与单打边线相距 0.46 米,靠近球网 1.98 米与网平行的两条线为前发球线,离端线 0.72 米与端线相平行的两条线为双打后发球线。前发球线中点与端线中点连起来的一条线叫中线,它把羽毛球场地分为左、右发球区。各条线宽度均为 4 厘米。整个场地的丈量应从线的外沿计算。场地上空 12 米以内和四周 4 米以内不应有障碍物(包括相邻的球场)。球网的两端必须在网柱上系紧,它们之间不应有空隙。场地中央网高 1.524 米(图 9-187)。

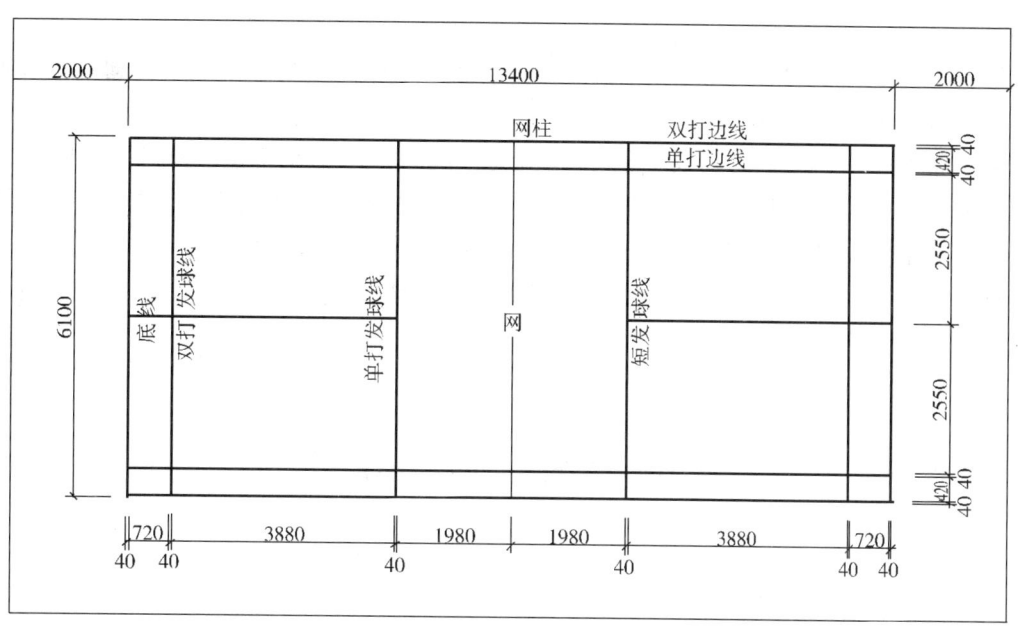

图 9-187　羽毛球场地

羽毛球拍用木料、铝合金或碳素纤维等质地轻而坚实、并富有弹性的材料制作而成。球拍由拍柄、拍弦面、拍头、拍杆、连接喉组成整个框架(图 9-188)。拍框总长度不超过 680 毫米,宽不超过 230 毫米。拍弦面应是平的,用拍弦线穿过拍头通过"十"字交叉或其他形式编织而成,编织的式样应保持一致。拍弦面长不超过 280 毫米,宽不超过 220 毫米。

羽毛球重 4.74~5.50 克,有 16 根羽毛插在半球形的软木托上。球托直径 25~28 毫米,底部为圆形。羽毛顶端围成圆形,直径为 58~68 毫米。羽毛底部用线或者其他适宜材料扎牢。

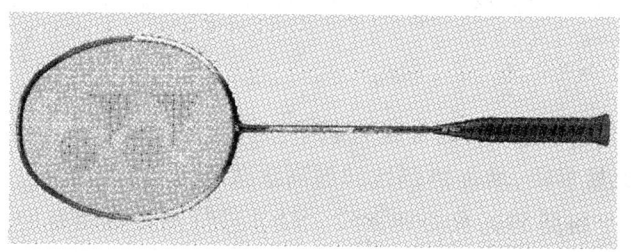
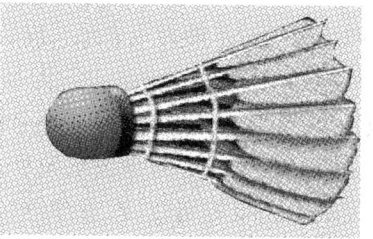

图 9-188　羽毛球拍、羽毛球

九、羽毛球的比赛方法与规则简介

羽毛球比赛分男子单打、女子单打、男子双打、女子双打、混合双打、男子团体和女子团体 7 个项目。团体赛多采用五局三胜制,单打和双打每场比赛采用三局二胜制,不受时间限制。

世界羽毛球联合会最新宣布,取消了发球得分制,另外,将所有单项的每局获胜分统一定为 21 分。具体规定如下:

(一)单打

①每场比赛采取三局两胜制;②率先得到 21 分的一方赢得当局比赛;③如果双方比分打成 20 比 20,获胜一方需超过对手 2 分才算取胜;④如果双方比分打成 29 比 29,则率先得到第 30 分的一方取胜;⑤首局获胜一方在接下来的一局比赛中率先发球;⑥当一方在比赛中得到 11 分后,双方队员将休息 1 分钟;⑦两局比赛之间的休息时间为 2 分钟。

（二）双打

①改双发球权为单发球权；②后发球线保留，现行规则适用；③比赛开始前，双方通过投掷硬币方式确定由哪一方来选择先发球或后发球。

发球员发球时脚不得踩线、移动或离开地面。击球的瞬间，球的任何部位不得高于腰部，球拍框应明显低于发球员手部，违者判发球违例。接球员应站在发球区内，在对方完成发球动作前，不得过早移动。一人不得连续击球两次，否则判"连击"违例。比赛中，身体、衣服或球拍不得触及球网或球柱。不得有阻挠或影响对方击球的动作和行为。球击落在场地线外即为球出界。球落地时，如球托或羽毛的任何部分压在线上，则属界内球。

第六节　网　球

一、网球概述

（一）起源与发展

网球与高尔夫球、保龄球、桌球并称为世界四大绅士运动。网球起源于12世纪至13世纪的法国，当时在传教士中流行着一种用手掌击球的游戏，方法是在走廊里两人隔一条绳子，用手掌将布包着头发制成的球来回击打。14世纪中叶，这种供贵族消遣的室内运动从法国传入英国。16世纪至17世纪是英法宫廷从事网球活动的兴盛时期，平民无缘涉足，网球就被称为"贵族运动"。网球在英国得到了迅速发展。1875年，英国板球俱乐部制定了网球比赛规则。1877年7月由全英板球俱乐部在温布尔顿举办了第一届草地网球赛，延续至今，成为四大满贯之首的全球经典赛事。1912年3月1日，澳大利亚、英国、法国等来自12个国家的网球协会代表，在巴黎召开会议，成立了国际网球联合会，总部设在伦敦。1980年，中国网球协会被接纳为该会正式成员。

（二）锻炼价值

网球运动可增强体质，促进身心全面发展，能有效地提高人们中枢神经系统的反应能力，改善心血管系统的机能，并能有效地发展速度、力量素质，增强协调性和提高耐久力，提高动作速度和活动能力，还能发展人的机智勇敢、沉着冷静、敢于拼搏的优良心理素质。经常进行网球运动有助于保持良好的形象。

（三）场地器材

（1）一般来说，我们所见到的网球场都是双打场地，单打球场通常包含在双打场内。标准的双打球场尺寸是：边线总长23.77米，宽为10.97米。单打场地标准尺寸是：长为23.77米，宽为8.23米（图9-189）。

（2）永久固定物：网球场地上的永久固定物包括球网、网柱、单打支杆、网绳、钢丝绳、中心带及网带，还有球场四侧的挡板、看台，环绕球场固定或可移动的椅子，观众以及所有场地周围和上方的配套设施，还有处于各自预定位置的裁判员和球童。

（3）球：场上用球外部需要由纺织材料统一包裹，颜色为白色或黄色，接缝处需无缝线痕迹。

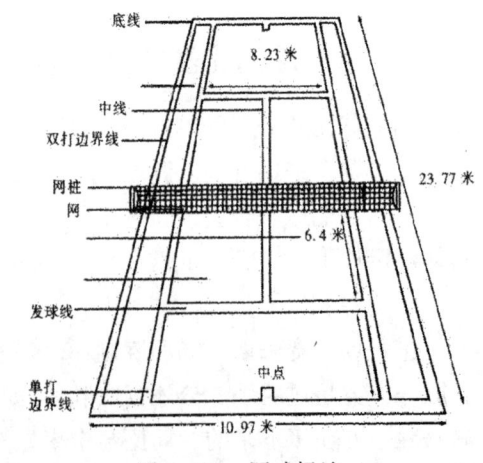

图9-189　网球场地

球的重量要介于 56.7 克和 58.5 克之间。在从 254 厘米的高度向混凝土地面做自由落体运动时,反弹的高度应该介于 134.62 厘米和 147.32 厘米之间。

（4）球拍:球拍质地有木质、铝质玻璃纤维、碳纤维、钛合金等。球拍型号包括拍面的大小、握拍的粗细、拍子的质量等。选择合适的握拍型号的方法是,自然握住拍柄,手指与手掌的空隙恰好能放入一只手指。

（四）裁判方法

网球的得分比较特殊,它是参照天文学中的六分仪而来,采用 15 为基数来计算每 1 球的得失,如先得 1 球报 15,再得 1 球报 30,得第 3 球报 40(45 改成 40 是为了报分发音简便的原因),得 40 分该局结束,先得 40 分方胜该局,若比分为 40∶40 称为平分,一方需再连续胜 2 球才算胜该局。每盘为 6 局,先胜 6 局者胜该盘。当获胜局数为 5∶5 时,一方需再连胜 2 局才算胜该盘。对阵双方局数 6∶6 打平后,一局决出该盘的胜负。简单来看,就是赢下第 13 局的,以 7∶6 获胜。而抢 7 局里面,在前 12 分内先达到 7 分的为胜方,所以俗称"抢 7"。比赛分为长盘制和一般制,长盘采用 5 盘 3 胜,一般制为 3 盘 2 胜。

（五）常用术语

（1）网球是用"脚"打球的。即在网球场上需要不断地跑动,来寻找合理的打球位置。

（2）网球是用"身体"来打球,不是用"胳膊"来打球。即网球击球时的力量来源于下肢,通过躯干传导到上肢。

（3）击球的路线(图 9-190)。以击球方来讲,可以打出线路最长的大斜线球、较长的斜线球、平行于边线的直线球,以及线路最短但最具有威胁的小斜线球。

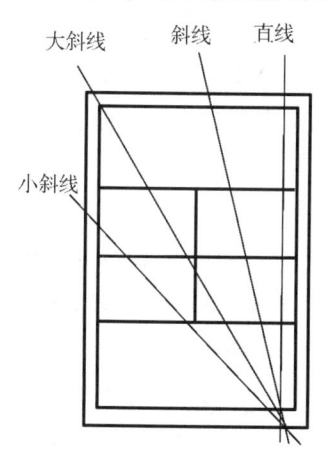

图 9-190 击球的路线

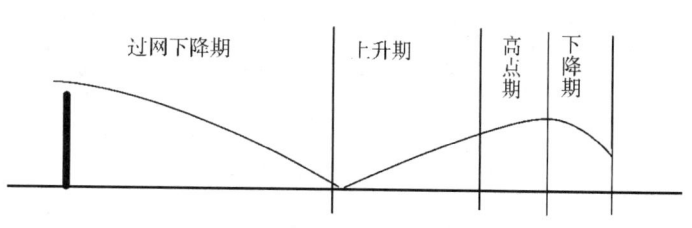

图 9-191 击球的时间

（4）击球的时间(图 9-191)。过网下降期:球越过球网在落地反弹之前的这段时期,可以采用截击技术来击球。上升期:球落地反弹至最高点前这段时期,可以采用反弹球或正手技术击球。高点期:球落地反弹至最高点的位置附近,可以采用平击球技术击球。下降期:球从高点下落至地面的时期,可以采用正反手的抽球、削球等技术击球。

（5）观看网球比赛的基本礼仪。在比赛开始之前坐到自己的位置上,不要随意停留在过道或坐在栏杆上看球。比赛开始后,一定要保持绝对安静,所以请关闭所有的无线通信器材。此外,吃东西、互相聊天、喧哗和走动都是不可以的,只有在球员交换场地休息的时候,方可起身活动一下。另外,如果有兴趣拍摄比赛,不要随意使用闪光灯。

二、网球基本技术

(一)握拍

对于握拍,初学者可以使用最顺手的方法。根据教学实践证明,初学者以东方式握拍为佳,握拍方法应该在技术水平不断提高后进行调整。各种不同的握拍都有利弊,球员应根据自己的技战术水平进行选择(图9-192)。

食指根部关节:
右手:右边
左手:左边
东方式握拍法

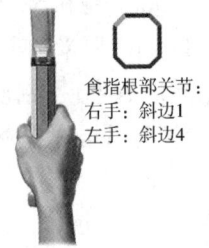
食指根部关节:
右手:斜边1
左手:斜边4
大陆式握拍法

食指根部关节:
右手:底部
左手:底部
西方式握拍法

图 9-192 握拍

(1)东方式握拍法。东方式握拍法因广泛使用于美国东部的沙土场地而得名。分正手和反手两种握法。这种握法的优点是,不论来球高一些或低一些,都能用正、反手击球,而大陆式或西方式握拍法却无此优点。拍面与地面垂直,手握拍柄好像与人握手一样,亦称"握手式"握拍法。东方式反手握拍法,从正手握拍法把手向左转动1/4即可,使虎口对正拍柄左侧棱面上,即用手掌根压住拍柄的左上斜面,拇指直贴在拍柄的左垂直面上,食指下关节压住拍柄右上斜面。

(2)大陆式握拍法。这种握拍法起源于欧洲大陆,故得此名。此握拍法对处理低球很适合,对于上网截击和处理网前球也很有利,对某些人处理齐腰的高球也方便,适合于臂力、腕力都较强的人。但是这种握拍姿势对于过高的来球,不易控制拍面,因手握在拍柄的上方,故打高球不太方便。大陆式握拍法是将球拍侧立,从上而下握拍,犹如手握铁锤柄的姿势。正确的握法是虎口对拍柄上面棱面正中间,使虎口的"V"型在拍柄上部,手掌根抵住拍柄上部的小平面,拇指直伸围住拍柄,食指下关节紧贴拍柄右上斜面,无名指和小指都紧贴拍柄。如果是左手则把食指放在第四个斜边上。

(3)西方式握拍法。此握拍法是在美国西部加利福尼亚州的水泥硬地球场上发展起来的。这种握法的正反手击球都使用网拍同一个面,特别适合打跳球和齐腰高球,但对截击球和低球,特别是反手近网球极不方便。因此,这种握法在网球比赛中逐渐被淘汰。

(二)发球(图9-193)

(1)平击发球:也称之为炮弹式发球。该发球不但球速快,而且反弹低。如果身材高大就可以借助高点击球的空中优势直接进攻对方;如身材较矮小或女选手就不宜使用平击发球。这种发球虽然

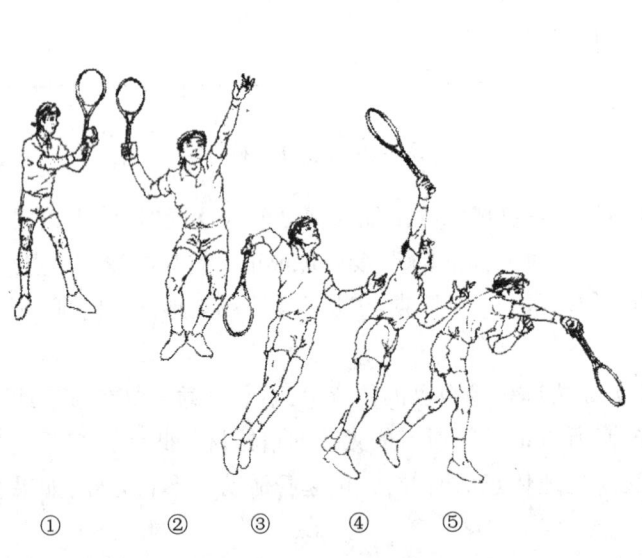
① ② ③ ④ ⑤

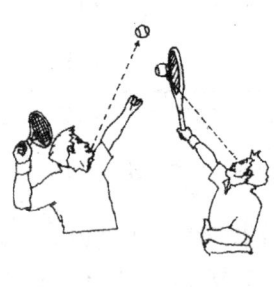
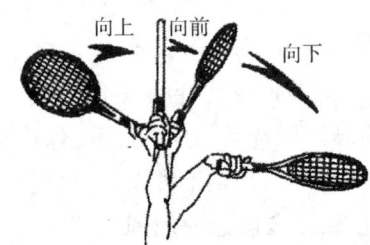
向上　向前　向下

图 9-193 发球

力量大、球速快、威胁大,但命中率比较低。发平击球时的击球点应在身体的右眼前上方,以拍面中心平直对准球,击球的后中上部。因此,手腕的向前、拌甩和前臂的"旋内鞭打"非常重要,身体充分向上向前伸展,来获得最高击球点,以提高发球命中率。

(2)切削发球:是一种以右侧旋转(略带下旋)为主的发球法,由球的右上往左下切削击球。由于切削发球的飞行轨迹及弹跳方向的特点,该发球不但球速快、威胁大,而且容易提高发球命中率。

(3)上旋发球:这是以上旋为主,侧旋为辅的发球法。由于球的上旋成分多于切削发球,使球产生一个明显的从上向下的弧形飞行轨迹过网,发力越强,旋转成分越多,弧形就越大,命中率也越高。落地后高反弹到对方的左侧,迫使对方离位接球,给对方造成很大压力,同时为发球上网带来足够的时间。发上旋球时把球抛到头后偏左的位置,击球时身体尽量后仰呈弓形,利用杠杆力量对球加旋转,球拍快速从左向右上方挥动,从下向上擦击球的背面,并向右带出,使球产生右侧上旋。

(三)击球

(1)正手击球。采用正手握拍的方法将来球回击至对方场地的有效区域,常用正手平击球、正手抽球、正手拉上旋球等技术。击球手认清来球方向,提前移动到位,侧身引拍,重心前移,身体左转,挥拍于身体右前方击球,挥拍充分前伸,感觉球是从手掌心击出的,重心于左脚支持,在击球后继续前挥至左肩上方,维持身体平衡(图9-194)。

(2)反手击球。无论是单手反握拍也好,还是双手反握拍也好,在击球点、发力和动作结束这三个环节上并没有本质的区别。有人说自己能够同时打双反和单反,如果他是名休闲球员的话,是完全可能的,反倒是那些职业球员要同时使用单手和双手反握拍就不太现实了。

(3)双手反拍击球。采用右手东方式反拍握法,加上左手用东方式正手握拍法,这样易于控制拍面,挥拍有力,击球点范围大。击球手认清来球方向引拍至身体左后

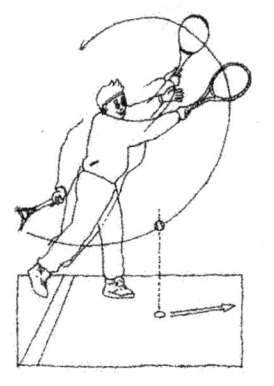
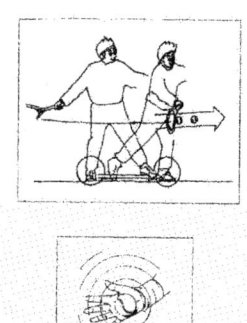

图9-194 正手击球

方,拍头稍低,右肩及拍柄对来球方向。击球时,重心前移带动双臂经左前向右上方挥拍击球,击球点在身体的右前方,稍低于髋关节的高度(图9-195)。

图9-195 双手反拍击球

(4)单手反手抽球。单手反手抽球,一般采用东方式反手握拍,击球手认清来球方向,引拍至身体左后方,右脚跨向来球方向,重心前移,挥拍至左前方将球击出,并顺势挥拍至右肩上方,动作弧线流

畅,发力完全(图9-196)。

图9-196 单手反手抽球

(5)网前截击技术。网前截击技术又称为挡网,球在落地之前,用球拍将球推挡过网的一种击球技术。正手截击采用东方式正手握拍,反手采用东方式反手握拍,引拍幅度要短,球拍与小臂呈"V"字形(图9-197)。

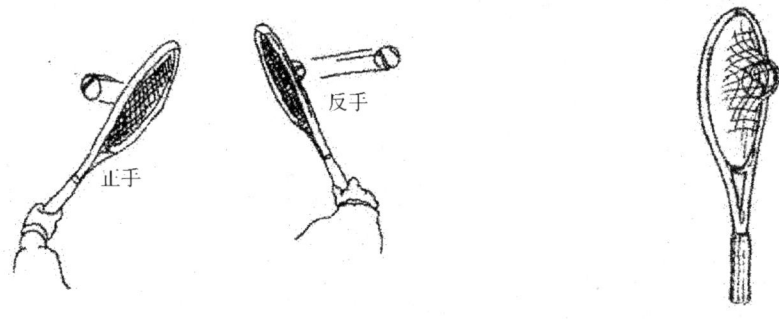

图9-197 网前截击技术

(6)高压球。高压球是一项绝对的强攻性技术,一般来说,打高压球就意味着得势、得分,如没有这样的信念,那么掌握高压球技术也就失去了意义,因为实际比赛中打高压球的机会是不多的。高压球可分为凌空高压球、落地高压球、前场高压球、后场高压球等几种,其动作与发球相似。

三、网球的练习方法

(一)对墙练习简便易行,对提高基本技术事半功倍

初学者想快速提高球技,就必须多接触球、多打球。据统计,在相同时间里对墙练习技术水平提高得比较快。当今职业网坛的一流球星,在每周的训练计划中依然有对墙的专门技术练习。

(二)对墙技术练习方法

(1)正、反击落地球练习。

方法一:练习者距离墙7米,将球击向墙的1.5米处,等球反弹落地后再连续击球(图9-198①)。

要求:先练正手击球,再练反手击球。

方法二:练习者距离墙12米,将球击向墙的1.8米处,等球落地两跳后再击球(图9-198②)。

要求:先练习正手,熟练后再练反手,最后正反手交替击球。

该练习的优点:一是击球距离相当于球场上底线抽球;二是不需要十分用力击球,动作不易僵化;三是有充分的时间做好下一拍击球的准备姿势,便于纠正动作。

(2)截击球的练习。

练习者距墙3~6米,连续对墙1.5~1.6米处击凌空球。初学者可以从3米开始练习,熟练后再加

大距离。当反弹回来的球较低时一定要降重心击球(图9-198③)。

（3）发球练习。

练习者距墙12米,将球发向墙上所画小方块目标下方横线约1米处,站R1位练习发右区球,站R2位练习发左区球(图9-198④)。

要求:初学者可从平击发球、切削发球(侧旋)学起,达到一定水平后,可练习发上旋球。

（4）高压球。

练习者距墙7米,向上抛球后,向距墙1.5米处的地面高压扣球,待球从墙上高高地反弹回来后,就可以连续地练习高压球了(图9-198⑤)。

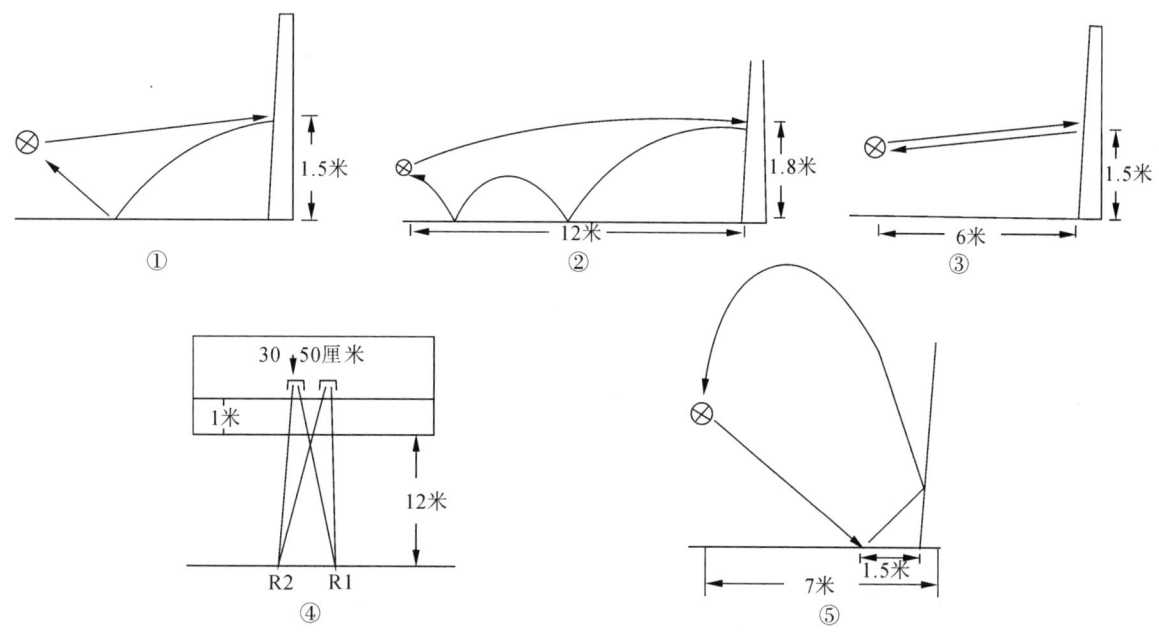

图9-198　对墙击球练习

四、网球的基本战术

网球的战术(打法)有上网型、底线型和综合型。

（一）上网型

积极创造一切机会和条件上网后,在空中截击来球,利用速度与落点变化造成对方还击的困难,甚至失误。网前技术的使用率,男子在40%以上,女子在35%以上。这种打法积极主动,富有攻击性,但略带冒险性。

常用战术有:

（1）发球上网:利用快速有力和落点多变的发球,迫使对方接发球难于主动发力,然后快速移步上网。

（2）随球上网:对打中、利用回击低而深的球,使对方难于发力,然后快速移步上网。

（3）接发球上网:在判断准确的基础上,接发球后立即回击快深球或空当,使对方失去主动,然后迅速上网。上网型打法应重视高压球技术,要求判断准确、步伐移动快;下拍坚决果断,落点准确;保护后场的能力要强。

（二）底线型

基本上保持在底线抽球（包括削球），利用球的速度、力量、落点和旋转变化出现机会时，偶尔上网。网前技术的使用率，男子在25%以下，女子在20%以下，此打法原来偏于保守，较被动。近年来，在上网打法的影响下，产生了一种攻击性的底线打法，运用凶狠的底线双手抽球，使对方难以截击。此打法要求：积极快速，能攻善守；正反拍无明显差异，掌握上旋抽击技术，能连续进攻，具备强有力的破网反击能力。

（三）综合型

它是底线和上网两种打法的综合运用。网前技术的使用率，男子为25%～40%，女子为20%～35%。这种打法的要求是：积极快速，以攻为主；正反拍都能打加力的上旋抽球，有连续进攻的能力。

第十章　游泳运动

● 游泳运动概述　● 游泳运动的基本技术
● 游泳安全卫生与救护知识

主要内容提示

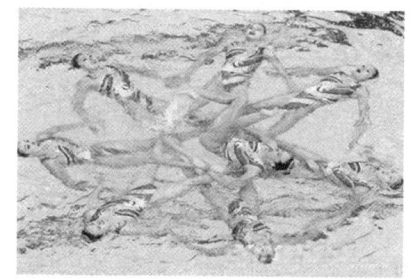

第一节　游泳运动概述

一、游泳运动的起源与发展

19世纪中期和20世纪初期,在英国和澳大利亚等国出现了近代游泳,并逐渐发展起来。1896年在希腊举行的第一届奥林匹克运动会上,就把游泳列为竞赛项目之一,设有男子100米、150米和1000米自由泳3个项目。以后又陆续增加了仰泳、潜泳(后来改为蝶泳)、蛙泳和接力游等项目。1908年,在英国举行第四届奥林匹克运动会时,成立了国际业余游泳联合会,审定了各项游泳的世界纪录,并确定了国际游泳比赛规则。1912年,在瑞典斯德哥尔摩举行第五届奥林匹克运动会时,把女子游泳也列为比赛的项目。随着世界游泳运动技术水平的迅速提高,参加竞技游泳运动的人数不断增加,游泳运动员的选拔、教学训练和场地器材设备逐步向现代化、科学化发展。从第一届奥林匹克运动会游泳比赛只有3个项目,到第二十七届奥林匹克运动会时已发展为31个项目。

从1971年开始,每两年举行一届世界游泳锦标赛,包括竞技游泳、跳水、水球、花样游泳等项目。此外,国际游泳联合会还决定举办两年一届的世界杯游泳比赛,以保证每年都有一次大型世界游泳比赛。

在我国,竞技游泳自19世纪末在广东、福建、上海等地开始流行,但技术低,发展缓慢。中华人民共和国成立后,特别是20世纪90年代以来,我国游泳运动员取得的成绩震撼了世界泳坛,令世界刮目相看。

二、游泳运动的特点及锻炼价值

游泳运动集日光浴、空气浴、水浴于一体,对肌体产生着深刻的影响。经常从事游泳运动,能有效地促进身心健康。游泳运动简单易行,适合男、女、老、幼终身锻炼。长期坚持游泳锻炼,不但能使神经、呼吸和血液循环等系统的机能得到改善,而且还能有效促进身体全面、匀称、协调地发展,并使肌肉发达、富有弹性,使人精神焕发、体力充沛,从而有利于学习、工作及事业的发展。

三、游泳运动的分类和比赛项目

游泳运动的内容包含甚广,在现代奥林匹克运动会和世界游泳锦标赛中,包括竞技游泳、跳水、水球和花样游泳四个部分,但实际上它们早已成为独立的四类竞赛项目。

随着游泳运动的发展,其分类变化也很大,时至今日,人们将它分为竞技游泳和实用游泳两大类。水球、跳水和花样游泳已从游泳中分离出来了,一些新的项目,如蹼泳、潜泳等也正在崛起。现已正式列入世界游泳比赛的男、女竞技游泳项目共 34 项,奥林匹克运动会游泳比赛共设 31 项。

第二节 游泳运动的基本技术

一、蛙泳

(一)姿势介绍与技术特点

蛙泳是古老的游泳姿势之一,因其动作结构模仿青蛙而得名。蛙泳时,呼吸方便、省力、持久、声响小、易观察、能负重,是一种实用性很强的游泳姿势。

现代竞技蛙泳的技术特点是:强有力的大划臂,快而窄的鞭打蹬腿,快速连贯的呼吸配合,上体起伏较大,两臂几乎在水面上向前伸出,蹬腿有明显的腰腹动作,身体有流线型的水下伸展滑行。

(二)蛙泳的基本技术

1.身体姿势

身体俯卧,保持自然伸直,稍收腹成流线型。身体纵轴与水平面的夹角变化区间为5°~15°。臂划水快结束时,头和两肩均抬出水面,臂前伸。蹬腿进入滑行阶段时,低头压胸,头和身体均潜入水下。游进时,身体明显上下起伏。

2.腿部动作

蹬腿是蛙泳推进力的主要来源之一,可分为收腿、翻脚、蹬腿和滑行四个部分。两腿动作要求对称进行,收腿为蹬腿做准备,翻脚是收腿的结束和蹬腿的开始(图10-1)。

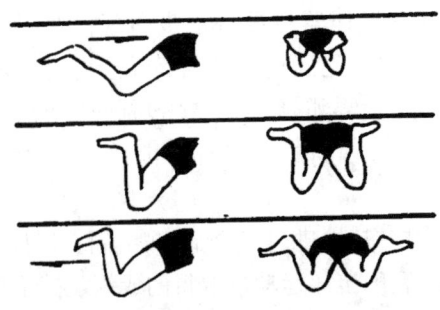

图 10-1 腿部动作

(1)收腿。先是由大腿带动小腿前收,边收边分,两脚和小腿在大腿正面投影截面内,两脚后跟尽量

靠近臀部,此时,大腿与躯干为30°~150°角,两膝分开最大时与肩同宽。

(2)翻脚。翻脚是腿部动作的关键,蹬水效果的好坏,很大程度上取决于翻脚的质量。当收腿将完成时,脚仍向臀部靠近,两膝稍向内合,两脚外转勾脚尖,脚尖向外,小腿离开大腿的投影截面。

(3)蹬腿。翻脚后,以大腿发力向后弧形蹬腿,伸髋、伸膝做快而有力的鞭打蹬腿动作。蹬腿是获得推进力的主要来源。

(4)滑行。蹬腿结束后,两腿并拢伸展,脚踝伸直。

3.臂部动作

臂部动作可分为抓水、划水、收手和伸臂四个部分。

(1)抓水。两臂由水下前伸滑行开始(水下15~20厘米),两肩关节略内旋,手掌外转45°,稍勾腕,直臂向外撑水。

(2)划水。当两臂分成40°~45°时,逐渐屈臂形成高肘,向两侧、后下划水,至两臂之间为120°时,肘屈约为90°。

(3)收手。当两臂划至最宽处,开始向内划水,转腕使手掌和前臂始终对准水,直至两前臂和手掌心相对,此时肘下降低于手。

(4)伸臂。两臂由肩带动积极向前伸出、伸直,掌心由开始朝向上方逐渐转为下方(图10-2)。

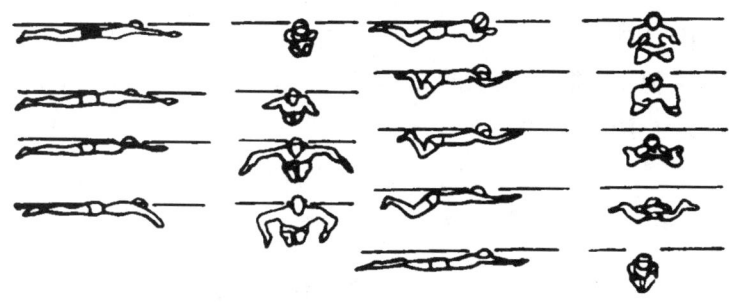

图10-2　蛙泳臂部动作

4.配合技术

蛙泳配合一般是蹬腿一次,划臂一次,呼吸一次。由于腿、臂、呼吸配合时间的不同,形成不同的技术特征。

一般的配合技术是:两臂划水时腿伸直,收手的同时收腿、划水,至收手时抬头吸气之后,低头压胸、蹬腿,蹬腿时两臂前伸接近伸直,蹬腿后,滑行时大腿主动上抬。

(三)蛙泳的基本练习方法

学蛙泳的顺序是先腿后臂再臂腿配合呼吸,一开始就要多做游泳呼吸方法的练习。

(1)坐地上,两臂后撑,做蛙泳腿部的模仿动作。

(2)坐在池边两臂后撑,腿置于水中,两腿做收腿、翻足、蹬腿、停顿的动作(要求收腿时两膝间距适当)。

(3)手持浮板做蛙泳蹬腿练习。

(4)陆上站立和水中走动,上体前倾,做蛙泳划臂练习。

(5)陆上或水中走动,做划臂与呼吸的配合。

(6)站立,两臂上举,做蛙泳臂腿配合动作(划臂、收手、收腿、上伸臂时蹬腿用单腿做)。

(7)坐池边,两腿置于水中,做蛙泳臂腿配合动作。

（8）做臂腿配合的憋气游。

（9）做两次臂腿配合一次呼吸的练习。

（10）做一次蹬腿、一次划臂、一次呼吸的配合游。

（11）蹬池壁后，做蛙泳完整配合。

二、爬泳（自由泳）

（一）姿势介绍和技术特点

爬泳又称自由泳，是不限姿势的一个游泳比赛项目。在所有游泳姿势中爬泳的速度最快，所以自由泳项目的参赛者几乎都采用爬泳。

现代爬泳技术的特点是：身体俯卧在水面，采用高肘屈臂划水、晚呼吸配合技术。腿部动作，短距离采用6次打腿，中长距离采用4次交叉打腿。

（二）爬泳的基本技术

1.身体姿势

身体水平俯卧于水中，淹至发际与头顶之间，略收腹。游进时，因臂划水和转头吸气，身体沿纵轴自然转动，不应有起伏和左右摇摆。

2.腿部动作

爬泳腿部动作的作用是维持身体平衡和产生推进力。两腿做上下打水动作，向下时用力，踝关节内转，向上时放松。动作以大腿发力带动小腿，膝关节适度紧张，弯曲度最大约150°，变成一鞭打动作。踝关节的灵活性与放松程度对打腿的效果至关重要。

3.臂部动作

臂划水是爬泳推进力的主要来源。臂部动作分为臂入水、抱水、划水和空中移臂（图10-3）。

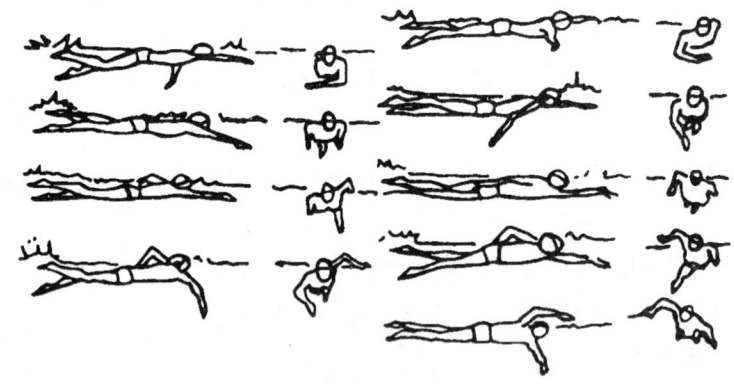

图 10-3　爬泳臂部动作

（1）臂入水。手掌入水点一般在肩延长线与身体中线之间，手指自然并拢先触水，此时肘关节弯曲为150°～160°。入水动作自然，手掌、前臂、上臂依次入水至臂伸直。

（2）抱水。手臂略前伸，肩带前送，接着上臂内旋，使肘处于较高部位，至前臂与水面为40°时，形成高肘抱水，屈肘约150°。抱水动作似用臂去抱一个大圆球，以利肩带肌群能处于拉长状态，手掌、前臂乃至上臂的正面投影面迅速增大。

（3）划水。划水是指手臂在前与水平面成40°，至后与水平面成15°～20°的这一动态过程，是臂划产生推进力的主要阶段。划水又以肩垂面为界，前为拉水，后为推水。

拉水是一个保持高肘逐渐屈臂的过程,划至肩垂面屈肘约 90°。此时,整个臂的有效划水面最大。

推水是一个以最大屈肘为 90°开始的逐渐伸直臂的过程。应尽量保持前臂和手掌对水截面不会很快减小,防止肘向身体靠拢过早上提,应在体侧下方完成推水动作。

划水应连贯、加速。手移动的路线开始在肩前,中间在胸腹下,后至大腿旁。

在划水过程中要充分发挥肩带的作用。划水时肩前送,划至中间部位肩后移至正常位,之后随着推水后移,这样有利于增长有效划水的路线和加大划水的力量。

(4)空中移臂。由上臂带动,肘部向外上方,屈臂向前上方转肩移动。先是掌心向后上方,手落后于肘;后是掌心转向前下方,手超过肘时前伸准备入水。移臂过程应肘高于手,做到放松、协调、自然。

(5)两臂的配合。在臂入水时,右臂处于开始划臂阶段称为前交叉;左臂处于肩下称为中交叉;右臂已划至腹部身下为后交叉。中交叉和后交叉配合,两臂衔接较紧凑,有利于速度的均匀性。

4.呼吸与划臂的配合

爬泳采用转头吸气,一般两臂各划一次做一次完整的呼吸,即呼气、吸气和闭气。

以右吸气为例,在手入水后,口和鼻开始慢慢地呼气,右臂划至肩下,向右侧转头,呼气量开始增加;推水快结束时,做快而有力的呼气;右臂出水时,张口吸气;移臂至一半时,吸气结束,并开始转头恢复面向下,而后闭气。

(三)爬泳的基本练习方法

学习爬泳一般按腿部动作、臂部动作、臂腿配合呼吸,再到完整配合的顺序进行。打腿是学爬泳的基础,呼吸是掌握爬泳技术的关键和难点。

(1)坐地上,两手后撑,两腿抬起做直腿上下打动,踝关节放松。

(2)坐池边,两手侧撑,身体重心前移池沿,两腿伸入水中,做直腿打水,要求前踢水、踝关节内旋。

(3)水中做浮板打腿或蹬池壁滑行后憋气打腿。

(4)在陆上站立或水中走动做直臂划水、屈臂前移的练习。先练一臂,然后两臂轮换。

(5)陆上做原地踏步 6 次、两臂各划 1 次的臂腿配合练习。

(6)蹬池壁滑行后做憋气臂腿配合游。

(7)陆上做 6 次踏步,划右臂、头向右转换气,划左臂、头恢复常位憋气的配合模仿练习。

(8)两臂各划水一次换气一次的配合游。

三、仰泳(反爬泳)

(一)姿势介绍与技术特点

仰泳是指人体为仰卧姿势的泳式。仰泳的实用性强,适宜在水中拖运物体,救护溺水者。常用的仰泳有反蛙泳和反爬泳。反爬泳的速度最快,即两臂轮流划水,两腿上下交替打水。

反爬泳的技术特点是:身体平稳,强有力、有规则上下打腿,手入水点远而深,划水路线长,垂直高移臂,中交叉配合。肩带的柔韧性和灵活性对掌握和提高反爬泳技术特别重要。

(二)仰泳的基本技术

1.身体姿势

身体自然伸展仰卧,头部适中,腰和腿部保持水平,身体纵轴与水平面呈 5°~7°。头的"舵"性作用要求头部稳定,不能摇动。上体的左右转动与水面呈 40°,以保证划水力量和效果。

2.腿部动作

腿部动作是保持身体高平卧姿和控制身体摇摆与产生推力的决定因素。

动作与爬泳相似,不同在于仰泳以上踢为主,即"上踢下压""屈腿上踢、直腿下压"的鞭水动作,膝关节最大弯度为135°,打腿幅度大约45厘米。

初学者易犯错误是膝关节露出水面和脚背对不准水,不是踢水,而是向上挑水。

3.臂部动作

臂划水是推进力的主要来源。仰泳采用垂直高移臂,臂部自然放松伸直,以小指向下,手和前臂呈150°~160°入水。入水点在肩延长线上,然后利用移臂的动量使臂下滑到入水深30~40厘米处,转腕和肩臂内旋,同时开始屈臂呈150°~160°,使手掌和前臂增大划水面,配合上体转动变成抱水姿势(图10-4)。

臂划水以肩为轴做由下至上再向下的路线划动,屈臂最大为90°。推水结束时,手臂完全伸直,手掌在大腿侧下方距臀部15~20厘米处。

臂划水结束应做推压动作,然后以肩带动内旋上摆,大拇指向上直臂出水开始移臂。

两臂配合,一般是当一臂划水结束时,另一臂正好开始划水,当一臂处于划水中段时,另一臂空中移臂至一半,这样配合能保证动作的连贯性和速度的均匀性。

身体的转动应与两臂动作紧密配合,有利于加强划水力量和效果(图10-4)。

图10-4　仰泳臂部动作

4.臂腿配合及呼吸

现代仰泳技术采用6次打腿、2次划臂的配合,也有人采用4次打腿的配合。配合要使整个动作平衡、协调,防止扭动和臂部下沉。

呼吸一般是两臂各划一次呼吸一次,用口呼吸。当一臂移臂开始吸气,然后短暂地憋气,当另一臂移臂时呼气。

(三)仰泳的基本练习方法

(1)蹬池壁两臂上举变成仰卧后,做打腿动作(初学者可将浮板置于头后)。

(2)两臂上举蹬离池壁打腿,做一臂划水。

(3)蹬池壁两臂上举仰卧打腿,一臂划水恢复后,再做另一臂划水。

(4)仰泳完整配合练习。

四、蝶泳(海豚泳)

(一)姿势介绍和技术特点

蝶泳是以两臂经空中前移形成的臂像蝴蝶展翅而得名。由于蹬腿的蝶泳不如两腿模仿海豚的上下波浪式击水蝶泳速度快,所以目前蝶泳打腿均采用后一种技术,蝶泳是速度仅次于自由泳的泳式。

蝶泳的技术特点是:两臂屈臂划水,身体姿势高平、小波浪、快频率、晚呼吸。

(二)蝶泳的基本技术

与其他泳式比较,蝶泳的身体姿势不固定,两臂同时划水,头和上体起伏大,而腿同时变成波浪形上

下打水,晚呼吸配合。

蝶泳一般是两腿同时打水两次,两臂同时划水一次,呼吸一次。学会自由泳后,只要将两腿、两臂同时按2∶1的配合,就能体会到蝶泳的动作。

1.打水动作

蝶泳的打水动作是由腰部发力,大腿带动小腿做鞭状打水形成的。动作呈连贯、协调的波浪形。当两腿处于最低点时,髋关节屈成160°,臀部上升至水面,然后两小腿伸直向上,髋关节展开,当膝关节弯曲成110°～130°时,髋至最低点,两脚移至水面,紧接着两脚向下打水,踝关节放松,脚内旋打水。这是打水的主要阶段。

2.划臂动作

蝶泳两臂伸直与肩同宽入水,此时面向下,头低于臂,接着直臂开始划水,臂和手掌向斜外抱水,用口鼻呼气且逐渐屈肘,两臂尽量呈高肘划开至90～95厘米宽。当两臂向后内划至肩垂直部位时,两臂屈肘最大为90°,两手距离10～15厘米。这时,头向上抬出水面用力呼气,两手加速向后外推水,待口中一出水即进行吸气。臂划水结束时,两肘开始上提,利用加速划水的惯性,两臂屈肘侧甩,直臂经体侧前移(图10-5)。

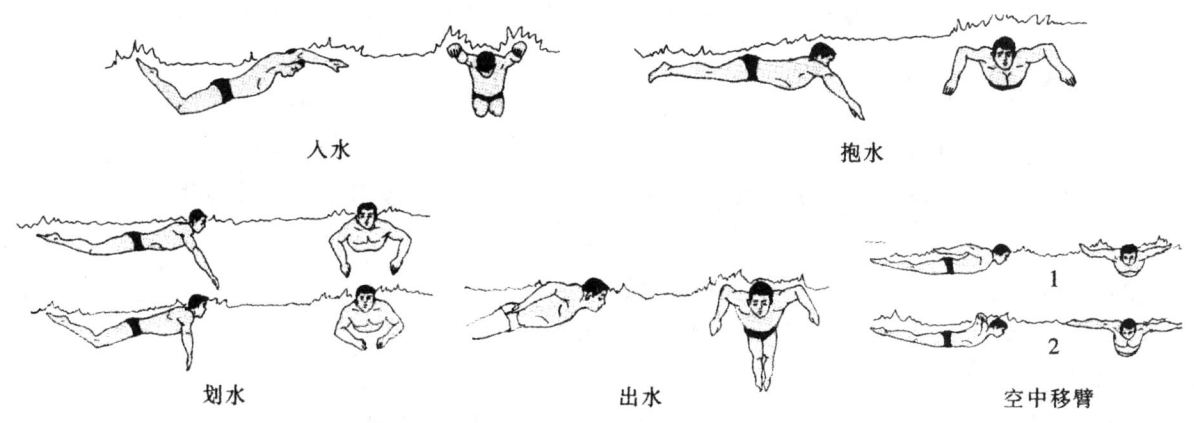

入水　　　　　　　　　　　　　　抱水

划水　　　　　　　　　　出水　　　　　　　　空中移臂

图10-5　蝶泳臂部动作

一般运动员均用高肘屈臂曲线划水技术。划水时,两手相对于身体的移动路线是先向外,再向内,又向外。划臂路线有"杯形""钥匙形"和"漏斗形"三种类型。

3.蝶泳的配合动作

两臂入水做第一次打腿;臂抓水时腿向上;两臂划至胸腹下时开始第二次打腿;臂推水结束时两腿打水结束;两臂经空中前移时,两腿向上;臂快入水时屈膝最大。

(三)蝶泳的基本练习方法

在学会爬泳的基础上,再学习蝶泳就比较容易掌握。

(1)在水中用浮板做两腿同时上下打水。

(2)陆上站立,上体前倾做两臂同时划臂的模仿练习。

(3)陆上站立,两臂上举,用单腿和两臂做打腿两次、划臂一次的练习。

(4)在水中用浮板做打腿两次、单臂划臂一次的练习。

(5)陆上站立,上体前倾,做两臂同时划水与呼吸配合的模仿练习。

(6)在水中做不带呼吸或带呼吸的蝶泳练习。

第三节 游泳安全卫生与救护知识

一、游泳的安全措施

由于游泳是在水中进行的运动,安全问题异常重要,稍一疏忽就可能造成溺水事故。所以在游泳时,要做到严密组织,严格要求,令行禁止。游泳者必须遵守纪律和懂得各种安全措施。

在天然水域中游泳,水质要清洁,水底要平坦,流速要缓慢。不要在有污泥、水草、乱石、凹坑、树桩、急流、暗礁和船只来往频繁的水域游泳。

集体游泳时,要提出纪律要求,标出水的深浅,并且组成安全小组,备好救生、救护工具,在岸上进行监督。

游泳教学时,课前和课后必须清点人数,课中老师和岸上监督人发现问题时,必须命令全体人员上岸仔细清点,绝不允许上课时未经老师许可自行离去。

在水中练习时,严禁任意潜水,或钻到水中抓别人的脚,或在水中嬉闹,或假装溺水等。

二、游泳的卫生知识

(一) 不宜游泳的几种情况

(1)凡患有精神病、癫痫、严重心脏病、中耳炎、肝炎、鼻窦炎、急性结膜炎及其他各种传染病、急性病及发烧者均不宜游泳。

(2)激烈运动后、饭后或酒后,不宜立即下水游泳。

(3)暴风雨期间不宜游泳;漩涡、瀑布或长满藤蔓植物等环境中也不宜游泳。

(二) 游泳的卫生须知

(1)每年的游泳季节,先进行身体检查,经医生同意后,方可下水游泳。

(2)下水前,要做好准备活动。

(3)游泳池应建立保证池水卫生的制度,要及时进行池水的消毒和净化。游泳者要注意公共卫生,淋浴后再入水,不得在水中吐痰和小便。

(4)游泳时间一般一次游1小时左右为宜,如游泳时出现头晕、恶心等异常现象,应及时出水上岸。

(5)每次游泳出水后,应进行淋浴,擦干身体,穿衣保暖。

(6)在天然浴场游泳时,切忌在有血吸虫或有工业污染的水域中游泳,以免感染疾病。

(三) 游泳时的自我保护和自救

游泳时常会遇到一些情况,如果懂得自我保护和自救方法,便可化险为夷,避免发生不幸事故。

1.呛水

呛水是水从鼻腔和口腔吸入呼吸道而引起的。呛水会造成呼吸困难,严重时会发生反射性痉挛,引起窒息。发生呛水不要紧张,将头露出水面,把水从鼻或口中咳出,就能迅速恢复正常呼吸。

2.耳朵进水

耳朵进水后,应立即处理。在水中时可用吸引法,即将头偏向有水的耳朵一侧,用手掌压紧有水的耳朵,屏住呼吸,然后迅速提起手掌,反复做几次即可将水吸出来。在岸上或在池中时可用跳控法,即将头偏向有水的耳朵一侧,以同侧的腿支持身体,连续跳几次,使水从耳中流出。

3.抽筋

在游泳中,身体各部位肌肉都可能发生抽筋现象,经常抽筋的部位有小腿和大腿。抽筋的主要原因是:游泳时间过久,身体受到寒冷刺激,过度疲劳,精神紧张,身体缺盐;过多重复一种姿势或局部的活动量太大,猛然用力,动作失调或入水前准备活动不充分等。

如果在水中发生抽筋现象,必须保持镇静,不要紧张,可以呼救或者进行自救。自救的主要方法是拉长抽筋肌肉使收缩的肌肉松弛伸展。其主要操作方法如下:

(1)手指抽筋。用力握拳随即再用力迅速张开,反复做几次,即可消除。

(2)小腿或脚趾抽筋。先吸一口气仰浮水上,用抽筋肢体对侧的手握住抽筋肢体的脚趾向上扳起并用力向身体方向拉,另一手用力压住抽筋的小腿;或者一手压住膝盖,帮助抽筋的腿伸直。

(3)大腿抽筋。先吸一口气,仰卧水中,弯曲抽筋的腿,使之与上体形成直角,然后用两手抱住小腿使它贴在大腿上,并做振颤动作,随即向前伸直。

第十一章　健身运动

主要内容提示	● 健身跑　● 体育舞蹈　● 健美操　● 瑜伽　● 形体训练
	● 啦啦操　● 排舞　● 踏板操　● 健美

第一节　健身跑

一、健身跑

积极的心态,轻快带有节奏的步伐,均匀的呼吸,身体保持正直。健身跑能唤醒身体的潜能,是放松减压、恢复体力、缓解病症、控制体重最经济、最安全、最有效、最自由的健身方式。

一般来讲,饭后 2~3 小时是跑步的最佳时间,也就是说,上午的 10 点和下午的 3 点是最理想的运动时间。跑步的环境最好是选择景色优美或空气清新的路线,根据自身体质状况,调整好跑速,脉搏次数控制在130~150 次/分钟为宜,运动距离选择 1000 米到 3000 米之间,隔日跑效果更佳。

二、速度跑(短跑)

它是对下肢肌肉和关节的强化训练。反应要灵敏快速,蹬地、摆臂要有力,起跑时身体前倾,跑起来重心逐渐正中,全身肌肉不僵硬、放松。短跑运动强度高,所以做好运动前热身最重要。

(一) 反应速度练习

使身体呈站立式、蹲踞式等各种姿势,听信号迅速起跑。如果是集体练习,可以进行反应比赛,练习跑 10~20 米 5~8 次。

(二) 提高步频练习

原地 5~6 秒的双脚快速交换跑,脚离开地面的距离越小越好;高抬腿跑转入快速跑,体会前脚掌积极着地动作,改善跑的技术动作,练习跑 20~30 米 5~6 次。

(三) 提高加速能力练习

听突发信号起跑 30 米 5~6 次;让距追逐跑 500 米 4~5 次,让距 5 米,后者力争超赶前者;计时跑或

30 米距离比赛,练习跑 30 米 5~6 次。

(四)提升最高速度能力练习

60 米全速跑 4~6 次;30 米行进计时跑 4~5 次;30 米前设 20 米的预跑区,只计后 30 米最高速的成绩。

三、耐力跑(中长跑)

服装、鞋袜要适于运动,动作幅度小于短距离速度跑,平均分配体力,呼吸要均匀。最好是两步一吸、两步一呼,全脚着地,身体重心居中,跑动中积极向前,动作放松有节奏。切忌以被动的心态进行耐力跑。

匀速跑 800~1000 米 2~3 次;重复跑 600 米 4 次;变速跑(100 米快、100 米慢交替进行)1200 米 2~3 次。一般情况下,男大学生跑 2400 米距离以上,女大学生跑 2000 米距离以上,方为正常。每周坚持两次以上的耐力跑,会使人体的耐力素质得到很快的提高。

四、越野跑

具备较强的奔跑能力,掌握基本的跑步技术;鞋袜要适宜在不同地形上的奔跑;要有克服困难的心理准备;根据自身情况选择好时间、路线、方位和距离。在跑步时应注意脚步落地的姿势,以防对踝关节的损伤,同时保持身体的平衡。

两人或多人选择较空旷的野外区进行练习,最好是地形有起伏,有山有水有草地的地方,沿着小径跑或在草地上跑,可以穿越树林或跳过河沟,可以往返跑,也可以环形跑。越野跑每次应在 1 小时以上。

五、协力跑(接力跑)

要有熟练的跑步技术,较强的奔跑能力,团结的协作精神,敏捷的应变能力和判断能力。

接力跑包括:

(1)田径场正规比赛的接力跑。男/女 4×100 米接力跑、4×400 米接力跑。

(2)群体活动的异程接力跑。第一棒跑 100 米,第二棒跑 200 米,第三棒跑 300 米,第四棒跑 400 米。群体活动时,年龄大的跑第一棒,女的跑第二棒,中年的跑第三棒,青年的跑第四棒。

(3)公路上的接力跑。为体现参赛队伍的整体耐力水平,在公路上进行等距离或不等距离的接力比赛,参赛人数可根据实际情况而定。

(4)火炬接力跑。火炬接力跑往往是盛大运动会之前的隆重仪式,形式大多由"采集圣火""传递圣火"组成。参加火炬接力的人数不受限制,距离也因需要而定。

(5)象征性接力跑。一般以一个重大主题命名,如"二万五千里长征象征性长跑",计算每个参加集体(班级)每天长跑的公里数。

(6)游戏性接力跑。有迎面接力跑、蛇形接力跑、圆圈接力跑、往返接力跑、托球或运球接力跑、传递信息接力跑、画图形接力跑、组诗句接力跑等。此类游戏接力距离可随意调整,简单易行,趣味无穷。

第二节　体育舞蹈

一、体育舞蹈概述

体育舞蹈前身是交谊舞,现代意义上的交谊舞则是地道的"双人舞",舞者之间有身体的接触。体育舞蹈现在又叫"国际标准舞"。按舞蹈的风格和技术结构分为现代舞(摩登舞)和拉丁舞两大类。按竞赛项目可分成三类,即现代舞、拉丁舞和团体舞。现代舞包括华尔兹舞、探戈舞、狐步舞、快步舞和维也纳华尔兹五种。拉丁舞包括伦巴舞、恰恰舞、桑巴舞、斗牛舞和牛仔舞五种。现代舞起源于欧洲,具有端庄、含蓄、稳重、典雅的风格和绅士风度,舞步流畅,轻柔洒脱,舞姿优美,起伏有序,音乐节奏清晰,舞蹈富有技巧性,是老少皆宜的舞蹈。拉丁舞起源于非洲和拉丁美洲,具有热情、奔放、浪漫的风格特点,舞蹈动作豪放粗犷,速度多变,手势和脚步内容丰富,充满激情,音乐节奏鲜明强烈,尤为中青年人所喜爱。团体舞是现代舞或拉丁舞的混合舞,由8对选手组成,它将音乐、舞姿、队形、图案和选手们的和谐配合融为一体,达到了完美的统一,使体育舞蹈的风格特点得到了更为鲜明的表现。本节我们只介绍华尔兹舞和恰恰舞。

二、舞种的特点(表11-1)

表11-1　舞种的特点

名称	现代舞(摩登舞)	拉丁舞
舞型	游走型:沿舞程线方向移动	定位型:在基本位置基础上呈辐射地变换方位角度
舞姿	贴身式:严格的握持,互相制约	松散式:若即若离,有分有合
舞技	严谨细腻,步法较规范,舞伴合作默契	别致多变,步法灵活,各自展现
服饰	讲究传统形式,男着大礼式西装;女着拖地长裙或过膝的蓬松短裙	讲究现代感,男着短礼服,紧身装;女着短裙,紧身装,也可着时装

三、音乐的特点(表11-2)

表11-2　音乐的特点

舞种		音乐节拍(拍)	音乐速度(小节/分钟)	音乐的基本节奏	音乐的特点
现代舞	华尔兹	3/4	28~30	蓬(强)嚓(弱)嚓(弱)	舒缓流畅,委婉陶醉,动听入耳,富于遐想
	维也纳华尔兹	3/4	56~60	蓬(强)嚓(弱)嚓(弱)	节奏清晰,旋律活泼
	探戈舞	2/4	32~34	慢、慢、快快、慢	华丽雄壮,停顿附点,强调切分音
	狐步舞	4/4	29~30	慢、快快、慢	徐缓流畅,柔和飘逸
	快步舞	4/4	50	慢、慢、快快、慢	节奏明快,逍遥自在
拉丁舞	伦巴舞	4/4	25~27	蓬、嚓嚓嚓嚓、蓬嚓、蓬嚓	缠绵抒情,柔美动听
	恰恰舞	4/4	30	嚓、蓬蓬嚓、嚓嚓蓬蓬嚓	欢快强烈,浪漫风趣
	桑巴舞	2/4	50	慢快慢、慢、快、慢	欢欣快活,活泼动听
	斗牛舞	2/4	60~62	每拍一步	雄壮激昂,刚健有力,催人奋进
	牛仔舞	4/4	44	每拍一步	热烈欢快,轻松自如

四、华尔兹舞(慢三)

(一)华尔兹舞概述

华尔兹舞的特点是典雅大方,动作流畅,旋转性强,热烈兴奋。它以此起彼伏、不断的潇洒转体,享有

"舞蹈之王"美称。华尔兹舞曲的节奏是 3/4 拍,每分钟 28~30 小节。舞步基本是 1 拍跳 1 步,每小节跳 3 步,但也有一小节跳 2 步或 4 步的特定步法。前进步是由脚跟过渡到脚掌,后退步是由脚掌过渡到脚跟。

1. 握抱姿势

(1)男士握姿(图 11-1):

① 直立,沉肩,立腰,两脚并拢,松膝。

② 左手与女士右手掌相对互握,虎口向上。

③ 右手五指并拢,置于女士左肩胛骨下端,右前肩与女士的左前肩轻轻接触。

④ 头部自然挺直,目光从女士的右耳方向看出。

(2)女士握姿(图 11-2):

① 直立,沉肩,立腰,两脚并拢,松膝,上体稍后屈 25°。

② 右手与男士左手相对互握。

③ 左手放置于男士右肩三角肌线处。

④ 头部略向左倾斜,目光从男士的右耳向前看。

⑤ 身体稍向男士右侧移约半个身位。

2. 开式舞姿

在闭式舞姿的基础上,男、女舞伴的上身均向外闪开大半个身位,面向前方,目光通过相握的手,但男士右髋部与女士右髋部的动作同闭式舞姿一样,仍轻轻接触(图 11-3)。

图 11-1　　　　　图 11-2　　　　　图 11-3

(二)华尔兹的单元步法练习

(1)左脚并换步。

① 男士左脚前进;女士右脚后退(图 11-4)。

② 男士右脚经左脚横步稍前;女士左脚经右脚横步稍后(图 11-5)。

③ 男士左脚并于右脚;女士右脚并于左脚(图 11-6)。

图 11-4　　　　　图 11-5　　　　　图 11-6

体育与健康教程

（2）右转步：右转步有6步，节奏为1、2、3、1、2、3。

① 男士右脚前进开始右转；女士左脚后退开始右转（图11-7）。

② 男士左脚经右脚横步，1~2拍转1/4周；女士右脚经左脚横步，1~2拍转3/8周，身体稍转（图11-8）。

③ 男士右脚并于左脚横步，2~3拍转1/8周；女士左脚并于右脚，身体完成稍转（图11-9）。

④ 男士左脚后退，4~5拍转3/8周；女士右脚前进继续右转（图11-10）。

⑤ 男士右脚经左脚横步，身体稍转；女士左脚经右脚横步稍前，4~5拍转1/4周（图11-11）。

⑥ 男士左脚并于右脚；女士右脚并于左脚，5~6拍转1/8周（图11-12）。

图11-7　　图11-8　　图11-9　　图11-10　　图11-11　　图11-12

（3）右脚并换步。

① 男士右脚前进；女士左脚后退（图11-13）。

② 男士左脚经右脚横步稍前；女士右脚经左脚横步稍前（图11-14）。

③ 男士右脚并于左脚；女士左脚并于右脚（图11-15）。

图11-13　　　　图11-14　　　　图11-15

（4）左转步：左转步有6步，节奏为1、2、3、1、2、3。

① 男士左脚前进，开始左转；女士右脚后退，开始左转（图11-16）。

② 男士经右脚横步，1~2拍转1/4周；女士左脚经右脚横步，1~2拍转3/8周，身体稍转（图11-17）。

③ 男士左脚并于右脚，2~3拍转1/8周；女士右脚并于左脚，身体完成转动（图11-18）。

图11-16　　图11-17　　图11-18　　图11-19　　图11-20　　图11-21

④男士右脚后退,4~5拍转3/8周;女士左脚前进,继续左转(图11-19)。

⑤男士左脚经右脚横步,身体稍转;女士右脚经左脚横步,4~5拍转1/4周(图11-20)。

⑥男士右脚并于左脚,身体完成转动;女士左脚并于右脚,5~6拍转1/8周(图11-21)。

(5)扫步。

①男士左脚前进,着地时先脚跟后脚掌(跟掌);女士右脚后退,着地时先脚掌后脚跟(掌跟)(图11-22)。

②男士右脚横步稍前,着地时用脚掌(全掌);女士左脚斜后退,着地时用脚掌(图11-23)。

③男士左脚在右脚后交叉,着地时先脚掌后脚跟,结束时成开式舞姿;女士右脚在左脚后交叉,着地时先脚跟后脚掌,结束时呈开式舞姿(图11-24)。

图11-22　　　　　图11-23　　　　　图11-24

(6)侧行追步:侧行追步有4步,节奏为1、2、3、4,由开式舞姿开始。

①男士右脚前进并交叉于反身动作位置,着地时先脚跟后脚掌;女士左脚前进并交叉于反身动作位置,着地时先脚跟后脚掌,开始左转(图11-25)。

②男士左脚横步,着地时用脚掌;女士右脚横步,着地时用脚掌,1~2拍转1/8周(图11-26)。

③男士左脚并于右脚,着地时用脚掌;女士左脚并于右脚,着地时用脚掌,2~3转拍1/8周,身体稍转(图11-27)。

④男士右脚横步稍后,着地时先脚掌后脚跟;女士右脚横步稍后,着地时先脚掌后脚跟(图11-28)。

图11-25　　　　图11-26　　　　图11-27　　　　图11-28

(7)右旋转步:右旋转步有6步,节奏为1、2、3,1、2、3。

①男士右脚前进开始右转;女士左脚后退开始右转(图11-29)。

②男士左脚经右脚横步,1~2拍转1/4周;女士右脚经左脚横步,1~2拍转3/8周,身体稍转(图11-30)。

③男士右脚并于左脚,2~3拍转1/8周;女士左脚并于右脚,身体完成稍转(图11-31)。

④男士左脚后退,左脚保持在反身动作位置中(轴转)右转1/2周过渡到脚跟;女士右脚前进(轴转)右转1/2周,跟脚(图11-32)。

⑤男士右脚前进继续右转跟掌;女士左脚后退,并向左侧继续右转跟掌(图11-33)。

⑥男士左脚横步稍后,5~6拍转3/8周;女士右脚经左脚斜进,5~6拍转3/8周(图11-34)。

图11-29　　　图11-30　　　图11-31　　　图11-32　　　图11-33　　　图11-34

(8)迂回步:迂回步有6步,节奏为1、2、3、1、2、3,由开式舞姿开始。

①男士右脚前进并交叉于反身动作及侧行位置,着地时先脚跟后脚掌;女士左脚前进并交叉于反身动作及侧行位置开始左转,着地时先脚跟后脚掌(图11-35)。

②男士左脚经右脚横步稍前左转1/8周,着地时用脚掌;女士右脚经左脚横步稍前,1~2拍转3/8周,着地时用脚掌(图11-36)。

③男士右脚横步,着地时先脚掌后脚跟;女士左脚横步,着地时先脚掌后脚跟(图11-37)。

④男士左脚沿后肩后退左转1/8周,着地时先脚掌后脚跟;女士右脚外侧前进,3~4拍转1/8周,着地时先脚跟后脚掌(图11-38)。

⑤男士右脚横步稍后左转1/2周,着地时用脚掌;女士左脚横步稍前左转1/4周,着地时用脚掌(图11-39)。

⑥男士左脚横步成开式舞姿,着地时先脚掌后脚跟;女士右脚经左脚横步成开式舞姿,着地时用脚掌(图11-40)。

图11-35　　　图11-36　　　图11-37　　　图11-38　　　图11-39　　　图11-40

(9)蹉跎步。

①男士左脚前进开始左转,着地时先脚掌后脚跟;女士右脚后退开始左转,着地时先脚掌后脚跟(图11-41)。

②男士右脚横步,1~2拍转1/4周,着地时用脚掌;女士左脚横步,1~2拍转1/4周,着地时用脚掌(图11-42)。

图11-41　　　　　　图11-42　　　　　　图11-43

③ 男士左脚并于右脚,2~3 拍转 1/8 周(掌跟重心在右脚);女士右脚并于左脚,2~3 拍转 1/8 周(掌跟重心在左脚)(图 11-43)。

(10)后退锁步:后退锁步有 4 步,节奏为 1、2、£、3。

① 男士在反身动作位置中左脚后退,着地时先脚掌后脚跟;女士在反身动作及外侧舞伴位置中,右脚前进,着地时先脚跟后脚掌(图 11-44)。

② 男士右脚后退,着地时用脚掌;女士左脚前进稍向左,着地时用脚掌(图 11-45)。

③ 男士左脚交叉于右脚后,着地时用脚掌;女士右脚交叉于左脚后,着地时用脚掌(图 11-46)。

④ 男士右脚后退稍向右,着地时先脚掌后脚跟;女士左脚前进稍向左,着地时先脚掌后脚跟(图 11-47)。

| 图 11-44 | 图 11-45 | 图 11-46 | 图 11-47 |

五、恰恰舞

(一)恰恰舞概述

恰恰舞以动作活泼、风趣、俏皮、紧凑而深受年轻人的喜欢。它音乐的节奏是 4/4 拍,每小节 4 拍,重音落在第 1 拍。步伐与音乐的关系是第一步踏在舞曲每小节的第 2 拍,第五步踏在舞曲下一小节的第 1 拍。舞蹈的方法是每小节 4 拍跳 5 步。

(二)基本步练习

准备姿势:开式无相握姿态。

(1)左右并合步(表 11-3):

并合步分为向左并合步(左右左)和向右并合步(右左右)两种,并合步最能表现恰恰舞的节奏和舞步特点(3~5 步),这 3 步节拍又称恰恰恰。男女舞伴可做同一方向的动作练习。

(2)左右追步(表 11-4)。

在恰恰舞中向前进方向产生的切克步叫作前进切克步。做切克步时,脚要走到身体的前面,固定腿的膝盖可以弯曲并靠近运动腿的膝窝。左右追步主要由切克步和左右并合步组成。

表 11-3 左右并合步

步序	节拍	向左并合步	向右并合步
1	1/2	左脚打横,左膝弯曲,臀部开始向左运动	右脚打横,右膝弯曲,臀部开始向右运动
2	1/2	右脚并向左脚,双膝弯曲,臀部在中线	左脚并向右脚,双膝弯曲,臀部在中线
3	1	左脚打横,双膝伸直,臀部向左	右脚打横,双膝伸直,臀部向右

表 11-4　左右追步

步序	节拍	男　士	女　士
1	1	左脚向前做切克步	右脚向后退一步
2	1	右脚原地并转移重心	左脚原地并转移重心
3	1/2	左脚打横膝部弯曲,向左侧运动	右脚打横膝部弯曲,向右侧运动
4	1/2	右脚并向左脚,双膝弯曲,臀部在中线	左脚并向右脚,双膝弯曲,臀部在中线
5	1	左脚打横,双膝伸直,臀部向左	右脚打横,双膝伸直,臀部向右
6	1	右脚向后退一步	左脚向前做切克步
7	1	左脚原地并转移重心	右脚原地并转移重心
8	1/2	右脚打横膝部弯曲,向右侧运动	左脚打横膝部弯曲,向左侧运动
9	1/2	左脚并向右脚,双膝弯曲,臀部在中线	右脚并向左脚,双膝弯曲,臀部在中线
10	1	右脚打横,双膝伸直,臀部向右	左脚打横,双膝伸直,臀部向左

（3）前进（后退）锁步（表 11-5）：

表 11-5　前进（后退）锁步

步序	节拍	男　士	女　士
1	1	左脚向前做切克步	右脚向后退一步
2	1	右脚原地并转移重心	左脚原地并转移重心
3	1/2	左脚向后	右脚向前
4	1/2	右脚交叉在左脚前面	左脚交叉在右脚后面
5	1	左脚向后	右脚向前
6	1	右脚向后退一步	左脚向前做切克步
7	1	左脚原地并转移重心	右脚原地并转移重心
8	1/2	右脚向前	左脚向后
9	1/2	左脚交叉在右脚后面	右脚交叉在左脚前面
10	1	右脚向前	左脚向后

（4）手拉手步（表 11-6）：

手拉手步是男女舞伴运用向左、向右转 1/4 周,结合横并步,由开式姿势到开式反身姿势,再到开式姿势的运动过程。

表 11-6　手拉手步

步序	节拍	男　士	女　士
1	1	左脚向后,左转 1/4 周	右脚原地并转移重心
2	1	右脚原地并转移重心	左脚打横,左膝弯曲

续表

步序	节拍	男　士	女　士
3	1/2	左脚打横,左膝弯曲	右脚半并向左脚,双膝弯曲
4	1/2	右脚半并向左脚,双膝弯曲	左脚打横,双膝伸直
5	1	左脚打横,双膝伸直	右脚向后,右转 1/4 周
6	1	右脚原地并转移重心	左脚向后,左转 1/4 周
7	1	左脚打横,左膝弯曲	右脚原地并转移重心
8	1/2	右脚半并向左脚,双膝弯曲	左脚打横,左膝弯曲
9	1/2	左脚打横,双膝伸直	右脚半并向左脚,双膝弯曲
10	1	右脚向后,右转 1/4 周	左脚打横,双膝伸直

六、评判

(一)评判要素

1. 基本技术

(1)足部动作:①各种步伐的方位、角度要准确。②脚和地面接触部位要准确。③脚步的时间值要准确。

(2)姿态:①各个不同舞种的握持动作要准确。②舞步运动过程中姿态要准确、漂亮。

(3)平衡稳定:①舞伴之间力的使用得当,动作能保持平衡、稳定。②在完成高难动作时能保持身体平衡、稳定。

(4)移动:①移动是由身体带动的。②移动要流畅,根据不同舞种的移动特性,给予正确判断。

2. 音乐的表现力

(1)音乐要有节奏感。

(2)对音乐风格的理解和体现。

3. 舞蹈风格

(1)细微区别出各种不同舞种之间风格、韵味上的差别。

(2)舞者个人风格的表现情况。

4. 动作编排

(1)舞者动作要流畅新颖,运用自如。

(2)体现各舞种的基本风韵,并有一定的技术难度。

(3)舞者动作编排要有章法,能充分利用场地。

(4)舞者动作与音乐的密切配合,发挥音乐效果。

5. 临场表现

(1)舞者赛场上的应变能力。

(2)舞者良好的竞技状态,专注、自信,能自我控制临场发挥的水平。

(二)比赛场地与服装

(1)比赛场地长 23 米、宽 15 米。选手必须按逆时针方向运动,交换舞程路线时应过中心线。

(2)比赛服装规定:现代舞,男子必须穿燕尾服,女子穿不过脚踝的长裙。拉丁舞服装应有拉美风格,男、女选手服装必须协调,男选手下身穿紧身裤或萝卜裤,上身穿宽松式长袖衣,女士穿露背、露腿的短裙,男、女舞鞋应与服装颜色一致。男子现代舞一般穿黑色舞鞋;女子穿5~8厘米的高跟船鞋,鞋面可加镶嵌亮饰。男子拉丁舞鞋同现代舞鞋;女子穿高跟有襻凉鞋,鞋可加亮饰。

(3)男选手可留分头,头发前不遮耳、后不过领,不能留长发、长须;女选手可留短发或长发盘髻,可加头饰,不可披长发。服装的样式、色彩随时代的发展不断变化。

(4)专业选手背号为黑底白字,业余选手背号为白底黑字。

(三)对选手的规定

(1)不允许在同类舞场中交换舞伴。

(2)准时入场,否则按弃权论处。

(3)编组后不能改变组别。

(4)现代舞比赛必须男女交手跳舞,拉丁舞比赛不允许出现托举上肩、跪腿等动作。

第三节　健美操

一、健美操概述

健美操是一项融体操、舞蹈、音乐为一体的现代体育项目。健美操以其强大的生命力和自身固有的价值和魅力风靡世界,深受广大青年学生及群众的喜爱。目前,健美操已经被列入我国学校体育教学大纲,成为学校体育的主要项目之一。

由于健美操是一项新兴体育运动项目,且发展迅速,因此人们对健美操的认识和理解也各不相同。美国是对现代健美操的发展具有较大影响的国家,代表人物简·方达认为,健美操是一种"改变形体和心理感觉的体操"。

我国体操专家对健美操的定义提出了自己的看法:"健美操主要是以舞蹈和体操相结合,配以流行的节奏音乐,达到有氧训练目的的体操。"

综合国内外专家的观点,健美操的概念为:健美操是融体操、舞蹈、音乐于一体,通过徒手、持轻器械和专门器械的操作练习,以达到健身、美体、健心等目的的一种新兴的、具有娱乐和观赏价值的体育项目。它以健身美体为主要目的,其练习内容丰富,简单易学,不受年龄、性别、场地、气候等条件的限制,具有一般体育活动共有的增强体质、增进健康、锻炼身体的作用。同时,对女子减肥和改善形体、提高身体的协调性以及韵律感,都有着特殊的作用。

二、健美操分类（表11-7）

表11-7　健美操种类

划分方式	种　　类
按性别划分	1. 男子健美操; 2. 女子健美操
按年龄划分	1. 老年健美操; 2. 中年健美操; 3. 青年健美操; 4. 少儿健美操; 5. 幼儿健美操
按人数划分	1. 单人健美操; 2. 双人健美操; 3.3人健美操; 4.6人健美操; 5. 集体健美操

续表

划分方式	种　　类
按人体解剖部位划分	1. 颈部健美操；2. 肩部健美操；3. 手臂健美操；4. 胸部健美操；5. 腰腹部健美操；6. 髋部健美操；7. 腿部健美操
按动作风格划分	1. 搏击健美操；2. 拳击健美操；3. 拉丁健美操
按目的划分	1. 形体健美操；2. 减肥健美操；3. 保健健美操；4. 康复健美操；5. 产后健美操
按练习形式划分	1. 徒手健美操；2. 器械健美操

三、健美操特点

(一) 音乐是灵魂

健身性健美操必须在音乐的伴奏下进行,音乐是它的灵魂。现代健身性健美操的音乐多取材于迪斯科、爵士、摇滚等,给练习者一种强烈的韵律感。在选择音乐时,应使音乐的风格与动作的风格相吻合,有助于突出成套动作的特点。这样容易激发练习者的激情,使他们不容易产生心理疲劳,而且在练习过程中得到美的享受,使动作更具有观赏性。

(二) 强烈的节奏性

健美操的节奏表现在动作的力度强弱和速度快慢的规律性变化上。表演者对身体肌肉的控制体现动作力量的强弱。在音乐的伴奏下,一拍一动、两拍一动体现动作速度的快慢,无论是力度还是速度,都体现了健美操的力量特征。

(三) 健身的安全性

健美操所设计的运动负荷、运动强度、运动量及运动节奏,都充分考虑了因运动而产生一系列刺激结果的可行性,使之结合一般人的体质,甚至体质弱的人都在能承受的有氧范围内。人们在平坦的地面上、在欢快的音乐声中,跟随快慢有序的节奏进行运动,十分安全而且有效。要达到健身健美的锻炼效果,我们可以通过心率进行监控,健康水平的成年人练习的强度应该控制在最大心率(220-年龄=最高心率)的60%左右,健康水平比较差的人练习的强度应该控制在最大心率的40%~50%。

(四) 广泛的群众性

一方面,健身性健美操根据性别、年龄、锻炼目的的不同,出现了不同动作风格、不同运动强度、不同锻炼效果的形式,来满足不同人群的不同要求;另一方面,健身性健美操不受场地、器械等的限制,开展活动的空间很大。因此,健身性健美操有很广泛的群众基础。

四、现今流行的有氧健美操种类

(一) 搏击健美操

有氧搏击健美操是在有氧健身操的基础上融合音乐、舞蹈、拳击、跆拳道等搏击运动的基本内容,其独到之处是在节奏清晰的音乐伴奏下,在英姿飒爽的拳脚动作之间使身体得到锻炼,表现出威武及豪气。它可以提高自信心,提高肌肉的协调性和必要的技巧与柔韧性。

(二) 有氧健美操——拉丁风格

最早的有氧健美操都是带有拉丁舞风格的有氧健美操,如爵士舞风格的有氧健美操。以后又出现了萨尔萨有氧健美操,这也是一种节奏比较快的拉丁舞风格的有氧健美操,吸取了许多如曼波舞、恰恰舞、探戈舞、桑巴舞的风格。这些有氧舞蹈的特点就是髋部动作很多,动作优美。

（三）方克、街舞风格的有氧健美操

方克、街舞风格的有氧舞蹈与方克、街舞音乐有很大的关系。这些音乐都比较欢快,使人有一种跃跃欲跳的感觉。方克、街舞是带有自由舞和黑人舞风格的有氧舞蹈,动作放松、自由多变。它能够提高锻炼者的协调性,达到健身的目的。跳方克、街舞后使人精神非常愉快,所以,这种有氧舞很受青年的欢迎。

（四）水中有氧健美操

这是一个极为有效的方法,可以在很短时间内达到完美体形的目的,这个训练是水中运动和游泳的结合,很适合缺少锻炼而且有肥胖趋势的人。

（五）健身球有氧健美操

健身球是一种新兴、有趣、特殊的体育健身运动。它适合不同人群的锻炼,健身效果良好(特别对脊柱和骨盆的锻炼),有很好的损伤恢复和康复功能(对腰背疾病疗效显著),锻炼时比较安全,不容易出现损伤,对提高人的柔韧、力量、平衡及心肺功能有一定的作用。

（六）瑜伽

为了使身体、头脑及精神合为一体,使人的技能的各个方面统一起来,古代的宗教大师发明并完善了一种被称为"瑜伽"的自我发展体系。瑜伽的三要素——身体姿势、呼吸、意念集中,都应该在练习中得到贯穿,并让锻炼者从中受益。

五、健美操基本步伐

（一）低冲击力动作

1. 踏步

两腿依次抬起,依次落地。在落地时,膝、踝关节有弹性地缓冲。分为踏步转体、踏步分腿与并腿(图11-48)。

2. 走步

迈步移动,向前走时,脚跟先落地,过渡到全脚掌;向后走时相反。在落地时,膝、踝关节有弹性地缓冲。分为向前向后走步、转体(弧线的)走步(图11-49)。

 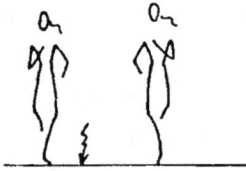

图11-48　踏步　　　　　　　　　　　图11-49　走步

3."一"字步

向前一步,后脚并前脚,然后向后一步,前脚并后脚。前后均要有并腿过程,两膝始终有弹性地缓冲。分为向前、向后的"一"字步和转体的"一"字步(图11-50)。

图11-50　"一"字步　　　　　　　　　图11-51　"V"字步

4. "V"字步

一脚向斜前方迈一步,另一脚随之向另一斜前方迈一步,两脚开立,然后再依次退回原位。两脚之间的距离比肩略宽,身体重心在两腿之间。分为前和后、转体和跳的"V"字步(图 11-51)。

5. 漫步

一脚向前迈出,重心随之转移,另一脚稍抬起,然后后退落下,重心后移,前脚随之后撤落地,重心移至后脚。身体重心随动作前后灵活移动,动作有弹性。分为转体的漫步、跳起的漫步(图 11-52)。

6. 迈步移重心

一脚迈出,落地的同时两膝弯曲,随之身体重心移动至另一腿,膝伸直,脚尖点地。重心移动要明显,两膝有弹性地屈伸。分为左右移重心、前后移重心、移动移重心、转体移重心(图 11-53)。

图 11-52　漫步　　　　　　　　　　　　　　图 11-53　迈步移重心

7. 后屈腿

一脚站立,另一腿后屈,然后还原。主力腿保持有弹性地伸屈,后屈腿的脚后跟向着臀部。分为原地后屈腿、迈步后屈腿、移动后屈腿、转体和跳的后屈腿(图 11-54)。

8. 点地

一腿伸出,脚尖或脚跟点地,另一腿伸直或稍屈膝站立。两腿有弹性地伸屈,点地时,身体重心始终在主力腿。分为脚尖点地、脚跟点地、迈步点地、向前后点地、向侧点地(图 11-55)。

图 11-54　后屈腿　　　　　　　　　　　　　图 11-55　点地

9. 并步

一脚迈出移重心,另一脚随之在主力腿内侧并腿点地,同时屈膝。两膝自然屈伸,并有一定的弹性,身体重心随之移动。分为左右并步、前后并步、转体并步(图 11-56)。

10. 交叉步

一脚向侧迈出一步,另一脚在其后交叉,随之再向侧一步,另一脚跟并。脚落地同时屈膝缓冲,身体重心随着脚的迈出而移动。分为前脚叉步、转体交叉步、加小跳交叉步(图 11-57)。

图 11-56　并步　　　　　　　　　　　　　　图 11-57　交叉步

11. 吸腿

一腿屈膝上抬,另一腿微屈缓冲。大腿上提,小腿自然下垂,后背挺直,保持主力腿屈膝缓冲。分为原地吸腿、迈步吸腿、移动吸腿、转体吸腿、跳吸腿、向前吸腿、向侧吸腿等(图11-58)。

12. 摆腿

一腿站立,另一腿自然抬起,然后还原成并腿。保持主力腿屈膝缓冲,抬高腿不需很高,但要有控制,保持上体直立。分为向前、侧摆腿,摆腿跳(图11-59)。

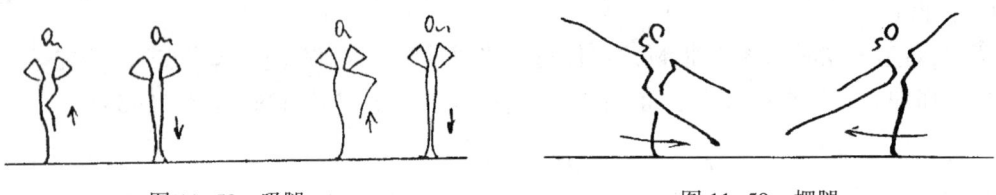

图 11-58 吸腿   图 11-59 摆腿

13. 踢腿

一腿站立,另一腿加速上摆。主力腿轻微屈膝缓冲,脚后跟不要离地;踢腿的高度因人而异,避免造成大腿后部损伤;上体尽量保持直立。分为原地踢腿、移动踢腿、跳起踢腿、向前踢腿、向后踢腿(图11-60)。

(二)高冲击力动作

1. 跑

两腿依次经过腾空后,一腿落地缓冲,另一腿后屈或抬膝,两臂前后自然摆动。落地屈膝缓冲,脚跟要着地。分为原地跑、向前向后跑、弧线跑、转体跑(图11-61)。

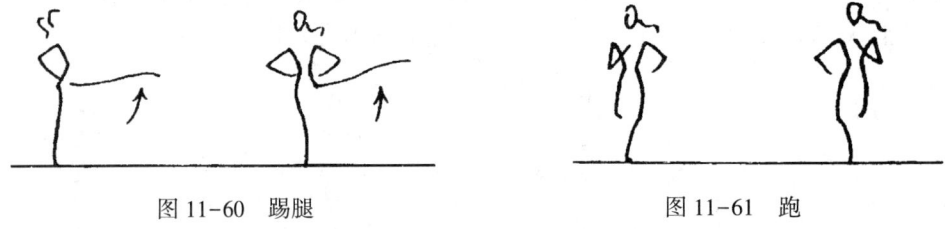

图 11-60 踢腿   图 11-61 跑

2. 双腿跳

双腿有弹性地跳起,落地屈膝缓冲,脚后跟要着地。分为原地双腿跳、前后双腿跳、左右双腿跳、转体双腿跳(图11-62)。

3. 开合跳

由并腿跳而后左右分腿落地,然后再由分腿跳起并腿落地。分腿时,两脚自然外开,膝关节沿脚尖方向屈,落地时屈膝缓冲,脚后跟要落地。分为原地开合跳、转体开合跳(图11-63)。

图 11-62 双腿跳   图 11-63 开合跳

4. 并步跳

一脚迈出,随之蹬地跳起,后腿并于前腿。脚迈出后,身体重心随之移动,空中有并腿过程。分为向

前、后并步跳及向侧并步跳(图11-64)。

5. 单腿跳

一脚跳起,另一脚离地,落地屈膝缓冲,保持上体正直。分为原地单腿跳、移动单腿跳、转体单腿跳(图11-65)。

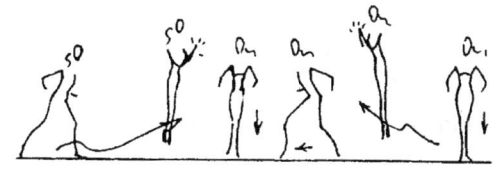

图11-64　并步跳

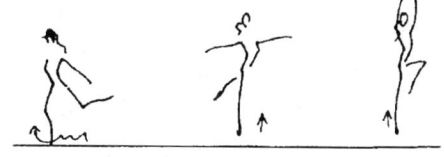

图11-65　单腿跳

6. 弹踢腿跳

一脚跳起,另一腿经屈膝伸直,无双腿落地过程,弹踢腿不用很高,但要有控制。分为原地弹踢腿跳、移动弹踢腿跳、转体弹踢腿跳、向前后的弹踢腿跳、向侧的弹踢腿跳(图11-66)。

7. 点跳(小马跳)

一脚小跳一次、垫步一次,另一脚随之并于主力腿。两脚轻快蹬落地,身体重心随之平稳移动。分为原地点跳、左右点跳、前后点跳、转体点跳(图11-67)。

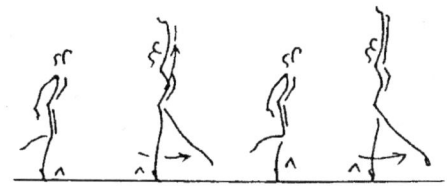

图11-66　弹踢腿跳

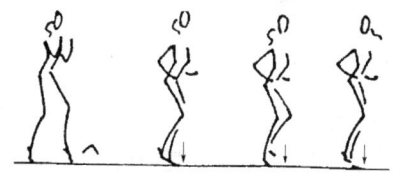

图11-67　点跳(小马跳)

(三)无冲击力动作

1. 半蹲

两腿左右分开稍宽于肩,脚尖稍外开,两腿同时屈膝和伸直。屈膝不得超过90°,屈膝时,膝关节与脚尖保持同一方向,臀部向后,上体稍前倾,膝关节不应超过脚尖。分为并腿半蹲、迈步半蹲、迈步转体半蹲(图11-68)。

2. 弓步

一种做法是:两腿前后站立、左右脚与髋同宽,平行站立,脚尖向前,两腿同时屈膝和伸直,常用于力量练习。另一种做法是:一腿屈膝,另一腿伸直,身体重心在两腿之间,踝关节在一条直线上,前腿膝关节弯曲不能超过90°,其上身位置也不能超过脚尖,常用于有氧练习。分为原地前后的弓步、左右的弓步、向前一步的交换腿弓步、后撤一步的交换腿弓步、转体的弓步、跳的弓步(图11-69)。

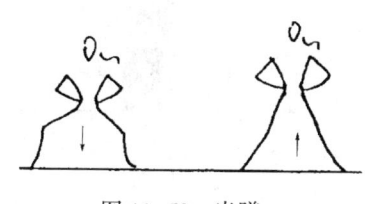

图11-68　半蹲

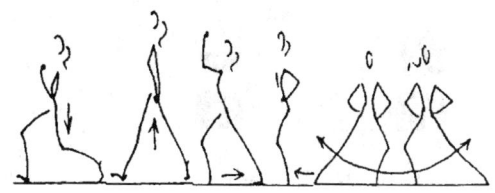

图11-69　弓步

六、健美操中常用的上肢动作

(一)手型

(1)并掌:五指伸直并拢(图11-70)。

(2)开掌:五指用力伸直张开(图11-71)。

(3)立掌:五指伸直并拢,手掌用力上翘(图11-72)。

(4)屈掌:五指自然弯曲张开,手指用力上翘(图11-73)。

(5)拳型:握拳,大拇指在外,指关节弯曲并紧贴食指和中指(图11-74)。

(6)芭蕾舞手型:五指并拢,自然伸直,大拇指与中指稍向里合(图11-75)。

(7)西班牙舞手型:五指用力张开,小指、无名指、中指自掌指关节处依次屈,大拇指稍内扣(图11-76)。

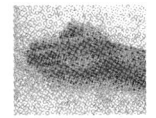  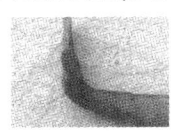

图11-70 并掌　　　　　图11-71 开掌　　　　　图11-72 立掌

 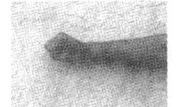  

图11-73 屈掌　　　图11-74 拳型　　　图11-75 芭蕾舞手型　　　图11-76 西班牙舞手型

(二)上肢动作

(1)自然摆动:屈肘前后摆动(图11-77)。

(2)臂伸屈:上臂固定,肘屈或伸(图11-78)。

图11-77 自然摆动　　　　　　　　　　图11-78 臂伸屈

(3)屈臂提拉:臂由下提至胸前平屈(图11-79)。

(4)直臂提拉:臂由下提至胸前平举或侧平举(图11-80)。

图11-79 屈臂提拉　　　　　　　　图11-80 直臂提拉

(5)胸推:屈臂由胸部向前或侧推成直臂(图11-81)。

(6)肩上推:屈臂由肩侧向上推成直臂(图11-82)。

图 11-81　胸推

图 11-82　肩上推

（7）冲拳：屈臂握拳由腰间向前或向上用力伸臂（图 11-83）。

图 11-83　冲拳

七、健美操锻炼中应注意的问题

（一）重视热身和放松

健美操锻炼前的充分热身运动会促进人体的血液循环，使肌肉柔韧、放松。有人喜欢在健身前先做拉伸运动，好像是在热身，其实这是错误的。拉伸僵硬的肌肉很困难，而且很容易拉伤，拉伸的训练一定要放在热身操与跑跳操之后再做。应遵循的基本原则是不要突然停止训练，仍应保持运动状态，只是注意动作由快变慢、由大变小，千万不能站着不动或坐下与朋友谈话，更不能省略恢复阶段就结束训练。

（二）合适的鞋

在做健美操时，一定要穿高质量的运动鞋。它能使你的腿脚和关节在长时间、高冲击的运动中得到有效的保护，预防运动损伤。

（三）选用适当的音乐

为了不使训练枯燥乏味，缓解训练中精神和心理上的压力，调节肌肉运动，需要选择适当的音乐。一般来说，迪斯科节奏就可以，但快慢要适中。动作尽量按音乐节奏去做，在做拉伸操和放松操时可选舒缓、流畅的轻音乐。

（四）训练次数

一周最好训练 3~4 次，也就是隔天训练比较好。

（五）排除"竞争"的想法

在训练期间如有"竞争""拼命"的想法，对促进健身是有害的。应始终保持沉着、松弛、稳健的精神状态。

（六）在训练前后要饮用适量的水

训练过程中，大量出汗会损耗人体内 1% 的液体，从而使人的气力、速度、耐力以及心脏的输出能力都有所减弱。所以，在训练之前 1~2 小时和训练中都要饮用一些净水（凉开水），在训练后也要有计划地补充水，不要等到口渴了才想起补充。

第四节　瑜　伽

一、瑜伽概述

瑜伽起源于印度北部,距今已有5000多年的历史,被人们称为"世界的瑰宝"。瑜伽是梵文的音译,意为自我和原始动因的结合,是肉体、精神结合到最和谐的状态。它是古印度人的一种体育锻炼方法,是古代印度体育文化的一部分。

从19世纪开始,印度瑜伽大师们把瑜伽与现代科学、医学有机结合起来,创立了现代瑜伽,使瑜伽更广泛地传播到世界各地,成为目前全球最受欢迎的体育锻炼方式之一。

二、瑜伽练习准备

(一)练习前的准备

(1)环境应安静幽雅,温度适宜。如果是在室内练习,应先通风换气,保证空气清新,以便静心和集中注意力。

(2)灯光应自然、柔和。练习前,排尽体内废物,换上宽松、柔软、舒适的服装,严禁穿紧身内衣练习。在允许的环境中,赤脚练习较好。不戴任何饰物,保持脸部洁净。

(3)为了让紧张的大脑和神经系统更快地放松,可以点上香熏炉,让空气中弥漫着自己喜欢的、沁人心脾的芬芳香味。

(4)配上宁静、舒缓、悠扬的瑜伽音乐,使人联想到纯净、美好的大自然,易于消除杂念。

(5)对于初学者和柔韧性不好的人来说,可以准备一条毛巾做辅助。为防止做地面动作时受伤,准备一块薄地毯或健身垫是必不可少的。

(二)练习的心理提示

(1)将瑜伽当作娱乐、当作令人快乐的事来做,放松心情,愉快地练习,不要一味地追求高难度的动作,不要强迫自己在短时间内达到演示者的水平。

(2)瑜伽练习,需要大家抱着对自己身心健康高度负责的态度来进行。对于较高难度的动作,在未完全明白前,不要擅自进行,务必在教练指导下逐步完成,以确保身体不受任何损伤。

(3)瑜伽的奥妙要亲自体会才能有所领悟,但至少需要3个月持续的练习,方能有效果。持续时间越长,效果越显著。

(三)饮食提示

瑜伽练习要达到健身、美体、养颜的效果,科学的饮食是不可忽视的要素。

(1)练习前3小时不进正餐,半小时前不大量饮水(除特殊要求外);练习结束一刻钟至半小时后,饮富含维生素的果汁或纯净水一杯,帮助补充水分,排除毒素。

(2)平常饮食适时、适量,以绿色植物为主。饮食是血液质量、纯度的根源和保证,摄入蔬果类植物性食物与肉类动物性食物的比例应为3:1。

(3)少食或不食用刺激性强的食物,如过冷、过热、辛辣、油炸、腌制、含防腐剂或甜食类食品。

(4)饮食过程情绪平和,速度适中。

(四)准备姿势

任何一个准备姿势,都必须保证动作和内心稳定,气息顺畅。

1.站姿

60%的重心置于前脚掌,双腿夹紧并拢;向上提臀,使臀线上提;脊柱向上挺拔;收紧腹部和胃部;展开胸腔,肩胛骨微微后夹;向上伸展颈项,感觉头部被向上牵引;正视前方(图11-84)。

2.简易坐姿

坐于地上,双腿自然弯曲,盘起;双手轻放于膝盖上(图11-85)。

3.直角坐姿

双腿伸直、并拢;背部直立,头部端正;双臂自然支撑于体侧(图11-86)。

4.仰躺式

端正头部,仰躺于地面;并拢、伸直双腿;伸直双臂于体侧,手心向下(图11-87)。

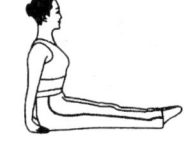
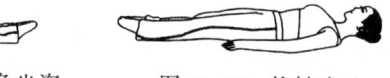

图11-84　站姿　　　图11-85　简易坐姿　　　图11-86　直角坐姿　　　图11-87　仰躺式

(五)放松姿势

在每个姿势练习完之后,都必须彻底放松全身,不要将疲劳带到下一个姿势。

1.折叠式放松

直立下蹲,含胸低头;两臂自然下垂,半握拳,用大拇指和其余四指撑地(图11-88)。

2.仰卧式完全放松

仰躺于地面,双臂分别于体侧打开30°,手心向上,双腿自然分开30°(图11-89)。

图11-88　折叠式放松　　　　　图11-89　仰卧式完全放松

3.俯卧式完全放松

俯卧于地面,头转向一侧;双臂分别于体侧打开30°,手心向上,双腿自然分开30°(图11-90)。

4.英雄式放松

两膝并拢,双脚分开,臀坐于两脚之间的地面上;手肘支撑,慢慢地将上体和头部有控制地放到地面上;双手自然打开于体侧,手心向上。初次练习时,可将双膝稍稍分开练习。深呼吸,长久地保持这个姿势,对腿部疼痛的人有益(图11-91)。

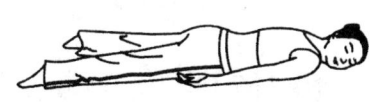

图11-90　俯卧式完全放松　　　　　图11-91　英雄式放松

三、瑜伽呼吸和悬息

(一)瑜伽呼吸

瑜伽的呼吸又称为调息。完全的瑜伽式呼吸能使肺部更加强健,增加对身体的氧气供应量,洁净血液,规律性地按摩内脏器官。

最基本的呼吸方法有三种:胸式呼吸、腹式呼吸和胸腹式完全呼吸。

1.胸式呼吸

气息的吸入,局限于胸腔的区域,气息较浅,这种呼吸适宜做针对性较强的动作,如上背部和胸部的动作。

动作要领:意识集中于肺部,缓缓吸气,感觉自己的肋骨向外扩张,气息充满胸腔,保持腹部的平坦;缓缓呼气,放松胸腔,将气呼尽。

2.腹式呼吸

气息的吸入,局限于腹部的区域,气息较深,横膈膜下降得较为充分。

动作要领:更多地关注腹部,缓缓吸气,感觉吸入气息,腹部充分膨胀,向前推出,胸腔保持不动;缓缓呼气,横膈膜上升,腹部慢慢向内瘪进。

3.胸腹式完全呼吸

这种自然完全的呼吸,提供给身体最充足的氧气,将体内的浊气、废气充分地排出体外,使血液得以净化,让心灵清澈而清醒。

动作要领:缓缓吸气,感觉到横膈膜下降,腹部完全鼓起;随后,肋骨处向外扩张到最开的状态,肺部继续吸气,胸腔完全扩张,胸部上提;吸满气后,缓缓地呼出,放松胸腔,将胸部的气呼出,随后温和地收紧腹部,腹部向内瘪进去,感觉肚脐去贴后背,将气完全呼尽为止。

呼吸时的注意事项:

(1)意识集中到一呼一吸上。

(2)瑜伽呼吸一般只由鼻腔参与呼吸,只有在特殊情况和要求下,才由口腔参与。

(3)每一次吸气时,犹如在品尝空气一般,缓缓而深长地吸入。

(4)每一次呼气时,犹如蚕吐丝一般,细而悠长。

(二)瑜伽悬息

悬息是指在调息过程中屏住呼吸的这段时间内的状态,是在调息练习已有一段时间,并能够毫不费劲、从容自如地控制和调节吸气和呼气的完整过程后,开始进行练习的。

悬息分为内悬息和外悬息两种。内悬息是指吸气后蕴气而不呼出;外悬息是指呼出气后闭而不吸。

1.内悬息的练习

状态:吸气—内悬息—呼气。

时值:吸气、内悬息、呼气三者的时间相等。

时间:吸气、内悬息、呼气的第一个阶段1~4秒钟,第二阶段1~7秒钟,第三阶段1~9秒钟。

2.外悬息的练习

状态:呼气—外悬息—吸气。

时值:呼气、内悬息、吸气三者的时间相等。

时间:呼气、内悬息、吸气的第一个阶段1~4秒钟,第二阶段1~7秒钟,第三阶段1~9秒钟。

3.悬息的效果

正确而有规律的悬息练习,能给身体健康带来极大的益处,可清除肺部的浑浊气体,清除血液系统中的毒素,加大人体的氧气供给量,使人头脑清醒,精神焕发,内心平静稳定。

四、瑜伽冥想

瑜伽中的冥想可以帮助人们达到内心平静、祥和的状态,产生肌体和内心全面健康的积极影响。冥想可以预防由长期紧张、压抑、忧虑引起的各种疾病,增强免疫系统的功能。

(一)常用的冥想坐姿

瑜伽所有冥想坐姿都具有减少下肢的血流量、减缓血液流速、消除下肢的僵硬和疲劳、给予脊柱下半部分滋养的作用,对腹脏器官有益。

1.简易坐

坐于地面,双腿自然弯曲盘起,双手轻放于膝盖上(图11-92)。

特点:可以减轻风湿疼痛,消除关节炎。

2.雷电坐

跪立,双膝并拢,大脚趾交叠,足跟、脚踝像"括号"一样,向左右两边分开;背部垂直于地面,臀部坐于两脚内侧(图11-93)。

特点:适于患有坐骨神经痛、尾骨感染及胃病的人练习。

3.达仁坐

背部自然伸直,将右脚跟顶住会阴部,右脚脚底紧贴左大腿;将左脚置于右脚下,左脚脚跟靠近耻骨,前脚掌和脚趾插进右大腿和小腿之间(图11-94)。

特点:可以放松肌肉、消除疲劳,帮助意识集中。但患有坐骨神经痛、尾骨感染的人应避免做这个动作。

4.莲花坐

将右脚脚背置于左大腿腿根上;再将左脚脚背置于右大腿腿根上,两只脚的脚心朝上;两膝向下,贴近地面;伸直背部,端正头部(图11-95)。

图11-92 简易坐　　　图11-93 雷电坐　　　图11-94 达仁坐　　　图11-95 莲花坐

特点:有益于呼吸系统和消化系统的健康,使神经系统充满活力,消除紧张情绪;使下肢的肌肉富有弹性,各个关节柔韧性增强,虽然久坐,也不会出现充血。

坐姿提示:

(1)双手帮助将脚盘放到准确的位置上。

(2)每一种坐姿都要左右换腿练习。

(3)一旦有不适感觉,一定要按摩放松腿部,或交换腿再练习。

(4)应时时注意保持腰部、背部、颈部、头部呈一条向上的直线。

(5)刚开始练习,尤其是练习难度较大的坐姿时,时间长了脚背、脚踝、膝盖、髋部甚至是腰部都容易出现不适的现象,对于初学者来说这是很正常的现象,只要及时地按摩放松,不会有任何的负面影响,坚持 1~2 月,这种不适的感觉就会消失。

(二)瑜伽语音冥想

冥想使人内心平静,是一种专心致志于特定对象的深思方法。它不受愚昧无知和谋取私利的影响,使人明智地进入超然和入定的状态中。瑜伽的冥想有多种形式,经过瑜伽师修行证实,语音冥想是一组吸引人心、纯净心灵、简单易学、富有实效的练习。

它们是:奥吭;马丹那—末汉那;哈立波尔—尼泰—戈尔;格帕拉—戈文达—瓦玛—马丹那—束汉那。

语音冥想提示:

(1)选择一种适合自己的冥想坐姿,调顺气息静坐。

(2)选择一种自己喜欢的,并能完整念诵的瑜伽语音冥想,如选择"奥吭"。

(3)每次缓缓吸气时,默念"奥吭"。

(4)每次缓缓呼气时,出声念"奥吭"。

(5)相同的呼气和吸气的时间,默念"奥吭"和出声念"奥吭"。

(6)念诵时,试着将心灵的注意力集中到瑜伽语音上。如果念诵时注意力不经意地游离出去,只要慢慢、柔和地带回到瑜伽语音上就行了。

(7)至少连续重复 50 次,如果时间允许,多念诵一些会更好。

(8)每天至少练习其中的一种瑜伽语音,连续 1 周,下一周选择另一种瑜伽语音练习。

五、瑜伽休息术

(一)休息术

准备好瑜伽垫,开始瑜伽休息术。仰躺于垫子上,端正全身,使脊柱伸直、放平。伸直双臂,置于体侧 30°的位置,双手手心向上,两脚分开约 30 厘米的距离,全身以最舒适的状态保持不动,闭上眼睛。

1.语音冥想休息术

静心关注自己的一呼一吸,开始瑜伽语音冥想。选择好任意一个自己喜爱的语音。例如,"马丹那",每次吸气时,心里默念"马丹那—末汉那"。

每次呼气时,嘴巴轻轻地出声念"马丹那—末汉那"。

让这柔和、宁静的声音发自肺腑,由气息带出,感觉这声音飘得很远很远,每一个音节之间可以加大间隔,根据自己气息的长短合理安排,吸气与呼气的时间一样长。将语音反复进行 10 次左右,不要着急。

放松意识,不要思考,开始单纯地放松身体各部位。

意识在每一个需要放松的部位注意一会儿,再转到下一个需要放松的位置。

放松右脚的五个脚趾,放松右脚心、脚跟、脚背、脚踝、右小腿胫骨、小腿肚、膝盖、膝盖窝、大腿前侧、大腿后侧。

继续放松右髋、右侧腰、右侧腋窝、右侧肩膀、右边大臂的内侧和外侧、右边小臂的内侧和外侧、右手腕、右手心、右手臂、右手的五个手指,包括手指尖都完全放松了。

放松左脚的五个脚趾,放松左脚心、脚跟、脚背、脚踝、左小腿胫骨、小腿肚、膝盖、膝盖窝、大腿前侧、大腿后侧。

继续放松左髋、左侧腰、左侧腋窝、左侧肩膀、左侧大臂的内侧和外侧、左边小臂的内侧和外侧、左手腕、左手心、左手背、左手的五个手指,包括手指尖都完全放松了。

放松整个臀部、骨盆、所有的肋骨,放松后腰及整个背部。

放松尾骨、骶骨、腰椎、胸椎、颈椎,整条脊柱全部放松了。

放松腹部、腹部的内脏器官,放松肾脏、胃部、肝脏、肺部、心脏,所有的内脏器官都放得很轻松。

放松肩胛骨,放松颈部的两侧、前侧和后侧。

放松后脑勺、头顶和头的两侧,整个头部完全放松了,头皮和每一根头发都放松了。

放松前额、面颊、下巴,放松眉目、眼球、眼眶、眼睑、睫毛。

放松耳朵、鼻子、上唇、下唇、牙齿、舌头、喉咙。

放松身体的每一个毛孔、每一寸皮肤,放松全身的肌肉。

感觉整个身体很重、很重,沉到海底、沉到地底,随后感觉身体很轻、很轻,轻得像一片羽毛,飘浮到空中,身体似羽毛飘落到地上。

2.场景冥想休息术

开始瑜伽场景冥想:用自己的心灵观看每一个场景,这些场景都是自己最想看的简单而美好的场景。它们在眼前一一展现:

湛蓝的天空,白云飘过;

白色的浪花,金色的海岸;

椰树在风中幸福地摆动着枝叶;

和风煦日,全身暖洋洋的,舒服极了;

山上奇松被雪覆盖着,傲然挺立;

优雅的白天鹅和高贵的黑天鹅在湖面上舞蹈;

嫩绿、柔软的草地,晨雾霭霭的森林,透进缕缕晨光……

3.瑜伽休息术注意事项

(1)放松身体各部位,可以按照不同的顺序,反复进行,直到彻底放松为止。

(2)注意保暖,不要躺在冰凉的地面上;在寒冷处休息需要盖上保暖的毯子。

(3)不习惯平躺的人,可以在后脑勺处放个小枕头或其他柔软的东西,甚至可以坐着进行。

(4)不要饱餐后做休息术,尤其是在晚上。

(二)休息术结束起身

(1)动一动脚趾、手指;捏一捏拳,感觉到身体慢慢地变暖了。

(2)用力搓热双手,掌心轻轻覆盖在面颊、前额;轻轻地按摩太阳穴;按摩鼻子的两侧。

(3)用手掌向上推送下颏;用手指尖轻轻敲击眼眶四周;搓揉耳郭、耳垂。

(4)闭着眼睛,盘腿坐起,调息3次后,睁开眼睛,去适应明亮的视线。

(5)缓缓起身,直立,完成整套瑜伽休息术。

第五节　形体训练

一、形体训练概述

形体训练是从舞蹈、体操基本功练习中分离出来的,有自己独特的发展理念,并且建立了科学、系统的训练体系,是以人体科学理论为基础,通过各种训练手段用以改善身体的状态,提高人体良好形态的控制能力和表现能力。

形体训练既能全面锻炼身体,又能重点训练人体的形态。不论是单个或组合动作练习,均要求动作协调、幅度大、节奏鲜明、造型美观大方,因而是培养良好身体形态的重要手段之一。经常进行形体训练可以增强身体素质,提高健康水平,同时还能塑造体型、姿态,使形体健美。有改善中枢神经系统的作用,使人保持旺盛的精力。也可增强学生自信心,陶冶情操,净化心灵,培养学生审美情趣。

形体训练适合人群比较广泛,各个不同年龄阶段的人、社会各阶层的人,都可以成为形体训练者中的一员。

二、形体训练的基本内容

形体训练可以分为两大类:一是身体的基本素质训练;二是身体各部位的形体训练。

(一)身体的基本素质训练

包括柔韧、力量、耐力方面的训练。

1. 柔韧素质训练

柔韧包括四肢和各关节的柔韧。人体的主要关节有肩、腕、胯、膝、踝等。柔韧训练就是对上述各关节灵活性的练习。通过柔韧素质训练,可以提高关节的灵活性,增强动作的协调优美感,可获得最佳的机能水平,防止、减少伤害事故的发生,延长运动寿命。

柔韧练习方法有两种:一是主动或被动的动力性拉伸方法。动力性拉伸的方法是有节奏、速度较快、幅度逐渐加大的多次重复一个动作的拉伸方法。主动的动力性拉伸方法是靠自己的力量拉伸,被动的动力性拉伸方法是靠同伴的帮助或负重,借助外力的拉伸。该方法的练习不宜用力过猛,幅度要由小到大,先做小幅度的预备拉长,然后加大幅度。每个练习可重复5~10次。二是主动或被动的静力拉伸方法。是缓慢地将肌肉、肌腱、韧带拉伸到一定酸、胀、痛的感觉并略有超过,然后停留一定时间的练习方法。一般要求在酸、胀、痛的位置停留6~8秒,重复6~8次。这种方法可减少或消除超过关节伸展能力的危险性,防止拉伤。这两种方法可以单独采用,也可以混合运用,具体的练习根据个人需要确定。

发展各关节柔韧性的练习方法:

(1)肩关节主要有主动和被动地压、拉、吊肩等。

①面向墙,于一脚距离处站立,手触墙压肩。

②手扶一定高度体前屈压肩。

③两人手扶对方肩,体前屈直臂压肩。

④两人背向两手头上拉住,同时做弓箭步前拉。

⑤背向肋木站,双手反握肋木,下蹲下拉肩。

⑥练习者站立,两手头上握住,帮助者一手拉练习者头上手,一手顶背助力拉。

⑦体前屈坐垫上,双手后举,帮助者握其两手向前上推助力拉。

⑧单杠负重静力悬垂、单杠各种握法的悬垂。

(2)手指、腕关节。

①握拳伸展反复练习。

②两手五指交叉直臂头上翻腕,掌心朝上。

③手腕屈伸绕环。

④用左手掌心压右手四指,连续推压。

(3)膝、髋关节练习。

①发展膝、髋关节的柔韧性常结合在一起,采用的方法有压、踢、摆、劈腿等。

②弓箭步压腿。

③向内、向外摆腿。

④前后劈叉、左右劈叉。

⑤背对背坐,双手头上拉,一个前俯,一个后仰。

⑥负重深蹲,脚跟不离开地使膝尽量弯曲。

⑦跪坐压脚面。

(4)踝关节练习。

①主要发展踝关节的背屈和背伸,以及内翻外翻的能力。

②练习者跪在垫子上,利用身体的重量前后移动压足背,也可将足尖部垫高。

③使足背悬空做下压动作,增加练习难度。

④做脚前掌着地的各种跳绳练习。

⑤练习者坐在垫子上,在足尖部位放重物,压足背。

⑥做脚前掌着地的各种方向的行走。

(5)脊柱练习。

包括胸腰练习,主要采用下腰、甩腰、体前屈等。

(6)胸部练习。

①练习者跪立,手臂前放于地下,胸向下压。

②俯卧前屈伸,练习者腿不动,积极抬上体。

③练习者面对墙站立,两臂上举扶墙,抬头挺胸。

④蹬练习者肩背部,向后拉肩振胸。

(7)腰腹练习。

①弓箭步压腿。

②分腿体前屈,双手从两腿中间向后伸。

③俯卧撑交替举后腿,上体尽量后抬呈反弓形。

④体前屈,手握脚踝,尽量使头、胸、腹与腿相贴。

⑤向后甩腰。

⑥两脚前后开立,向左后转,向右后转,来回转腰。

⑦两人背向,双手头上握或互挽臂互相背。

2. 力量素质练习

力量素质是指人的肌体的某一部分肌肉收缩和舒张时,克服内外阻力的能力,外部阻力是指物体的重量、支撑反作用力、摩擦力,以及空气或水的阻力。内部阻力包括肌肉的黏滞力、关节的加固力及各肌肉间的对抗力。外部阻力往往是发展力量素质的手段,人体在克服这些阻力中提高、发展自身的力量素质。力量素质对人体运动有着极大的影响,是人体运动的基本素质,也是衡量训练水平的重要指标。力量素质是人体最基本的身体素质,是进行一切体育活动和体力劳动的基础,有助于速度素质的提高,也有助于耐力素质的增长,一个强大有力的人要比一个体弱的人能持续活动更长的时间。力量的提高会增加肌肉的弹性,促进灵敏素质和柔韧素质的发展,力量素质的水平直接影响技术动作的掌握和训练效果的提高。

力量素质练习方法:

(1)负重抗阻力练习,肩负重物、腿负重物练习。

(2)克服弹性物体阻力的练习,原地单腿跳、双腿跳、多级跨步跳练习。

(3)对抗性练习,双人推拉练习。

(4)克服自身体重练习,引体向上练习。

(5)利用外部环境阻力练习,利用同伴的各种助力做牵引跑练习。

(6)手持重物屈伸练习。

3. 耐力素质练习

耐力素质是指人体在长时间进行工作或运动中克服疲劳的能力,也是反映人体健康水平的一个重要标志,可以培养训练者坚毅、顽强、勇于克服困难的意志品质。合理的耐力训练,可以提高训练者抗疲劳及疲劳后肌体快速恢复的能力。

耐力素质练习方法:

(1)重复练习法。它是指不改变动作结构和外部负荷,在相对固定的条件下,反复进行练习的方法。

(2)间歇练习法。它是指在一次练习之后,在肌体未完全恢复的情况下从事下一次练习的方法。

(3)变换练习法。它是指在相对较长的时间里,以较为恒定的强度持续地进行练习的方法。

(4)循环练习法。根据练习者的生理和心理特点,设计合理的训练内容,依据递增负荷的原则安排练习的一种方法。

(二) 身体各部位的形态控制训练

形态控制练习是调理形态最基础的练习,是改善和提高人体形态控制能力的重要内容,通过徒手练习、地面练习、把杆练习、双人姿态组合练习等大量动作的训练,逐步形成正确的站姿、坐姿、走姿。形体练习的重点是培养学生在确立良好形态的同时,增强形态控制能力。形态训练虽动作简单,但要求很高,训练者必须从严要求,持之以恒,才能达到预期效果。

1. 基本站立形态练习

练习者要微闭嘴,下颏微收,收紧腹,通过鼻腔慢吸慢呼,保持身体向上的感觉和与地面垂直的形态,以便养成良好的站姿体态。

(1)立正站立,双腿夹紧,收腹、挺胸、立腰、立背、紧臀,双肩后张、下沉,双臂自然伸直于体侧,头向上顶,两眼平视。

(2)双手叉腰,做提踵、压跟练习。身体基本形态保持不变。

(3)立正站立。双臂体前、体侧摆动练习,控制好身体的基本形态。

2. 头位、脚位、手位练习

采用组合方式进行,音乐伴奏,用2/4拍或4/4拍中速音乐。

(1)头颈练习:头部位置改变的情况下,保持立腰、立背、挺胸、收腹的身体形态。同时,体会头在形体美中的作用。

①颈部前后屈。

预备:双脚开立,两手叉腰。

第1拍,头前屈。

第2拍,头还原。

第3拍,头后屈。

第4拍,头还原。

第5~8拍,重复1~4拍的动作。

②颈部左右屈。

预备：双脚开立，两手叉腰。

第1拍，头向左转。

第2拍，头还原。

第3拍，头向右转。

第4拍，头还原。

第5~8拍，重复1~4拍的动作。

（2）脚位练习：了解和掌握5种脚位的基本位置，加强良好的形态控制，增强腰、腿部力量，塑造优美形体。做动作时，练习者应控制好立腰、立背、收腹、挺胸的形态，双腿伸直，以左脚为基础脚，每个脚位的身体重心均在两脚之间。

5种脚位中的每个脚位做1×8拍，第1拍为脚转换拍，第2拍为转换完成拍。

①脚一位，第1拍，双脚跟并拢，双脚尖外转，两脚呈一横线，控制第2~8拍。如图11-96（1）所示。

②脚二位，2×8拍的第1拍，右脚右侧点地，第2拍右脚全脚掌着地，两脚呈一横线，脚跟相距一脚距离。控制3~8拍，如图11-96（2）所示。

③脚三位，3×8拍的第1拍，重心移回左脚为右侧点地，第2拍右脚左移至右脚跟对左脚心处，二脚平行并拢，控制3~8拍，如图11-96（3）所示。

④脚四位，4×8拍的第1拍，右脚前点地，第2拍右脚全脚掌横落地，右脚跟同左脚尖相对，控制第3~8拍。如图11-96（4）所示。

⑤脚五位，5×8拍的第1拍，重心移至左脚上，右脚侧点地，第2拍右脚左移至双脚重合并拢，右脚跟同左脚尖相对，右脚在前为前五位，右脚在后为后五位，控制第3~8拍，如图11-96（5）所示。

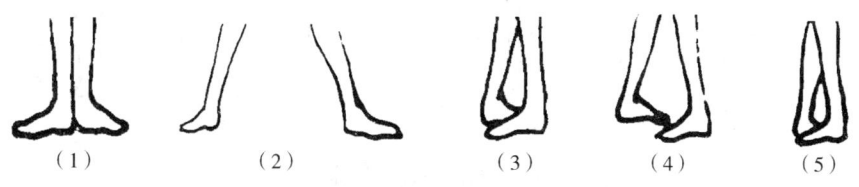

（1）　　　　（2）　　　　（3）　　　　（4）　　　　（5）

图11-96　脚位练习

（3）手臂练习：女芭蕾舞手型，手指自然展开，大拇指和食指稍向里合，如图11-97（6）（7）所示。

（6）　　　　　　　　　（7）

图11-97　女芭蕾舞手型

手臂八位练习，每个手臂位置做1×8拍，第1拍为转换拍，第二拍为转换完成拍。

①手臂一位。第1~2拍，双臂弧形下垂于体前，手指相对，头右斜45°，控制第3~8拍，如图11-98（8）所示。

②手臂二位。2×8拍的第1~2拍，双臂弧形前平举略低于肩，手心相对，眼看正前方，控制第3~8拍，如图11-98（9）所示。

③手臂三位。3×8拍的第1~2拍，双臂弧形上举，手心相对，头右转45°，控制第3~8拍，如图11-98（10）所示。

④手臂四位。4×8拍的第1~2拍，左臂三位，右臂二位，眼看正前方，控制第3~8拍，如图11-98

(11)所示。

⑤手臂五位。5×8拍的第1~2拍,左臂三位,右臂弧形侧举,手心向前,侧举手臂肘关节向后,头右转略后仰,控制第3~8拍,如图11-98(12)所示。

⑥手臂六位。6×8拍的第1~2拍,右臂动作同手臂五位,左臂弧形前平举,眼看正前方,控制第3~8拍,如图11-98(13)所示。

⑦手臂七位。7×8拍的第1~2拍,右臂不动,左臂弧形侧平,举肘关节向后,手心向前,头左转略后仰,控制第3~8拍,如图11-98(14)所示。

⑧收式。双臂弧形下垂于体前,手指相对,如图11-98(15)所示。

要求:做动作时,练习者应保持立腰、立背、收腹、挺胸形态。肩、肘、臂放松,用臂带动手前行。

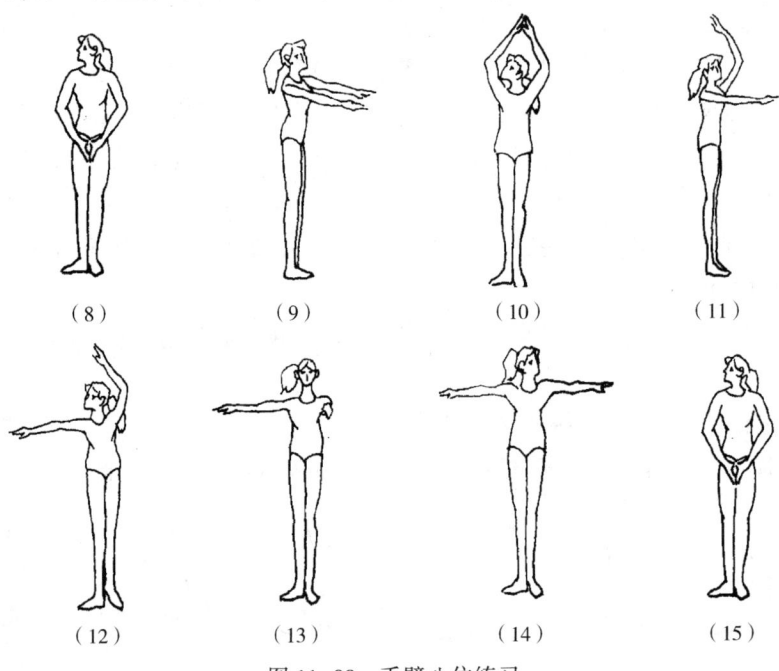

| (8) | (9) | (10) | (11) |

| (12) | (13) | (14) | (15) |

图11-98　手臂八位练习

三、形体训练方法

(1)柔软步。由自然站立开始,左腿脚面和膝关节绷直向前伸出,脚面向外,由脚尖过渡到全脚掌着地,身体重心随之前移,接着换右脚向前,两腿交替行进,两臂自然前后摆动,如图11-99所示。

图11-99　柔软步

(2)足尖步。起踵立,两手叉腰。左腿脚面和膝关节绷直向前伸出,由脚尖过渡到前脚掌。同时,重心前移,两腿交替行进。足尖可向前、向后、向侧行进,如图11-100所示。

(3)弹簧步。摆动腿脚着地前充分绷直,脚着地时由脚尖过渡到全脚掌滚动式着地,并有控制地依次屈踝、屈膝,接着依次有力地伸直膝、踝关节,整个过程应保持稳定的重心。动作要柔和、连续、有弹性,

如图 11-101 所示。

图 11-100　足尖步

图 11-101　弹簧步

（4）变换步。①普通变换步法。自然站立,两臂侧举。1 拍左脚做向前的柔软步,2 拍右脚并左脚呈"丁"字步,同时两臂向下至一位。3～4 拍左脚向前柔软步,重心前移,右腿伸直脚尖后点地,同时右臂前举,左臂侧举,转头看前方。向侧、向后变换步。②举腿变换步法,动作与普通变换大体相同,只是第 4 拍摆动腿向前举起,支撑腿站立或起踵立。③转体变换步法,前半部分动作同普通变换步,第 3～4 拍左脚向前柔软经屈膝蹬直起踵立的同时,右腿前摆向左转体 180° 成右腿后举,两臂经二位摆至三位,向后做转体变换步动作同向前。举腿变换步和转体变换步也可跳起在空中进行,如图 11-102 所示。

图 11-102　变换步

（5）华尔兹:华尔兹是常用的 3～4 节拍的步法,可向前、向后、向侧进行,也可做华尔兹转体。

①向前的华尔兹,预备姿势:起踵立,两臂侧举。

1 拍左脚向前做柔软步并稍屈膝,重心随之前移,右臂经下向左绕。

2～3 拍右脚开始向前做两次足尖步,同时,右臂经下绕至右侧举。

向后的华尔兹与向前的相同,只是向后行进做。第一步可稍大些,身体随之转动,如图 11-103 所示。

图 11-103　华尔兹①

②向侧的华尔兹,预备姿势:起踵立,两臂侧举。

1拍左脚向侧做柔软步并稍屈膝,重心随之移动至左腿,上体向左转动,两臂随身体在水平面上做波浪摆动。

2拍右脚在左脚跟后做足尖步,同时,左腿伸直至起踵立。

3拍左脚在右脚旁并起踵立,如图11-104所示。

图11-104 华尔兹②

③华尔兹转体180°,预备姿势:起踵立,两臂侧举。

1拍左脚向前做柔软步,稍屈膝,同时,右臂经下向前摆。

2拍右脚向前足尖步,同时向左转体90°,两臂上举。

3拍左脚做足尖步与右脚并拢,同时,继续向左转体90°,如图11-105所示。

④华尔兹转体360°,预备姿势:起踵立,两臂侧举。

1拍左脚向前做柔软步,稍屈膝,同时,右臂经下向前摆。

2拍右脚向前做足尖步,同时,向左转体180°,两臂上举。

3拍右脚做足尖步与右脚并拢,同时,继续向左转体180°,如图11-106所示。

图11-105 华尔兹③ 图11-106 华尔兹④

四、形体训练中的器械练习

(一)垫上运动

1. 下肢的屈伸和绕环

以踝关节为轴,做勾脚、绷脚,以膝关节为轴,做屈膝、伸展,以髋关节为轴,向前、向侧、向后举腿,如图11-107所示。

动作要领:关节屈伸要充分,弯曲、伸展要到最大限度。绕环时,关节放松,肢体尽量走最远的路线,画大弧。

2. 压腿

采用直腿坐、分腿坐、单腿跪立,通过上体的摆动和向下振动的动作,增加腿向前、向侧、向后的运动幅度,如图11-108所示。

图 11-107　下肢的屈伸和绕环

图 11-108　压腿

3. 压肩胸

跪立,两臂向前伸直扶地;挺胸、塌腰,使肩胸贴地。如图 11-109 所示。

图 11-109　压肩胸

4. 躯干弯曲

先使躯干各关节拉长,然后再弯曲。前后、左右各方向的弯曲交替进行,避免一个方向的弯曲动作重复过多。

(二) 把杆练习

手扶把杆进行摆动、屈伸、绕环、移重心、波浪、平衡、压肩、压腿、身体弯曲等动作的练习,可改进身体姿势,提高身体的柔韧性和平衡能力,增强腿部肌肉力量,同时,也是徒手练习的基础。为了保证练习者的安全,在练习中要求扶持物具有稳定性,其高度在上体不弯曲的情况下,手臂自然扶持为宜。方法:单手和双手两种,如图 11-110 所示。

1. 压肩、胸

此练习可提高肩、胸的柔韧性和灵活性。

(1)前压肩:面对把杆,双手扶把,上体前屈,低头向下振动,或抬头挺胸向下振动,压肩时可分腿立或并腿立,如图 11-111 所示。

(2)后压肩:背对把杆,两手扶把杆上部,两腿屈膝下蹲或一腿向前变成前弓步,体后拉肩,以提高肩部的柔韧性,如图 11-112 所示。

2. 蹲

有效增强腿部力量和控制平衡的能力。训练方法有半蹲、全蹲、单腿蹲。

图 11-110　单、双手把杆

（1）半蹲：并步立或左右分腿立（脚尖向外），屈膝下蹲至膝关节角度大于90°，然后还原至腿直立，如图11-113所示。

图 11-111　前压肩

图 11-112　后压肩

图 11-113　半蹲

（2）全蹲：由并腿立或分腿立开始，屈膝向下蹲至膝关节弯曲小于90°，然后还原成直立，如图11-114所示。

图 11-114　全蹲

（3）单腿蹲：一腿站立，另一腿屈膝前举或侧举，脚尖贴支撑腿小腿下部，如图11-115所示。

图 11-115　单腿蹲

3. 压腿

提高腿部的柔韧性。练习者根据自己的能力将一腿放至适宜的高度，可屈膝也可直膝压腿。

（1）前压腿：面对或右肩对把杆，左腿绷直放在把杆上，右手扶把杆，左臂上举。上体前屈以腹、胸、下颏依次贴左腿，左臂伸向脚尖前方，接着上体还原成正直，如图11-116所示。

（2）侧压腿：右侧对把杆，右腿伸直向侧放在把杆上，左臂侧举，右手扶把杆，左臂向上，使上体拉长并向右侧屈，右肩后部贴右腿，接着还原成上体正直，如图 11-117 所示。

（3）后压腿：右侧对把杆，左腿后举将脚面放至把杆上，两腿伸直，上体正直，右手扶把杆，左臂上举，挺胸抬头，上体后屈，接着还原成上体直立，如图 11-118 所示。

图 11-116　前压腿

图 11-117　侧压腿

图 11-118　后压腿

4. 踢腿

发展腿部的柔韧、灵活、力量和速度，加大下肢运动的幅度。可向各个方向。

（1）侧摆腿：面对把杆，双手扶把杆，左腿直膝或屈膝向右摆动一次，下摆时脚尖向外。左腿直膝或屈膝向左摆动一次，向下经点地收回还原成直立，如图 11-119 所示。

图 11-119　侧摆腿

（2）前后摆动：侧对把杆，单手扶把杆。外侧腿直膝或屈膝向前摆动，外侧腿下摆经支撑腿时脚尖向外。外侧腿直膝或屈膝向后摆动，外侧腿下摆还原成并腿立，如图 11-120 所示。

（3）小踢腿：右侧对把杆站立，右手扶把杆，左臂侧举或左手叉腰。外侧腿快速有力地擦地绷脚向

前、向侧、向后踢出,急停在 25°位置上,接着脚向下经点地位置擦地收回还原成站立,如图 11-121 所示。

(4)大踢腿:右侧对把杆站立,右手扶把杆,左臂侧举或左手叉腰。左腿快速有力地擦地绷脚向前、向侧、向后上方踢起,接着左腿轻轻落下经点地的位置擦地收回还原成站立,如图 11-122 所示。

图 11-120　前后摆动　　　　　图 11-121　小踢腿

图 11-122　大踢腿

(三)轻器械练习

1. 持哑铃练习

发展肩部三角肌、肱二头肌和肱三头肌的力量。

(1)双手上推。手臂伸直上举,而后还原成预备姿势,每组 30 次,如图 11-123①所示。

要求:做动作时,要控制好立腰、立背、挺胸的形态。用肩和手臂力量向上推,推举时双臂伸直,推举时吸气,还原成预备姿势时呼气。每组间歇 30 秒。

(2)两臂屈肘向前交替弯举连续练习 40 次,也可采用双臂同时屈肘弯举,如图 11-123②所示。

(3)双臂侧画弧上举,或侧举,如图 11-123③所示。

(4)经体前至侧后方伸,如图 11-123④所示。

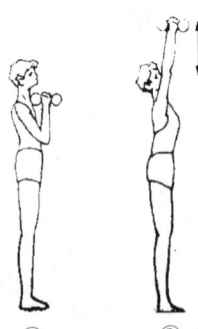   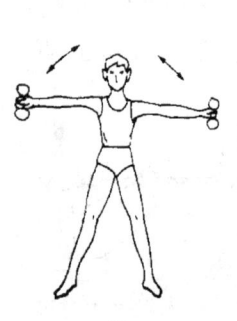 

①　　　　①　　　　②　　　　②　　　　③　　　　③　　　　④

图 11-123　持哑铃练习①~④

(5)练习者快速转动手腕,转动 20 次为 1 组,练习 3 组。做动作时,练习者应控制好上体,不乱晃,双臂伸直练习中只动手腕,自然呼吸,如图 11-124⑤所示。

（6）练习者两脚开立，略宽于肩，双手握哑铃，双臂侧平举，手心向前，双臂屈肘90°，两手向两侧翻腕，转动哑铃，转动20次为1组，连续练习3组，也可采用直臂前平举，手心向下翻腕练习形式，如图11-124⑥所示。

（7）练习者两脚开立，略宽于肩，双手握哑铃，屈肘于胸前，手心向下，小臂外展成侧平举，还原成胸前屈肘，如图11-124⑦所示。

（8）双臂握哑铃直臂上举，经体前屈，伸直手触地，上体直立还原成上举，反复练习10次，如图11-124⑧所示。

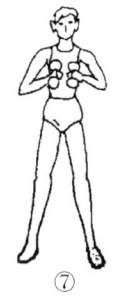

⑤　　　　　　⑥　　　　　　⑦　　　　　　⑧

图11-124　持哑铃练习⑤~⑧

（9）以腰为轴做中幅度绕环，上体后仰时吸气，上体前屈时呼气，如图11-125⑨所示。

（10）上体左侧屈，右手提哑铃于右腋下，上体左右交替进行，如图11-125⑩所示。

（11）右臂上举，右臂屈肘置哑铃于脑后，反复20次为1组，双臂交替练习各3组，如图11-125⑪所示。

⑨　　　　　　⑩　　　　　　⑪

图11-125　持哑铃练习⑨~⑪

（12）身体直立、下蹲还原，反复做20次，如图11-126⑫所示。

（13）双脚提踵站立，下蹲。反复10次为1组，连续做6组练习，如图11-126⑬所示。

2. 辅助器械练习（吊杠）

肱三头肌、三角肌、背阔肌和胸大肌力量练习。

（1）练习者上体直立，坐于吊杠下，双手同肩宽握吊杠。双臂屈肘下拉吊杠至胸前，双臂伸直还原，反复做练习，如图11-127⑭所示。

（2）练习者上体直立，坐于吊杠下，双手同肩宽握吊杠。直臂向前压杠至胸前，直臂慢上举还原，反复进行，如图11-127⑮所示。

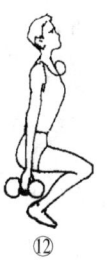

⑫　　　　　　⑬

图11-126　持哑铃练习⑫⑬

（3）练习者仰卧吊杠下，双臂伸直，同肩宽握吊杠。双臂屈肘向胸前拉吊杠，双臂慢伸还原，如图11-127⑯所示。

（4）练习者两脚开立与肩同宽，两手靠近吊缆握吊杠，两手之间相距25厘米，双臂直臂下压吊杠至腹前下方，慢速回举肩前预备位置，反复做练习，图11-127⑰所示。

图 11-127　吊框练习⑭～⑰

肩、胸、背、臂、腹部肌肉力量练习。

（1）练习者头上双手握吊杠，双臂伸直，双脚开立，双腿伸直，直臂拉推至腹下，慢速还原成预备姿势，反复做练习，如图11-128⑱所示。

（2）背向吊杠，两脚开立，双腿伸直，双臂屈臂颈后抓握吊杠，上体前屈，上体直立，反复做练习，如图11-128⑲所示。

（3）练习者头上双手窄握吊杠，两脚开立，双腿伸直，双臂直臂向下压杠至胸前后，向左或向右侧推至髋旁，慢速还原成预备位置，反复做练习，如图11-128⑳所示。

（4）练习者背对吊杠站立，双手背后握吊杠，双臂伸直，上体稍前倾，双腿稍屈膝，直臂向下拉压吊杠至腰臀部后，慢速还原成预备位置，反复做练习，如图11-128㉑所示。

（5）练习者面对吊杠，双脚开立，双手宽握吊杠，直臂举胸前，上体稍前倾，双臂直臂拉压吊杠至腹下，双腿稍屈膝，双臂慢速举臂还原成预备位置，反复做练习，如图11-128㉒所示。

（6）练习者背向吊杠，两脚开立，双腿伸直，双臂屈臂颈后抓握吊杠，上体前屈，上体直立，反复做练习，如图11-128㉓所示。

  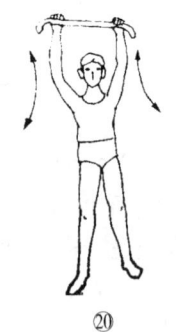   

图 11-128　吊杠练习⑱～㉓

第六节　啦啦操

一、啦啦操概述

啦啦操来源于早期部落社会的仪式。为激励外出打仗或打猎的战士们,他们通常会举行一种仪式,仪式中会以族人欢呼、手舞足蹈的表演来鼓励战士,希望能凯旋。19世纪70年代,第一个啦啦队俱乐部在美国普林斯顿大学成立。20世纪初,啦啦队开始广泛使用扩音器。20世纪20年代,女性在啦啦队中活跃起来,开始把健美操等动作融入啦啦操中。1980年,美国第一届全国啦啦队锦标赛开幕,标志着啦啦队运动进入了竞技比赛的行列,首次制定了比较规范的啦啦队竞赛规则。20世纪90年代以后,随着啦啦队的飞速发展,全美各州大、中学校都拥有自己的啦啦队及团体协会,并且建立了自己的啦啦队网站。1998年国际啦啦操联盟成立,是啦啦队发展史上的里程碑。2001年11月,在日本东京举办的首届国际啦啦操锦标赛,吸引了全世界多个国家参与,正式将啦啦操提升为世界竞技运动。

二、啦啦操在我国的发展

在美国的啦啦操不断发展的同时,中国的啦啦操比赛正悄然兴起。我国是通过美国的NBA认识啦啦操的,虽然啦啦操运动在我国还是一项新兴的体育运动项目,但自传入就很快受到我国广大青少年的喜爱,以全新的面貌在各级学校中迅速地开展起来。

啦啦操是一项充满阳光、时尚和团队精神的大众体育运动,在我国大中小学中受到青少年前所未有的追捧。2009年,国家体育总局正式批准开展全国啦啦操联赛官方赛事。

为普及推广这一运动,国家体育总局体操运动管理中心先后在全国近十个省市举行了大规模培训,参训的教练员和裁判员近6000人。2012年,又推出竞赛积分排名和"全国啦啦操示范窗口学校"的评选,以及优秀教练员的评选和运动员达标注册制,有效地调动了基层单位开展啦啦操运动的积极性。

从2013年起,中国啦啦操联赛开始实行A级赛区和B级赛区制。联赛之外,还有总决赛、锦标赛、冠军赛等赛事,极大地提高了我国啦啦操运动水平。

三、现代啦啦操分类及手型

(一)现代啦啦操分类

现代啦啦操是以团队的形式出现,并结合 Dance(舞蹈)、Cheer(欢呼)、Partner Stunts(舞伴特技,是指托举的难度动作)、Tumbling(技巧)、Basket Toss(轿子抛)、Pyramid(叠罗汉)、Jump(跳跃)等动作技术,配合音乐、服装、队形变化及标示物品(如彩球、口号板、喇叭与旗帜)等要素,遵守比赛规则中对性别、人数、时间限制、安全规则等规定要求进行比赛的运动,称之为竞技啦啦队,亦可称为啦啦队。竞技啦啦队分为技巧啦啦队和舞蹈啦啦队。代表世界啦啦操最高水平的全美啦啦操锦标赛参赛标准为:队伍人数要在6~32人,分四个组别进行比赛,分别是业余组、中学组、大学组和全明星组。

(二)啦啦操中的手型

手型是手臂动作的延伸和表现,运用得好,会使啦啦操动作更加丰富多彩,生动活泼,更具有感染力。

(1)并拢式:五指伸直,相互并拢。大拇指微屈,指关节贴于食指旁。

(2)分开式:五指用力伸直,充分张开。

（3）芭蕾手式：五指微屈，后三指并拢、稍内收，拇指内扣。

（4）拳式：握拳，拇指在外，指关节弯曲，紧贴于食指和中指。

（5）立掌式：五指伸直，手掌用力上翘。

（三）啦啦操基本手位图（表11-8）

表11-8　啦啦操基本手位图

 上 M	 下 M	 W	 高 V
倒 V		T	斜线
 短	 前 X	 高 X	 低 X	 屈臂 X
 上 A	 下 A	 加油	 上 H

续表

 下 H	 小 h	 L	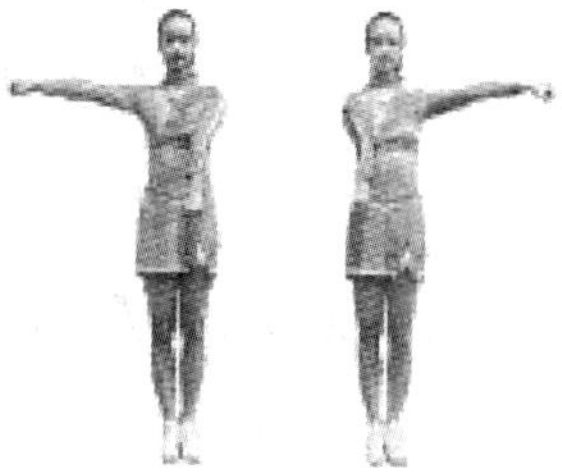 倒 L

 K	 侧 K	 R	 弓箭	 小弓箭

 高冲拳	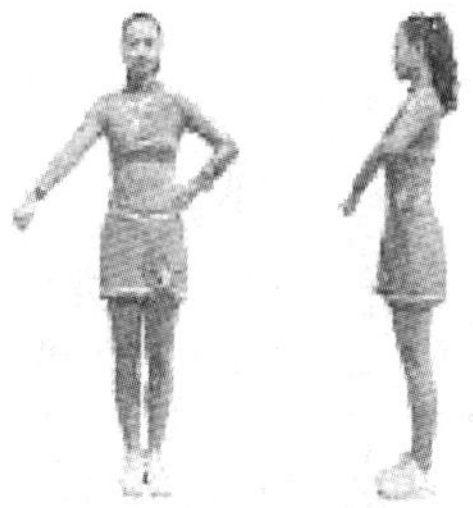 侧下冲拳	 斜下冲拳

 斜上冲拳	 短剑	 侧上冲拳	 X

四、啦啦操的技术特征与竞赛项目

（1）啦啦操的技术特征体现在所有肢体动作的发力方式上，即通过短暂加速、制动定位来实现啦啦操特有的力度感，动作完成干净利落，具有清晰的开始和结束。在运动过程中要重心稳定、移动平稳，身体的控制要精确，站位要准确。

（2）技巧啦啦操难度分为四类，即翻腾、抛接、托举、金字塔。舞蹈啦啦操难度分为三类，即转体、跳步、平衡与柔韧。

（3）竞赛种类：全国啦啦操锦标赛、全国啦啦操系列赛、全国体育大会啦啦操比赛等各种赛事活动。

（4）竞赛项目：技巧啦啦操有集体技巧啦啦操自选套路、双人配合技巧啦啦操自选套路、五人配合技巧啦啦操自选套路。舞蹈啦啦操有花球舞蹈啦啦操自选套路、爵士舞蹈啦啦操自选套路、街舞舞蹈啦啦操自选套路、自由舞蹈啦啦操自选套路。

五、啦啦操竞赛规则

（一）报名要求

参赛运动员报名时必须持有医院出具的健康证明。参加比赛的运动员须提前办理比赛期间"人身意外伤害"保险并在报名时提交保险单。各参赛队在报名时每队可报替补运动员最多4名（2女2男）。只有报名单上的参赛队员及替补队员才有资格参加比赛。

（二）更换运动员

参赛队可在赛前24小时向组委会申请更换运动员，被更换的运动员禁止在该赛事活动中参加任何比赛。

（三）竞赛程序

比赛进行预赛和决赛两个程序。

（1）预赛出场顺序：赛前由大会竞赛部门负责抽签决定。

（2）决赛出场顺序：由预赛成绩决定，预赛成绩排名靠前者后出场，排名靠后者先出场。

（四）竞赛场地（图11-129）

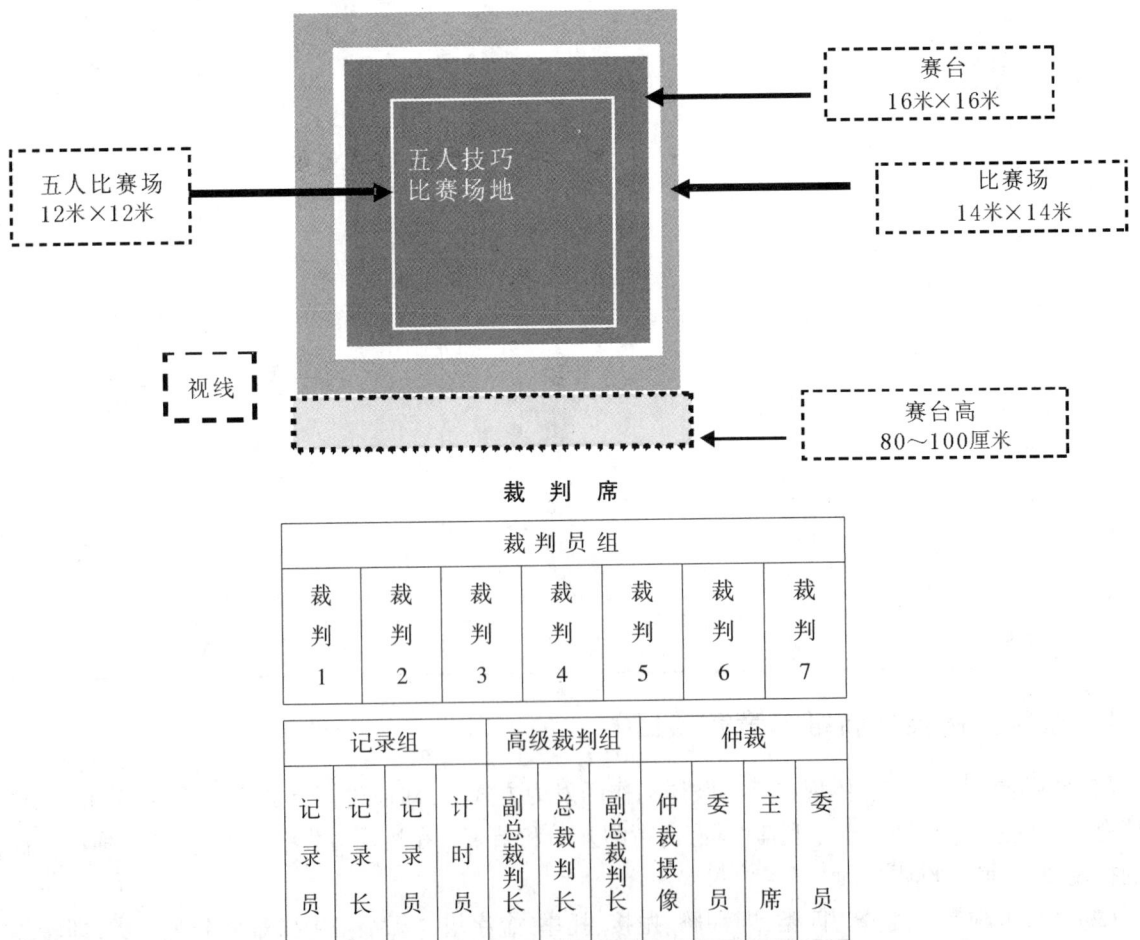

图 11-129　竞赛场地

（1）赛台。舞蹈啦啦操比赛可使用赛台,赛台高 80~100 厘米,后面有特定标志的背景板,赛台不得小于 16 米×16 米;技巧啦啦操比赛禁止使用赛台。

（2）比赛场地。比赛场地选用专业比赛板,也可用体操板或地毯代替,并清楚地显示 14 米×14 米的比赛区域;标志带为 5 厘米宽的红色或白色带,标志带是场地的一部分。

（3）裁判座位区。裁判员坐在赛台正前方,视线员座位安置在赛台的 2 个对角,高级裁判组坐在裁判员的后排。

（五）成套动作时间

（1）技巧啦啦操。集体技巧啦啦操成套时间为 2 分 15 秒至 2 分 30 秒;双人、五人配合技巧成套动作时间为 60~65 秒。

（2）舞蹈啦啦操。成套时间为 2 分 15 秒至 2 分 30 秒。

（六）比赛的开始和结束

（1）所有参赛队员比赛开始时必须在比赛区域内,同时身体的某一部分必须接触比赛场地。

（2）计时开始从音乐第一个音符或队员的第一个动作开始;计时结束为音乐的最后一个音符或队员的最后一个动作结束。

（3）附加任何有组织的退场动作或在成套结束后附加的多余动作,都视为成套动作的一部分并将计算其时间。

（七）比赛中断

（1）在发生运动员损伤或任何其他意外的情况下,高级裁判组有权停止比赛。

（2）由于音响设备或比赛设施等原因导致比赛不能继续,受影响的队伍将被允许重新开始。

（3）由于队伍自身动作的失败或道具等原因导致比赛不能继续,该参赛队将不被允许继续比赛。

（4）由于队员受伤导致比赛中止,该参赛队可以继续完成成套动作或退出比赛,同时高级裁判组也有权根据受伤程度决定是否停止比赛。

（八）上场时间

运动队被叫到后 20 秒内必须上场,超过 20 秒将予减分,超过 60 秒取消比赛资格。

（九）比赛音乐

（1）成套动作音乐。可以使用一首或多首乐曲混合的音乐,可以加入特殊音效;音乐必须录制在 CD 上(一盘只能录有一首音乐)并填写"CD 登记卡";自备 2 盘比赛 CD,一盘比赛,一盘备用,并且清楚地标明参赛单位、项目及参赛顺序。

（2）音乐音质。音乐的质量应达到专业化水准,确保清晰、稳定。

（3）音乐节奏。音乐节奏要清晰、明快、热情、奔放、动感、兴奋,具有震撼力。

（十）竞赛服装(图 11-130、图 11-131)

图 11-130　女装样例　　　　　图 11-131　男装样例

（1）竞赛服装。技巧啦啦操:服装以弹性面料为主,式样见上图。运动员必须着合适内衣,服装上禁止描绘战争、暴力、宗教信仰或性爱主题的元素;不可穿透明材质衣服及裤袜;服装可适当修饰,但不得出现悬垂物、水钻和亮片;领奖时必须穿比赛服。舞蹈啦啦操:服装以弹性面料为主,款式不限,与舞蹈啦啦操成套动作风格相吻合,允许使用部分透明材质的面料;运动员必须着合适内衣,不得过于暴露;服装上禁止描绘战争、暴力、宗教信仰或性爱主题的元素;领奖时必须穿比赛装。

（2）比赛鞋袜。

①技巧啦啦操(图11-132):比赛用鞋要求穿全白色且有牢固软胶底的运动鞋以及白色运动袜。禁止穿丝袜、舞蹈鞋、靴子、体操鞋(或类似)等。

②舞蹈啦啦操(图11-133):可穿啦啦操鞋、舞蹈鞋,颜色不限,不可赤脚。

 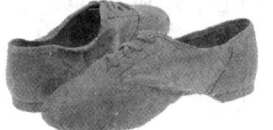 

图11-132　技巧啦啦操鞋样例　　　　图11-133　舞蹈啦啦操鞋样例

(十一) 饰物

（1）技巧啦啦操:不得佩戴任何首饰,包括耳环、手链、脚链、戒指、项链、手表等,但可以使用平板夹、医用绷带。

（2）舞蹈啦啦操:根据成套编排动作以及表演效果的要求,可适当佩戴饰物,但饰物必须是服装的一部分。

(十二) 竞赛发型(图11-134)

技巧啦啦操所有参赛运动员(除短发者)头发必须扎起,不可遮挡面部。舞蹈啦啦操为了配合成套动作主题可适当放宽,但不得造型怪异。

图11-134　发式样例

(十三) 道具(图11-135)

（1）技巧啦啦操。

①所有道具都必须安全。允许使用的道具包括旗、横幅、标志牌、花球、扩音器。禁止使用伞、接力棒,以及用金属、玻璃、塑料等硬质材料制成的道具;禁止使用多棱角的道具。

花球　　　　　　　　扩音器　　　　　　　　标志牌

图11-135　道具样例

②禁止使用带有杆或类似能起支撑翻腾或托举作用的道具;禁止将一个坚硬的标志牌从一组托举运动员手中扔到远处的地面上。

③任何可以从比赛服上卸下来产生视觉效果的东西都会被认为是道具。

④使用的标志牌等道具可以由站在场中的运动员摆放在场外,但不可抛出场外,同时运动员必须保持始终停留在场地内。

(2)舞蹈啦啦操。

除花球外,舞蹈啦啦操不允许使用其他道具,但自由舞蹈啦啦操道具使用不受限制。

(十四)裁判评分标准

(1)啦啦操规定动作的评分采用100分制。每个裁判100分为满分,扣除一个最高分和一个最低分,其余相加为最后得分。

(2)道具减分。错误运用道具减5分;道具掉地后迅速捡起继续做动作减0.5分/人次;道具掉地后不捡起而继续做动作判为失去道具减2分/人次;将道具抛出场外减1分/人次。

(3)时间减分。少于或超出规定时间10秒减2分;少于或超出规定时间20秒减5分;运动队被叫20秒内未上场减2分;运动队被叫超过60秒未上场取消比赛资格。

(4)服饰减分。

①不正确着装减2分。违反竞赛服装规定要求;身体涂闪光物或油彩,技巧啦啦操服装上有亮片或水钻(闪光材料除外)等;女运动员没有身着内衣或露出内衣;运动中发型散落,医用绷带散开,服装散开,鞋及装饰物脱落;运动员出现怪异发型。

②错误着装减5分。服装过于暴露或露出隐私部位;服装违反规则规定款式要求。

③警告。开幕式或领奖时没有穿比赛服装。

④其他减分。多于或少于规定人数减2分/人;非高质量音乐减2分。

第七节　排　舞

一、排舞概述

排舞属于舞蹈类别的一个分支,英文叫 Line dance,就是排和线的意思,翻译过来就是排成一排排跳的舞蹈。它起源于美国20世纪70年代的西部乡村舞蹈。排舞既可以集体共舞,又可以个人独享,形式多样,丰富多彩。

二、排舞的发展历程

排舞历经30多年的发展风靡全球,全世界的排舞协会、俱乐部、工作室多如牛毛,全球排舞爱好者数以亿计,在每个国家都能找到知音。随着时代的发展,排舞全球化的普及,全世界各国艺术家的加入,使排舞融合了国际上多种流行时尚舞蹈元素,越来越现代。这种不断创新和变化,使排舞获得了持续发展的艺术生命。

排舞丰富多彩,风格多样。除了有高端舞蹈技术的比赛,排舞在国外还广泛用于狂欢节、文化节、嘉年华及大型活动展示等节庆活动。整齐的队列、绚丽多彩的服装服饰、集体的欢歌共舞,充分营造出一种欢快热烈的节日氛围。

2006年中国全健排舞推广精英团队成立,计划将排舞作为独立运动项目系统化引进到中国。通过去国外考察学习以及邀请国际排舞专家来华授课,在排舞的发展过程中,团队领导人意识到,单纯引进是不够的,必须根据中国国情学习改编,吸收创新,突出中国文化特色,才便于向全国大众推广。为了更好地掌握排舞的编排规律,使外来的艺术形式与中国传统文化相融合,全健排舞推广精英团队深入挖掘排舞的社会文化内涵,同时赋予其娱乐健身的功效,取名叫"全健排舞",寓意"全民健康""全民参与"的意思,简称"排舞"。

全健排舞首次亮相全国大型活动是在 2008 年 8 月 8 日北京奥林匹克运动会开幕当天的早晨,天安门广场举行了"祝福北京 祝福奥运"千人排舞大展演。全健排舞一炮打响,获得了社会大众的广泛关注以及国内外媒体的宣传报道,从此拉开了全国推广全健排舞的大幕。

自 2008 年中华全国总工会、中国职工文体协会在全国产业职工中率先推广全健排舞以来,得到各地总工会的大力支持。全健排舞阳光健康、时尚新潮,职工掀起了学习排舞的热潮,年轻职工的热情参与,更使全健排舞充满了年轻的活力。2021 年修订了《全国排舞比赛评分规则》,为排舞比赛的动作、编排及音乐做出了新的示范。

全健排舞在全国产业职工中推广取得的成功,对其他系统人群起到了典型示范的作用。全国院校师生、社区百姓及部分文艺系统的职工都融入全健排舞的推广大潮。各地排舞发展呈星火燎原之势,排舞比赛、表演、展示的群众性活动更是此起彼伏。

三、排舞运动的基本特征

(一)音乐题材的丰富性

排舞音乐丰富多彩,既有浓厚牛仔风格的美国西部乡村歌曲,又有经典的西洋老歌,也有许多现代音乐元素,如爵士、拉丁、华尔兹、街舞,以及世界名曲,甚至歌剧主题曲,现行的排舞曲已达 3000 多首。丰富多样的音乐形态是排舞创编的资源库。多元的舞曲可满足不同性别、不同年龄层次人群的需求,深受现代都市男女老少青睐。

(二)动作元素的多元性

排舞是拉丁舞、爵士舞、街舞、舞厅舞等舞的"大集成",其舞步的选择自由度十分大,有恰恰、伦巴、曼波、牛仔、华尔兹、摇滚及其他舞蹈的基本步,也有诸多民间舞步。除了步伐的统一外,对躯干和上肢动作并没有具体规定,每个舞者都可跳出自己的风格,展现完全属于自己心灵的诠释,这更增添了排舞的魅力。

(三)舞步与音乐的高度结合性

排舞的每一支舞曲都有世界共同的舞序,所以排舞是全世界同步的舞蹈,每一支舞曲都有对应节奏和风格的舞步。在现有舞曲中,排舞的舞步无一雷同,由于不断有新的乐曲出现,新的舞步也相应产生,现今流行的舞曲一般由世界知名的排舞教师依照舞曲的歌词意境及节奏风格编舞,动作选择设计完全取决于音乐特点和风格,具有高度匹配性。音乐与动作的一致性,不仅体现出艺术美感,而且让舞者体验到二者融合的愉悦感。

(四)形式的局限性少,适应性广泛

排舞运动不受场地器材的限制,参与性极强,城市、乡镇、学校、社区、商场等都可以开展。除了音乐,不需其他任何器材,人们可以随时随地享受排舞带来的快乐。动作着重在步伐,对于躯干和手臂并无统一要求,身体可以随着音乐自然摆动,也可以随着当时的感觉增加一些手势以表现自己。每首舞曲的舞步以 32 拍、48 拍或 64 拍组成完整小节,向两个或四个方向重复跳,拍数少,易学易记,所以适应所有年龄层,易普及,体现出局限性小和适应性广的特点。

四、排舞的价值

排舞具有体育锻炼的价值,经常进行排舞练习,心血管和呼吸系统都能得到良好的锻炼,改善心肺功

能,加速新陈代谢过程,促进消化,消除大脑疲劳和精神紧张,从而达到增强体质、增进健康、延缓衰老、提高人体活动能力等良好的健身作用。

（一）健心价值

从心理学的角度来分析,人的注意力是心理活动对一定对象的指向和集中,也就是说,注意是受指向制约的,在翩翩起舞的过程中,注意力必然都集中在欣赏优雅的舞曲音乐,并沿着节奏将内心情感抒发在舞姿上。由于注意力的转移,就能使身体其他部分的机能得到调整和充分休息,所以参加排舞这项运动能消除紧张的情绪和缓解压力,练习者在优美动听的音乐、美妙的舞姿中,消除疲劳,陶冶心灵,感受到愉快的情绪,从而达到最佳的心理状态。

（二）健脑价值

记忆,就是过去的经验在人脑中的反映。它包括识记、保持、再现和回忆四个基本过程。其形式有形象记忆、概念记忆、逻辑记忆、情绪记忆、运动记忆等。在排舞的练习过程中,不仅要运用形象记忆、概念记忆,还要运用情绪记忆和运动记忆。而随着年龄的不断增长,记忆力会以很慢的速度减退,这是自然规律,也是正常现象。进行排舞练习,可以通过对大脑神经的不断刺激,来减缓记忆力的减退,达到良好的健脑效果。

（三）健美价值

排舞的练习是在优美动听的音乐旋律中,用心灵共舞,把细腻的情感注入舞姿中,并以高超的舞蹈技艺形神一致地表现出各种动与静的姿态,塑造出各种美妙的意境组合,体现出美的姿态、美的造型,创编出体育与艺术、健与力高度结合的意境,给人们艺术熏陶和美的享受。因此,排舞练习对形态、姿态、健康等方面都有较高的要求,经常参加排舞练习是一项很好的形体训练,可以提高人体的协调能力,强健身体各个部位的肌肉群,以及增加骨骼的骨密度,具有十分积极的健美作用。

（四）终身锻炼价值

排舞运动适合各个年龄层次,学练的门槛较低,"凡是会走路的人都会跳排舞"这句话说明即使没有舞蹈基础,也能进行排舞练习。在 3000 首舞曲中,包含了多种舞蹈和音乐风格,每一首舞曲都有精心设计的动作规范。针对不同性别、年龄层次的人群都有较为适合的运动量和强度。青年人比较喜欢热情奔放、激情洋溢的舞曲和舞蹈类型,可以选择拉丁舞、爵士舞、街舞等舞蹈风格;中老年人则可以选择舒缓、柔情的华尔兹等舞蹈风格。

总之,排舞是将健身性、娱乐性、观赏性、趣味性和群众性等融为一体的运动形式,并与现代生活方式密切相关,目前这项运动在世界上已被列在几大最具健身性项目的首位。

五、排舞基本动作常用术语（表 11-9）

表 11-9　排舞基本动作常用术语

序号	动作术语	序号	动作术语	序号	动作术语	序号	动作术语	序号	动作术语
1	脚	7	提起	13	踢	19	走	25	扇形步
2	用左脚	8	并步	14	弹屈	20	击掌	26	划、扫过
3	用右脚	9	控、停留	15	擦地	21	顶髋	27	拍点
4	向前	10	勾提	16	弓步	22	漫步	28	轻点
5	向后	11	踏	17	拖步	23	滑步	29	重点
6	斜方向	12	重踏	18	扭转	24	滑冰步	30	点

六、排舞常用步伐图解（表 11-10）

表 11-10　排舞常用步伐图解

1	1/4 转体 / 半拍　左　右 & 　 L 　 R / 1/2 转体	2	擦地
3	脚尖点地 2 次	4	跳	5	支撑腿
6	（支撑腿）跳	7	无支撑腿	8	蹬地（换重心）
9	蹬地（不换重心）	10	交叉勾脚	11	提膝跳动
12	脚尖支撑	13	脚尖点地无支撑	14	脚跟支撑
15	脚跟点地无支撑	16	击掌	17	踢腿

续表

18	脚跟蹬地 2 次	19	提膝

第八节　踏板操

一、踏板操概述

踏板操运动是一项将健身性、表演性、娱乐性和竞赛性融为一体的团体运动项目,它是借助可以升降高度的踏板器材进行练习的有氧运动。踏板操作为经典的有氧运动项目,已风靡全球,每天都有不计其数的健身爱好者参与其中。踏板操运动带给人们积极健康的运动方式、酣畅淋漓的运动体验,更是培养了人们健康阳光的健身情怀。

踏板操起源于健美操,却又区别于传统健美操的运动,不仅仅是"踏板+传统健美操"的简单叠加,一块踏板的加入,衍生出独属于踏板操的特殊魅力,赋予该项运动"踏板+传统健美操"的新内涵。1989 年前后,金·米乐最早开始了踏板操的练习和推广,锐步公司发明生产了世界上第一款健身踏板。1992 年,锐步与金·米乐共同推出了系列踏板操教学 DVD,在这些系列视频中,金·米乐及示范队员们时尚的装扮、积极阳光的教学风格,以及新颖流畅的动作编排,吸引了全球健身爱好者的目光。1995 年到 2005 年,优秀踏板操导师集中涌现的现象,可视为健身行业人才长期积累的结果,也是国际健身市场飞速发展的表征。2005 年以后,踏板操运动进入快速发展期,无论在编排形式、目标人群划分还是教学方法和动作创新的研发方面都达到了历史新高。

20 世纪 90 年代初期,随着改革开放政策的不断深入,外来文化相继涌入我国,广大群众的体育文化生活也日益丰富,踏板操运动作为一项群体性健身活动也随之进入人们的视野。2000—2017 年,各种规模的国际健身大会在中国不断举办,如亚洲健身大会、中国国际健身大会、亚健体育国际健身大会等,邀请了世界顶级踏板操培训导师前来授课和培训。许多健身从业人员在这种频繁的健身交流中,学习和认识了踏板操基本知识与教学方法。随着健身大会这一交流平台不断为人熟知,越来越多的世界优秀踏板操导师来到中国传授技术、交流经验。通过体育文化的交流,使得我国的踏板操运动走上国际化、时尚化的道路,为我国体育文化建设作出了贡献。

二、踏板操分类及特点

根据踏板操运动不同的功能和用途可将踏板操分为三大类:健身踏板操、竞技踏板操和表演踏板操。

（一）健身踏板操

健身踏板操是一种以团体形式出现,以强健体魄、美化体态及陶冶情志为目的的有氧健身运动。健身踏板操因其综合全面的健身功能,易于推广普及的特性,激情洋溢的动作变化及新颖的器材使用方式,

得到了广大练习者的认可。健身踏板操具有健身性、科学性和广泛性特点。

（二）竞技踏板操

竞技踏板操自 1990 年首次被列为比赛项目以来，已经走过了 30 多年的发展变革之路，自 2011 年以来，竞技踏板运动进入蓬勃发展的阶段，2012 年国际体操联合会将竞技踏板操列为正式比赛项目，并更名为"有氧踏板"。随后，国际体操联合会在健美操规则培训班中对有氧踏板项目的比赛规则进行了培训和推广，从此有氧踏板项目有了国际健美操组织官方承认的竞赛规则。在此期间，中国逐步崛起成为竞技踏板操运动的强国。竞技踏板操具有竞争性、规范性、公正性和集群性等特点。

（三）表演踏板操

表演踏板操是在健身踏板操和竞技踏板操的基础上衍生变化而来的，具有健身踏板操与竞技踏板操的功能和特点，集健身的实用性和竞技比赛套路的观赏性于一身。表演踏板操的适用性较强，既适合在大型的运动集会上进行团体展示，也适用于小空间范围内的表演展示。

三、踏板基本结构

踏板基本构造主要包括四部分：踏板主体、踏板平台、踏板加强结构、踏板功能配件。国际体操联合会对有氧踏板项目比赛用板的要求是：重量不得低于 5 千克，高度为 15 厘米（图 11-136）。

图 11-136 踏板

四、踏板操基本技术动作

踏板操基本动作是人们参与踏板操运动创编和教学的基础构成。根据动作复杂程度及使用频率的不同，可将踏板操基本动作分为初级基本动作和中级基本动作；根据动作的类别不同，可将踏板操基本动作分为踏步类、抬腿类、点板类和综合类。下面我们介绍踏板操常用基本动作：

（一）踏步（March）

（1）动作描述：

①踏板的摆放方式为水平摆放。②完成该动作需要 2 拍。③右脚作为启动脚在踏板前踏步 1 次。④左脚原地踏步 1 次。

（2）动作要领：

①挺胸收腹。②双膝放松。③自然摆臂。④动作节奏要与音乐节奏吻合。

（二）上下板基本步（Basic）

（1）动作描述：

①踏板的摆放方式为水平摆放。②完成该动作需要 4 拍。③右脚作为启动脚由板前先行上至踏板中间。④左脚跟随启动脚也一起由板前上至踏板中间。⑤右脚由踏板中间下至板前起始位置。⑥左脚也跟随右脚从踏板中间下至板前起始位置，双脚并拢。

（2）动作要领：

①挺胸收腹。②身体略向前倾。③2/3 脚掌落在踏板上。④双脚落脚位置与肩同宽。⑤可加入上肢动作与下肢动作协调配合。

（三）曼波（Mambo）

（1）动作描述：

①踏板的摆放方式为水平摆放。②完成该动作需要4拍。③右脚作为启动脚迈步至踏板上方踩板，左脚原地板下踏步，然后右脚踏步下板还原至起始位置，左脚跟随踏步至双脚并拢。

（2）动作要领：

①挺胸收腹。②膝关节放松。③手臂协调摆动。④身体重心转换自然。

（四）"V"字步（V Step）

（1）动作描述：

①踏板的摆放方式为水平摆放。②完成该动作需要4拍。③该动作完成过程就像在踏板上完成一个"V"字的运动轨迹。④右脚为启动脚由板前上至踏板上。⑤左脚跟随也由板前上至踏板上。⑥右脚再作为启动脚由板上移动至板下。⑦左脚也跟着下板，双脚并拢站于踏板前。

（2）动作要领：

①保持身体正直。②膝关节放松。③手臂协调摆动。④在上下踏板过程中走出"V"字形状。

（五）上板吸腿一次（Keep Up/Single Knee）

（1）动作描述：

①踏板的摆放方式为水平摆放。②完成该动作需要4拍。③右脚作为启动脚先行上至板上1号位置。④左脚同时向上抬起1次，脚尖绷直。⑤左脚踏步还原至踏板前，右脚跟随踏步还原至踏板前。

（2）动作要领：

①膝关节抬起高度与髋同高。②可加入手臂动作协调配合。③核心部位收紧。④板上落脚位置为板上1号或3号位置。

（六）后屈腿（Leg Curl）

（1）动作描述：

①踏板的摆放方式为水平摆放。②完成该动作需要4拍。③右脚作为启动脚先行上至踏板上1号位置。④左脚向后屈腿1次。⑤左脚踏步还原至踏板前，右脚跟随踏步还原至踏板前。

（2）动作要领：

①脚跟靠近臀部。②板上落脚位置尽可能靠近踏板两端。③身体略向前倾，挺胸收腹。④可加入手臂动作协调配合。

（七）踢腿（Kick）

（1）动作描述：

①踏板的摆放方式为水平摆放。②完成该动作需要4拍。③右脚作为启动脚先行上至踏板上1号位置。④左脚直腿向前踢腿1次。⑤左脚踏步还原至踏板前，右脚跟随踏步还原至踏板前。

（2）动作要领：

①保持靠近踏板。②核心部位收紧。③板上落脚位置尽量靠近踏板两端。④踢出腿伸直。

（八）后抬腿（Back Lift）

（1）动作描述：

①踏板的摆放方式为水平摆放。②完成该动作需要4拍。③右脚作为启动脚先行上至踏板上1号位置。④左脚直腿向后抬腿1次。⑤左脚踏步还原至踏板前，右脚跟随踏步还原至踏板前。

（2）动作要领：

①保持靠近踏板。②身体略向前倾，向后抬起腿不要抬得过高。③双肩下沉，肩胛内收，挺胸收腹。

④抬起脚,膝关节伸直。

(九)交替上板踏点步(Step Touch)

(1)动作描述:

①踏板的摆放方式为水平摆放。②完成该动作需要4拍。③右脚作为启动脚上至踏板上1号位置,左脚跟随上板,在板上1号位置点板。④左脚先下板至起始位置,右脚跟随下板至并脚。⑤左脚作为启动脚,交替换另一侧,重复同样动作,直至回到板前起始位置。

(2)动作要领:

①挺胸收腹,姿态优美,手臂动作与下肢动作协调配合。②两脚落脚位置集中在踏板上1号、3号位置。③左右侧动作交替完成时,保持重心平衡、动作流畅。

(十)脚尖点板(Toe)

(1)动作描述:

①踏板的摆放方式为水平摆放。②完成该动作需要2拍。③右脚作为启动脚,脚尖上至踏板中间点板。④右脚还原至板前起始位置。

(2)动作要领:

①挺胸收腹。②膝关节放松。③脚尖触板位置位于踏板中间部位。

(十一)侧滑步(Slide)

(1)动作描述:

①踏板的摆放方式为水平摆放。②完成该动作需要4拍。③右脚作为启动脚向右侧迈步,同时左腿伸直,此姿势停顿保持2拍,左脚踏步1拍收回靠近右脚,右脚跟随踏步1拍至双脚并拢。随即左脚作为启动脚,向左侧迈步,重复同样动作。

(2)动作要领:

①支撑腿膝关节注意缓冲。②上下肢协调配合。③注意姿态保持优美。④侧滑步幅度要大。

(十二)恰恰步(Cha Cha)

(1)动作描述:

①踏板的摆放方式为水平摆放。②完成恰恰步需要2拍,踏步调整为2拍,共4拍。③右脚作为启动脚先行向右踏步移动1拍,左脚以1/2拍快速移动跟随至右脚,然后右脚再次向右踏步1拍,即完成一次完整的恰恰步。

(2)动作要领:

①动作轻盈,上下肢协调配合。②恰恰步动作的完成节奏要准确、清楚。③动作完成幅度尽可能大,清晰展示出恰恰步的节奏变化。

(十三)交替后弓步(Basic Lunge)

(1)动作描述:

①踏板的摆放方式为水平摆放。②完成该动作需要8拍。③右脚作为启动脚先上至踏板中间,左脚跟随上板,双脚距离与肩同宽。④右脚向后1次弓步点地后回到踏板上。⑤左脚向后1次弓步点地后回到踏板上。⑥右脚下板还原至起始位置,左脚跟随下板至起始位置。

(2)动作要领:

①挺胸收腹,身体立直。②左右脚板上落脚距离与肩同宽。③重心位于踏板上方,双脚交替向后弓步,腿部发力均匀,腿部伸直。④可加入上肢动作协调配合。

（十四）基本步转身 360°（Reverse Turn）

（1）动作描述：

①踏板的摆放方式为水平摆放。②完成该动作需要 4 拍。③右脚作为启动脚先行上板，左脚上板的同时，身体转身 180°。④人体向左旋转，右脚率先下板，左脚也跟着下板，两脚并拢后回到板前起始位置。

（2）动作要领：

①身体立直，上板转身时避免后仰。②板上落脚方式与肩同宽，保持身体平衡。③转身速度不要过快。

第九节　健　美

一、健美概述

健美运动是一项通过徒手或各种器械，运用专业的动作方式和方法进行训练，以发达肌肉、增长力量、改善形体和陶冶情操为目的的运动项目。健美运动可以采用各种徒手练习，如各种徒手健美操、韵律操、形体操以及各种自抗力动作。也可以采用轻重不同的运动器械来进行练习，如杠铃、哑铃、壶铃等举重器械，单杠、双杠等体操器械以及弹簧拉力器、滑轮拉力器、橡筋带和各种特制的综合力量练习器等。健美运动除了具有一般体育运动项目所共有的锻炼身体、增进健康、增强体质的作用外，还能发达全身各个部位的肌肉，增强体力，改善体形、体态，以及陶冶美好的情操。它不仅强调"健"，而且强调"美"，把体育和美育融为一体。

二、健美训练三要素

（一）科学的训练方法

不论是初学者，还是中、高级的健美运动员，都必须根据自己的实际状况和训练水平，科学地安排训练，逐步调整和加大运动量。其中包括：采取什么样的分化训练方案，如何安排循环训练周期，每次训练课练哪几个部位，每个部位练哪几个动作，每个动作练几组，每组组几次，每组之间间歇多长时间，每星期练几次，等等。这些内容都必须根据自己的训练水平和训练目的进行恰当的安排。一般最容易犯的错误是求胜心切，不根据实际水平无节制地增加训练动作、训练组数，延长训练时间，盲目加大训练强度，以致局部肌肉训练过度，阻碍了力量和肌肉块的增长。

（二）合理的营养和饮食

对健美运动员来说，合理地摄取营养和严格的饮食制度，是增长肌肉块、保持健美体格不可缺少的条件。人体需要的主要营养是蛋白质、碳水化合物、脂肪、维生素和矿物质。对健美运动员来说，一般蛋白质的需要量占饮食的 1/3，碳水化合物占饮食的 2/3，脂肪的需要量很少。要使肌肉块不断增长，关键是掌握好蛋白质的日需量。蛋白质在人体内需要 2~4 个小时才能被消化吸收。如果摄入的蛋白质在体内存留 8 小时以上，那么前 4 小时是陆续吸收的过程，后 4 小时就是排放过程。所以，蛋白质必须不断补充，而不能一次摄入过多。这就是健美训练每天要按时吃几餐的一个重要原因。对健美运动员来说，如果是大强度训练日，那么每千克体重至少摄入 2 克蛋白质。

优质蛋白质一般来源于鸡蛋白、鱼、牛肉、鸡肉等。鱼含脂肪很少，只占 6%，含蛋白质却高达 90%。鸡肉（去皮）含蛋白质 68%，鸡蛋白含蛋白质 88%。为了更好地利用蛋白质，发挥其效用，最好是把蛋白质食物混合起来吃。健美训练或参加比赛还需要摄取大量碳水化合物，以提供热能。若进食蛋白质后马

上进入训练,会感到提不起劲,因为蛋白质转化为能量很慢,必须用碳水化合物来保证能量供应。训练中消耗的维生素和矿物质也要及时补充。除饮食外,还得根据需要吃一些营养品,以弥补食物营养的不足。营养品主要有三大类:一是为增长和修补肌肉所需的高蛋白质和氨基酸;二是为提供热能和增强耐久力的碳水化合物或饮料;三是为补充食物供应不足的维生素和矿物质。营养品只起补充作用,不能代替饮食营养。无论是健美爱好者还是健美运动员,主要靠饮食营养,少吃多餐,平衡膳食最重要。

(三)适当的休息和恢复

肌肉得到刺激后,除补充营养外,必须得到充分休息,以消除疲劳,获得超量恢复,不断增粗长壮。一次训练之后,肌肉一般要有 48 小时的休息,大强度训练后,要使肌肉完全恢复,则需要 72 小时。实际上,当训练中出现缺乏锻炼热情和耐久力、肌肉控制能力减退、关节或肌肉有持续的隐痛、失眠、食欲不振等不良反应时,说明已出现"训练过度"。同时,训练中一定要注意防止局部肌肉过度训练,否则,会极大影响训练效果,并会使肌肉萎缩。每次训练课为 75 分钟,不超过 90 分钟,绝不允许无故增加训练动作和组数。

总之,每次训练课后都应有足够的休息和恢复时间。如果训练课的强度大了,第二天一定要休息,必须感觉到身体恢复后再进行下次训练。在大运动量训练周期中,必须适当安排轻运动量训练来调整训练强度。

三、各部位肌肉的主要练法

(一)提高肌肉训练的好处

(1)肌肉作为身体的动力源,其强弱由肌肉大小决定,要使肌力或竞技能力得到飞跃性地提高,必须使肌肉增大才行。

(2)通过肌肉训练,可以使肌肉获得锻炼,从而轻松减少身体脂肪,塑造出良好的形体。也就是说,肌肉锻炼并不只会使肌肉变得结实。

(3)肌肉训练还可以矫正锻炼者姿势、改善腰痛和颈肩僵硬等症状。另外,肌肉训练还能改善人体的糖代谢能力,因此也能有效预防糖尿病。

(4)肌肉训练能为运动爱好者的健康带来很多好处。如果能够持续进行肌肉训练,我们的身体就会有活力。

(二)身体各部位肌肉训练方法

健美爱好者训练时,通过了解身体肌肉结构分布(图 11-137)来达到有目的锻炼。

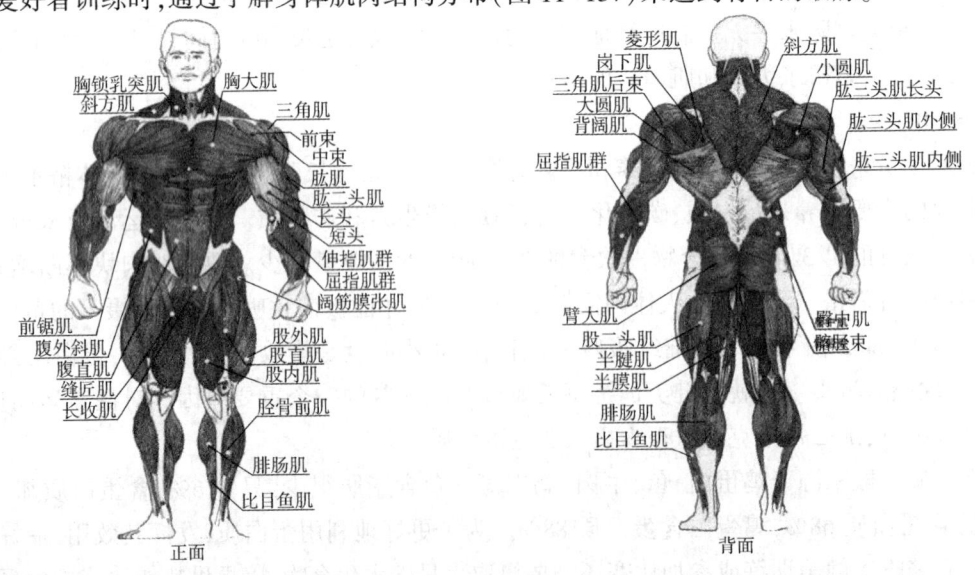

图 11-137

(1)俯立弯举(肱二头肌):俯立,两腿稍屈,反握杠,直臂下垂。肱二头肌发力向上弯举至肱二头肌完全收紧(大小臂夹角约50°),稍停,缓慢还原,举呼返吸(图11-138)。

(2)仰卧臂屈伸(肱三头肌):仰卧,挺胸凸腰,双手握杠,臂与地面垂直,两肘略内夹。以肘关节为轴,前臂随杠缓慢下落,到肱三头肌完全伸展。稍后,肱三头肌发力推举杠铃使手臂伸直,到肱三头肌彻底收紧,退让性回落,举呼落吸(图11-139)。

(3)并握划船(背阔肌):并握杠铃,双脚肩宽站在垫木上,两肩放松,两臂伸直下垂。背阔肌发力提杠铃至铃片触胸,静止约1秒钟,以背阔肌力控制杠铃做退让性还原,还原时铃片不可触地,提吸返呼(图11-140)。

图11-138 俯立弯举

图11-139 仰卧臂屈伸

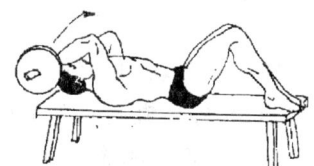

图11-140 并握划船

(4)引体向上(背阔肌):两手握杠,直臂悬垂于单杠上,屈膝屈髋,上腿交叠,腰部以下放松下沉,充分伸展背阔肌。背阔肌集中发力,屈膝引体向上至颈前贴近横杠,停顿1秒钟左右,以充分收缩背阔肌。而后以背阔肌控制回落还原。引体向上时吸气,还原时呼气。动作过程中必须保持屈腿屈髋,以使腰部以下成为练习的重点。在保证动作准确性的前提下,若每组超过15次,则需在腰间加重(束缚物)进行练习(图11-141)。

(5)提铃耸肩(斜方肌):两脚开立,两手握杠铃于腿前,肩胛放松下垂。颈侧斜方肌收缩发力,持杠铃上耸肩至肩峰贴近耳垂,稍停,控制性缓慢还原。动作过程中握杠不要太紧,双臂伸直不发力,耸吸垂呼(图11-142)。

(6)负重深蹲(股四头肌):肩负杠铃,挺胸立腰,略抬头,两脚开立与肩同宽,脚尖稍向外分开,然后两腿下蹲至最低点,紧接着股四头肌用力将两腿蹲起还原(图11-143)。

(7)负重提踵(小腿三头肌):直立,肩后负杠铃,两脚平行或内扣,脚前掌站在垫木上,脚跟沉降到最低限度,使小腿三头肌充分伸展。跷起脚,直到小腿肌群完全收紧,保持1秒钟,缓慢还原,举呼返吸。动作中须控制好重心,保持身体稳定(图11-144)。

图11-141 引体向上

图11-142 提铃耸肩

图11-143 负重深蹲

图11-144 负重提踵

(8)杠铃平卧推(胸大肌):仰卧在卧推架或长凳上,两手握杠铃,虎口相对,握距与肩同宽或稍宽于肩。杠铃横杆置于乳头以上约1厘米处。以胸肌发力使杠铃向上推起,然后,使杠铃慢慢下落至原位(图11-145)。

（9）上斜推举（胸大肌上部）：仰卧于30°~40°的斜凳上，头高位，挺胸紧腰，背、臀触凳形成桥行，两脚踏地。双手宽握，置杠铃于乳头稍上位，以胸大肌的爆发收缩力垂直向上推举，至两臂完全伸直。注意挺胸沉肩，保证胸大肌彻底收紧。稍停，退让性还原，推呼落吸（图11-146）。

（10）坐姿颈后推举（三角肌）：坐在长凳上，双手正握杠，从颈后开始向上推举（图11-147）。

图11-145　杠铃平卧推　　　　　图11-146　上斜推举　　图11-147　坐姿颈后推举

（11）哑铃俯身飞鸟（三角肌）：上体前屈与地面平行，挺胸立腰，两手持哑铃，拳眼向前，放松直臂下垂，两肘微屈，两臂向两侧提举至最高点，稍停再慢慢放下还原（图11-148）。

（12）前平举（三角肌前束）：两手握杠铃垂于体前，三角肌前束发力直臂上举至与肩平，稍停，以肩前肌群控制做退让性还原，举吸返呼。动作过程中身体不得摆动，上体始终保持挺胸、收腹、紧腰姿态，两腿稍屈（图11-149）。

（13）直立宽握上拉（三角肌前中束）：直立宽握，挺胸收腹。三角肌突然发力向上提拉杠铃到肘接近肩的水平位，收紧三角肌稍停，退让性还原。动作过程中不得借力，到位时避免转肘，保持手低于肘、肘低于肩，拉呼返吸（图11-150）。

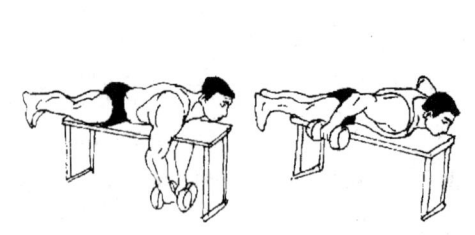
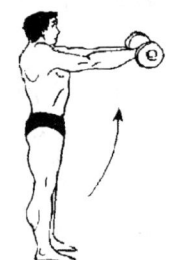

图11-148　哑铃俯身飞鸟　　　　图11-149　前平举　　　图11-150　直立宽握上拉

（14）硬拉（竖脊肌）：两脚左右开立与肩同宽，两手一正一反握杠，握距略比肩宽，上体前屈与地面平行，挺胸紧腰，然后用腰背肌群力量慢慢把杠铃拉至全身立状，挺胸向前送髋，稍停慢慢下降杠铃至开始状态（图11-151）。

（15）负重体侧屈（腹外斜肌）：肩负杠铃或手提哑铃，两脚左右开立略宽于肩，然后上体向左（右）两侧弯曲至不能弯曲时为止。重复练习（图11-152）。

图11-151　更拉　　　　　　　　图11-152　负重体侧屈

四、竞赛规则与裁判方法

（一）竞赛类别

（1）竞赛项目：有男子个人、女子个人、男女混合双人（可增设集体造型和女子双人）。全国健美冠军赛还可增设"最佳动作配乐奖"等特别单项赛。

（2）年龄分组（以生日为准）：少年组 16~19 岁，青年组 21 岁以下，成年组 21 岁以上。

（二）体重分级

（1）男子组：60 千克级、65 千克级、70 千克级、75 千克级、80 千克级、85 千克级、90 千克级和 90 千克以上级等八个级别。

（2）女子组：52 千克级、57 千克级和 57 千克以上级等三个级别。

（三）运动员服饰要求

男运动员须着单色有弹性的紧身三角裤，女运动员须着单色"比基尼"服。比赛时不得佩戴任何装饰品，运动员比赛号码牌须夹在裤衩的左上方。运动员只有在参加"半决赛"或"决赛"时，方可在身上擦少量的油。

（四）竞赛动作

1. 规定动作

男子是 7 个规定动作，即前展双肱二头肌、前展背阔肌、侧展胸肌、后展背肱二头肌、后展背阔肌、侧展肱三头肌、前展腹直肌和腿部。女子和男女混合双人都是 5 个规定动作，即除掉男子的前、后展背阔肌，其余相同。规定动作是在裁判长口令下进行（图 11-153）。

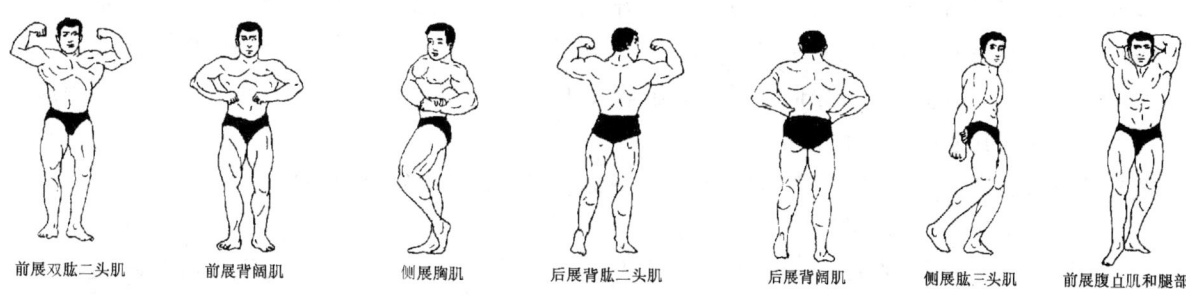

前展双肱二头肌　　前展背阔肌　　侧展胸肌　　后展背肱二头肌　　后展背阔肌　　侧展肱三头肌　　前展腹直肌和腿部

图 11-153　7 个规定动作

2. 自选动作

它是根据运动员的体格状况，自己编排的具有完整性的一套动作。需从几个侧面来展示形体和肌肉，每个造型均须有短暂的停留，整套动作是在自选音乐伴奏下进行。

（五）竞赛时间

男子为 60 秒，女子为 90 秒，男女混合双人为 120 秒，集体造型为 60 秒，女子双人为 90 秒。

（六）竞赛程序

1. 男女个人赛

（1）预赛：参赛者超过 15 人时举行，为不计分的比赛。

（2）半决赛：第一轮进行自选动作比赛，第二轮进行规定动作的比赛、评分。

（3）决赛：由半决赛中选出的 6 人参加。其程序是先进行自选动作比赛，再进行规定动作比赛，最后是定位的自选动作比赛。

2. 男女混合双人赛

(1)预赛:同男女个人赛。

(2)半决赛:第一轮先进行 5 个规定动作的比赛,第二轮进行自选动作的比赛。

(3)决赛:由半决赛中选出的 6 对选手参加。

(七)裁判员评分的主要依据

1. 男子个人

(1)肌肉:指粗壮度和丰满度。

(2)平衡:指骨架、肌肉的先天形态及体格比例。

(3)匀称:指肌肉局部的匀称和对比度。

(4)线条:指肌肉与皮层间的薄厚,即肌肉纹络的清晰度。

(5)造型:指在音乐伴奏下,运动员肌肉控制和艺术表现能力等。

2. 女子个人

基本与男子个人评分依据相同,但要紧紧把握住鲜明的女性特点和魅力,在造型上一定要体现出力度的特点。

3. 男女混合双人

(1)两人身材是否相配。

(2)两人体格和肌肉发达程度是否协调。

(3)两人表演技能的默契配合程度。

(八)名次产生与分数计算

以 6 人裁判制为例,将运动员在单赛程中的一个最高分和一个最低分去掉,将其余 4 个相加即是得分。级别赛中的半决赛和决赛的两个得分相加,即为该运动员的总得分。在任何级别比赛中,不得同时出现两个或两个以上运动员得分相同。把各队运动员在各级别比赛中所得分(名次分)相加,即为团体总分。计算方法与其他运动项目相同。

裁判长宣布名次时,先宣布最后一名。再逐次宣布,冠军最后一名荣登奖台。

(九)裁判员、工作人员设置

裁判委员会 3 人,裁判长 1 人,副裁判长 1~2 人,临场裁判员男 5 人、女 4 人,宣告员 1 人,记录员 2 人,放音员 2 人,计时员 1 人,检录员 2~3 人,以及医生、电工各 1 人。

第十二章　武术搏击运动

主要内容提示 ● 武术概述　● 初级长拳第三路　● 简化太极拳
● 散　打　● 跆拳道　● 女子防身术

第一节　武术概述

一、武术概述

武术是中华民族一份宝贵的文化遗产,以我国传统文化为理论基础,以技击动作为主要锻炼内容,以套路和格斗为运动形式,具有深厚的中国传统文化内涵。其历史之悠久,流传之广泛,民族特点之鲜明,文化底蕴和群众基础之深厚,都是世界上少有的,已经在世界各国拥有了广泛的爱好者。

（一）武术的起源与发展

武术起源于我国。早在原始石器时代,人们要用石质或木质的器具猎取食物,就必须依靠精熟的技击技术,故这一时期武术的性质可称作是生产技术。到了氏族公社时代,部落之间经常发生战争,武术又发展成为军事技术,具有生产与军事技术的双重性。在漫长的历史进程中,武术与军事斗争紧密相连,结伴而行。到了奴隶时代,畜牧代替了狩猎,武术作为生产技术的作用便逐渐消失了。战国时代锻铸工艺突进,盛行击剑,出现了剑客、剑士、剑家,武术开始步入宫廷和民间,武术又有了娱乐和军事的双重性。先秦时期,各诸侯国都非常重视培养和训练将士们的搏击技术,剑术得到发展。汉代,带有搏击性质的"角抵"已有广泛基础,还发明了铁器,出现了编排起来的攻防连续套路。唐代兴武举,进一步激发了习武活动。有学者认为,中国武术起于宋,成于明,全面大发展于明末清初。武术起于宋代的一大标志是有关武术著作的陆续问世,使武术有了自己的初步理论与独特的技术套路。宋代武术形成的另一个标志是,为了娱乐表演的武术套路愈来愈多,比之过去为实战所需的武艺有了质的飞跃,促成了武术与军事的脱离,走上了套路化与系列化体系的轨道,具有中国武术特有的内容、形式与风格。元、明、清三代,不同拳种、流派林立,各家拳法广泛流传。由此可见,武术是中华民族在长期的生活与生产斗争实践中逐步积累丰富起来的一项宝贵的文化遗产。

近代以来,冷兵器在军事上的地位明显消退,而武术并未因此而消退。民国时期,民间出现了许多武术组织。1928 年成立了中央国术馆,并相继在各省市建立国术馆,县级国术馆达 300 余所。

中华人民共和国成立以后,武术成为社会主义文化和人民体育事业的一个组成部分,得到了蓬勃发展。1957 年,国家体育委员会(现为国家体育总局)将武术列为体育竞赛项目,组织整理出版了简化太极拳,以及初级的拳、刀、剑、棍、枪套路。1958 年制定了第一部《武术竞赛规则》,为武术的普及和提高,起到了很大的推动作用。各省、市、自治区陆续成立了专业武术队,各级业余体校武术队(班)、辅导站,形成了空前广泛的群众性武术活动网,为武术的发展开拓了广阔的道路。武术在各级学校成为体育教学的内容之一,部分师范院校体育系设置了武术专业。国家和地方多次派代表团出国进行表演访问,使武术传播于五大洲,颇有影响。特别是 20 世纪 80 年代,我国实行改革开放政策以来,随着我国"冲出亚洲,走向世界"的步伐加快,武术已经在世界范围内得到了较广泛的推广,国际武术联合会已有 90 个会员,并且是国际奥林匹克委员会新承认的 35 个国际单项联合会之一。武术已成为亚运会的正式比赛项目。目前,国际武术联合会与我国正在积极向国际奥林匹克委员会申请,力争使武术尽快成为奥林匹克运动会的正式比赛项目。

(二)武术的内容与分类

武术的内容丰富多彩,流派林立,各具特色。从理论到实践自成体系的拳种就有 130 多种,其分类方法也有多种。

(1)按流行区域分类:如"南拳北腿"之说。南拳是指广泛流行于我国南方各地的拳术的总称。南拳又分为广东南拳、福建南拳、四川南拳等。"北腿"指以腿法见长的流行于北方的拳术,如少林拳。

(2)按拳术的创始人或传人的姓氏分类:如太极拳可分为陈式、杨式、吴式、孙式、武式等。长拳有洪拳、查拳、蔡家拳等。

(3)按宗教信仰分类:如少林拳、武当拳。

(4)按技术特点分类:如内家拳、外家拳。

(5)按运动形式分类:可分为套路运动与搏斗运动两大类。

下面按武术运动形式的分类进行内容介绍:

1. 套路运动

包括拳术、器械、对练、集体表演。

(1)拳术。包括长拳、南拳、太极拳、形意拳、八卦掌、通背拳、象形拳等,是徒手练习的套路运动。

(2)器械。包括刀、剑等短器械;枪、棍、大刀等长器械;双刀、双剑、双钩、双枪等双器械;三节棍、九节鞭、流星锤等软器械。

(3)对练。包括徒手对练、器械对练、徒手与器械对练;两人或两人以上按固定的套路动作进行假设性实战练习。

(4)集体表演。它是指 6 人以上的徒手或器械的集体演练,可以编排成队形和图案,采用音乐伴奏,使动作整齐划一。

2. 搏斗运动

目前开展的有散打和推手,是指两人在一定条件下按照一定的规则进行的实战性搏斗运动。

(三)武术的特点与作用

1. 实用性

攻防技击是武术的主要特点。无论是对抗性的搏斗运动,还是套路的演练,都是以踢、打、摔、拿、击、刺诸法为技术核心的。因此,通过武术锻炼不仅能够强身健体,还能掌握一些格斗的攻防技术,起到防身

自卫的作用,达到"体用结合"。

2. 独特性

练功方法注重内外兼修,演练风格要求形神兼备,是中国武术的一大特色。"内练一口气,外练筋骨皮"是各家各派武术训练的准则,所谓内,是指心、神、意等内在的心智活动和气息的运行;所谓外,即手、眼、身法、步法等外在的形体活动。练习内容中既有"外功"的技术训练,更有"调神""调息"等内功的修炼。武术的套路演练,要求把内在的精气神与外部形体动作紧密结合,做到"眼随手走""心动形随"等。因此武术训练,一则能活动关节、强筋骨、壮体魄;二则能调理脏腑、通经脉、树精神,具有全面锻炼身心的作用。

3. 适应性

武术的理论体系完备,内容丰富。"南拳北腿"风格各异,适应不同年龄、性别、体质、职业、爱好的人群的需求,不受场地、器材、时间、季节的限制,具有更广泛的适应性。因此,武术为群众性体育活动的开展提供了方便。

4. 全面性

在武术理论的体系中,还有一个重要内容,就是武德的培养。"未曾学艺先习礼,未曾习武先习德",注重培养武德是武术的传统。因此,武术不仅可以使人们身心得到全面锻炼,又是培养高尚人格的良好手段。

5. 艺术性

武术具有很高的观赏价值,无论是斗智斗勇的对抗性搏斗,还是舒展大方、别致有韵的套路演练,都引人入胜,给人以美的享受,丰富人们的生活。

二、武术的基本功与基本动作

基本功与基本动作一般包括手、步、肩臂、腿、腰,以及跳跃、平衡等动作练习,也可把单个动作连接起来进行组合练习。这里介绍以长拳类为主的基本功和基本动作。无论是初学武术者或有一定武术基础的人,都应重视基本功和基本动作的练习,为学习套路打下良好的基础。

(一)手形与手法练习

1. 手形

长拳的手形主要包括拳、掌、勾三种。

(1)拳:四指并拢,握拳,拇指紧扣于食指和中指的第二指节处(图12-1)。

(2)掌:四指并拢伸直,拇指弯曲紧扣于虎口处(图12-2)。

(3)勾:五指第一指节捏拢在一起,屈腕(图12-3)。

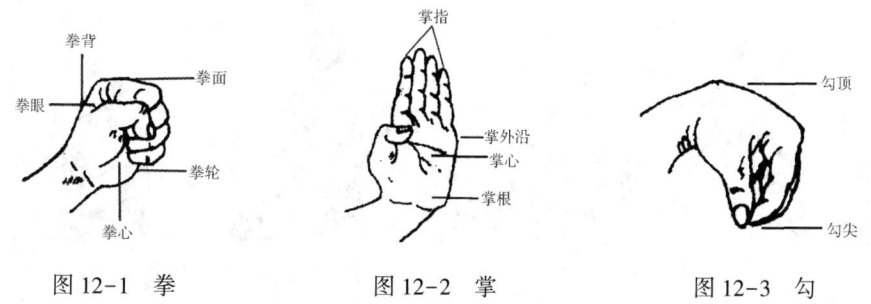

图12-1 拳　　　　　图12-2 掌　　　　　图12-3 勾

2. 手法

长拳的手法很多,这里列举冲拳、架拳、推掌、亮掌四种。

(1)冲拳:分平拳(拳心向下)与立拳(拳眼向上)两种。

预备姿势:两脚左右开立,与肩同宽,两拳抱于腰间,肘尖向后,拳心向上。

动作说明:挺胸、收腹、直腰,右拳从腰间向前猛力冲出,转腰顺肩,在肘关节过腰后,右前臂内旋,力达拳面,高与肩平,同时左肘向后牵拉。练习时左右交替进行(图12-4)。

(2)架拳:预备姿势,与冲拳相同。

动作说明:右拳向下、向左、向上。经头前向右上方画弧架起,拳眼向下,眼视左方。练习时左右交替进行(图12-5)。

图12-4   图12-5   图12-6   图12-7

(3)推掌:预备姿势,与冲拳相同。

动作说明:右拳变掌,前臂内旋,并以掌根为力点向前猛力推击。推击时要转腰、顺肩,臂要伸直,高与肩平,同时左肘向后牵拉。练习时左右交替进行(图12-6)。

(4)亮掌:预备姿势,与冲拳相同。

动作说明:右拳变掌,经体侧向右、向上画弧,至头部前上方时,抖腕亮掌,臂成弧形。掌心向前,虎口朝下,眼随右手动作转动,亮掌时注视左方。练习时左右交替进行(图12-7)。

(二)步形与步法练习

1. 步形

(1)弓步:左脚向前一大步,脚尖微内扣,左腿屈膝半蹲,使大腿接近水平,小腿垂直。右腿挺膝伸直,脚尖内扣,两脚全脚着地。上体正对前方,眼向前平视,两拳抱于腰间(图12-8)。

(2)马步:两脚平行开立,约为本人脚长的4倍,脚尖微内扣,屈膝,膝部不超过脚尖,大腿接近水平,全脚着地,重心落于两腿之间,两手抱拳于腰间(图12-9)。

(3)仆步:两脚左右开立,右脚屈膝全蹲,大腿和臀部接近小腿,右脚全脚着地,脚尖向前,膝关节外展;左腿挺直平仆,脚尖里扣,全脚着地。两手抱于腰间,眼向左方平视。仆左腿为右仆步,仆右腿为左仆步(图12-10)。

图12-8   图12-9   图12-10   图12-11   图12-12   图12-13

(4)虚步:两脚前后开立,右腿外展45°,屈膝半蹲,左腿脚跟离地,脚面绷平,脚尖稍内扣虚点地面,重心落于后腿上。两手叉腰,眼向前平视。左脚在前为左虚步,右脚在前为右虚步(图12-11)。

(5)歇步:两腿交叉,靠拢全蹲,左脚全脚着地,脚尖外展;右脚前脚掌着地,膝部贴近左腿外侧,臀部坐

于右腿近腿跟外。两手抱拳于腰间,眼向前方平视。左腿在前为左歇步,右脚在前为右歇步(图 12-12)。

（6）丁步:并步站立,两腿屈膝半蹲,右脚全脚着地,左脚脚跟掀起,脚面绷直,脚尖虚点地面,贴于右脚脚弓处,重心落于右腿上。两手抱拳于腰侧,眼向前方平视。左脚尖点地为左丁步,右脚尖点地为右丁步(图 12-13)。

2. 步法

（1）击步:预备姿势,两脚前后开立,同肩宽。两手叉腰。

动作说明:上体前倾,后腿离地提起,前脚随即蹬地前纵。在空中时,后脚向前碰击前脚。落地时后脚先落,前脚后落。眼向前平视(图 12-14)。

图 12-14　　　　　图 12-15　　　　　图 12-16

（2）垫步:预备姿势,与击步相同。

动作说明:后脚离地提起,脚掌向前脚处落步,前脚立即以脚掌蹬地向前上跳起,将位置让于后脚,然后再屈膝提起向前落步。眼向前平视(图 12-15)。

（3）弧形步:预备姿势,与击步同。

动作说明:两腿半蹲,两脚迅速连续向前方步行,每步大小略比肩宽,走弧形路线。眼向前平视(图 12-16)。

（三）肩臂练习

肩臂练习主要是增进肩关节韧带的柔韧性,发展臂部力量。主要练习方法有压肩、绕环、抢臂等。

1. 压肩

面对肋木(或一定高度的物体)站立,与肋木距离一大步,两腿左右分开,与肩同宽或稍宽。两手抓握肋木,上体前俯(塌腰、收髋)并做向下振压动作(图 12-17)。也可以两人对面站立,互相扶按肩部,做体前屈的压振动作(图 12-18)。

2. 双臂绕环

预备姿势:两脚开立,与肩同宽。两臂垂于体侧。

（1）前后绕环。左右两臂依次做由下向前、向上、向后、向下、向前绕环,为向后绕环。反之,为向前绕环(图 12-19)。

图 12-17　　　　　图 12-18　　　　　图 12-19

（2）交叉绕环。两臂直臂上举，左臂向前、向下、向后，右臂向后、向下、向前，同时于身体两侧画圆绕环（图12-20）。练习时两臂可反方向交替进行。

（3）仆步抡拍。两脚开立，与肩同宽，两臂置于体侧。右脚向右迈出一大步成右弓步，上体随之右转，同时左臂向左前下方伸出，右掌手心向里，掌指向下，插于左臂肘关节处（图12-21①）。上动不停，上体左转成左弓步，同时左臂直臂由左、向上、向左抡臂画弧至左上方，右掌下落至右下方

图12-20

（图12-21②）。上动不停，上体左后转，同时向右抡臂画弧至前上方（图12-21③）。上动不停，上体右转成左仆步，同时左掌直臂向上、向右、向下抡臂画弧至左腿内侧拍地；右臂向下、向右抡臂画弧停于右上方（图12-21④）。练习时左右交替进行。

① ② ③ ④

图12-21

（四）腿部练习

主要发展腿部的柔韧性、灵活性和力量等素质。方法主要有压腿、踢腿等。

1. 压腿

（1）正压腿。面对肋木或一定高度的物体，并步站立。左腿提起，脚跟放在肋木上，脚尖勾起，两手扶按膝上。两腿伸直，立腰收髋，上体前屈，并向前向下做压振动作。练习时，左右腿交替进行（图12-22）。

（2）侧压腿。侧对肋木或一定高度的物体。右腿支撑，脚尖稍外撇。左腿侧举，脚跟放在肋木上，右臂直臂上举，左掌附于胸前。两腿伸直，立腰、开髋，上体向左侧压振。练习时左右交替进行（图12-23）。

（3）后压腿。背对肋木或一定高度的物体，并步站立。两手叉腰，右腿支撑，左腿后举，脚背放在肋木上，脚面绷直，两腿挺直，上体后仰，并做压振动作。练习时，左右交替进行（图12-24）。

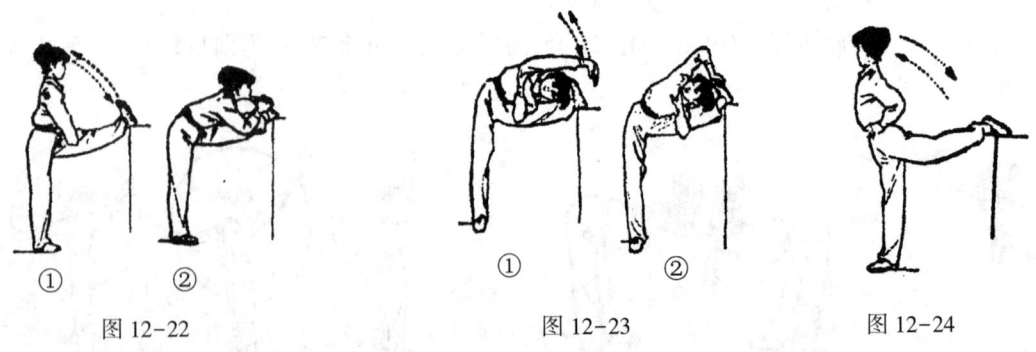

① ② ① ②

图12-22　　　　图12-23　　　图12-24

2. 搬腿

右腿提起，右手从小腿内侧托住脚跟，然后将右腿向右上方搬起，左臂上举亮掌（图12-25）。也可由

同伴托住脚跟向侧搬腿。

3. 劈腿

两手左右扶地或两臂侧平举,两腿前后分开呈直线。左腿后侧着地,脚尖勾起,右腿的内侧或前侧着地(图12-26)。

4. 踢腿

踢腿是腿部练习中的重要内容,也是基本功训练的主要方面之一。踢腿的方法有直摆性腿法和屈伸性腿法两种。

(1)直摆性腿法。

①正踢腿。

预备姿势:两脚开立,两臂侧平举,两手立掌(图12-27①)。

动作说明:左脚向前上半步,左腿支撑,右脚脚尖勾起向前额外猛踢,两眼平视前方。练习时左右交替进行(图12-27②)。

图12-25　　　　　　　图12-26　　　　　　　图12-27

②侧踢腿。

预备姿势:同正踢腿。

动作说明:左脚向前上半步,脚尖外展,身体右转90°。随即,左脚脚尖勾紧向左耳侧踢起,同时,右臂上举亮掌,左臂屈肘于右肩前,眼向前平视。练习时,左右交替进行(图12-28)。

③外摆腿。

预备姿势:同正踢腿。

动作说明:右腿向右前方上半步,左脚尖勾紧,向右侧上方摆起,经额前向左侧上方摆动,直腿落于右腿旁,目向前平视。左掌可在左侧上方击响左脚背,也可不做击响动作。练习时,左右腿交替进行(图12-29)。

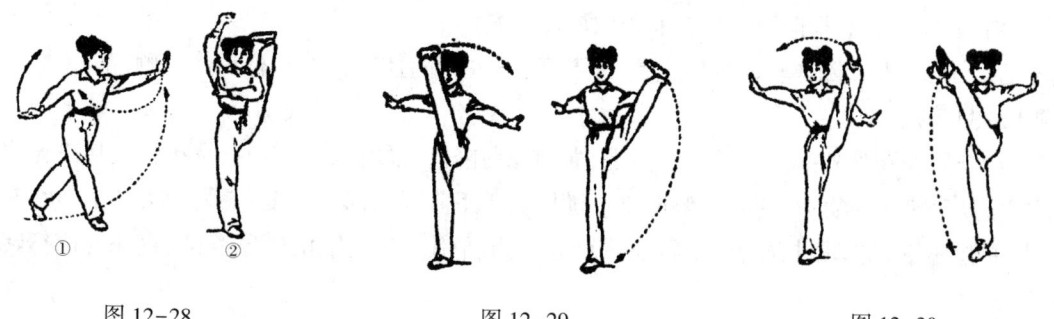

图12-28　　　　　　　图12-29　　　　　　　图12-30

④里合腿。

预备姿势:同正踢腿。

动作说明:右脚向右前方上半步,左脚脚尖勾起里扣,并向左上方踢起,经额前向右侧上方直脚摆动,落于右侧脚外侧。右手掌可在右侧上方迎击左脚掌,也可不做击响动作。目向前平视。练习时左右腿交替进行(图12-30)。

(2)屈伸性腿法。

①弹腿。

预备姿势:两脚并立,两手叉腰。

动作说明:右腿屈膝提起,大腿与腰平,右脚绷直(图12-31①)。提膝接近水平时,要迅速猛力挺膝,向前平踢,力达脚尖,高与腰平。左腿伸直或微屈支撑,两眼平视(图12-31②)。

②蹬腿。

预备姿势:两脚并立,两手叉腰。

动作说明:与弹腿同,唯脚尖勾起,向前蹬出,力达脚跟(图12-32)。

③侧踹。

预备姿势:两脚并立,两手叉腰。

动作说明:两腿左右交叉,右腿在前,稍屈膝(图12-33①)。随即,右腿伸直支撑,左腿屈膝提起,左脚里扣,脚跟用力向左侧上方踹出,高与肩平,上体向右侧倾斜,眼视左脚(图12-33②)。练习时可左右交替进行。

图12-31　　　　　　图12-32　　　　　　图12-33

5. 扫腿

(1)前扫腿。

预备姿势:两脚并立,两臂垂于体侧。

动作说明:左脚向右腿后插步,同时两手由下向左、向上、向右弧形摆撑,右臂伸直,高与肩平,成侧立掌;左掌附于右上臂内侧,掌指向上。目视右方(图12-34①)。

上体左后转180°,左臂随体转向身体左侧,稍高于肩;左臂随体转自然平移至体右侧,掌心朝前,掌指右下方(图12-34②)。

上体继续左转,左脚尖外撇。右掌从后向上,向前屈肘降落,同时,右臂屈肘,掌指朝上从右臂内侧向上穿出,变横掌架于头部左上方,拇指一侧向下。随即右掌下降并摆向身后变勾手,勾尖朝上。在左脚尖外撇的同时,左腿屈膝,左脚跟抬起,以左腿前撑碾地,右腿平仆,脚尖内扣,脚掌着地,直腿向前扫转一周(图12-34③)。

(2)后扫腿。

预备姿势:两脚并立,两臂垂于体侧。

动作说明:左腿向前开步,左腿屈膝半蹲,右腿伸直成左弓步,同时两掌从两腰侧向前平直推出,掌指

朝上,眼看两掌尖(图 12-35①)。

左脚尖内扣,左腿屈膝全蹲,变成右仆步姿势,同时上体右转并前俯。两掌随体右转在右膝内侧扶地。随着两手撑地,上体向右后拧转的惯性力量,以左脚前掌为轴,右脚贴地向后扫转一周(图 12-35②③)。

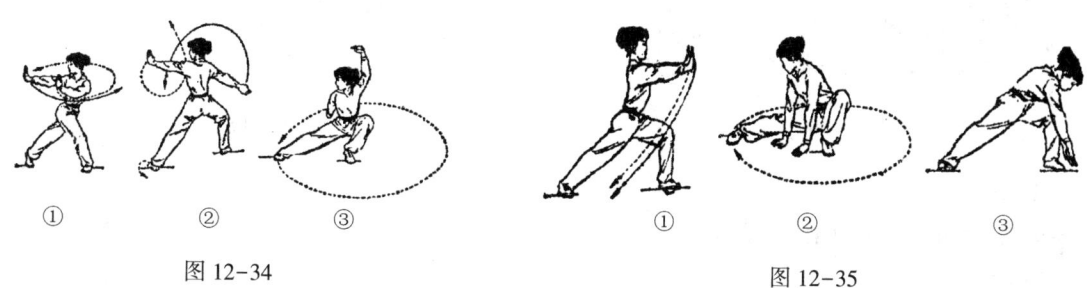

① ② ③ 　　　　　 ① ② ③
图 12-34 　　　　　 图 12-35

(五) 腰部练习

俗话说,"练拳不练腰,终究艺不高"。腰是连接上下肢体的枢纽,在手、眼、身法、步法四个要素中,腰是集中反映身法技巧的关键。主要练习俯腰、甩腰、涮腰和下腰等动作。

1. 前俯腰

并步站立,两手手指交叉,直臂上举,手心朝上,上体前俯,两手尽量贴地(图 12-36①)。或两手抱住两脚跟部,逐渐使胸部贴近腿部,并持续一定时间再起立(图 12-36②)。或向左或向右侧转体,两手在脚外侧触及地面,做向下压振动作(图 12-36③)。

2. 甩腰

两脚开立,同肩宽。两手上举,以腰、髋为轴,上体做前后屈和甩动动作,两臂也跟着甩动,两腿伸直(图 12-37)。

3. 涮腰

两脚开立,稍宽于肩,两臂自然下垂。以髋关节为轴,上体前俯,两臂随之向前下方伸出。然后向前、向右、向后、向左翻转绕环(图 12-38)。

① ② ③
图 12-36 　　　　　 图 12-37 　　　　　 图 12-38

4. 下腰

两脚开立,与肩同宽,两臂伸直上举。腰向后弯,抬头、挺腰,两手撑地呈桥形(图 12-39)。

(六) 跳跃练习

1. 腾空飞脚

预备姿势:并步站立。

动作说明:右脚向前上步,左腿向前、向上摆踢。右脚蹬地跃起,身体腾空,两臂向前、向上摆起,右手背迎击左手掌(图 12-40①②)。在空中,右腿向前上方弹踢,脚面绷直,右手迎击右脚面;同时左腿屈膝,左脚收控于右腿侧,脚尖向下,左手在击响的同时摆至左侧后上方变勾手,勾尖向下。上体微前倾,两眼平视前方(图 12-40③)。

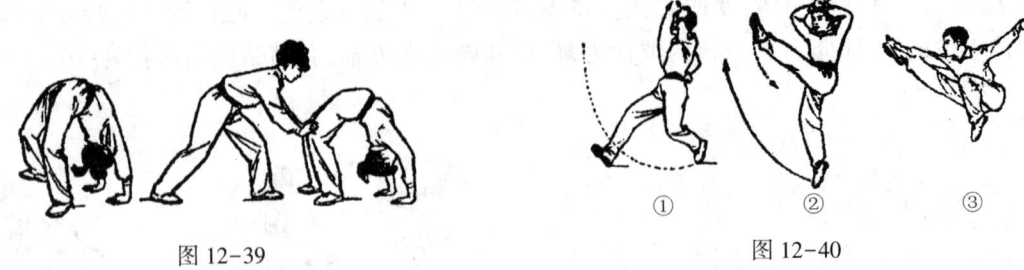

图 12-39   图 12-40

2. 旋风脚

预备姿势:并步站立(图 12-41①)。

动作说明:

(1)虚步亮掌。右臂向上、向右前上方摆掌,同时左臂屈肘,左掌收于左腰间,上体先微向右再向左转,目随右掌(图 12-41②)。右掌经体前向左、向下、向右、向头上抖腕亮掌,掌心向上,掌指朝左;左掌从右臂内穿出,经右胸前向上、向左摆至左肩侧,掌指朝上,高与肩平。左脚在右臂抖腕亮掌的同时收于体前,脚尖虚点地面,变成高虚步。头部左转,两眼随右掌抖腕亮掌转视左方(图 12-41③)。

图 12-41   图 12-42

(2)旋风脚。左脚向左上步,同时左手向前、向上摆起,右臂伸直向后、向下摆动(图 12-42①)。右腿随即上步,脚尖内扣,准备蹬地踏跳。左臂向下摆动并屈肘收至右胸前。同时右臂向上、向前抡摆,上体向左旋转前俯(图 12-42②)。重心右移,右腿屈膝蹬地跳起,左腿提起向左上方摆动,上体向左上方旋转,同时两臂向下、向左上方抡摆。身体旋转一周,右腿做里合腿,左手在面前迎击右脚掌,左腿自然下垂(图 12-42③④)。

(七)平衡练习

平衡动作分为持久平衡和非持久平衡两种。持久平衡要求平衡动作完成后,保持 2 秒钟以上的静止状态;非持久平衡没有时间上的要求,只要求出现完成动作后的静止状态。这里介绍最基本的提膝平衡和燕式平衡两种。

1. 提膝平衡

动作说明:右腿伸直支撑,左腿屈膝提起,脚面绷直,垂于右腿前侧,两眼向左平视(图 12-43)。

2. 燕式平衡

动作说明:右腿屈膝提起,两掌在身前交叉,掌心向内,然后两掌向两侧直臂分开平举,上体前俯,右脚向后蹬伸,成燕式平衡(图 12-44)。

(八)组合练习

组合练习是把拳术或器械中几个基本动作编排起来,结合武术的手、眼、身法、步法的要求所进行的基本技术练习。组合练习是学习套路的初步手段。这里介绍一些长拳类的组合练习。

1. 步形与步法的组合练习

（1）弓步与马步的组合练习。

动作：弓步推掌、拗弓步冲拳、马步冲拳、并步抱拳。

预备姿势：并步抱拳（图12-45）。

弓步推掌：左脚向左迈出一步成左弓形。同时，左掌由腰间向左推出成立掌，两眼向左平视（图12-46）。

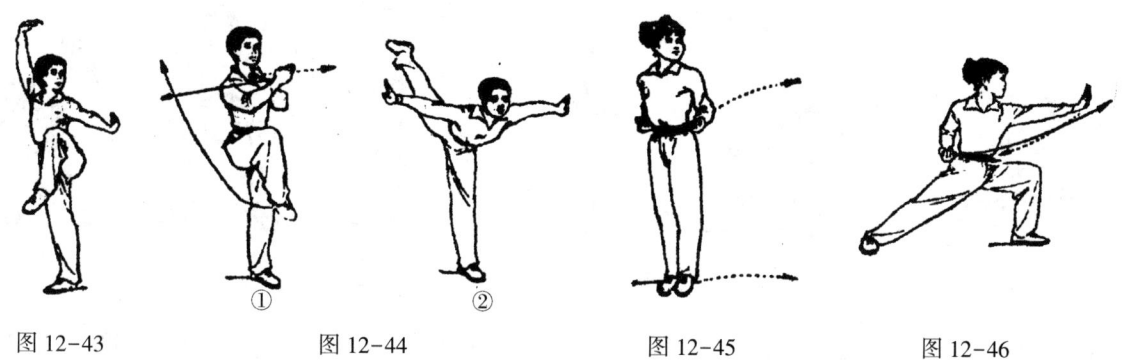

| 图12-43 | 图12-44 | 图12-45 | 图12-46 |

拗弓步冲拳：弓步不动，右拳由腰间向前冲出成平拳。同时，左掌收回腰间成抱拳，两眼向前平视（图12-47）。

马步冲拳：上体向右转体90°成马步，右拳收至腰间。同时，左拳由腰间向左冲出成平拳，两眼向左平视（图12-48）。

并步抱拳：左脚收回靠拢，同时拳收回腰间成并步抱拳（图12-49）。

（2）仆步与虚步的组合练习。

动作：提膝穿掌、仆步穿掌、虚步挑掌。

预备姿势：并步抱拳（图12-50）。

提膝穿掌：左拳变掌经下向上、向右按掌，随即左腿屈膝提起。同时，右拳变掌由左手背上向斜上方穿出，手心向上，左手顺势收于右腋下，上体微右转，目视右掌（图12-51）。

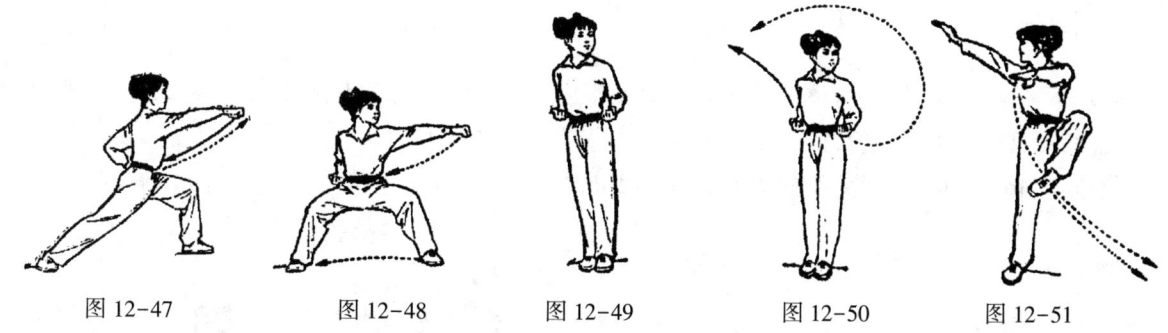

| 图12-47 | 图12-48 | 图12-49 | 图12-50 | 图12-51 |

仆步穿掌：右腿屈膝下蹲左脚迅速平伸成左仆步。同时，左手经胸前向下沿左腿内侧穿掌至脚面，右手变成侧立掌，手指向上，眼看左手（图12-52）。

虚步挑掌：右脚前上一步变成右虚步。同时，手向下画弧上挑，掌指与肩平，左手经上向后画弧变成正勾手，微高于肩。两眼平视。继续练习，动作相同，方向相反（图12-53）。

收势：两脚并拢，两手抱拳（图12-54）。

（3）歇步与马步的组合练习。

动作：歇步亮掌、转身抡臂正踢、马步盘肘、歇步下冲拳。

预备姿势:并步抱拳(图12-55)。

歇步亮掌:左脚横跨一步,同时,右拳变掌向右侧画弧上举,手心向上,目视右手(图12-56)。

右脚后插一步成歇步,同时,左拳变掌由下向上从右臂内穿出并向左、向右后画弧成反勾手,右臂向左、向下、向右画弧至右侧上方亮掌,眼向左看(图12-57)。

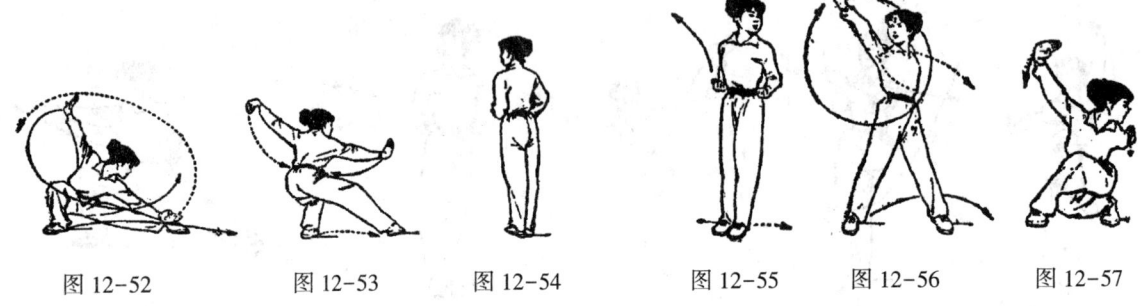

| 图 12-52 | 图 12-53 | 图 12-54 | 图 12-55 | 图 12-56 | 图 12-57 |

转身抡臂正踢:身体起立并右转90°,右臂侧上举,同时,左勾手变掌侧下伸(图12-58)。身体后转180°,同时,右臂向后、向下画弧一周至头部右上方成亮掌,左手向前、向上、向下画弧一周成反勾手,随即右脚向前正踢腿,目视前方(图12-59)。

马步盘肘:左脚落地向右转体90°成马步,右掌抱拳收回腰间,左勾手变拳由外向里平胸盘肘,掌心向下,两眼向前平视(图12-60)。

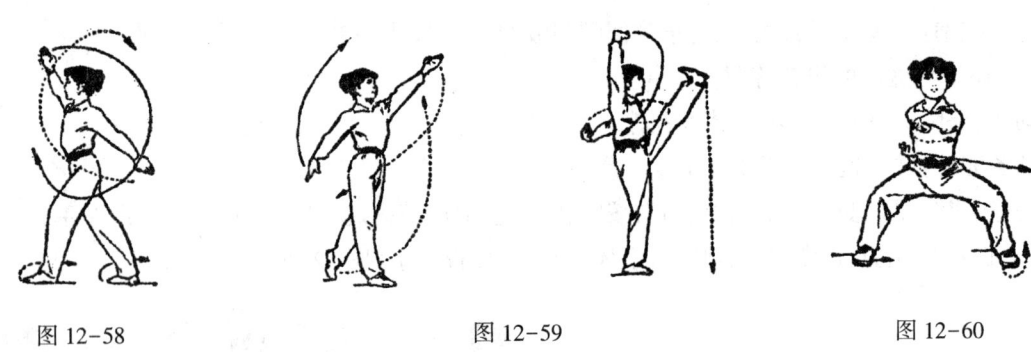

| 图 12-58 | 图 12-59 | 图 12-60 |

歇步下冲拳:左脚外撇,身体左转90°,右脚紧跟成歇步。右拳向前下冲拳成平拳,同时,左拳收回腰间成抱拳,目视前下方。继续练习,动作相同,方向相反(图12-61)。

收势:右脚上步向左脚靠拢,并步抱拳(图12-62)。

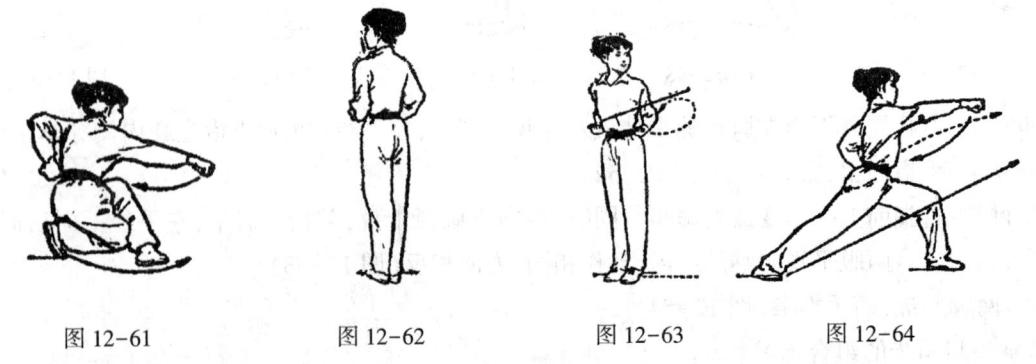

| 图 12-61 | 图 12-62 | 图 12-63 | 图 12-64 |

（4）五种步形的组合练习（简称五步拳）。

动作：拗弓步冲拳、弹踢冲拳、马步架打、歇步盖打、提膝仆步穿掌、虚步挑掌。

预备姿势：并步抱拳（图12-63）。

拗弓步冲拳：左脚向左迈出一步，成弓步。同时，左手收回腰间成抱拳，右拳向前冲出成平拳，目视前方（图12-64）。

弹踢冲拳：重心前移，右腿向前弹踢。同时，左拳由腰间向前冲也成平拳，右拳收回腰间，眼视前方（图12-65）。

马步架打：右脚落地向左转体90°，两腿下蹲成马步。同时，左拳变掌，屈臂上架，右拳由腰间向右冲出成平拳。头部右转，目视右前方（图12-66）。

歇步盖打：左脚向右腿后插一步。同时，右拳变掌经头上向左下盖，掌外沿向前，身体左转90°。左掌收回腰间抱拳，目视右手。上动不停，下蹲成歇步，同时，左拳向前冲出成平拳，右掌变拳收回腰间，目视左拳（图12-67）。

提膝仆步穿掌：两腿起立，身体左转。随即左拳变掌，手心向下，右拳变掌，手心向上，由左手背上穿出。同时，左腿提膝，左手顺势收回腋下，目视右手。左脚落地成仆步，左手掌指朝前贴左腿内侧穿出，目视左掌（图12-68）。

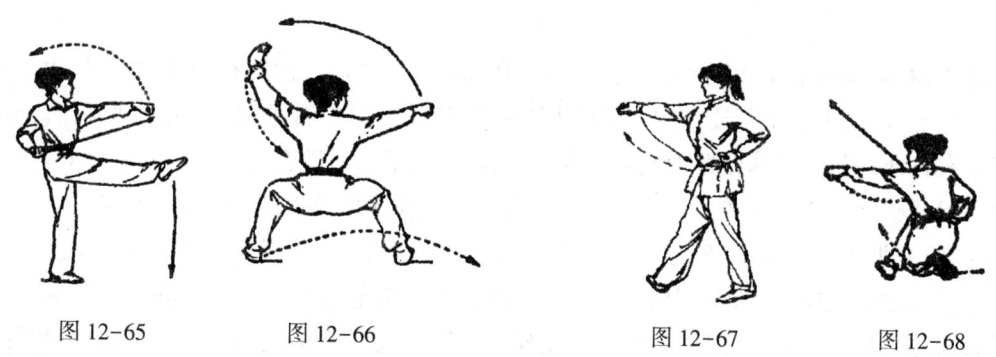

图12-65　　　　图12-66　　　　图12-67　　　　图12-68

虚步挑掌：左腿屈膝前弓，右脚蹬地向前上步，成右虚步，同时，左手向上、向后画弧成正勾手，略高于头，右手由后向下、向前顺右腿外侧向上挑掌，掌指向上，高与肩平，目视前方（图12-69）。

收势：两脚靠拢，并步抱拳（图12-70）。

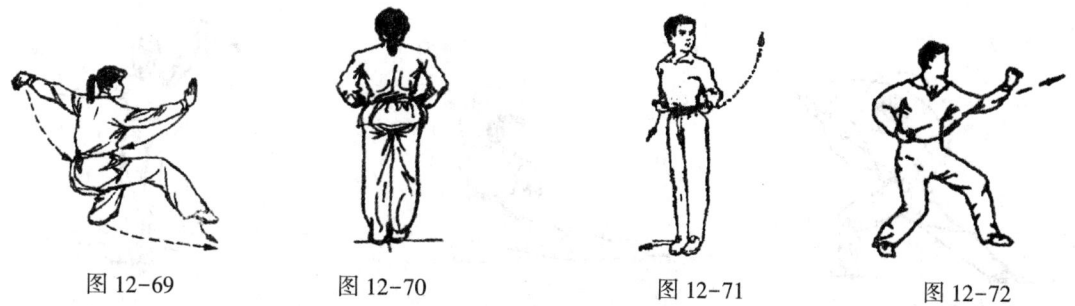

图12-69　　　　图12-70　　　　图12-71　　　　图12-72

2. 跳跃组合练习

（1）虚步上冲拳、击步挑掌、腾空飞脚、仆步亮掌。

预备姿势：并步抱拳（图12-71）。

虚步上冲拳：左脚向左侧跨一步，同时，左拳变掌由下向左前上方举起，掌心向右。左拳在左掌上举的同时由下向身后分摆，上体微右转，掌指朝上。同时，右臂微内旋，屈肘贴身向上冲拳，拳心朝左前方。

在右拳上冲的同时,重心右移,左脚收于身前,脚尖虚点地面成高虚步。头部左转,目随左掌转视左前方(图12-72)。

击步挑掌:左脚向左上步。同时,右拳变掌由上向下沿左肩前直臂向前、向下切掌,掌指朝前,掌心向左,左掌在右掌下切的同时插于右腋下,上体侧对前方,目视前方(图12-73①)。左脚蹬地跳起,在空中以右脚碰击左脚。同时,两臂体前交叉,前后分摆;右臂向下、向后摆至体后,掌心向右;左臂于右臂内贴身向下、向前挑掌,掌指朝前,掌心朝右;左肩前顺。随即右脚落地,左脚随之前摆在体前落步。目随左掌,平视前方(图12-73②③)。

图12-73　　　　　　　　　　　　　　　　图12-74

腾空飞脚:右脚随即上步并蹬地起跳,同时左腿向前、向下摆起。两臂在上挑的同时,由下向前、向上摆动。到头顶上方时,用右手背迎击左手掌(图12-74①)。在空中右脚向前、向上弹踢,脚面绷平,并以右手掌迎击右脚面,同时,左掌分摆到左侧方变勾手,勾尖向下。左腿在击响的一瞬间,屈膝收控于胸前,上体前倾,目视前方(图12-74②)。左脚落地,右脚下落至身体微前控制(图12-74③)。

仆步亮掌:右脚在身前落步,随之右臂外旋并向右前方举起,右肩前顺,左掌收于左腰间,目视右手(图12-75)。右掌继续向上、向左、向下、向右屈肘抖腕并在头部右上方亮掌,同时,左掌从右臂内穿出,经右胸前向前、向左、向右画弧,摆至左腰后侧变勾手。右腿在亮掌的同时,屈膝下蹲,左腿伸直平仆变成左仆步。上体左转,目随右手,转视左前方(图12-76)。

(2)虚步亮掌、旋风脚、提膝亮掌。

预备姿势:虚步亮掌(图12-77)。

图12-75　　　　　　　　图12-76　　　　　　　　图12-77

旋风脚:左脚向左上步,同时,左手向前微摆,右臂伸直向后平摆(图12-78①)。右脚随即上步,脚尖内扣。左臂屈肘收至右胸前,同时,右臂向上、向前抡摆。上体向左旋转并前俯(图12-78②)。重心右移,右腿屈膝蹬地跳起,左腿提起向左后上方摆动,上体向左后上方旋转,同时,两臂向下、向左后上方抡摆。在空中,身体旋转一周,右腿做里合腿,左手在面前迎击右脚掌(图12-78③④)。

提膝亮掌:左脚落地,右脚相继于身前落地,随即右臂前伸,前臂外旋,左掌同时向左、向右分摆至体后。上体右转,右肩前顺,目随右掌(图12-79)。右掌继续向上、向左、向下、向右画弧,屈肘、抖腕于头部右上方亮掌。同时,左掌由后向前、向上从右臂内侧穿出并向左、向后画弧至体后变反勾手,高和腰平。左腿在右手抖腕亮掌的同时,屈膝上提,脚面绷平,脚尖下垂内扣,右腿伸膝直立。上体左转,目视前方(图12-80)。

图12-78　　　　　　　　　　　　　　　　图12-79　　　图12-80

第二节　初级长拳第三路

长拳因种类不同,而各有其不同的技术特点和运动风格,如初级长拳第三路,它的动作幅度与关节的活动范围较大,因此,经常练习初级长拳,有利于发展和提高肌肉的弹性、收缩力和关节的灵活性、柔韧性;有利于促进和提高心、肺系统和中枢神经系统等各器官系统的功能;有利于全面地提高身体素质。

一、预备动作

并步站立,两手五指并拢贴靠腿外侧,挺胸收腹,两眼平视(图12-81)。

(1)虚步亮掌:右脚向右后撤步成左弓步,右掌向右、向上、向前画弧,掌心向上,左掌提至腰间,掌心向上,眼视右掌;重心后移,左掌经胸前从右臂上向前穿出伸直,右掌收至腰间,两掌心均向上,眼视左掌;左脚移至右脚前脚尖点地成左虚步,左臂内旋向左、向后画弧成勾手,勾尖向上,右手继续向后,弯肘抖腕,至头前上方成亮掌,掌心向上,向左转头目视左方(图12-82)。

图12-81　　　　　　　　　图12-82

(2)并步对拳:右腿直立,左腿提膝平衡,左腿向前落步,左勾手变掌经左肋前伸,右臂外旋向前下落于左掌右侧,两掌同高,掌心均向上,眼视两掌,右脚向前上步,两臂继续向下后摆,左脚向右脚并步,两臂继续向上经胸前屈肘下按,两掌变拳,拳心向下,停于小腹前,向左转头,两眼平视(图12-83)。

图 12-83

二、第一段

(1)弓步冲拳:身体左转90°,左脚向左上步,脚尖向斜前方;右腿微屈成半马步;左臂屈肘向左格打,拳眼朝后,拳与肩平;右拳收抱腰间,拳心向上,眼视左拳。右腿蹬直成左弓步,左拳收抱腰前,右拳向前冲出成立拳,拳与肩平,眼视右拳(图12-84)。

图 12-84   图 12-85   图 12-86

(2)弹腿冲拳:左腿微屈支撑,右腿提膝向前弹踢,脚与腰平,脚面绷直,右拳收抱腰间,左拳向前冲出成立拳,拳与肩平,目视前方(图12-85)。

(3)马步冲拳:右脚尖里扣向前落步,身体左转90°,两腿下蹲成马步,左拳收抱腰间,右拳向前冲出成立拳,眼视右拳(图12-86)。

(4)弓步冲拳:身体右转90°,右脚尖外撇向斜前方成半马步,右臂屈肘向右格打,拳眼朝后,拳与肩平,眼视右拳。左腿蹬直成右弓步,右拳收抱腰间,左拳向前冲出成立拳,拳与肩平,眼视左拳(图12-87)。

(5)弹腿冲拳:右腿微屈支撑,左腿提膝向前弹踢,脚与腰平,脚面绷直,左拳收抱腰间,右拳向前冲出成立拳,眼视右拳(图12-88)。

图 12-87   图 12-88

（6）大跃步前穿：左腿屈膝，右拳变掌内旋，以掌背向下挂至左膝外侧，上体前倾，眼视右掌。左脚向前落步，两腿微屈；右掌继续向后挂，左拳变掌，臂向后下伸直，眼视右掌。

右腿向前提膝，左腿蹬地向前跃出，两掌向前上摆起，眼视左掌。右腿落地全蹲，左腿随即落地向前铲出成左仆步；右掌握拳收抱腰间，左掌由上向右下画弧成立掌，停于右胸前，眼视左脚（图12-89）。

图 12-89

（7）弓步击掌：右腿用力蹬直成左弓步，左掌经左脚面向身后画弧成勾手，左臂伸直，勾尖向上；右拳由腰侧变掌向前推出，掌指向上，掌外侧向前成立掌，目视右掌（图12-90）。

（8）马步架掌：身体右转90°，左脚尖里扣，两腿半蹲成马步，右臂向左侧平摆稍屈肘，左勾手变掌由后经腰间从右臂内向前穿出，两掌心均向上，眼视左掌。右掌立于左胸前，左臂屈肘向头左上方抖腕亮掌，头向右转，眼平视（图12-91）。

图 12-90　　　　　　　图 12-91

三、第二段

（1）虚步栽拳：右脚蹬地屈膝提起，左腿伸直以前脚掌为轴向右后转体180°，右掌随之向下经右腿外侧向后画弧成勾手，左臂随体转外旋，掌心向上，眼视右手。右脚向右落步，右腿半蹲，左脚跟提起外展成左虚步，左掌变拳下落在左膝上，拳眼向里，右勾手变掌屈肘架于头右上方，眼向左平视（图12-92）。

（2）提膝穿掌：右腿稍伸直，右拳变掌收抱腰间，掌心向上，左拳变掌由下向左向上画弧盖压在头上方。右腿蹬直，左腿提膝平衡，同时右掌从左臂内向右前上方穿出，掌心向上，左掌收至右胸前成立掌，眼视右掌（图12-93）。

（3）仆步穿掌：右腿全蹲，左腿向左后方铲地成左仆步，右臂不动，左掌沿左腿内侧向左脚面穿出，两掌心向里，眼视左掌（图12-94）。

（4）虚步挑掌：右腿蹬直，重心前移成左弓步，右掌稍下降，左掌随重心前移并向前挑起。右腿向前上步成右虚步，随之身体左转180°，同时左掌由前向上向后画弧成立掌，掌与头平，右掌由后向下向前上挑起成立掌，掌与肩平，眼视右掌（图12-95）。

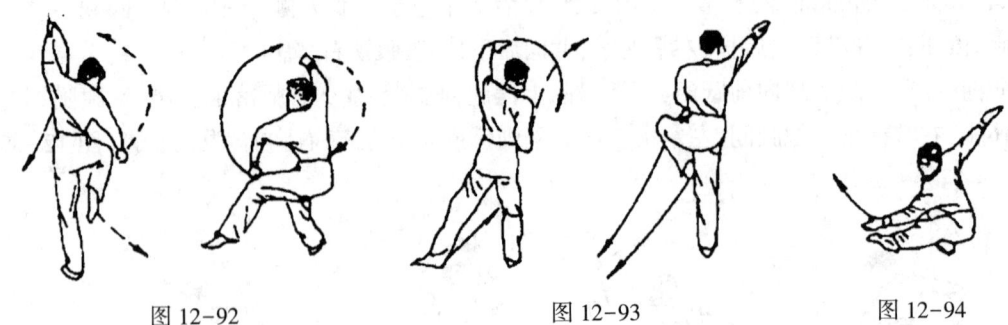

图 12-92　　　　　　　图 12-93　　　　　　　图 12-94

（5）马步击掌：右脚尖外撇重心右移，左掌握拳收抱腰间，右掌俯掌向外搂手。左脚向前上步，身体右后转180°，两腿下蹲成马步，左掌从右臂上面向左侧击出成立掌，掌与肩平，右掌变拳收至腰侧，眼视左掌（图12-96）。

图 12-95　　　　　　　　　　　　图 12-96

（6）叉步双摆掌：重心向右移，同时两掌向下向右摆，手指向上，眼视右掌。右脚向左脚后叉步，前脚掌着地，两臂继续由右向上向左摆，停于身体左侧，均成立掌，右掌停在左肘窝处，眼视双掌（图12-97）。

（7）弓步击掌：左掌收抱腰间，掌心向上，右掌向上向右画弧，掌尖向下，左腿后撤一步成右弓步，右掌向下向后伸直摆动成勾手，勾尖向上，左掌向前击出成立掌，眼视左掌（图12-98）。

图 12-97　　　　　　　　　　　　图 12-98

（8）转身踢腿马步盘肘：两脚以前脚掌为轴向左后转体180°，同时左臂向上向前、右臂向下向后各划半个圆。右臂继续由后向上向前和左臂向前向下向后再各画半个圆。右臂向下成反臂勾手，勾尖向上，左臂向上成亮掌，左腿直立，右腿伸直脚尖勾起向额前踢腿。右脚尖里扣向前落步，右手不动，左臂屈肘下落至胸前，掌心向下，眼视左掌。身体左转90°，两腿下蹲成马步，同时左掌向左平搂握拳收抱腰间，右勾手变拳，臂伸直由体后向左向前平摆至体前屈肘，肘尖向前，肘与肩平，拳心向下，眼视肘尖（图12-99）。

图 12-99

四、第三段

(1)歇步抡砸拳:右脚尖外撇,右臂由胸前向上向右抡直,左拳向下向左使臂抡直;目视右拳,两脚以前脚掌为轴向右后转体180°,右臂向下向后抡摆,左臂向上向前随身体转动,两腿全蹲成右歇步;左臂微屈顺势向下砸拳,拳心向上,同时右臂向上举起,眼视左拳(图12-100)。

图 12-100

(2)仆步亮拳:左脚由右腿后抽出前上一步,左腿蹬直,右腿半蹲成右弓步,上体微向右转,左拳收抱腰间,右拳变掌向下经胸前向右横击掌,掌心向下,眼视右掌;左腿直立支撑,右腿屈膝提起,身体右转90°,左拳变掌从右掌上向前穿出,掌心向上,右掌掌心上翻平收至左肘下;右脚向后落步屈膝全蹲左腿伸直成左仆步,左掌向下向后画弧成勾手,勾尖向上,右掌向右向上画弧抖腕亮掌,头随右手转动至亮掌时眼向左平视(图12-101)。

图 12-101

(3)弓步劈拳:右脚蹬地起立,左腿收回并向左前方弧形上步,右掌握拳收抱腰间;左勾手变掌由下向前上经胸前向左搂手,右脚经左腿前向左绕并上步屈膝前弓,左腿蹬直成右弓步;左手向左平搂后再向前挥摆虎口朝前,同时右拳向后平摆并向前抡劈拳,拳与耳平,拳心向上,左掌外旋接扶右前臂,目视右拳(图12-102)。

图 12-102

（4）换跳步弓步冲拳：右脚蹬地稍向后移，后腿支撑，右拳变掌臂内旋以掌背向下画弧挂至右膝内侧，左掌背贴靠右肘外侧，目视右掌，右腿自然上抬，身体稍向左扭转，右掌挂至体左侧，左掌伸向右腋下，眼随右掌转视；右脚用力向下震踩，左脚急速抬起，右手由左向上向前搂盖并握拳收抱腰间，左掌伸直向下、向上、向前下按时屈肘，掌心向下，身体右转 90°，目视左掌，左脚向前落步成左弓步，右拳向前冲出成立拳，拳与肩平，左掌背贴于腋，目视右拳（图 12-103）。

（5）马步冲拳：身体右转 90°，两腿下蹲成马步，左掌握拳向左冲出成立拳，拳与肩平，右拳收抱腰间，目视左拳（图 12-104）。

图 12-103   图 12-104

（6）弓步下冲拳：身体左转 90°，右腿蹬直成左弓步，左掌经体前架在头左上方，右拳向左前斜下方冲出成立拳，目视右拳（图 12-105）。

（7）叉步亮掌侧蹬腿：上体稍右转，右拳变掌，左掌由头上下落在右手腕上交叉呈"十"字，目视双掌，右脚向左脚后插步，前脚掌着地；左掌向下向后画弧成勾手，勾尖向上，右掌向右向上画弧成亮掌，目视左方；右腿支撑，左腿提膝向左上方蹬踹，目视左脚（图 12-106）。

图 12-105   图 12-106

（8）虚步挑拳：左脚向左前落步，两手变拳，右拳稍向后移，左拳向左上挑起，拳背向上，身体左转 90°，左拳继续上挑，右腿提膝，右拳向下向前画弧挂于右膝外侧，目视右拳；右脚向左前上步，脚尖点地成右虚步，左掌向后画弧收抱腰间，右拳向前屈臂挑出，拳眼斜向上，拳与嘴平，目视右拳（图 12-107）。

图 12-107

五、第四段

（1）弓步顶肘：右脚踏实，右臂内旋以拳背下挂于右膝内侧，目视前下方；左腿直立，右腿屈膝上抬，左拳变掌；两臂向上画弧摆起，眼随右拳转视，左脚蹬地起跳，身体腾空，两臂继续向头上方摆；右脚落地，右腿屈膝，左脚向前落地前脚掌着地，同时两臂向右下屈肘停于右胸前，右拳变掌，左掌变拳，右掌心贴靠左拳面；左脚向左上步成左弓步，右掌推左拳，以左肘尖向左顶出，肘与肩平，目向左平视（图 12-108）。

图 12-108

（2）转身左拍脚：以两脚前脚掌为轴向右后转体 180°，随之右臂伸直向上向右下抡摆；左臂伸直，左拳变掌向下向后向前抡摆，左腿向前上摆踢，左掌握拳收抱腰间；右掌由体后向前拍击左脚面（图 12-109）。

（3）右拍脚：左脚向前落步，左拳变掌向下后摆，右掌握拳收抱腰间，右腿向前上摆踢，左掌由后向前拍击右脚面（图 12-110）。

图 12-109　　　　　　　　　图 12-110

（4）腾空飞脚：右脚向前落步，左脚向前摆起，右脚蹬地跳起，同时右拳变掌向前上摆起；左掌先上摆而后下降拍击右掌背，右腿继续上摆，右手拍击右脚面，左掌由体前向后上举，掌心向下，目视右脚（图

12-111)。

（5）歇步下冲拳：左右脚先后落地，左掌握拳收抱腰间，身体右转90°；两腿交叉全蹲成右歇步，右掌抓握外旋变拳收抱腰间，左拳向前下方冲出成平拳，目视左拳（图12-112）。

图 12-111   图 12-112

（6）仆步抡劈拳：左臂随身体重心升高向上摆起，右臂向体后伸直，身体以右脚前脚掌为轴左转270°；左腿屈膝提起，左拳由前向后下画圆一周，右拳向后向下向前上画圆一周；左腿向后落步屈膝全蹲，右腿伸直脚尖里扣成右仆步，左拳后上举，右拳由上向下抡劈成立拳，目视右拳（图12-113）。

（7）提膝挑掌：重心前移成右弓步，同时右拳变掌由下向上抡摆，左拳变掌稍下落，右掌心向左，左掌心向右，左右臂在垂直面上由前后各画立圆一周；右臂停于头上挑掌，掌心向左，左臂停于身后成勾手，勾尖向上，同时右腿提膝成左独立式平衡，两眼平视（图12-114）。

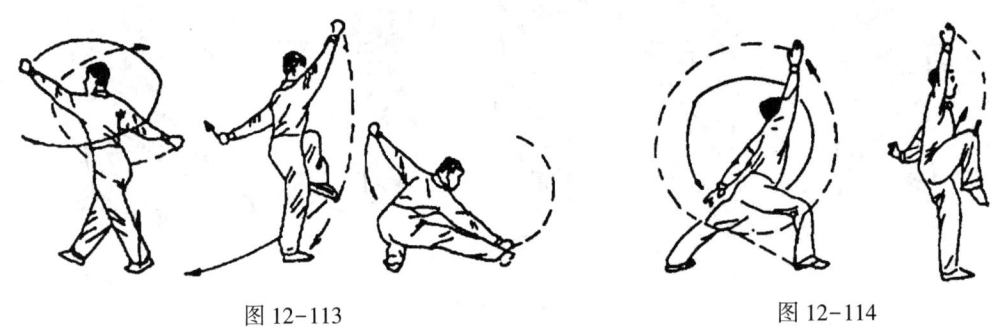

图 12-113   图 12-114

（8）提膝劈掌弓步冲掌：右掌向下猛劈停于右小腿内侧，左勾手变掌屈臂停于右上臂内侧，目视右掌；右脚向右后落步，身体右转90°，同时左掌握拳收抱腰间；右臂内旋向右画弧做劈掌，左腿蹬直成右弓步，右手握拳收抱腰间，左拳向前冲出成立拳，拳与肩平，目视左拳（图12-115）。

图 12-115

六、结束动作

（1）虚步亮掌：左腿直立，右脚提起扣于左膝后，两拳变掌，两臂右上左下屈肘交叉于身体左前，目视

右掌;右脚向右后落步,右腿半蹲,上体稍右转,同时右掌向上向右向下画弧停于左腋下,左掌向左向上画弧停于右臂上与左胸前,两掌心左下右上,目视左掌;左脚稍向右移脚尖点地成左虚步,左手向左后画弧成勾手,勾尖向上,右臂向下向右上画弧抖腕亮掌,头向左转,两眼平视(图12-116)。

(2)并步对拳:左腿后撤一步,同时两掌从腰间向前穿出,臂伸直掌心向上,右腿后撤一步,同时两臂向体后下摆,左脚后退向右脚并步立正。同时两臂由后向上屈臂下按,两掌变拳停于腹前,拳面相对,头向左转,两眼平视(图12-117)。

(3)还原:两臂自然下垂,头向前转,两眼平视(图12-118)。

图12-116　　　　　图12-117　　　　　图12-118

第三节　简化太极拳

一、太极拳概述

太极拳是东方文化的瑰宝,是中华武术园地中的一枝奇葩。太极拳是一种以柔和、缓慢、稳静、轻灵为主的拳术。太极拳的动作要求"完整一气",是轻松柔和、不僵不拘、左右衔接、上下相通、手足互应的连贯性、整体性体育运动。

练太极拳最重要的是要做到"松静结合"。松就是要做到精神和身体都放松,全神贯注;静是要求思想意识全部集中,排除杂念,要完全进入安静的状态。

在我国流行较广的有陈式、杨式、吴式、武式、孙式等不同风格流派的太极拳。

太极拳自古迄今都被作为人们养生保健的主要手段,其独特的运动形式和非凡的健身价值,已引起国际社会的普遍重视,受到各国人民的欢迎。

二、太极拳动作要领

太极拳总体要求做到松静自然、连贯灵活、速度均匀,如同"行云流水,连绵不断"。

(1)立身中正。姿势自然,重心放稳,利于关节放松,使动作灵活,呼吸自然,血流通畅。

(2)神舒心定。精神安定,心情舒坦,排除杂念,便于使意念与动作融合。

(3)用意忌力。用意引导动作,"意到身随",动作不僵不拘。

(4)气沉丹田。吸气时膈下降,增加通气量,促进血液循环,增加内脏活动,同时,有助于重心稳定及肌肉放松。

(5)运行和缓。动作缓慢,速度均匀,能使呼吸深长,心跳缓慢有力,同时,便于体会动作要领,更好

地利用意识引导动作。

(6)举动轻灵。迈步如猫行,运劲如抽丝。

(7)内外结合。意识活动与躯体动作紧密结合,在神舒心定的基础上,用意识引导动作及呼吸。

(8)上下相随。要求全身动作协调,以腰为轴心,做到身法不乱,进退自然,架势不要忽高忽低。

(9)动作连贯。动作相随不断,自始至终一气呵成。

(10)呼吸自然。初学时要保持自然呼吸,以后逐步有意识地与动作配合,做到深、长、匀、静。

三、二十四式简化太极拳

简化太极拳是1956年国家体育委员会邀请太极拳名家根据杨式太极拳改编的简化形式。

二十四式简化太极拳是按照由简到繁、由易到难的原则,便于掌握,易学易懂。这套拳共分八组,包括从起势到收势共二十四个动作。

1. 简化太极拳的动作名称

第一组:

(1)起势

(2)左右野马分鬃

(3)白鹤亮翅

第三组:

(7)左揽雀尾

(8)右揽雀尾

第五组:

(12)高探马

(13)右蹬脚

(14)双峰贯耳

(15)转身左蹬脚

第七组:

(18)左右穿梭

(19)海底针

(20)闪通臂

第二组:

(4)左右搂膝拗步

(5)手挥琵琶

(6)左右倒卷肱

第四组:

(9)单鞭

(10)云手

(11)单鞭

第六组:

(16)左下势独立

(17)右下势独立

第八组:

(21)转身搬拦捶

(22)如封似闭

(23)"十"字手

(24)收势

2. 二十四式简化太极拳套路文字及动作说明

在文字说明中,凡有"同时"两字的,不论先写或后写身体的某一部分动作,都要求一齐运动,不要分先后去做。

动作的方向是以身体的前、后、左、右为依据的,不论怎样变化,总是以面对的方向为前,背对的方向为后,身体的左侧为左,身体的右侧为右。

(一)起势

(1)身体自然直立,两脚开立,与肩同宽,脚尖向前,两臂自然下垂,两手臂置于大腿外侧,目平视前方。然后左脚向左分开,成开立步(图12-119、图12-120)。

(2)两臂慢慢向前平举,两手高与肩平,与肩同宽,手心朝下。

(3)上体保持正直,两腿屈膝下蹲,同时,两掌轻轻下按,两肘下垂与两膝相对,两眼平视前方(图12-121、图12-122)。

　　要点:两肩下沉,两肘松垂,手指自然微屈。屈膝松腰,臀部不可凸出,身体重心落于两腿中间。两臂下落和屈腿下蹲的动作要协调一致。

图 12-119　　　　　　　图 12-120　　　　　　　图 12-121　　　　　　　图 12-122

　　(二)左右野马分鬃

　　(1)上体微向右转,身体重心移至右腿上,同时,右臂收至胸前平屈,手心向下,左手经体前右下画弧至右手下,手心向上,两手心相对呈抱球状,左脚随即收至右脚内侧,脚尖点地,目视右手(图12-123)。

　　(2)上体微向左转,左脚向左前方迈出,右脚跟后蹬,右脚自然伸直,成左弓步,同时,上体继续向左转,左右手随转体慢慢分别向左上、右下分开,左手高与眼平(手心斜向上),肘微屈,右手落在右胯旁,肘也微屈,手心朝下,指尖向前,目视左手(图12-124、图12-125)。

图 12-123　　　　　　　　图 12-124　　　　　　　　图 12-125

　　(3)上体慢慢后坐,身体重心移至右腿,左脚尖跷起,微向外撇(45°~60°),随后脚掌慢慢踏实,左脚慢慢前弓,身体左转,身体重心再移至左腿,同时,左手翻转向下,左臂收至胸前平屈,右手向左上画弧至左手下,两手心相对呈抱球状,右脚随即收至左脚内侧,脚尖点地,目视左手。

　　(4)右脚向右前方迈出,左腿伸直,变成右弓步,同时上体右转,左右手随转体分别慢慢向左下、右上分开,右手高与眼平(手心斜向上),肘微屈,手心向下,指尖向前,目视右手(图12-126、图12-127)。

　　(5)与(3)解释同,唯左右相反。

　　(6)与(4)解释同,唯左右相反(图12-128~图12-131)。

图 12-126　　　　　　图 12-127　　　　　　图 12-128　　　　　　图 12-129

　　要点:上体不可前俯后仰,胸部必须放松舒展。两臂分开时要保持弧形。身体转动时要以腰为轴。弓步动作与手的速度要均匀一致。做弓步时,迈出的脚的脚跟先着地,然后脚掌慢慢踏实,脚尖向前,膝盖不要超过脚尖。野马分鬃式的弓步,前后脚的脚跟要分在中轴线两侧,它们之间的横向距离与两腿间隔距离应该保持在 10～30 厘米。

(三)白鹤亮翅

(1)上体微向左转,左手翻掌向下,左臂平屈胸前,右手向左上画弧,手心转向上,与左手呈抱球状,目视左手。

(2)右脚跟进半步,上体后坐,身体重心移至右腿,上体先向右转,面向右前方,目视右手。然后左脚稍向前移,脚尖点地,变成左虚步,同时,上体再微向左转,面向前方,两手随转体慢慢向右上、左下分开。右手上提停于右额前,手心朝左后方,左手落于左胯前,手心朝下,指尖向前,目平视前方(图 12-132、图 12-133)。

要点:完成动作时胸部不要挺出,两臂均要保持半圆形,左膝微屈。身体重心后移和右手上提、左手下按要协调一致。

图 12-130

图 12-131

图 12-132

图 12-133

(四)左右搂膝拗步

(1)右手从体前下落,由下向后上方画弧至右肩外,手与耳同高,手心斜向上,左手由左下向上、向右画弧至右胸前,手心斜朝下,同时上体先微向左再向右转,左脚收至右脚内侧,脚尖点地,目视右手。

(2)上体左转,左脚向前(偏左)迈出变成左弓步,同时,右手收回由耳侧向前推出,高与鼻平,左手向下由左膝前搂过落于左胯旁,指尖朝前,目视右手手指(图 12-134～图 12-136)。

(3)右腿慢慢屈膝,上体后坐,身体重心移至右腿,左脚尖跷起微朝外撇,随后脚掌慢慢踏实,左腿前弓,身体左转,身体重心移至左腿,右脚收至左脚内侧,脚尖点地,同时,左手向外翻掌由左向上画弧至左肩外侧,肘微屈,手与耳同高,手心斜朝上,右手随转体向上、向左下画弧落于左腹前,手心斜朝下,目视左手(图 12-137、图 12-138)。

(4)与(2)解释同,唯左右相反。

(5)与(3)解释同,唯左右相反。

图 12-134

图 12-135

图 12-136

图 12-137

图 12-138

(6)与(2)解释同(图 12-139～图 12-141)。

要点:前手推出时,身体不可前俯后仰,要松腰松胯。推掌时要沉肩垂肘,坐腕舒掌,同时,需与松腰、弓腿上下协调一致。搂膝拗步变成弓步时,两脚跟的横向距离保持 30 厘米。

（五）手挥琵琶

右脚跟进半步，上体后坐，身体重心转至右腿上，上体半面向右转，左脚略提起稍向前移，变成左虚步，脚跟着地，脚尖跷起，膝部微屈，同时，左手由左下向上挑举，高与鼻平，掌心朝右，臂微屈，右手收回放至左肘内侧，掌心朝左，目视左手食指（图12-142、图12-143）。

| 图12-139 | 图12-140 | 图12-141 | 图12-142 | 图12-143 |

要点：身体要平稳自然，沉肩垂肘，胸部放松。左手上起时不要垂直上挑，要由左向上、向前，微带弧形。右脚跟进时，脚掌先着地，再全脚踏实。身体重心后移和左手上起、右手回收要协调一致。

（六）左右倒卷肱

（1）上体右转，右手翻掌（手心向上）经腹前由下向后上方画弧平举，臂微屈，左手随即翻掌向上，视线随着向右转体先向右视，再转向前方视左手。

（2）右臂屈肘折向前，右手由耳侧向前推出，手心朝前，左臂屈肘后撤，手心朝上，撤至左肋外侧，同时，左腿轻轻提起向后（偏左）退一步，脚掌先着地，然后全脚慢慢踏实，身体重心移至左腿上，变成右虚步，右脚随转体以脚掌为轴扭正，目视右手。

（3）上体微向左转，同时左手随转体向后上方画弧平举，手心朝上，右手随即翻掌，掌心朝上，目随转体先向左视，再转向正前方视右手。

（4）与（2）解释同，唯左右相反。

（5）与（3）解释同，唯左右相反。

（6）与（2）解释同，唯左右相反。

（7）与（3）解释同，唯左右相反。

（8）与（2）解释同，唯方向相反（图12-144～图12-147）。

要点：前推的手臂不要伸直，后撤手也不可直向回抽，随转体仍走弧线。前推时，要转腰松胯，两手的速度要一致，避免僵硬。退步时，脚掌先着地，再慢慢全脚踏实，同时，前脚随转体以脚掌为轴扭正。退左脚略向左后斜，退右脚略向右后斜，避免使两脚落在一条直线上。后退时，眼随转体动作先向左或右视，然后再转视前手。最后退右脚时，脚尖外撇的角度略大些，便于接着做"左揽雀尾"的动作。

| 图12-144 | 图12-145 | 图12-146 | 图12-147 |

（七）左揽雀尾

（1）上体微向右转，同时，右手随转体向后上方画弧平举，手心朝上，左手放松，手心朝下，目视左手。

（2）身体继续向右转，左手自然下落逐渐翻转经腹前画弧至右肋前，手心朝上，右臂屈肘，手心转向下，收至右胸前，两手相对呈抱球状，同时，身体重心落在右腿上，左脚收至右脚内侧，脚尖点地，目视右手。

（3）上体微向左转，左脚向左前方迈出，上体继续向左转，右腿自然蹬直，左腿屈膝，变成左弓步，同时，左臂向左前方绷出（即左臂平屈变成弓形，用前臂外侧和手背向前方推出），高与肩平，手心朝后。右手向右下落于右胯旁，手心朝下，指尖朝前，目视左前臂（图12-148～图12-151）。

要点：绷出时，两臂均保持弧形姿势。分手、松腰、弓腿三者必须协调一致。揽雀尾弓步时，两脚跟横向距离不超过10厘米。

| 图12-148 | 图12-149 | 图12-150 | 图12-151 |

（4）身体微向左转，左手随即前伸翻掌向下，右手翻掌向上，经腹前向上、向前伸至左前臂下方，然后两手下捋，即上体向右转，两手经腹前向右后上方画弧，直至右手手心朝上，高与肩齐，左臂平屈于胸前，手心朝后，同时，身体重心移至右腿，目视右手（图12-152、图12-153）。

要点：下捋时，上体不可前倾，臀部不要凸出。两臂下捋须随腰旋转，仍走弧线。左脚全脚掌着地。

（5）上体微向左转，右臂屈肘收回，右手附于左手腕内侧（相距约5厘米），上体继续向左转，双手同时向前挤出，左手心朝右，右手心朝前，左前臂保持半圆形，同时，身体重心逐渐前移变成左弓步，目视左手腕部。

要点：向前挤时，上体要正直。挤的动作要与松腰、弓脚相一致。

（6）左手翻掌，手心向下，右手经左腕上方向前、向右伸出，高与左手齐，手心朝下，两手左右分开，与肩同宽，然后右腿屈膝，上体慢慢后坐，身体重心移至右腿上，左脚尖翘起，同时，两臂屈肘，两手收至腹前，手心均朝前下方，目向前平视（图12-154～图12-156）。

| 图12-152 | 图12-153 | 图12-154 | 图12-155 | 图12-156 |

（7）上式不停，身体慢慢前移，同时，双手向前、向上按出，掌心朝前，左腿前弓变成左弓步，目平视前方（图12-157、图12-158）。

要点：向前按时，两手需走曲线，腕高与肩平，两肘微屈。

（八）右揽雀尾

（1）屈腿后坐并向右转，身体重心移向右腿，左脚尖内扣，右手向右平行画弧至右侧，然后由右下经腹前向左上画弧至左肋前，手心朝上，右臂平屈胸前，左手手心朝下，与右手呈抱球状，同时，身体重心再移至左脚上，右脚收至左脚内侧，脚尖点地，目视左手（图12-159～图12-161）。

图 12-157　　　　图 12-158　　　　图 12-159　　　　图 12-160　　　　图 12-161

（2）同"左揽雀尾"（3）解释，唯左右相反。

（3）同"左揽雀尾"（4）解释，唯左右相反。

（4）同"左揽雀尾"（5）解释，唯左右相反。

（5）同"左揽雀尾"（6）解释，唯左右相反。

（6）同"左揽雀尾"（7）解释，唯左右相反。

要点：均与"左揽雀尾"相同，唯左右相反（图 12-162~图 12-169）。

（九）单鞭

（1）屈腿后坐，身体重心逐渐移至左腿上，右脚尖内扣，同时，上体左转，两手（左高右低）向左弧形运转，直至左臂平举，伸于身体左侧，手心朝左，右手经腹前运至左肋前，手心朝后上方，目视左手（图 12-170）。

图 12-162　　　图 12-163　　　图 12-164　　　图 12-165　　　图 12-166

图 12-167　　　图 12-168　　　图 12-169　　　图 12-170

（2）身体重心再渐渐移至右腿上，上体右转，左脚向右脚靠拢，脚尖点地，同时，右手向右上方画弧（手心由内转向外），至右侧方时变勾手，臂与肩平，左手向下经腹前向上画弧停于右肩前，手心朝内，目视左手。

（3）上体微向左转，左脚向左前侧方迈出，右脚跟后蹬变成左弓步，在身体重心移向左腿的同时，左掌随上体的继续左转慢慢翻转向前推出，手心朝前，手指高与眼平，臂微屈，目视左手（图 12-171~图 12-174）。

要点：上体保持正直，松腰。完成动作时，右肘稍下垂，左肘与左膝上下相对，两肩下沉。左手向外翻掌前推时，要随转体边翻边推出，掌不要翻得太快或最后突然翻掌。全部过渡动作，上下要协调一致。如面朝南起势,单鞭的方向(左脚尖)应向东偏北15°。

图 12-171

图 12-172

图 12-173

图 12-174

(十)云手

(1)身体重心移至右腿上,身体渐向右转,左脚尖内扣,左手经腹前向右上画弧至右肩前,手心斜朝后,同时,右手变掌,手心朝右前,目视左手(图 12-175~图 12-178)。

图 12-175

图 12-176

图 12-177

图 12-178

(2)上体慢慢左转,身体重心随之逐渐左移,左手由脸前向左侧运转,手心渐渐转向左方,右手由右下经腹前向左上画弧至左肩前,手心斜朝后,同时,右脚靠边左脚,变成小开立步(两脚距离 10~20 厘米),目视右手。

(3)上体再向右转,同时,左手经腹前向右上画弧至右肩前,手心斜朝后,右手向右侧运转,手心翻转向右,随之左腿向左横跨一步,目视右手。

(4)同(2)解释。

(5)同(3)解释。

(6)同(2)解释。

要点:身体转动要以腰脊为轴,松腰、松胯,不可忽高忽低。两臂随腰的转动而运转,要自然圆滑,速度要缓慢均匀。下肢移动时,身体重心要稳定,两脚掌先着地再踏实,脚尖朝前。眼的视线随左右手而移动。第三个"云手"的右脚最后跟步时,脚尖微向内扣,便于接"单鞭"动作。

(十一)单鞭

(1)上体向右转,右手随之向右运转,至右侧方时变成勾手,左手经腹前向右上画弧至右肩前,手心朝内,身体重心落至右腿上,左脚尖点地,目视左手。

(2)上体微向左转,左脚向左侧前方迈出,右脚跟后蹬,变成左弓步,在身体重心移向左腿的同时,上体继续左转,左掌慢慢翻转向前推出(图 12-179~图 12-188)。

图 12-179

图 12-180

图 12-181

图 12-182

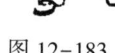
图 12-183　　　　　　　图 12-184　　　　　　　图 12-185　　　　　　　图 12-186

（十二）高探马

（1）右脚跟进半步，身体重心逐渐后移至右腿上，右手变掌，两手心翻转向上，两肘微屈，同时身体微向右转，左脚跟渐渐离地，目视左前方。

（2）上体微向左转，面向前方，右掌经右耳旁向前推出，手心向前，手指与眼同高，左手收至左侧腰前，手心朝上，同时，左脚微向前移，脚尖点地，变成左虚步，目视右手（图 12-189、图 12-190）。

要点：上体自然正直，两肩要下沉，右肘微下垂。跟步交换重心时，身体不要起伏。

图 12-187　　　　　　　图 12-188　　　　　　　图 12-189　　　　　　　图 12-190

（十三）右蹬脚

（1）左手心朝上，前伸至右腕背面，两手相互交叉，随即向两侧分开并向下画弧，手心斜朝下，同时，左脚提起向左侧前方进步（脚尖略外撇），身体重心前移，右腿自然蹬直，变成左弓步，目视前方。

（2）两手由外圈向内圈画弧，两手交叉合抱于胸前，右手在外，手心均朝后，同时，右脚向左脚靠拢，脚尖点地，眼平视右前方。

（3）两臂左右画弧分开平举，肘微屈，手心均朝外，同时，右腿屈膝提起，右脚向右前方慢慢蹬出，目视右手（图 12-191~图 12-193）。

要点：身体要稳定，不可前俯后仰。两手分开时，腕部与肩齐平。蹬脚时，左腿微屈，右脚尖回勾，脚跟用劲，分手和蹬脚须协调一致。右臂和右腿上下相对。如面向南起势，蹬脚方向应为正东偏南约30°。

图 12-191　　　　　　　图 12-192　　　　　　　图 12-193　　　　　　　图 12-194

（十四）双峰贯耳

（1）右腿收回，屈膝平举，左手收回，屈膝平举，左手由后向上、向前下落至体前，两手翻转向上，两手同时向下画弧分落于右膝两侧。

（2）右脚向右前方落下，身体重心渐渐前移，逐渐变成右弓步，面向右前方，同时，两手下落，慢慢变

拳,分别从两侧向上、向前画弧至面部前方,呈钳形,两拳相对,高与耳齐,拳眼均斜朝内下方(两拳中间距离 10~20 厘米),目视右拳(图 12-194)。

要点:完成动作时,头颈正直,松腰松胯,两拳松握,沉肩垂肘,两肩均保持弧形。双峰贯耳式的弓步和身体方向与右蹬脚方向相同。

(十五)转身左蹬脚

(1)左腿屈膝后坐,身体重心移至左腿,上体左转,右脚尖内扣,同时,两拳变掌,由上向左右画弧分开平举,手心朝前,目视左手。

(2)身体重心再移至右腿,左脚收至右脚内侧,脚尖点地,同时,两手由外圈向内圈画弧合抱于胸前,左手在外,手心均朝后,两眼平视左侧。

(3)两臂左右画弧分开平举,肘微屈,手心均朝外,同时,左腿屈膝提起,左脚向左前方慢慢蹬出,目视左手(图 12-195~图 12-201)。

要点:与右蹬脚式相同,唯左右相反。

(十六)左下势独立

(1)左腿收回平屈,上体右转,右掌变成勾手、左掌向上,向右画弧下落,立于右肩前,掌心斜朝后,目视右手。

(2)右腿慢慢屈膝下蹲,左腿由内向左侧(偏后)伸出,变成左仆步,左手下落(掌心朝外)向左下顺左腿内侧向前穿出,目视左手(图 12-202、图 12-203)。

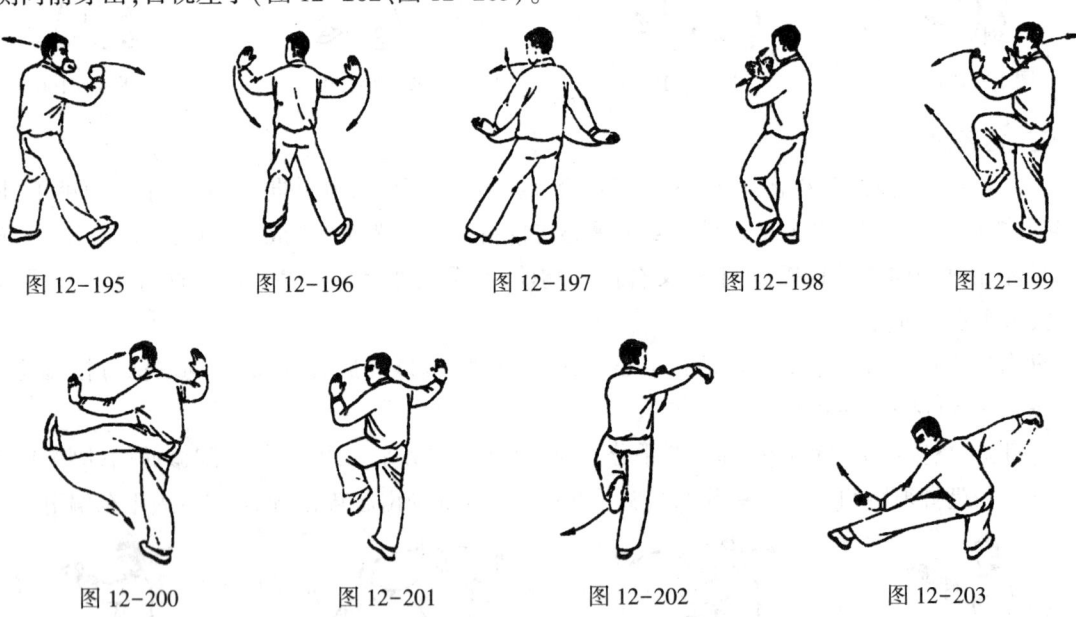

| 图 12-195 | 图 12-196 | 图 12-197 | 图 12-198 | 图 12-199 |

| 图 12-200 | 图 12-201 | 图 12-202 | 图 12-203 |

要点:右腿全蹲时,上体不可过于前倾。左腿伸直,左脚尖须向内扣,两脚脚掌全部着地。左脚尖与右脚跟踏在身体中轴线上。

(3)身体重心前移,以左脚跟为轴,脚尖尽量向外撇,左腿屈膝,右腿后蹬,右脚尖内扣,上体微向左转并向前起身,同时,左臂继续向前伸出(立掌),掌心朝右,右勾手下落,勾尖朝后,目视左手。

(4)右腿慢慢提起平屈,变成左独立式,同时,右手变掌,并由后下方顺右腿外侧向前弧形摆出,屈臂立于右腿上方,肘与膝相对,手心朝左,左手落于左胯旁,手心朝下,指尖朝前,目视右手(图 12-204~图 12-206)。

要点:上体要正直,左腿要微屈,右腿提起时脚尖自然下垂。

(十七)右下势独立

(1)右脚下落于左脚前,脚掌着地,然后以左脚前掌为轴,脚跟转动,身体随之左转,同时,左手向后平举变成勾手,右掌随着转体向左侧画弧,立于左肩前,掌心斜朝后,目视左手(图12-207、图12-208)。

图12-204 　　　　图12-205 　　　　图12-206 　　　　图12-207 　　　　图12-208

(2)同"左下势独立"(2)解释,唯左右相反。

(3)同"左下势独立"(3)解释,唯左右相反。

(4)同"左下势独立"(4)解释,唯左右相反(图12-209~图12-212)。

要点:右脚尖触地后必须稍微提起,然后再向下仆腿。其他均与"左下势独立"相同,唯左右相反。

图12-209 　　　　　　图12-210 　　　　　　图12-211 　　　　　　图12-212

(十八)左右穿梭

(1)身体微向左转,左脚向前落地,脚尖外撇,右脚跟离地,两腿屈膝变成半坐盘式,同时,两手在左胸前呈抱球状(左上右下),然后右脚收至左脚的内侧,脚尖点地,目视左前臂。

(2)身体右转,右脚向右前方迈出,屈膝弓腿,同时,右手由脸前向上举并翻掌停在右额前,手心斜朝上,左手先向左下再经体前向前推出,高与鼻平,手心朝前,目视左手(图12-213~图12-215)。

(3)身体重心略向后移,右脚尖稍向外撇,随即身体重心再移至右腿,左脚跟进,停至右脚内侧,脚尖点地,同时,两手在右胸前变成抱球状(右上左下),目视右前臂。

(4)同(2)解释,唯左右相反(图12-216、图12-217)。

图12-213 　　　　图12-214 　　　　图12-215 　　　　图12-216 　　　　图12-217

要点:完成姿势面朝斜前方(如面向南起势,左右穿梭方向分别为正西偏北和正西偏南,均约30°)。手推出后,上体不可前俯。手向上举时,防止引肩上耸。一手上举,另一手前推,要与弓腿、松腰上下协调一致,做弓步时,两脚跟的横向距离同搂膝拗步式,保持在30厘米左右。

(十九) 海底针

右脚向前跟进半步，身体重心移至右腿，左脚稍向前移，脚尖点地，变成左虚步，同时，身体稍向右转，右手下落经体前向后、向上提至肩侧耳旁，再随身体左转，由右耳旁斜向前下方插出，掌心朝左，指尖斜向下，与此同时，左手向前、向下画弧落于左胯旁，手心朝下，指尖向前，目视前下方(图 12-218~图 12-220)。

要点：身体要先向右转，再向左转。完成姿势后，面朝正西。上体不可太过前倾，避免低头和臀外凸，左腿要微屈。

(二十) 闪通臂

上体稍向右转，左脚向前迈出，屈膝弓腿变成左弓步，同时，右手由体前上提，屈臂上举，停于右额前上方，掌心翻转斜朝上，拇指朝下，左手上起经胸前向前推出，高与鼻平，手心朝前，目视左手(图 12-221、图 12-222)。

图 12-218　　　图 12-219　　　图 12-220　　　图 12-221　　　图 12-222

要点：完成姿势后，上体自然正直，松腰、松胯，左臂不要完全伸直，背部肌肉要伸展开。推掌、举掌和弓腿动作要协调一致。

(二十一) 转身搬拦捶

(1)上体后坐，身体重心移至右腿上，左脚尖内扣，身体向右后转，然后身体重心再移至左腿上，与此同时，右手随着转体向右、向下(变拳)经腹前画弧至左肋旁，拳心朝下，左掌上举于头前，掌心斜朝上，目视前方(图 12-223、图 12-224)。

(2)向右转体，右拳经胸前向前翻转撇出，拳心朝上，左手落于左胯旁，掌心朝下，指尖朝前，同时，右脚收回后(不要停顿或脚尖点地)即向前迈出，脚尖外撇，目视右拳(图 12-225)。

(3)身体重心移至右腿上，左脚向前迈一步，左手上起经左侧向前上画弧推出，掌心朝前下方，同时，右拳向右画弧，收至右腰旁，拳心朝上，目视左手(图 12-226、图 12-227)。

图 12-223　　　图 12-224　　　图 12-225　　　图 12-226　　　图 12-227

(4)左腿前弓变成左弓步，同时，右拳向前打出，拳眼朝上，高与胸平，左手附于右前臂内侧，目视右拳(图 12-228~图 12-230)。

要点：右拳不要握得太紧，右拳回收时，前臂要慢慢内旋画弧，然后再外旋停于右腰旁，拳心向上。向前冲拳时，右臂随拳略向前引伸，沉肩垂肘，右臂微屈。弓步时，两脚横向距离同"揽雀尾"式。

(二十二) 如封似闭

(1)左手由右腕下向前伸出,右拳变掌,两手手心逐渐翻转向上并慢慢分开回收,同时,身体后坐,左脚尖跷起,身体重心移至右腿,目视前方(图12-231)。

图 12-228　　　　　图 12-229　　　　　图 12-230　　　　　图 12-231

(2)两手在胸前翻掌,向下经腹前再向上、向前推出,腕部与肩平,手心朝前,同时,左腿前弓变成左弓步,目视前方(图12-232~图12-234)。

要点:身体后坐时,避免后仰,臀部不可凸出。两臂随身体回收时,肩、肘部略向外松开,不要直着抽回。两手推出宽度不要超过两肩。

(二十三)"十"字手

(1)屈膝后坐,身体重心移向右腿,左脚尖内扣,向右转体,右手随着转体动作向右平摆画弧,两臂侧平举,掌心朝前,肘部微屈,同时,右脚尖随着转体稍向外撇,变成右弓步,目视右手(图12-235、图12-236)。

图 12-232　　　　图 12-233　　　　图 12-234　　　　图 12-235　　　　图 12-236

(2)身体重心慢慢移至左腿,右脚尖内扣,随即向左收回,两脚距离与肩同宽,两腿逐渐蹬直,变成开立步,同时,两手向下经腹前向上画弧交叉合抱于胸前,两臂撑圆,腕部与肩平,右手在下,呈"十"字状,手心均朝后,目视前方(图12-237、图12-238)。

要点:两手分开至合抱时,上体不要前俯。站起后,身体自然正直,头要微向上顶,下颌稍向后收。

(二十四)收势

两手向外翻掌,手心朝下,两臂慢慢下落,停于身体两侧,目视正前方(图12-239~图12-241)。

图 12-237　　　　图 12-238　　　　图 12-239　　　　图 12-240　　　　图 12-241

要点:两手左右分开下落时,要注意身体放松,同时,气息也徐徐下沉(呼气略加长)。呼吸平稳后,

把左脚收到右脚旁,再走动休息。

第四节　散　打

散打也称"自由搏击""散手""抢手",有着悠久的历史。它是中国各种拳术运用零散招数按一定规则进行的徒手格斗,属于武术对抗性技击项目。

比赛时,双方根据规则,可使用踢(腿法)、打(手法和肘法)、摔(摔法)、拿(擒拿法)等各种技术。比赛者戴护头、护身、护裆、护腿及拳套等,根据体重分级别进行比赛。比赛分3个回合,每个回合2~3分钟,以击中或击倒对方为得分,3个回合得分多者为胜。

散打比赛不仅有助于掌握武术的技击方法,而且有助于培养勇敢、机智、灵活、果断等意志品质。

一、准备姿势和步法基础练习

(一)准备姿势

准备姿势是进攻和防守的基本姿势。做左侧准备姿势时,左手、左脚在前;右势则相反。这样站立,便于进退、闪转动作的进行。攻时,前臂前伸,肩前顺,后腿蹬地,动作均能轻快有力。防守时,两手能迅速到达头、肋等部位,配合各种动作保护头及上体,如两手护头、两肘护肋等。对方攻来时,两手可灵活运用,动作摆幅要小,防止对方佯攻。前手尽可能保持原姿势,特别是两脚不可任意改变位置。因为两脚一动,手和臂必然随之而变,破坏了准备姿势,就会有被进攻而来不及防守的危险。

(二)步法基础练习

由于散打过程中搏击的极度活跃性,搏击双方身体所在的位置瞬息万变,唯有巧妙、准确、快速地运用步法,才能为自己在最短的时间内创造攻击对方的机会或防御对方攻击的有效手段。因此,武术散打尤其要重视步法基础练习。武术散打的步法相当多,诸如前进步、前踏步、前跃步、转身步、变换步、横跨步、前盖步、前垫步、后垫步、后退步、前插步、横闪步,等等。这里介绍最常用的几种步法基础练习。

1.进步

动作要领:脚向前跨步时前掌先着地,后腿跟进要迅速。进步过程上体略前倾,两腿动作要快并要协调,进步距离要大。

2.退步

动作要领:脚向后直退时,前掌先着地,后腿撤步要快速,整个后退步距离要大,动作连贯、协调、快捷。

3.跨步(也叫跟步)

动作要领:脚向前方斜进角度与后脚跟进角度要保持一致,使身体重心始终在两脚之间。两脚一虚一实,两臂分别防守上、下,形成较大防守面。

4. 跃步

动作要领:两腿起跳跃进要轻灵,并借助身形上纵之势。跃步不可过高,两腿距离跃前、跃后要保持一样,跃步尽量达到远、快、活。

5. 闪步

动作要领:两脚移动要快速协调,闪步时要借助腰胯扭转之势,上体保持稳定的姿势,不要随步法的闪动而闪动。

二、拳法基础练习

武术散打的拳法十分重要，是实战中上肢进攻的主要方法之一，其出拳运动路线有直线、斜线、弧线三种类型，主要拳法有冲拳（直拳）、摆拳（贯耳拳）、砸拳、点拳（鞭拳）、掖拳、勾拳（钻拳）等。这里介绍最常用的几种拳法。

（一）冲拳

冲拳是拳法动作中最简洁、运行距离最短、发拳机会最多、实用价值最强的一种拳法。无论是传统武术散打还是国际上其他搏击项目，冲拳都是使用最广最多的拳法。冲拳既可以单拳奏效，也可以连续进攻，还能为其他拳法、腿法、肘法、膝法做引拳。因此，武术散打者一定要切实掌握冲拳的发拳和技击技术。

单冲拳中又分左冲拳、右冲拳、下冲拳等。

1.左冲拳

动作要领：发拳时，冲拳力点明显，不要有预发拳动作（如向后拉臂、沉肘等），充分借助腰胯的发力。

2.右冲拳

动作要领：发拳时，右臂前伸的同时右肩前倾，冲拳要协调、快速有力，出拳后迅速由原路收回变成准备姿势。

3.下冲拳

动作要领：冲拳与下蹲同时完成，冲拳以肩发力，并充分借助腰胯的力量；冲拳时，另一拳及时回收保护面部。

（二）勾拳

勾拳也称钻拳，在拳击中此拳运用很多，威力也很大，在武术散打中勾拳运用得也很普遍。勾拳是近距离击打对手的最好拳法，若与冲拳、摆拳、腿法等技术动作配合进攻对手，其作用就更加明显。

1.平勾拳

左（右）腿在前，呈准备姿势。腰轴突然向右（左）转动（转幅小于90°），同时，左（右）肘提起，小臂与大臂形成90°角，臂部与肩同高，左（右）拳由左（右）向右（左）下方击出，左（右）脚外转，出拳后左（右）臂立即向胸部靠拢。

动作要领：平勾拳以腰、腿发力，出拳时注意不要出现向左（右）后移的预兆，拳的弧度不要过大，臂部肌肉由放松到突然紧张，击后迅速放松。

2.上勾拳

右（左）拳外旋，拳心向内，拳眼向右（左），拳面向前斜上，右（左）肘向下稍回收，大臂与小臂的角度约90°，腰轴左（右）转，髋关节右（左）拧，同时，右（左）拳由下向前斜上击出。

动作要领：击拳时身体重心略向前移，力达拳面；一拳击出，另一拳自然回收护于胸前；注意力从腰发，力点集中在对方的头部或腹部。

三、腿法基础练习

由于腿具有力量猛、打击力量强、攻击距离远、用腿隐蔽、对方不易防守等优点，因此，腿法在实战中运用极广，常常成为武术散打中决定胜负的关键因素。

腿法基础练习包括弹、踹、点、蹬、挂、摆、铲、扫、踩、勾、按、撩等运动技法。下面介绍几种常用腿法基础练习：

（一）弹腿

弹腿是由下向上踢,高度以膝为限的进攻型腿法(也有使用中弹腿攻击腰肋、高弹腿攻击上盘的特殊腿法)。弹腿动作具有幅度小、速度快、变化多、自身重心容易保持等优点。它既可以直接攻击对方,也可在别的拳法、腿法的掩护下进击,还可以为别的拳法、腿法做引腿。

动作要领:弹踢时,大腿向上方抬起,以膝关节为轴,带动小腿向前弹出,弹踢要快速且具有弹性。

（二）踹腿（图12-242）

图12-242　踹腿

踹腿(尤其是侧踹)为腿法中使用最广、威力最大的一种实战腿法。它高、低、远、近、正、侧都可以有效地进击对方。踹腿动作大而猛,加之变化多,易于保护自己,确系克敌制胜的一种主要腿法。踹腿分为正踹、侧踹和腾空踹等,无论哪种踹法均可以用脚外侧或全脚掌攻击对方面部、头颈、咽喉、胸肋、腹裆、手臂、后背、腿部等全身各个部位。

动作要领:屈膝、提腿、踹腿要连贯进行,踹击时身形略后仰下蹲,动作要快速而具有弹性。踹后,迅速回收。

（三）扫腿

扫腿又名扫堂腿,是武术散打的典型腿法之一。它是用脚后跟和踝关节前部,扫击对方踝关节左、右侧或者脚后跟部位,一般从两侧攻击对方。可以单腿扫敌制胜,也可用连续扫腿重创对方,还能够在败退中突然反击对方。扫腿往往在其他拳法、腿法的掩护下使用,扫击力量大、速度快,是低腿中颇为实用之腿法。扫腿分为前扫腿和后扫腿两种。

1.前扫腿

呈左(右)仆步势,右(左)腿屈膝全蹲,左(右)腿伸直平铺于地面。右(左)脚跟迅速提起,以右(左)脚掌为轴,用腰向右(左)旋转的惯性加力,带动左(右)腿向右(左)擦地扫转一周。

动作要领:转体、扫腿要一气呵成,力点达脚底或脚后跟,扫后迅速收回。扫腿要伸直,扫腿要紧贴地面,扫转要快速有力。

2.后扫腿

呈左(右)仆步势,右(左)脚跟迅速提起,以右(左)脚掌为轴,用腰向左(右)旋转的力量带动左(右)腿向左(右)转动一周。

动作要领:转体、扫腿要一气呵成,扫转时脚掌须擦地内扣,扫腿要伸直,扫转要快速有力。

（四）勾踢腿

勾踢腿是武术散打常用腿法之一。它的动作幅度小、速度快、成功率高。通常用脚背和踝关节勾踢对方脚外侧或脚后跟,还能和快摔法配合,踢摔对方。勾踢腿又分为前后正勾踢、平勾踢、侧勾踢等。

准备姿势站立,身体向左(右)转体90°,右(左)脚脚尖勾起,由后向左(右)侧猛力勾踢,踢后迅速内扣,呈提膝护裆势。

动作要领:勾踢要快速、有力,着力点达于脚内侧;支撑腿微屈,保持身体平衡;勾踢时呈弧形,高度在对方膝关节以下。

四、掌法基础练习

掌法是配合拳法的重要攻防手段,也是武术散打民族风格的标志之一。由于掌法出击快速凌厉,掌形变化迅捷,实战中威力颇大,故而在武术散打中,掌法占有相当重要的地位。它不仅是拳法的一种补

充,也是直接取胜的手段。传统武术散打中,掌法内容极其丰富,应用也非常普遍。这里只介绍最常使用的两种掌法:

1.劈掌

劈掌是用手掌外侧劈击对方脖颈等部位的一种掌法。它一般在其他掌法或腿法的掩护和配合下攻击对方,也可以单独使用。劈掌动作较大,凶猛有力,是威力较大的一种进攻性掌法。

动作要领:劈打要猛,要充分借用上体向前之势,整个动作要连贯协调,一气呵成。劈掌时步法要跟上。

2.击掌

击掌也叫扑面掌、迎面掌,是武术散打中比较典型的掌法。击掌是近距离攻击对方面门的进攻性掌法,实战中大都配合肘法、拳法、腿法等动作,突然进攻,威力颇大。

左(右)腿在前,呈准备姿势。右(左)拳变掌,臂内旋使掌心向前,随即直臂向前击掌,击掌时掌心朝前,击掌后迅速收回。

动作要领:击掌时,另一手注意防护面部;击掌要借助腰胯拧转发力,快速有力,力点达掌根。

五、肘法、膝法基础练习

(一)肘法

肘法是武术散打中近距离搏击的一种击打方法,攻防性能很强。由于肘部生理结构的特点,肘尖极其坚硬,是贴身近战的"撒手锏"。其主要技法有顶击、横击、挑击、劈击、砸击、剪击、靠击等。这里介绍最为常用肘法的练习方法。

1.前顶肘

呈准备姿势,左(右)臂屈肘握拳,以肘关节为力点向前直线顶肘,肘尖冲前,拳心朝下,两腿略屈膝下蹲,上体微前俯。

动作要领:屈臂、握拳,顶肘时要连贯一气,顶肘要快,力点达肘尖,一肘顶击时,另一肘注意保护头部。

2.后顶肘

两腿分开与肩同宽,两臂屈肘自然下垂置于两肋处,两肘同时向后(略斜下)顶击,力达肘尖。

动作要领:后顶肘速度要快,发力要猛;顶击时,两肘内臂要紧贴肋部后击,肩、臂肌肉要放松,骤然发力。

(二)膝法

膝法是指以膝部顶、撞等动作攻击对方的技击方法。膝法分为顶膝、挑膝、冲膝与跪膝,一般用来攻击对方面部、腹肋等部位,在双方贴身纠缠在一起时,以膝法制胜的成功率很高。

左(右)腿在前,呈准备姿势。左(右)腿屈膝提起,膝关节向前沿直线顶撞对方,脚面绷平,脚尖朝下,力达膝尖。

动作要领:顶膝时,上体略前俯,下颏回收;顶击要突然、有力,上肢呈有利于平衡的姿势。

第五节　跆拳道

跆拳道是朝鲜族用于对抗入侵及对付野兽而形成的一种武术。它既是攻击能力很强的搏击技术,也是一种很好的健身运动项目。跆拳道有品势(拳套)24套,主要以脚腿技法为主,腿法占进攻动作的比例高达 70%。

一、跆拳道中的"礼仪"

跆拳道练习推崇"以礼始,以礼终"的尚武精神,跆拳道中的"礼仪"是跆拳道基本精神的具体体现,是跆拳道运动必不可少而且十分重要的组成部分,是跆拳道练习过程中必须具备的行为规范。

礼仪不只是形式上的表现,还要虔诚履行,在长期练习和比赛的过程中逐渐将礼节形式转化为心理动力。最常用的礼仪表示方式是向教练、同伴敬礼。敬礼动作的具体要求是:面向对方直体站立,身体向前屈 15°,头部前屈 45°,此时两手紧靠两腿,两脚跟并拢。训练时,进入体育馆后,以端正姿势向国旗敬礼,然后按馆长、教练和长辈的顺序依次向他们敬礼。

训练之余,无论是在学校或在其他地方都要按一定的礼仪规范自己,将礼仪意识带到练习者生活、学习及工作的各个方面,使人们养成克己礼让、宽厚待人和恭敬谦逊的道德品质。

二、跆拳道准备姿势和步法

(一) 准备姿势(图 12-243)

准备姿势也称实战姿势或预备姿势,是跆拳道比赛中双方开始时的基本站立姿势。准备姿势应便于进攻和防守反击以及步法的移动。

动作过程:

(1)两脚开立与肩同宽,两臂垂于体侧。

(2)左脚或右脚向另一脚的后方迈出,两脚相距一步距离前后站立,使身体侧对对方,同时,两手半握拳,沉肩,两臂屈肘自然垂放。

(3)重心落在两脚之间,膝部略弯曲,眼睛平视对方面部,下颌微收。

动作要领:

(1)两臂所放位置不是固定的,也可以一臂垂下或两臂都垂下。

(2)两脚之间的距离和重心的高低,可根据具体情况进行调整,原则上是在移动时能最快调整好身体重心。

(3)若重心下降,大小腿之间的夹角几乎等于 90°,则为低位准备姿势。

图 12-243　跆拳道准备姿势

(二)基本步法(图 12-244)

基本步法是指在准备姿势站立后,向不同方向移动的方法。在跆拳道技术中,步法是其中重要的

一环,尤其在运动员刚开始接触跆拳道这项运动时,要用较多的时间来进行专门的步法练习。由于竞技跆拳道规则的限制,在比赛中运动员主要是用腿攻击和防守反击,因此运动员的步法是否灵活,在一定程度上决定了他的进攻和防守是否能够达到目的,这也使得步法训练在跆拳道训练中占据着重要地位。

1. 上步

上步常用于逼迫对方后撤,或引诱对方进攻,而当对手使用上步时,自己可以立即使用进攻技术攻击对方。

动作过程:右架站立,右脚向前上一步,成为左架。

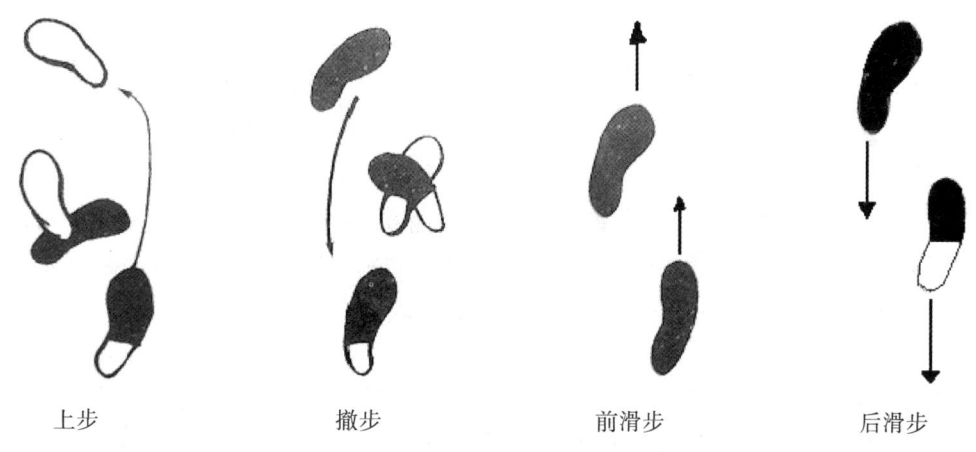

|上步|撤步|前滑步|后滑步|

图 12-244　跆拳道基本步法

动作要领:上步时通过向左拧转腰胯完成,两臂在体侧自然上下移动,重心不要上下起伏过大。

2. 撤步

撤步常用在对方使用前横踢时,当对方准备继续进攻时,可使用前腿的侧踢或横踢或下劈阻击对方。

动作过程:右架站立,左脚向后撤一步,成为左架。反之,与左架站立动作相同。

动作要领:后撤步时重心保持平稳移动,通过向左拧转腰胯完成,两臂在体侧自然上下移动。

3. 前滑步

前滑步常使用在快速接近对方以使用横踢或下劈等进攻动作时;当对方前滑步时,可用前腿的下劈或后踢或后旋等进攻动作。但是有时对方使用前跃步是为了引诱自己反击后要调整重心时再进攻得点,因此,此时自己可随之后撤一步而不被对方所利用。

动作过程:右架站立,两脚同时向前跃进一步,保持右架准备姿势。反之,与左架站立动作相同。

动作要领:向前滑步时,重心不宜起伏过大,尽量使重心平稳移动,两脚稍离地即可。

4. 后滑步

后滑步常使用在对方进攻,自己需要快速与对方拉开距离时。此时,由于自己有一个向后撤的惯性,再用进攻的动作就有一定的难度,一般是使用迎击动作后踢或后旋等。因此,若对方使用后滑步,自己要防止对方的反击动作;如果自己使用组合动作,在对方滑步时,自己一般使用侧踢、推踢或外摆劈腿等动作。

动作过程:右架站立,两脚同时向后滑一步,保持右架准备姿势。反之,左架亦然。

动作要领:向后回撤时,重心不宜起伏过大,尽量使重心平稳移动,两脚稍离地即可。

5. 跳换步

跳换步常用在对方与自己是闭式站位,自己为了与对方形成开式站位,以便有利于击打对方胸腹时,或是为了不让对方的优势腿发挥威力,使对方感到别扭。而当对方跳换步时,可利用此时机抢攻得点。

动作过程:右架站立,两脚原地前后交换,由右架换成左架。反之,左架亦然。

动作要领:重心不宜起伏过大,尽量使重心平稳移动,两脚稍离地即可。

6. 侧移步(图 12-245)

当对方进攻时,自己向一侧移动步,使对方来不及调整身体重心而不能很好地打击。或是当对方进攻自己不向后撤,而使用侧移步与对方贴近使用进攻动作。

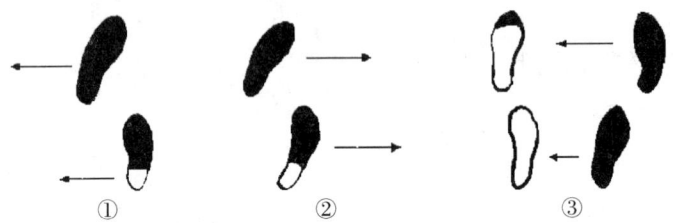

图 12-245　侧移步

动作过程:第一种步法是以前脚为轴,后脚向左(右)侧方向移动,用以改变与对手的站位方向;第二种步法是右架站立,右脚先向右(或向左)侧移动一步,随之左脚也迅速向右(或向左)侧移动一步。

动作要领:一般是将身体重心移向前脚,以利于后腿进攻。

7. 垫步

垫步用于快速接近对手,或用于拉开与对手的距离,在主动进攻时用前腿攻击对方。

动作过程:右架站立,右脚向左脚内侧上步,同时,左腿迅速抬起以便进攻或防守。

动作要领:右脚垫步时,左脚要迅速提起,重心落在右腿上,右膝微屈。

三、跆拳道基本技术

(一)手法

手法中有拳、掌、肘多种使用方法,既不失为攻击得分的方法,又是防守阻击的招式,一般偏重于防护格挡拦截。

1. 拳法

在跆拳道比赛中,拳法是一种非常重要的技术。运用拳法时,拳必须握紧,动作发力要迅猛短促,完成击打动作后要立即回收,以免被对方抓住手臂或手腕。

2. 掌法和肘法

跆拳道掌法在比赛中不得使用,因此,掌法只能用于自卫实战之中。

肘法多用于近距离击打,受击者易挫伤。肘法有击肘、挑肘、顶肘等三种技法。

(二)腿法

跆拳道以腿为主,它以其丰富多变、优美潇洒的腿法著称于世,被称为是一门踢的艺术。跆拳道的腿法讲究技巧,对柔韧性、稳定性和灵敏性要求很高。腿法是最主要的得分手段,在比赛中腿法的使用占70%以上。

跆拳道基本腿法有前踢、侧踢、后踢、勾踢、旋踢、推踢等技法。因腿的攻击力远远高于手,且攻击时距离远,威慑力大,是得分的主要方法。跆拳道规则规定:在双方得分相同时,一次脚技优于一次手技。规则的导向作用促使跆拳道以腿功见长,向着腿法独特、灵活多变的方向发展。在实际运用腿法时,要瞄准目标,目测距离。踢腿时,支撑腿要站稳,保持身体平衡,两手做好防守姿势,踢腿后要立即回收,并迅速恢复成准备姿势。

第六节　女子防身术

一、女子防身术概述

女子防身术主要针对女性遭遇突然袭击的情况下,赤手空拳或就地取材保护自身,制伏歹徒的一种实用技术。虽然此项运动在社会上还未普及,未被列入正式的体育项目,但它的锻炼价值及自身防卫的功效已经深受广大女性的喜欢。女子防身术主要将散打、泰拳、截拳道、擒拿等防身动作融为一体。

由于女性在力量、耐力、速度及肌肉、骨骼等方面不如男性,因此女子防身术的动作设计有其自身的特点。女子防身术的招式,一般使对方立刻失去战斗力或至少使坏人痛苦不堪,这样才能使自己转危为安。女性对抗坏人的心理防卫是精神力量,用机智的头脑、冷静的心理,抓住机会,制造机会,用合理、隐蔽、突然的动作击打对方,从而使自己脱险。因此,女子防身术一般是对与坏人斗争而言,不属于一般的体育竞技,它与其他项目也有本质上的区别。

二、近战格斗技术

这种格斗方式主要用于自卫者与歹徒距离较近(一臂之内)时,主要技术包括用肘、膝、短踢及短拳来打击歹徒,并同时防备歹徒使用这些招数。对自卫者来说,近战格斗容易被抓被打,危险性和受伤的概率也大大增加。由于双方距离较近,自卫者没有时间去想招数,攻守亦不十分鲜明,双方常常是"混战"成一团。

（一）基本姿势

最常用和最实用的自卫防身近战姿势类似于拳击的基本姿势。两脚前后开立,两膝微屈,身体半右转,两臂靠近身体,两手护头,两臂肘护肋,左拳约同下巴高,右拳在胸前。攻守均由这个姿势开始,如图12-246所示。

动作方法:

①头和胸内缩。

②两臂回缩护头、护肋。

③前腿内合护裆。

近战的移动方式基本上是跳步移动和碎步移动,加上身体的向后、向侧的躲闪动作。

（二）进攻技术

1. 顶膝技术

膝是近战格斗中力量最大、最有威胁的武器。主要用来打击歹徒裆部及下腹。若打击到这些有效部位则立即使歹徒失去反抗能力,即使击中腿部这样的强壮部位也会大大削弱歹徒的攻击能力,如图12-247所示。

动作方法:

①抓住歹徒双肩或双手。

②快速提膝前顶歹徒裆部。

图 12-246　　　　　　　图 12-247

2. 肘击技术

肘也是近战中威力强大的武器,武术中有"宁挨十拳不挨一肘"之说。肘击主要用来打击歹徒头、肋及下腹。肘击可击前击后,打高打低。下面介绍几种常用的基本肘击技术。

(1)前横肘。

这项技术主要用来打击歹徒头部,尤其是歹徒个头不高时,如图 12-248 所示。

动作方法:

①向左快速转体。

②用肘横击歹徒头部。

(2)前顶肘。

这项技术主要用来打击歹徒肋及下腹,尤其是歹徒身材比较高时,如图 12-249 所示。

图 12-248　　　　　　　图 12-249

动作方法:

①重心下降,后腿前蹬,后手顶住前手加力。

②身体左转加力,以肘尖击歹徒肋部。

(3)后横肘。

这项技术主要用来打击背后的歹徒,尤其是当歹徒个子不高时,如图 12-250 所示。

动作方法:

①身体迅速侧转,同时以肩带肘。

图 12-250　　　　　　　图 12-251

②以肘及上臂击歹徒头部。

（4）后顶肘。

这项技术主要用来打击背后之歹徒,尤其是当歹徒个子很高时。打击部位是肋与下腹,如图 12-251 所示。

动作方法:

①腿向后蹬,身体快速侧转。

②以肩带肘向后击歹徒肋腹部。

3. 短拳

（1）上手短拳。

主要用于绕过歹徒双手而打其脸、太阳穴或耳后部,如图 12-252 所示。

动作方法:

①上体快速侧转,以腰肩带动手臂。

②拳心向下,击歹徒耳后部。

（2）下手短拳。

主要用于打击歹徒肋或腹,如图 12-253 所示。

动作方法:

①身体快转,后腿前蹬。

②以腰肩带动拳向前上,打歹徒肋或腹。

（3）冲天炮。

主要用来从歹徒双手之间空当进拳打击歹徒下颏,如图 12-254 所示。

动作方法:

①身体快转,后腿前蹬。

②以腰肩带动手臂,拳面向上打歹徒下颏。

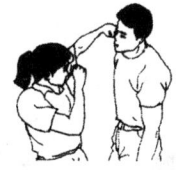
图 12-252

图 12-253

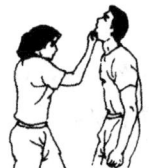
图 12-254

4. 短踹腿

这项技术是利用歹徒保护上体时,以后腿隐蔽地攻击其膝或小腿的一种踢踹法。击中歹徒后可使其失去或削弱其进攻能力,如图 12-255 所示。

动作方法:

①快提后腿,脚尖前勾。

②以脚掌踹歹徒膝或小腿。

5. 头撞

这项技术主要用来打击歹徒鼻梁或下颏,如图 12-256 所示。

动作方法:

①以腰腹带动上体前移。

②以头撞歹徒鼻梁或下颏。

6. 肩顶

这项技术主要用来在近战中将歹徒撞至其有效攻击距离之外,以便保持安全距离并准备下一步攻守,如图 12-257 所示。

动作方法:

①收紧肌肉,后腿前蹬。

②以肩撞击歹徒胸部迫其后退。

图 12-255   图 12-256   图 12-257

(三) 防守技术

在近战中歹徒也可能会使用上面的招数来进攻,对此,自卫者可用下面三种防守方式来对付歹徒的攻击。

1. 格挡后退

自卫者用手、臂、肩、腿挡住歹徒的第一招,然后猛推歹徒,同时后撤步或跳步后撤至安全距离。

动作方法:

①以手挡对方来拳,贴手后猛推对方,如图 12-258 所示。

②跳步或撤步退回准备下一个动作,如图 12-259 所示。

2. 格挡反击

当自卫者无处后退或打算速战速决扭转局势时可用这种防守方法,这是一种积极防御的防守方法。

动作方法:

①挡住对方来拳,如图 12-260 所示。

②以膝盖顶撞歹徒裆部,如图 12-261 所示。

图 12-258   图 12-259   图 12-260   图 12-261

3. 贴紧近身摔

这一防守方法以软对硬,先贴紧对手使其无法发力攻击,紧接着以摔法摆脱对方。若歹徒不是很强壮或自卫者摔技较好时,比较适用此法。

动作方法:

①手、腿贴紧歹徒使其无法发力,如图 12-262 所示。

②腿别住歹徒腿,如图 12-263 所示。

③腿别住歹徒腿,同时猛推歹徒,如图 12-264 所示。

图 12-262

图 12-263

图 12-264

三、地面战格斗

地面战格斗也是自卫防身不可缺少的格斗形式。很多案例的统计表明,受害者在遭到突然袭击时,尤其是女性往往在五六秒之内就被歹徒摔倒在地而处于劣势。这类格斗只能在不得已的情况下才不得不用,极少主动应用。被歹徒摔倒不见得就输掉了这场格斗,如自卫者能正确使用倒地格斗方法,并应用地面战技术,则仍有机会脱险。地面战格斗一般有三种方式。

(一)跪姿摔跤加拳击

这种格斗方式是在自卫者尚未完全倒地或刚起身时就被歹徒抓住,而不得不以跪姿与歹徒格斗时所用的技术。如尚未被歹徒抓住,则可以拳法或肘法攻击歹徒或后滚摆脱;如已经被歹徒抓住,并且歹徒企图继续摔倒自卫者时,应尽量保持身体平衡,同时伺机出拳、出肘或抓脸偷袭歹徒。

动作方法:

①姿势似站立拳击,动作靠腰肩发力,如图 12-265 所示。

②抓住歹徒以保持平衡,用前推或侧拉来拖倒歹徒,如图 12-266 所示。

图 12-265

图 12-266

(二)地面远战

当自卫者已倒地但尚未被歹徒抓住或按住时,可通过踢打来迫使歹徒保持一定的距离。地面远战基本方式包括以下几个步骤。

动作方法:

①倒地保护,如图 12-267 所示。

②踢打推开歹徒,如图 12-268 所示。

③滚出歹徒的攻击范围,如图 12-269 所示。

④摆出地面攻击架式,以脚对歹徒,以手作脚移动,如图 12-270 所示。

图 12-267

图 12-268

图 12-269

⑤当歹徒靠近时,踢其膝、裆或脸,如图 12-271 所示。

⑥当歹徒后退时,向反向滚出站起,如图 12-272 所示。

图 12-270　　　　　　　　图 12-271　　　　　　　　图 12-272

(三) 地面解脱技术

当歹徒将自卫者抓住或压在地上时,自卫者必须使用地面解脱技术来对付歹徒的抓、锁喉、拳打、刀刺等。自卫者地面战的难度和危险大大增加,脱身机会大大减少,尤其是歹徒身强力壮时。自卫者在地面战时应全力以赴,使用任何可使用的技术,包括踢裆、打脸、挖眼、口咬、抓裆等动作来对付歹徒。

下面介绍的地面解脱技术可用来应对几种常见的紧急情况。这些技术学起来不难,但在遭到攻击时能识别歹徒手法而合理使用相应技术却不易。快速地识别及合理应对是地面战中最重要的,所有的解脱技术应用都应该是顺其自然的。

1. 体侧卡喉解脱法

此法用于对付歹徒跪在自卫者体侧,以双手卡脖时。

动作方法:

①右手抓歹徒手腕压双臂以缓其力并防其抽手打脸,如图 12-273 所示。

②左手击其肘,同时腿蹬地助发力,如图 12-274 所示。

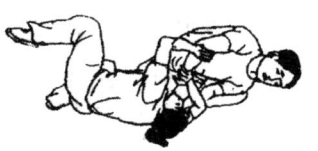

图 12-273　　　　　　　　　　　　　图 12-274

2. 上卡喉解脱法

此法用于歹徒压在自卫者身上并以双手卡喉时。

动作方法:

①歹徒上压卡喉,如图 12-275 所示。

②双手交叉抓歹徒手腕,猛压歹徒双臂,如图 12-276 所示。

③一腿蹬地向侧转体,如图 12-277 所示。

④向头顶推歹徒双手,待歹徒前冲时侧推其体,如图 12-278 所示。

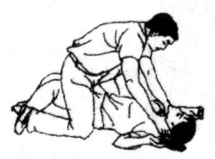

图 12-275　　　　　　图 12-276　　　　　　图 12-277　　　　　　图 12-278

3. 滑臂解脱法

当歹徒压在身上并压住双手时,自卫者的情况变得十分危险,所能应用的技术十分有限。下面的滑臂解脱法可能是唯一可用的技术,但也不能保证每次都成功。

动作方法:

①歹徒上压自卫者双臂,如图 12-279 所示。

②自卫者下拉左臂,左手推歹徒肘,如图 12-280 所示。

③用左臂及全身力量向右推倒歹徒,如图 12-281 所示。

图 12-279   图 12-280   图 12-281

4. 体上拳打解脱法

此法用来对付压在身上并施以乱拳的歹徒。自卫者处于绝对劣势之中,常常还会挨上几拳,所能应用的技术也十分有限。

动作方法:

①歹徒上压一手卡喉,另一手以拳击受害者脸,如图 12-282 所示。

②自卫者上挡其拳,并抓牢其手,以防其抽回拳再打,如图 12-283 所示。

③左手推其肘,全身向侧发力,如图 12-284 所示。

④推倒歹徒,如图 12-285 所示。

图 12-282   图 12-283   图 12-284   图 12-285

5. 体上刀刺解脱法

此法用于对付骑压在受害者身上,并以刀相威胁或欲刺之歹徒。这种情况极其危险,即使自卫者经过专门训练,受伤的概率也很高。

动作方法:

①歹徒骑在受害者身上欲刺,如图 12-286 所示。

②格挡歹徒持刀之手,如图 12-287 所示。

图 12-286   图 12-287   图 12-288

③右手抓腕,左手猛击其肘,向侧推倒歹徒,如图12-288所示。

6. 骑背锁喉解脱法

此法用于歹徒骑在受害者背上并以其臂锁喉时。可用的方法也是极其有限的,下面的抓臂滚翻法是方法之一。

动作方法:

①歹徒骑背锁喉,自卫者抓住歹徒手臂以缓其力,如图12-289所示。

②拉歹徒手臂,左腿蹬地,身体向右肩滚动,如图12-290所示。

③击歹徒裆部,如图12-291所示。

④咬歹徒臂,如图12-292所示。

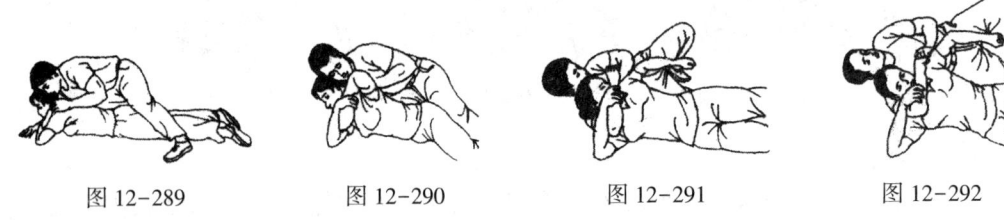

图12-289　　　　图12-290　　　　图12-291　　　　图12-292

四、解脱格斗技术

歹徒在攻击受害者时往往采用突然袭击的方式来控制受害者要害部分,以期将受害者迅速制伏。自卫者在遭到突然袭击的情况下往往没有时间来考虑对策,更难以保持安全距离,只能被动地根据受攻击的方式和部位来采取一些解脱方法。采用这种格斗方式,其成功率要比其他方式低,因此如有可能,避免使用。但尽管概率不高,解脱机会还是有的。很多自卫者包括女性在内曾成功地从歹徒手中解脱出来。在劣势之中,自卫者必须全力以赴,敢于拼命才能有解脱的可能。

(一) 抓臂解脱技术

1. 上抓臂

当歹徒上抓前臂时,自卫者可用踢打、膝顶击退歹徒,或用这些技术吸引对方注意力再用解脱技术。

动作方法:

①自卫者用另一手抓住自己被抓手,同时进步靠近,如图12-293所示。

②手下压,肘上抬压住对方手腕,如图12-294所示。

③侧转身加力,合力抢出,如图12-295所示。

④摆脱歹徒,如图12-296所示。

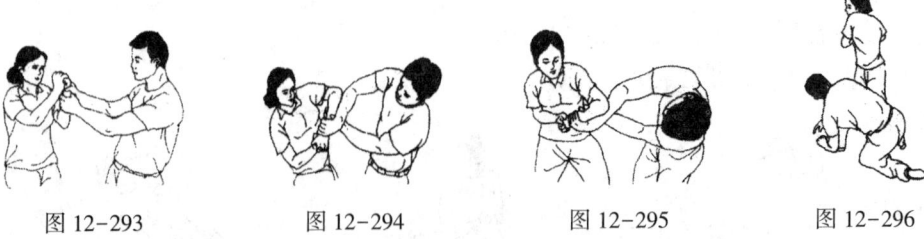

图12-293　　　　图12-294　　　　图12-295　　　　图12-296

2. 下抓臂

当歹徒下抓前臂时,自卫者可用踢打或用未被抓的一手打歹徒脸,然后用转体解脱法。

动作方法:

①用未被抓的手迎面一抓或打一拳,乘歹徒躲闪时,手下滑抓住被抓之手,如图 12-297 所示。

②双手从歹徒两臂之间上提,转身加力摆脱,如图 12-298 所示。

图 12-297　　　　　　　　　图 12-298

3. 后扭臂

当歹徒将自卫者一手扭在背后时,自卫者可使用三种技术解脱:其一,若歹徒稍远,则可用后蹬脚攻击歹徒裆、腹、小腿骨或膝盖来解脱;其二,若歹徒将自卫者手臂上抬,自卫者因疼痛而失去还击能力时,可用前滚法解脱;其三,若歹徒就在背后时,可用肘击法解脱。

动作方法:

①歹徒单手后扭臂,自卫者以肘后击其头,如图 12-299 所示。

②将击肘同侧腿移至歹徒体后绊住其腿,如图 12-300 所示。

③后推歹徒使之跌倒,如图 12-301 所示。

图 12-299　　　　　　图 12-300　　　　　　图 12-301

4. 后抓腕

受害者在歹徒将自己双腕扭于背后时,可用后踹攻击歹徒裆部或腹部,并在后踹落地后转身以膝顶其裆部。

动作方法:

①身体前俯后踹歹徒裆部或腹部,如图 12-302 所示。

②落脚时转体面对歹徒,如图 12-303 所示。

③以膝盖顶撞歹徒裆部,如图 12-304 所示。

图 12-302　　　　　　图 12-303　　　　　　图 12-304

(二)抓发解脱

用抓头发控制受害者是歹徒惯用手段之一,而且效果很灵,因为头发(尤其是女性的马尾发型)一旦被抓,受害者的头部马上被歹徒所控制,而反抗却很难。对付抓发一般有几个步骤:受害者抓住歹徒之手以保持对头部的控制,防备歹徒进一步打脸卡喉;同时以近战技术还击,迫使歹徒松手。

1. 前抓发解脱法

动作方法:

①双手抓住歹徒手臂,如图 12-305 所示。

②同时顶歹徒裆部,如图 12-306 所示。

③锁肘或横击歹徒肘部,如图 12-307 所示。

| 图 12-305 | 图 12-306 | 图 12-307 |

2. 后抓发解脱法

动作方法:

①双手抓住歹徒之手,双臂坚挺,如图 12-308 所示。

②快转身以上臂击歹徒肘部,如图 12-309 所示。

③反方向转体击歹徒颈部,如图 12-310 所示。

④以膝顶歹徒裆部,如图 12-311 所示。

| 图 12-308 | 图 12-309 | 图 12-310 | 图 12-311 |

3. 后抓发拉倒解脱法

动作方法:

①被歹徒抓发向后拉倒在地,如图 12-312 所示。

②自卫者后倒同时以脚倒踢歹徒头部,如图 12-313 所示。

| 图 12-312 | 图 12-313 |

第十三章 娱乐休闲运动

主要内容提示 ● 轮滑 ● 飞盘 ● 定向运动 ● 键球

第一节 轮 滑

一、轮滑运动概述

轮滑也称"溜旱冰",它起源于欧洲。1924年国际轮滑联合会正式成立,目前有50多个会员国。轮滑运动集竞技、娱乐、健身、艺术表演和交通代步等多种功能于一身,深受广大群众特别是青少年的喜爱。据统计,我国有近1000万人参与轮滑运动。本节我们只介绍轮滑运动的基本技术和速度轮滑。

二、轮滑运动的种类

轮滑运动包括速度轮滑、花样轮滑和轮滑球。

(1)速度轮滑。分为场地跑道比赛和公路比赛两种。

(2)花样轮滑。分男女单人滑(规定图形、自由滑)、双人滑、舞蹈(规定舞、创编舞、自由舞)。比赛场地为50米×25米的长方形,规定图形的圆圈直径一般为5米或6米。

(3)轮滑球。即"旱冰球",又称"滑轮冰球""滑轮曲棍球""旱冰曲棍球",与冰球比赛相似。比赛双方各5人上场竞技。比赛时间上下半场各为20分钟,中间休息5分钟。要求每个队员只能用球杆接球、传球、带球、射门,不准用身体接触球和冲撞,不准有野蛮动作。

三、轮滑运动的鞋

轮滑鞋分为双排轮和单排轮两大类。

（1）双排轮轮滑鞋（图13-1）。它可分为速度轮滑鞋、花样轮滑鞋和轮滑鞋。双排轮轮滑鞋多用皮革制成。速度轮滑鞋的鞋勒较矮，近似一般的运动鞋，鞋帮的下半部分较硬，便于脚在鞋内用力；花样轮滑鞋高勒、高跟，鞋前部有鞋眼，鞋勒上有鞋钩，便于穿脱和系紧鞋；轮滑鞋的鞋高度以护住踝关节为准，介于上两种鞋勒之间，鞋头和鞋帮较硬，以防止轮滑球的冲击造成对脚的伤害。

（2）单排轮轮滑鞋（图13-2）。单排轮轮滑鞋有速滑鞋和轮滑球鞋两种。单排轮轮滑鞋多由塑料外壳、内衬海绵袜构成，也有由皮革或尼龙面料制成的鞋，轻巧舒适。

图13-1　双排轮轮滑鞋　　　　　　　　图13-2　单排轮轮滑鞋

四、轮滑运动的基本技术

（一）站立
两脚左右开立，两膝微屈，上体稍向前倾，双臂在体侧自然地控制身体的平衡，重心平均放在两脚上。

（二）踏步、行走及滑行
（1）踏步。身体为站立姿势，上体微向前倾，大腿用力向上抬，小腿在空中自然放松，身体重心在支撑腿上，脚腕用力控制滑轮的滚动，保持抬腿时身体重心的移动和平衡，两脚交替做踏步。

（2）行走。两脚稍呈外"八"字形，重心要随着腿的向上抬起而向前移动。落地时，支撑脚要站稳，目视前方，两臂自然摆动，上体稍向前倾。

（3）滑行（图13-3、图13-4）。单脚蹬地双脚滑行：左脚在前呈"丁"字形站立，右脚用内侧轴辘向身体的侧后方蹬地，左脚尖稍向外撇向前滑行，身体重心随之移至左腿上，同时右脚自然地收成双足着地，向前滑行，双脚交替进行。

双脚交替蹬地，两脚交替单足向前滑行：左脚在前呈"丁"字形站立，屈双膝，右脚用内侧轴辘向身体的侧后方蹬地，左腿屈膝向前滑行，重心逐渐移至左腿，变成单足支撑滑行，右脚蹬地后，在左脚的侧后方自然放松地收至靠近左脚外处落地滑行，脚尖稍向外展，两脚重复交替进行。

前滑压步滑行（左转弯）：左脚支撑滑行，身体左倾，右脚在后侧蹬地，蹬地后左脚在左前侧落地，身体重心移至左脚，同时左脚用外轮在右后侧蹬地，蹬地后移至左前侧支撑滑行（右转弯与之动作相反）。

两脚平行后滑：两脚平行站立，相距一拳宽，两膝微屈，两臂侧伸，身体重量在两脚的前脚掌上，眼向前方平视。两脚后轮稍用力向两边撇开；当两脚之间的距离滑至与肩同宽时两腿再夹拢（两脚后轮向里扣）；两脚后轮将靠拢时又同时向外撇开。这样双腿连续不断地向外撇开和向里夹拢，身体重心也随着向后移动，就能向后滑行。

图 13-3　滑行(一)

图 13-4　滑行(二)

后滑转弯:开始两脚前后分开后滑,左脚在前,右脚在后,身体重心在左脚上。右脚提起,在左脚的左后方落地,身体重心移到右脚上;用右脚 4 轮向左侧蹬地,左膝弯曲,左脚移至右脚前,两脚交叉,形成向后压步动作,身体重心移至右脚上,上体向右倾斜;右脚再移至左脚的右后方。重复上述动作,身体就向右后方转弯。如要向左后方转弯,则两脚动作方向相反。

横滑:两脚呈"八"字形站立,脚尖向外,脚跟相对,利用两脚向前后蹬地,推动身体侧向滑行。横滑时,上体略向前倾,两臂向左右自然伸开,靠大腿肌肉用力使两膝部与脚尖向左右张开。以向后侧滑行为例,两脚平行前滑,在右脚向前滑行的同时,左脚以前轮为圆心,左脚跟前移,与右脚跟相对,同时身体左转,向右滑行,左脚后轮向后蹬地,推动右脚滑行,左脚跟迅速紧跟右脚跟。这样连续做,身体就会不断向侧前进。

(4)停止。

减速停止法:在快速滑行时逐渐减速,两脚内侧钻辘用力呈内"八"字形。

"丁"字形停止法:以右脚在前为例,可以先用左脚滑行,然后将右脚抬起,右足跟向里横足尖向外,放在左脚前或后呈"丁"字形,重心移至右腿上,以增加阻力,达到减速或急停。

转体停止法:在滑行中急停可以改变滑行的方向,采取向左或向右转圈,即左脚或右脚上一步向左或向右转一个小圈,停止滑行。

五、速度轮滑

(一)正确的滑行姿势

为了能在滑跑中很好地保持速度,保持正确的滑行姿势是十分重要的。正确的姿势在快速滑跑中使动作做得轻松、自然省力。

滑跑时,上体前倾,目视前方 5~6 米处,身体保持放松,摆臂与蹬地的动作协调配合。左脚向前滑出时,右臂向前摆;右腿向前滑出时,左臂向前摆。滑跑时,身体重心应随着两腿交替蹬地推送到滑行腿上,滑行的膝关节保持放松并稍弯曲前弓。蹬地脚用内侧轮向身体的侧后方(与身体横轴为 45°角)用力蹬地(伸髋直腿力达内侧轮),然后以大腿带动小腿,尽快收腿,浮足在靠近滑行腿的内侧着地。

滑跑时的身体姿势有高姿和低姿两种,采用何种姿势滑跑是根据距离的长短和风向而确定的。短距离的滑跑一般采用高姿,上体前倾角度小(上体抬得高),滑行腿的膝关节弯曲角度要大(蹲腿要低),为强而有力、效果好、距离长的蹬地创造条件。为达到最大速度,就要求有更高的频率,频率加快必须抬高上体,提高身体的灵活性,并为胸腹式呼吸创造条件。低姿滑跑适用于长距离,滑跑时上体前倾,角度要大(肩背略高于臀),滑行腿的膝关节弯曲度要小一些。如遇长距离的顺风滑跑,上体前倾角度不应太大。

（二）起跑

速度轮滑时，起跑的好与差，对全程的滑跑成绩特别是短距离滑跑成绩起着重要作用。起跑的方法有"丁"字形起跑法和平行起跑法两种，目前采用较广泛的是前一种。

（1）"丁"字形起跑法。两脚为斜向"丁"字形站立，两膝顺脚尖方向朝外。前脚的位置应从轮滑鞋内侧前轮算起，距起跑线应为10~20厘米；后脚内侧对着前脚脚跟，相距肩宽，使两脚呈侧向"丁"字形。预备姿势是上体稍前倾，身体重心在两脚之间，两臂自然下垂，两膝弯曲适度。

当听到起跑的信号后，立即进入起跑。在起跑后的头几步滑跑中，大腿应做积极有力的踏蹬动作，蹬力通过身体重心。蹬踏动作应是轮滑鞋内侧后轮先着地，然后整个后轮再着地，两脚呈"丁"字形，这样有利于腿部蹬力的发挥。为提高起跑后的滑跑频率，除两臂应做迅速有力的摆动外，大腿在蹬踏后的收腿动作也应积极迅速，脚掌抬离地面尽量地低一些。当迅速蹬踏3~5米后，利用已获得的速度即进入途中滑跑。

（2）平行起跑法。两脚和起跑线平行，侧对前进方向。预备滑跑时，两膝弯曲，身体向左（右）侧转，当听到起跑信号时，起跑动作的头几步和"丁"字形起跑相同。

（三）摆臂

速度轮滑的摆臂有双臂摆动和单臂摆动两种。一般来说，短距离的滑跑采用双臂摆动；长距离滑跑时，为了节省体力，多采用单臂和双臂轮换摆动，在滑跑途中有时候也用背手。有力的摆臂可以帮助增加腿的蹬地力量，初学者在练习时，为了能够保持身体平衡，可用双臂摆动。

无论是双臂还是单臂摆动，都是以肩关节为轴前后弧形摆臂，摆臂时，肩关节要放松，摆至身后时要伸直，手臂略高于肩，摆至身前时，肘稍屈，手约与肩同高。弯道滑跑时，右臂要用力向前后摆动，左臂摆动的幅度可稍小，屈肘，并向身体贴近。

初学者往往肩关节过分紧张，端着肩或手臂肌肉僵硬，致使上下肢的动作失调，影响滑行速度，容易疲劳。

（四）直道滑行

直道滑行的技术包括蹬地、收腿、惯性滑行三个阶段。

蹬地是推动身体前进的主要动力，当身体重心移至滑行腿的内侧时，即进入蹬地阶段。蹬地时，滑行腿的膝关节要弯曲，蹬地脚向侧后方蹬地。蹬地方向与身体前进方向形成45°角，蹬地的力点在蹬地脚内侧的前轮上。

蹬地结束后收腿要迅速，动作弧度不能太大，用大腿带动小腿，屈膝弓腿，抬腿不能太高。收腿后，在滑行腿的内侧前方用后轮先着地，然后过渡到4轮着地，进入惯性滑行阶段。再用另一腿蹬地、收腿和惯性滑行。

初学者练习蹬地时常见的错误是两脚不能平均用力，一腿滑行距离长，另一腿滑行距离短。纠正时，要注意滑行节奏，两脚均匀有力，使两腿滑行的时间和距离逐渐一致。

（五）弯道滑行

速度轮滑的弯道滑跑是由高速直线运动急剧改变运动方向转入圆周上的运动。因此，其滑跑姿势与直线有所不同。弯道滑跑姿势比直线还要低一些，而且采用一直向左侧倾斜的滑跑姿势，这是高速圆周运动的特点所决定的。

运动员在实际滑跑中，要求在弯道滑跑时，身体倾斜必须与滑跑速度、弯道圆弧的半径相适应，否则，不是因失去平衡而摔倒，就是被离心力甩离弯道。

（六）起跑与终点冲刺技术

1. 起跑技术

起跑是各项距离轮滑跑的开始，它的任务是在最短时间内获得较高速度。起跑由预备姿势、起动、疾跑、衔接四部分动作组成。

（1）预备姿势。预备姿势有多种："丁"字形预备姿势、平行预备姿势、"八"字形预备姿势、前点地预备姿势等。相比较而言前点地预备姿势更优越一些。

前点地预备姿势：面对起跑方向，两脚分开，两脚间相距 35~55 厘米，两脚间开角为 50°~70°。前脚与起跑线为 65°~70° 角，后脚与起跑线为 10°~15° 角。上体前倾，两臂自然下垂，身体重心在两脚中间或偏前一些。蹲屈程度可根据腿部力量、个人特点而定。

（2）起动。当听到发令枪声，迅速抬起前脚，后脚用力蹬地迅速伸直，上体前倾，髋关节前送，两臂用力摆动，整个身体迅速向前冲去。由于预备姿势的不同，第一步起动也有所不同。

（3）疾跑。第一步起动后，运动员进入了紧张的疾跑段。疾跑段姿势较高，频率快，蹬地有力。随着滑速的提高，姿势由高变低，滑出角由大变小，蹬地用力方向由后逐渐向侧后改变，步伐由小到大，逐渐向滑跑过渡。

（4）衔接。运动员在疾跑段已经获得了相当大的速度时，如何将这一速度转移到达中滑跑的速度。这就是衔接技术的任务。衔接技术的关键在于获得速度后的 1~2 步的调整，将疾跑与途中滑跑有机地衔接起来。

2. 终点冲刺技术

冲刺是全程最后一段路程上的拼搏，也是决定比赛胜负的最后一关，因而冲刺是非常重要的。运动员应该以顽强的毅力，用最大的力量跑完全程。运动员在越来越疲劳的情况下，应努力保持最合理的滑跑技术。为了避免速度的下降，必要时，可以改变滑跑的姿势，缩短惯性滑进时间，加快节奏，提高频率来赢得更多次的蹬地加速，从而赢得最后胜利。

第二节　飞　盘

一、飞盘运动概述

（一）飞盘起源

飞盘是一种投掷盘形器具的运动，20 世纪 60 年代首先在美国出现，现流行于世界各地。盘呈圆形，有卷边，直径约 25 厘米，厚约 5 毫米，用手指和手腕发力，使之旋转，在空中飘飞。主要比赛方法有五种：个人投远、自由飞（在乐曲声中进行扔、接，配以体操和舞蹈动作）、终端飞盘（类似飞盘赛，每队 7 人设法将飞盘传至己方端区队员手里）、双扔（类似网球对接对扔，或每队 5 人站中立区两旁轮流扔接）和飞盘高尔夫（类似高尔夫玩法的游戏，需要把飞盘抛到目的地）。1974 年起，每年举行一次世界飞盘锦标赛。

1. 飞盘运动的起源和发展

飞盘当初是专门烤派用的锡盘，上面镌刻着"福瑞斯比派"等字样。

当年，耶鲁学生经常到福瑞斯比面包店买派，吃完以后，他们拿起空锡盘，顽皮地朝彼此身上砸去。当锡盘打中了对方时，他们往往兴奋地大叫一声：福瑞斯比（Frisbee）。没想到，这样的一场嬉戏，竟然促成飞盘的诞生。他们用锡箔盘玩传接的游戏恰巧给路过的列勒·毛里森一个灵感，于是有了第一片金属飞盘,当然它不利于飞行又容易造成危险。经过不断地改良与研发,至1946年,毛里森终于制造了第一片塑料飞盘。他在加州开设一家公司,从20世纪50年代开始大量制作飞盘,至今约有16种款式面市。1964年,黑德里克开发出第一个职业运动级的新飞盘。1967年,黑德里克在洛杉矶成立了国际飞盘协会(International Frisbee Association,IFA),随后又主导确立许多飞盘运动项目,因而被誉为"飞盘运动之父"。

飞盘运动在国外已有很长的历史,并流行于欧洲、美洲。飞盘运动适用于比赛、健身及大众休闲等活动。它不仅具有广泛的群众性、娱乐性,还有很强的对抗性和趣味性。一般最常见的飞盘运动是两个人彼此丢来丢去,不过别小看简单的抛、接动作,如果技术够好,也可以玩得让人眼花缭乱。

极限飞盘自诞生之日起,在短短的60多年的发展历史中吸引了世界上无数的爱好者投身其中。它之所以如此迷人,是因为该项运动具有美式橄榄球的优点,更重要的是它的技术易于掌握,强调团队的配合,便于消遣。极限飞盘运动是一项团体性的竞技运动,场上队员无性别的要求,同时比赛中除了需要表现出速度、耐力、灵敏和弹跳之外,还有各种巧妙的抛盘、飞身鱼跃接盘技术和默契的团队配合。

2.飞盘在中国的发展

随着我国经济的迅速发展和对外交流的日益频繁,极限飞盘运动亦如其他新兴体育运动一样,虽然起步较晚,但却以惊人的速度创造着奇迹。目前,主要由留学生和外教带动起来的极限飞盘运动在国内已经有近万人在玩,而飞盘的影响仍在不断扩大中。

中国香港每年10月都会举办一次国际飞盘公开赛。近年来,内地也有队伍参加。2007年5月,首届极限飞盘公开赛在天津举行,代表着中国极限飞盘运动发展的起点。2008年5月,第二届中国极限飞盘公开赛的参赛队伍已扩大到35支。当今飞盘运动在我国各地得到迅猛的发展,特别是在学校体育运动中得到广大学生的喜爱。

(二)飞盘运动的基本技术

出盘又称抛盘、扔盘,是指持飞盘的人将飞盘扔出的动作,是飞盘运动的第一技能和乐趣所在。一个飞盘高手随意的出盘动作,可以保证飞盘弧线飞行50米或60米,准确降落在目标区域,让接盘人很方便就能接到飞盘。飞盘初学者因为没掌握出盘要领,开始只能将飞盘扔出10米,还不能按自己想象的飞行路线飞向目标。但初学者只要进行10分钟正确的训练,就能掌握飞盘的出盘动作基本要领,飞出理想的线路和距离。

1.出盘可以根据飞盘的飞行距离、飞行线路和扔盘手法进行如下分类

(1)出盘根据飞盘的飞行距离,可分为超远盘、长传盘、短传盘、近传盘。其中超远盘飞行距离在50米以上,训练中的出盘飞行距离甚至可达70米以上(世界纪录为123米)。超远盘适应于比赛开始的开盘、远距突破得分和基本姿势训练。长传盘和短传盘飞行距离在20~40米与5~20米,是常规训练和比赛中最常用的传盘动作。近传盘的飞行距离在5米以内,是比赛中突破防守、配合接应队员的主要传盘手段。近距离传盘质量直接影响整个比赛传盘的成功率,是不可忽略的比赛传盘方法。

(2)根据飞盘的飞行线路,出盘可分为平飞盘、低平盘、直线盘、弧线盘等。其中平飞盘、直线盘是基础训练最常用的出盘方式。低平盘和弧线盘需要较高的技术训练基础,在比赛中具有较高的战术价值,是优秀控盘手必须掌握的基本技能。

(3)出盘按握盘手法,可分为反手盘、正手盘、后手投掷盘、正手推盘、正手扬手盘等基本动作。

2.常用出盘手法

(1)反手出盘。在现实生活中,一个普通人平常对准目标扔、抛物品,都会习惯性地采用反手。接触过飞盘的爱好者,都有一定的反手出盘基础。由于反手出盘对手腕力量要求不高,是最常见的,也是初学

者入门的飞盘出盘手法,同时,飞盘高手的超远出盘,一般也是采用反手出盘方法。

(2)正手出盘。由于出盘手臂在身体外侧,配合脚步的变化,出盘位置范围很大,而且可以完全靠手腕力量出盘,因而出盘动作隐蔽,是比赛中最有利的出盘姿势。

(3)后手投掷盘。动作方式如同投掷标枪,持盘手过头顶向前、向上扔出飞盘。飞盘出盘位置不是平行位,而是竖直出盘。出盘后,飞盘翻转,正面朝下落地。后手投掷盘适合突破防守、越顶及远距离出盘。

(4)正手推盘。推盘是近距离快速出盘的方法。一般而言,采用双手接盘时,接盘手一般在飞盘下面接住盘,这时只要手臂向前推,手腕外翻,就可以将飞盘扔出。正手推盘由于完全靠手腕外翻旋转飞盘,力度不是很大,所以不适合远距离出盘,但却是最快、最轻的出盘方式。

(5)正手扬手盘。这是一个很少使用的高位出盘手法。扬手盘的动作像掷铁饼,但拇指在盘下,其他四指在盘上握盘。由于扬手出盘位置在身后,高于头部,所以比较难以控制出盘方向,需要长时间的练习。此抛盘技术适合突破防守,尤其是突破"杯子"(CUP)的防守战术。

对于比较专业的极限飞盘运动员,出盘手法比较娴熟,动作优美、舒展,看似动作随意,但飞盘出手后飞行平稳,旋转力度大,可以控制飞盘在目的地上空缓慢降落、短暂悬停和垂直降落等。通过控制出盘角度,还可实现飞盘弧线飞行、控高飞行、低空飞行,准确绕过障碍物和防守队员,让飞盘飞行到指定空域。但这些效果,都是飞盘爱好者经过多年的训练才能达到的境界。

二、飞盘运动的主要规则

(一)飞盘种类

1.一般飞盘

一般飞盘即传统造型的飞盘,按重量可分为:小型飞盘为 60~100 克,中型飞盘为 110~145 克,大型飞盘为 150~200 克。各型飞盘都有其尺寸与重量的匹配。

2.回收飞盘

回收飞盘又称为 Fastback,简称 FB,重量为 50~140 克,各种回收飞盘直径也不尽相同。

3.高尔夫盘

高尔夫盘于 1983 年发明,盘身直径小,重量重,故而密度高、穿透力强,按比赛需要再细分为三种类型:掷远盘、推进盘和敲杆盘。

4.玩具飞盘

一种启蒙玩具,早期以翼形为主,后出现各种形状,犹如现在的智能玩具一样,玩者丢出飞盘后,飞盘可自动飞回玩者手中。

5.趣味飞盘

趣味飞盘主要是因原材料或造型的改变创新的各式飞盘。以原料分类有泡棉飞盘、海绵飞盘及橡胶飞盘等,以造型分类有空心飞盘、金字塔飞盘、灯光飞盘、轮胎飞盘及镶嵌飞盘等。

(二)飞盘运动装备

1.防滑鞋

在训练和比赛时,飞盘运动常常会在草地和人工草坪上进行,所以防滑是最重要的。这也就是我们要选择一双较好的防滑鞋的主要原因。

2.着装

运动时应穿短袖运动衣或连帽绒衣或定制服装,应戴手套、护膝、护肘等护具。

(三)场地及比赛要求

(1)极限飞盘比赛分为两队,共14人参加,以飞盘传递为竞技内容,比赛以15分为一局。

极限飞盘是一种在面积为100米×37米的长方形草地上进行的两队各7人的比赛(平时比赛人数弹性较大,可以是5人、6人、7人,而且男女比例也可按两队情况决定)。在场地的两端都画有长线,长线外侧的地方叫得分区(37米×18米,就像橄榄球的达阵区)。当进攻方队员在得分区域接到飞盘(或者跑动中)就算得分。

(2)极限飞盘的场地和足球场差不多,草坪场地最为理想,每边都有分区。没有条件的话,也可以在普通的塑胶场地和水泥场地进行。

在我国的极限飞盘比赛中不允许身体接触。每个队在场上都有7名队员,比赛开始的时候,队员都站在得分线后,一个队防守,另一个队进攻。

比赛时,每个人防守一个进攻队员,跟着他们跑,想办法阻止进攻队员接住飞盘。在得分前,攻防转换可以一直进行。一旦得分,整个过程重新开始,两队站在得分区的端线处,刚刚得分的一方把盘掷给另外一方。比赛中没有裁判,依靠的是队员的诚信及相互信任,靠自己的实力取胜。

(四)投接技术

7人制的争夺赛一般采用重量为175克的盘,而各级学校推广的5人制比赛,虽然飞盘各有不同,但都必须符合争夺赛比赛的规则,飞盘需要具备穿透力,故在兼顾年龄与安全的前提下,学校可采用尺寸较小的飞盘,小学生:直径23.9厘米;中学生:直径25.08厘米;高中生:直径24.13厘米或25厘米。

我们在这里所学习的投接技巧,主要是针对争夺赛或极限飞盘,在投掷上也较偏重下臂与上臂力量的结合或单纯使用上臂力量,请初学者注意这一点。

1.基本投掷

当我们传递飞盘时,要面向自己的投掷目标,并向前迈出一步,或者至少将自己的重心由后腿转移到前腿,同时集中注意力直至飞盘出手,随后身体做顺势动作。在运盘的过程中要保持手臂伸直并与身体有一定的距离,然后弯曲手臂并甩动手腕增加飞盘在出手时的旋转,同时调整好出盘的角度,这也是投掷精准目标的重要因素。

2.反手投掷

反手投掷是最基本的投掷方法,扇形握法或拳式握法皆宜,开始练习时,面向目标向左转身侧身站立,手持飞盘,从身体侧边挥盘投掷出手,投掷时手臂掌握发力的控制,懂得飞盘飞行力学的要领,也就是必须协调运用臂力与腕力。

3.正手投掷

正手投掷同样也是基础投掷法,面向目标侧身站立,手持飞盘,大拇指置于盘面,食指和中指抵住盘内缘,无名指与小指合并,贴靠盘外缘,向着目标摆动手臂并振动手腕,通过中指传递腕力投出飞盘。这一动作极其类似于抽打毛巾。

4.接盘方法

接盘时,我们可以用任何一只手(或双手)来接由同伴传出或者自己投掷出的飞盘。由于飞盘在不停地旋转,因此在接盘时必须用力地抓紧飞盘的盘缘。

5.接盘方式

三明治接盘法:一手在上一手在下的接盘方式。

左右式接盘法:分别以双手接握飞盘两侧的方式。

第三节　定向运动

一、定向运动概述

定向运动是一项非常健康的智慧型体育项目,是智力与体力并重的运动。

定向运动起源于瑞典,最初只是一项军事体育活动。真正的定向比赛于1895年在瑞典斯德哥尔摩和挪威奥斯陆的军营区举行,到20世纪30年代已在芬兰、挪威、瑞典、丹麦等国广泛开展。1932年举行了第一次世界定向运动比赛。1997年,定向运动被确认为奥林匹克体育项目。

定向运动只需要指北针和地图,不需要其他特殊的设备,是一种较为经济并很少受到条件限制的运动项目。它可以在森林、公园、校园,甚至城市街头举行,而且还可以为不同年龄、性别、体能和定向技能水平的参赛者设计比赛路线。

国际定向运动联合会公布的2004年版徒步定向赛事规则中,定向越野被定义为参赛者借助地图和指北针,在尽可能短的时间内依次到达若干个被标记在地图上的点标,以最短时间到达所有点标者为胜。定向运动参赛者可以是个人,也可以是两人以上组成的队。一条标准的定向路线包括一个起点(用三角表示)、一个终点(用双圆圈表示)和一系列点标(用单圆圈表示)。运动员必须在到达每一个点标处时使用打卡器打卡,且不同的打卡器打出不同的针孔。点标与点标之间的路线并不指定。相反,运动员可以自己作出选择,这种路线的选择能力以及借助于地图和指北针在森林或公园辨明方向并以最快速度按顺序到达目的地的能力便是定向运动的精髓所在(图13-5)。

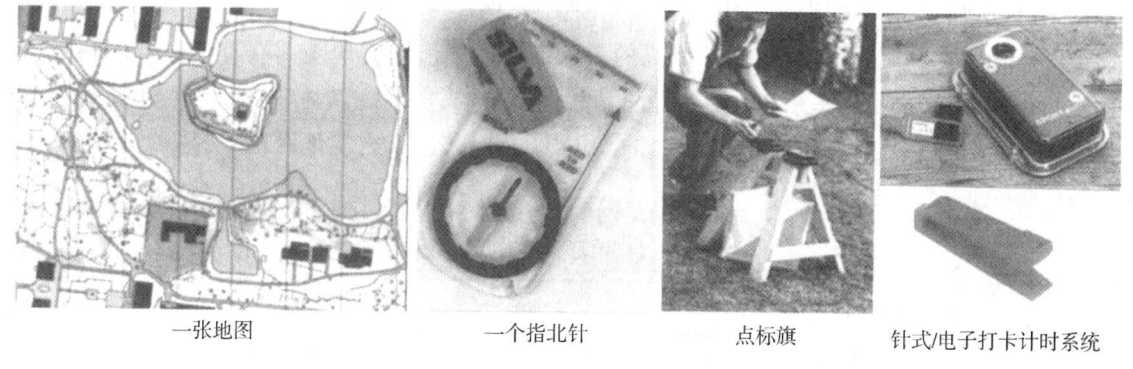

　　一张地图　　　　　　一个指北针　　　　　点标旗　　　针式/电子打卡计时系统

图13-5　定向运动需要的物品

二、定向运动的基本技能

定向越野选手的技能可以概括为四个方面:在野外能够迅速地辨别方向;能熟练地使用地图和指北针;善于进行长距离的越野跑;既果断又细心,能够迅速选择最佳的行进路线。在任何情况下,运动员辨别方向和使用地图的能力都是最基本的。下面着重介绍基本技能。

(一)辨别方向

1.利用地物特征

下述地物可以帮助我们辨别方向:

(1)房屋:房屋一般门朝南开,在我国北方尤其如此。

(2)庙宇:庙宇通常也南向设门,尤其是庙宇群中的主要殿堂。

（3）树木：树木通常朝南的一侧枝叶茂盛，色泽鲜艳，树皮光滑，向北的一侧则相反。同时，朝北一侧的树干上可能生有青苔。

（4）凸出地物：如墙、地埂、石块等，其向北一侧的基部较潮湿，并可能生有苔类植物。

（5）凹入地物：如河流、水塘、坑等，其向北一侧的边缘（岸、边）较为潮湿，并可能生有苔类植物。

2.利用指北针

当指北针的磁针静止后，其 N 端（通常都有标志）所指的方向即为北方。利用指北针辨别方向是十分简便快捷的，但是需要注意：

（1）尽量保持指北针水平。

（2）不要距离铁、磁性物质太近。

（3）不要错将磁针的 S 端当作北方，造成180°的方向误判。

3.夜间利用北极星

北极星位于正北天空，寻找时，通常要根据北斗七星（即大熊星座）或"W"星（即仙后星座）确定。北斗七星是七个比较亮的星，形状像一把勺子，将勺头甲乙两星连一直线向勺口方向延长，约为甲乙两星间隔的五倍处，有一颗略暗的星，即北极星。

当看不到北斗七星时，则可利用"W"星寻找。"W"星由五颗较亮的星组成，形状像个"W"字母，向"W"字母下方缺口方向延伸约为缺口宽度的两倍处，就是北极星。

（二）如何阅读越野地图

定向越野所用的地图是由地图比例尺、地物符号、地貌符号、指北方向线和图例注记五大要素组成。读图也要从这些方面入手。

1.地图比例尺

地图上某线段长与相应实地水平距离之比，叫地图比例尺。即地图比例尺＝图上距离：实际距离。读图时应了解地图比例尺的大小、地图比例尺的表示形式。图上量实地距离有直尺量算法和估算法两种。图上量出的距离，都是水平距离。而实地总是起伏不平的，实际距离往往大于水平距离。因此在计算实地距离时，须将图上量得的距离加上适当的改正数。计算公式为：实地距离＝水平距离+水平距离×改正系数（地形种类改正系数见表13-1）。

表13-1 地形种类改正系数

地形种类	改正系数
微丘地	10%～15%
丘陵地	15%～20%
一般山地	20%～30%

2.地物符号

地面上的各种地物在地图上是用符号表示的。为了提高地图的表现能力，专用定向越野地图采用不同颜色表示不同的地形内容，一般原则是：蓝色表示水系；棕色表示地面起伏；绿色表示植被；其他内容用黑色。对于禁区或不可逾越的障碍还要用蓝、黄颜色或专门符号表示。

3.地貌符号

地图上显示地貌的方法很多，定向越野地图采用等高线法表示地貌。等高线是由地面上高程相等的各点连接而成的曲线，按其作用不同，分为首曲线、计曲线、间曲线与助曲线四种。地貌由山顶、凹地、山

背、山谷、鞍部、山脊和斜面等地形基本形态组成。

4.指北方向线

在专用定向越野地图上,绘有若干等距离平行的、北端带有箭头(称指北矢标)的磁北方向线,即磁子午线,也称为指北方向线。

5.图例注记

定向越野图的注记主要分为三类:①地名注记。在越野地图上,地名一般不表示,除非对运动员判定方向与确定站立点非常有用时才标明。②高度注记。分为等高线注记、高程注记和比高注记三种。③图外说明注记。包括比例尺、等高距、图名、图例、出版单位、出版时间、成图方法、用图要求等。

(三)定向越野图片与指北针的使用

在学习定向越野技能的阶段,须选择最合适的场地,用较多的时间进行使用越野图与指北针的训练,主要有标定地图、对照地形、确定站立点等。

1.标定地图

标定地图就是为了使越野图的方位与现地的方向相一致。这是使用越野图的最重要的前提。

(1)概略标定。

越野图上的方位是:上北、下南、左西、右东。当我们在现地正确地辨别了方向之后,只要将越野图的上方对向现地的北方,地图即已标定。这种方法简便迅速,是定向越野比赛中最常用的方法。

(2)利用磁北线(MN线)标定。

先使透明式指北针圆盒内的定向箭头"↑"朝向地图上方,并使箭头两侧的平行线与越野图上的磁北线重合(或平行),然后转动地图,使磁针北端对正磁北方向,地图即可标定。

(3)依直长地物标定。

直长地物,是指现地和图上都有的直且长的物体,如直长的路段、河渠、土堤和电线等。用直长地物标定地图时,先在地图上找到与现地一样的这段直长地物符号,将地图放平转动,使图上的直长地物符号与现地直长地物的方向一致,经对照两侧地形确认无误后,地图即可标定。

2.现地对照

地图与现地对照,是指地图上各种符号和等高线图形与现地的地物、地貌一一对应。对照地形在比赛中的作用主要有两个:一是在站立点尚未确定时,只有正确对照地形,才能在图上找出正确的站立点位置;二是在站立点已经确定,需要变换行进方向时,只有通过对照地形,才能在现地找到已选定的最佳路线。

3.确定站立点

熟练地掌握在图上确定站立点的各种方法是学习使用地图的关键。

(1)直接确定。当自己所处位置是在明显地形点上时,只要从图上找出该地形点,站立点即可确定。

(2)利用位置关系确定。当站立点位于明显地形点附近时,采用位置关系法确定。

(3)利用"交会法"确定。当站立点附近无明显地形点时,可利用"交会法"确定站立点。

第四节　毽　球

一、毽球运动概述

毽球,简单来说,就是我们平常所说的毽子。踢毽子在我国有着悠久的历史,它简单易学、老少皆宜,集娱乐性、健身性和竞争性于一身,深受人们的喜爱。据历史资料和出土文物证实,比较可信的说法是,踢毽子起源于我国汉代,盛行于六朝和隋、唐时期。后来,这项活动进一步发展,更加普及,到明、清达到鼎盛时期。现如今参加踢毽子的人越来越多,不仅把踢毽子作为一种游戏方式,更把它当成了锻炼身体、修身养性之道。

1984 年,国家体育委员会将毽球列为正式比赛项目,根据传统踢毽子的特点,综合了几种球类比赛的形式,制定了毽球比赛规则,并举行了全国毽球邀请赛。在政府体育部门的倡导下,毽球运动在各地广泛开展,许多地方相继开展了各种类型的毽球比赛,越来越多的人参与到这项运动中。古老的毽球运动又萌发了勃勃生机。1987 年中国毽球协会的成立,标志着毽球运动在我国进入了新的发展阶段。此后,每年举行一次全国毽球锦标赛。毽球逐渐成为我国全民健身的重要内容。

改革开放以来,毽球在我国对外体育文化交流活动中逐步走向世界,受到了世界各地人民的喜爱。1990 年,由中国、德国、匈牙利、越南、老挝等国家联合成立了世界毽球联合会,从此毽球运动在更多地方得到了普及和发展。毽球是我国民族体育运动的宝贵遗产,正以崭新的姿态活跃在世界体育舞台上,它必将受到大学生的喜爱。

二、毽球运动的基本技术

(一)毽球发球技术

发球是进攻的开始。掌握良好的发球技术,发出的球可直接得分,也可以破坏对方一传和战术配合,为防守反击创造有利条件。常用的发球技术有以下三种:

1. 脚内侧发球

两脚前后分立,左脚在前。抛球后,右腿膝关节外展,由后向前摆动,小腿发力,用足弓击球过网。

2. 正脚背发球

两脚前后分立,左脚在前。抛球于右脚前,右腿由后向前摆动,脚面绷平抖动,发力击球过网。

3. 脚外侧发球

两脚前后分立,左脚在前。抛球于右脚前,右腿由后向前摆动,足踝内转,用脚外侧加力击球过网。

(二)毽球起球技术

起球技术是指根据来球线路和落点,用不同的脚法把过网的攻球或突破拦网后的球接起来,也就是组织进攻的击球动作。起球基本技术主要有脚内侧起球、脚外侧起球和脚背起球。

1. 脚内侧起球(以右脚为例)

起球前,两脚前后自然分立,两腿微屈,击球脚在后,两臂放松垂于体侧,目视来球。起球时,身体重心前移到支撑脚上,击球脚大腿带动小腿由后向前上方摆动。在向上摆腿的过程中,髋关节外张,膝关节弯曲外展。击球瞬间足弓击球面应端平,用脚内侧足弓中部击球,击球点一般在支撑腿膝关节高度和体前 40 厘米处。起球的全过程中,动作柔和,协调用力适当,大腿、小腿应顺用力方向完成送球的动作。

2. 脚外侧起球

两脚自然分立,呈准备姿势,目视来球。当来球在自己身体的侧面时,重心移到支撑脚上,击球腿的髋、膝内扣,屈踝、屈膝,踝关节外翻,触球脚外侧端平。击球是利用小腿内翻快速上抬的动作完成的,触球部位一般在脚外侧的中部和后部,击球点的高度一般不超过膝关节。当来球较高并快速向体侧后方飞行时,击球腿快速从下向后摆,踝关节自然勾起、外翻,脚趾向外,使脚的外侧基本呈平面,上体变成前俯姿势。击球时大腿后摆,小腿屈膝,用迅速向上摆动的动作向身体前上方击球,触球部位在脚外侧的中部

或中后部。

3. 脚背起球

击球前做好准备姿势，目视前方。正面来球时，先移动调整体位，前脚为支撑脚，后脚从后向前摆起，脚背与地面基本水平，利用适度的伸膝和踝关节背屈的协调用力的勾踢动作，把球向上踢起。击球部位应在脚趾关节处，击球点应在离地面 10~15 厘米的高度。起球的方向、弧度和落点可以通过脚背的变化、踝关节背屈勾踢的幅度来调整。

(三) 毽球进攻技术

1. 正面脚掌前踏攻球

进攻队员面对网站立，两膝微屈做好攻球准备姿势，当二传传球至攻球点时，进攻队员支撑脚迅速上步，也可二步、三步助跑，然后击球腿大腿带动小腿迅速上摆至最高点，支撑腿伸直、提踵式跳起提高击球点，同时两臂放松上摆，提高身体重心并保持平衡。击球时，击球腿、髋、膝、踝依次发力鞭打式下压，用脚掌前 1/3 处击球。击球点一般保持在攻手头前上方离身体 50 厘米的距离处，远网球宜展腹直腿发力踏球，近网球可屈膝，小腿主动发力踏球，还可以利用身体转动和脚腕的变化改变攻球路线和落点。

2. 外摆脚背倒勾攻球

进攻队员稍向右侧背对球网站立，两腿微屈做好攻球准备姿势，密切观察二传传球信号。当传球至击球点时，采用一步或两步助跑，起跳时膝、踝关节充分蹬直，摆动腿和摆臂协调用力。身体腾空后，摆动腿下落，击球腿迅速外摆，膝关节猛力伸踢，用脚背勾踢动作攻球过网。击球部位在脚背外侧的脚趾跟处，击球点应在攻手头上方右侧约 50 厘米的落点上。击球后，应注意控制击球腿的腾空摆动幅度，避免触网，两腿依次缓冲落地，保持身体平稳。

3. 里合脚背倒勾攻球

进攻队员背网站立，做好准备姿势并注意观察传球情况。攻球多采用一步助跑或原地起跳，起跳要充分，摆动腿和摆臂要协调有力。起跳腾空后，摆动腿膝外展同时向左转体，击球腿从右向左里合摆腿使身体向左旋转。击球时膝关节快速发力，并用踝关节的勾踢动作把球攻入对方场区。击球点应在身体左侧头上方，击球部位在脚背内侧的脚趾跟处，击球后左右腿依次缓冲落地，身体保持平衡。

4. 正倒勾脚掌吊球

攻球前，进攻队员背网站立，做好攻球准备姿势，密切观察传球情况，当二传传来的球离身体较近，落点在头前上方时，迅速调整好位置，采用原地或调整一步起跳做脚背倒勾佯攻，当身体腾空时，突然变脚背倒勾攻球为脚掌触击将球吊入对方场区。击球时，击球腿微屈上摆，逐步伸直，勾脚尖、屈踝使脚掌在头前呈水平状，脚掌触球并用腿向后摆的托送动作将球吊入对方场区的空当，完成攻球动作后，摆动腿和击球腿依次缓冲下落，保持身体平衡。

5. 凌空里合脚背倒勾攻球

背网站立并做好攻球准备，当二传传球至攻球点时，进攻队员要判断准确，及时采取一步或两步助跑，起跳要屈膝高跳，摆腿和手臂上摆并伴有向左转体的动作。身体腾空后，摆动腿屈膝外展，身体左转，起跳腿迅速屈膝里合上摆，踝关节自然绷直，整个空中击球过程中身体几乎处于平卧凌空状态。击球时，击球腿充分抬高，利用腰腹力量转动和小腿加速摆动，最后用踝关节有力的勾踢动作把球攻入对方场区。击球部位在脚背的脚趾跟处。击球点在左肩外侧头的前上方。击球后身体继续左转，击球腿顺势下落，然后左右脚依次缓冲着地，并保持身体平稳。

三、毽球进攻战术

进攻战术是追求最佳攻击效果的方法和手段。在运用进攻战术时,应考虑本方队员,特别是上场主力队员的能力和技术特点,根据队员本身的生理、心理、技术、意识的不同特点和个体差异布置阵容,恰当地搭配组合,再经过一段时间的实践磨炼,一般说来,应制定一套或多套进攻战术,临场再根据对方阵容、防守特点和赛场变化有针对性地进行战术调整。良好的战术意识和机动灵活的战术变化,是把握场上主动、控制比赛节奏、最终取胜的关键。对于一支毽球队来说,有效地运用基本战术,取得优良战绩,首先取决于该队出场阵容配备的针对性、合理性和临场指导的科学性、灵活性。

(一)"一二"阵容(图13-6)

(1)"一二"阵容及战术形式。

"一二"阵容是由3号位(或2号位)队员在网前进攻,2号位(或3号位)队员跟进保护。实战中主要由1号位或2号位队员接发球。如果1号位队员接发球,则2号位队员向前移动,保护进攻队员。1号位队员接发球并把球直接传给3号位队员。3号位队员开始进攻。

(2)"一二"阵容战术的特点。

①战术形式简单易行。"一二"阵容战术比较简单,容易掌握和实施,适用于球队在初级阶段的战术配合,是最基本的战术形式。随着训练水平的提高,若有1名个子较高、球球凶狠、脚法细腻、头脑清楚的主攻手和两名脚下功夫好的二传手默契配合,供球质量高,往往也能打出较高的水平。

②分工明确。"一二"阵容战术的攻手、保护队员和防守战术角色分工要明确,稳而不乱。这样战术容易形成,也能稳中求变。

③战术意图较明显。由于"一二"阵容在战术上只设1名攻手,战术意图容易被对方识破,若打法变化不多,比较单一、简单,对方将重点防守攻手的进攻点,提高拦网的成功率。

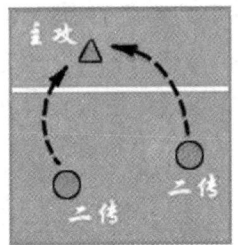

图13-6 "一二"阵容

"一二"配备

"一二"阵容配备就是在3名上场队员当中有1名是主攻手,两人是二传手。运用此阵容配备时,主攻手一般不参与接发球,两个二传手交替接发球和做二传。这种战术的进攻特点是分工明确、稳而不乱,尤其适用于有高大主攻手的队。

(二)"二一"阵容(图13-7)

(1)"二一"阵容及战术形式。

"二一"阵容就是上场的3名队员中,有1名主攻手、1名副攻手和1名二传手的配备组合。这种阵容配备,适用于有倒勾球、脚踏球各1名攻击力较强的攻手和1名传球水平较高的二传手的队伍。

(2)"二一"阵容的战术特点。

①"二一"阵容的战术形式易于掌握,适合上场队员技术水平比较平衡、攻防兼备的队采用。在战术组织中,可以同时出现两个攻击点,并能相互掩护,攻其不备,有效地突破对方防守。

②由于两名攻手参与进攻,能充分利用网距拉开战线,扩大攻击面,分散守方的注意力,给拦网造成困难。

③"二一"阵容在战术组织过程中,战术变化大,隐蔽性强,是当前各类正式比赛中运用较多的一种阵容。它要求队员配合默契,减少失误,加强攻击力,这样就可打出较高水平。

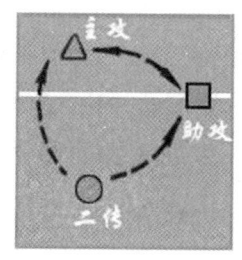

图 13-7　"二一"阵容

"二一"配备

"二一"阵容配备是在上场 3 名队员中有 1 名主攻手、1 名副攻手和 1 名二传手。"二一"阵容配备中,主攻手一般也可以不参加接发球,由副攻手、二传手交替接发球和做二传。这种战术的特点是攻球变化多又可以互相掩护,适用于打交叉、插上、掩护等进攻战术。

(三)"三三"阵容(图 13-8)

(1)全攻性战术形式。

"三三"阵容就是上场 3 名队员都是攻手,又都是二传手。全攻性战术打法是最理想、最有效的进攻战术形式。目前只有少数高水平的毽球队采用这一阵容和战术。

(2)"三三"阵容及战术特点。

①能攻善守技术全面。该阵容要求队员基本功扎实、技术全面,尤其是攻球技术较高,并且具有创造性,能在任何一个轮次的任何位置上接发球,随时可以组织起两人以上同时参与进攻的战术打法。

②战术灵活多变不落俗套。全攻性战术可以充分利用规则允许的"3 人 4 次击球"规定,不拘泥于接球手、二传手和攻球手的固定分工,或 "接、传、扣"的老三步节奏,而是根据场上实际情况,能快则快,能变则变,在网口上进行多点的复合式进攻,具有快速多变的特点。

③快速多变不易防守。该战术进攻队员和防守队员不固定,场上 3 名队员都可防守和保护,同时,也可以成为攻手,能充分利用网距拉开战线,使防守者陷入既要防点又要防线、既要防面更要防变的恐惧和忙乱中,防不胜防,处于极为不利的被动挨打局面。

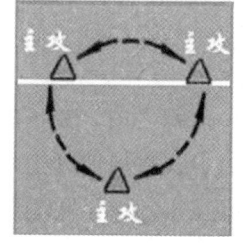

图 13-8　"三三"阵容

"三三"配备

"三三"阵容配备就是在上场 3 名队员中,3 名都是攻球手又是二传手。"三三"阵容配备,场中队员接球站位一般呈倒三角形,任何 1 名队员接到球后随时都可以组织两人以上同时参与进攻的战术打法。这种阵容可以打出掩护、交叉战术,还可以打出快攻、背溜、双快一掩护等较复杂多变战术的进攻球。

(四)拦网战术

拦网是防守中的重要战术,是破坏对方进攻并组织反击的重要手段,在比赛中占有重要地位。拦网一般分为单人拦网和双人拦网两种形式。

(1)单人拦网。单人拦网又称为"一拦二防"战术,就是指 3 名防守队员中,1 名队员在网前拦网,另两名队员在其身后分区防守。这种战术在对方进攻威力不太大、变化不多时采用,在拦快球时也常常被迫运用。单人拦网时,拦网队员一定要判断准确,把握好起跳时机,用身体堵防攻球点,拦住攻手威胁最大的进攻路线。其余的两名防守队员可在其身后平行落位防守。这种"封堵联防"的特点是:网上拦网封堵线路,网下中场防落点,即一人在网前拦网,一人在侧面堵击,另一人在中、后场防守。三道防线互补,拦、堵、防结合,网上网下兼顾,前后应变机动,具有很大的灵活性,是目前较为理想的防守阵形。

(2)双人拦网。双人拦网又称"二拦一防"或简称为"二一"防守战术,就是场上 3 名队员中,有两名队员在网前拦网,另1名队员在场区中、后区防守。当对方进攻力量强大,有多条进攻线路时可采用双人拦网,这样不论对方在任何位置进攻,本方均有两人起跳拦网,防守队员应站在拦网队员身后中间位置,可靠前,也可靠后,加强保护与防守。这种"封线补防"的特点是:网上拦网封堵线路,网下保护补空缺,拦防互补,上下配合。"二拦一防"具有明显的网上优势,既可网上争先抑制对方进攻,又可网下补空,防住对方的进攻变化,变被动为主动。

(五)保护战术

由于毽球比赛竞争激烈,攻防转换快,所以无论是近网强攻,还是拦网封堵对方进攻,都需要后排队员及时保护。

(1)进攻保护这种战术要求本方进攻时,后排队员积极保护救起被拦回来的球。保护是防守的重要环节,包括进攻队员的自身保护。要求担任保护任务的两名队员采取较低的准备姿势,并适当前移,密切注意对方的拦网,不仅要及时地将对方拦回来的近网球救起,还要善于处理被救起的球,组织新一轮的进攻。

(2)拦网是防守中的重要战术,只有通过拦网才能抑制对方强大的攻球威力。对付拦网,攻方也常采取一些灵巧的进攻手段,如应用拨、打、吊、抹等战术来突破拦网。因此,拦网的保护具有十分重要的作用。无论是单人拦网还是双人拦网,后面的队员必须积极保护,高度注意网上的争夺,接好对方的吊球和各种形式的攻球,并发动反击。

四、毽球主要规则

(一)场地设施

1. 场地面积

比赛场地采用羽毛球双打场地,长11.88米,宽6.1米。场地上空6米以内(由地面计算)和场地四周2米以内不得有障碍物。

2. 界线

比赛场地应按平面图画出清晰的界线,线宽4厘米,线的宽度包括在场地面积之内。较长的两条边界叫边线,较短的叫端线。连接场地两边线的中点、与端线平行的线叫中线。中线将场地分为均等的两个场区。在中线两侧各画一条与中线平行的线叫限制线(此线包括在限制区内)。中线至限制线的距离为2米。

3. 发球区

距两端线中点两侧各1米处向场外各画一条长20厘米与端线垂直的短线叫发球区线(此线不包括在发球区内)。发球区线向后无限延长的区域叫发球区。

(二)球网

1. 球网的规格

球网长7米,宽76厘米,网孔2厘米见方。球网上沿缝有4厘米宽的双层白布,用绳穿起,将球网张挂在网柱上。球网必须挂在中线的垂直上空。球网为深绿色。网柱在中线以外,距边线50厘米处。

2. 球网的高度

球网的中部顶端距地面垂直高度为男子1.60米、女子1.50米。网的两端距地面的垂直高度必须相等,两端的高度与中间的高度相差不得超过2厘米。

(三)毽球

毽球由毽毛、毽垫等构成。毽毛为四支白色或彩色鹅羽呈"十"字形插在毛管内,毛管高2.50厘米。

每支羽毛宽 3.20~3.50 厘米。键垫直径 3.80~4 厘米,厚 1.30~1.50 厘米。键球的高度为 13~15 厘米。键球的重量为 13~15 克。

（四）比赛队员的组成

比赛队由 6 人组成,上场队员 3 人,其中队长 1 人(左臂应佩戴明显标志)。比赛前,各队应将参赛队员(包括替补队员)的姓名、号码登记在记分表上。未登记的队员不得参加比赛。教练员和替补队员应坐在指定的位置上。

（五）队员的场上位置

双方队员必须站在本方场区内。站位靠近球网的两名队员从左至右分别为 3 号位和 2 号位队员,靠近端线的队员为 1 号队员。场上队员的位置必须与登记的轮转顺序相符合。

发球的一方,2 号位、3 号位的队员在发球队员的前方,彼此间相距不得少于 2 米。球发出后,双方队员可以在本方场区内任意交换位置。

每局比赛结束之前,队员的轮转顺序不得调换。

（六）服装

比赛队员应穿着整齐统一的运动服和键球鞋或运动鞋。场上队员上衣的前后须有明显的号码,号码颜色须一致,并与上衣颜色有明显的区别。号码应清晰可见,背后的号码尺寸至少高 20 厘米,胸前的号码尺寸至少高 10 厘米,笔画至少宽 2 厘米。同队队员不得使用重复号码。队员不得穿(戴)任何危及其他队员的服饰(首饰)。

（七）比赛局数和场区选择

比赛采用三局两胜制,第三局采取每球得分制。比赛前选择场区或发球权。第一局结束后双方交换场地和发球权。决胜局开始前,主裁判员召集双方队长重新选择场区或发球权。决胜局比赛中,任何一队先得 8 分时两队应交换场地。交换场地时,不得进行场外指导。交换场区后,双方队员的轮转位置不得变换。经记录员检查后,由原发球队员继续发球。如未及时交换场区,一旦裁判员或一方队长发现时,应立即交换;比分不变。

（八）暂停

比赛成死球时,教练员或队长可以向裁判员要求暂停。暂停时,教练员可以在场地外进行指导,但场上队员不得出场,也不得与场外其他任何人讲话,场外人员不得进入场内。每局比赛中,每队可以要求两次暂停,每次暂停时间不得超过 30 秒钟。某队在一局中请求第三次暂停,应判该队失去发球权或对方得 1 分。

（九）换人

在比赛中成死球时,教练员或队长可以向裁判员要求换人。换人时,场外人员不得向场内队员进行指导,场内队员不得离开场地。每个队在每一局比赛中换人不得超过 3 人次。替补队员在上场前,应在记录台附近做好准备,换人时间不得超过 15 秒钟,否则,判该队一次暂停。

一局比赛结束,下局比赛开始前,中间最多可有 2 分钟时间供两队交换场地、换人和记录员登记号码。双方教练员在不影响上述工作的情况下,可以进行场外指导。

（十）发球

发球队员须站在本方发球区内,用手持球,将球抛起,用脚踢向对方场区,使比赛进行。发球队员必须在发球区内发球,在球发出后才能进入场区。发球时 2 号位、3 号位队员不得有任何掩护动作,否则,判由对方发球。

1. 发球失误

（1）队员发球时，踏踩端线或发球区线及其延长线。

（2）球未过网、触网或触及标志杆。

（3）球从网下穿过。

（4）球从标志杆以外过网。

（5）球触及任何障碍物，或在进入对方场区前触及本队队员。

（6）球落在界外。

（7）发球延误时间超过5秒钟。

（8）裁判员鸣哨后球坠落在地上。

2. 重发球

（1）在比赛进行中，球挂在网上（最后一次击球挂网除外）。

（2）在比赛进行中，毽毛和毽垫在飞行时脱离。

（3）在裁判员鸣哨之前发球。

（4）在比赛进行中，其他人或物品进入场区。

3. 发球次序错误

当球发出后，裁判员发现该队发球次序错误，则判该队丧失此次发球权，并恢复正确位置。如犯规队已得分，应取消因该次发球次序错误所得的分数。

（十一）轮转顺序

某队取得发球权时，应先按顺时针方向轮转一个位置，然后由轮转到1号位的队员发球。

（十二）比赛进行中的击球与附加动作

每队在将球踢入对方场区前，在本方场区最多只能有3人次共4次击球。

每个队员可以连续击球2次，不得用手、臂触球。但防守队员在手臂下垂不离开躯干的前提下，拦网时手球不判违例；球不得明显地停留在队员身体的任何部位。

（十三）网上球

在比赛进行中，球触及两标志杆以内的球网为好球。

（十四）触网

比赛进行中，队员身体任何部位触及两标志杆以内的球网，均为触网违例。

（十五）进入对方场区和空间

过网击球为犯规；比赛进行中，身体任何部位不得进入对方场区的空间；队员若用头攻球时，必须在限制线以外，但落地时两脚可落在限制线以内。防守队员在限制区内，头部无意识触球过网不判违例；在比赛进行中，脚不得越过中线。

（十六）死球与中断比赛

球触地及违例判为死球。中断比赛：其他人或物品进入比赛场区；更换损坏的器材；运动员发生意外事故等。发生以上情况，裁判员应鸣哨，中断比赛。处理完意外事故后方可恢复比赛。

（十七）计分方法

接发球队失误，应判对方得1分；某队得15分并至少比对方队多得2分时，则为胜1局。如比分是14∶14，比赛应继续进行，直至某队领先2分，方为胜1局。

第五节　匹克球

一、匹克球的定义与来源

匹克球是一项室内或室外手持球拍击球的运动,两名球员(单打)或四名球员(双打)使用实心球拍在高 0.9 米(36 英寸)的网上击打一个穿孔的空心聚合物球(图 13-9),网两侧的对手来回击球,直到一方犯规为止。

图 13-9

匹克球是 1965 年在美国华盛顿班布里奇岛发明的一种儿童游戏。2022 年,匹克球成为华盛顿州的官方体育项目。1965 年,在美国华盛顿,三位父亲想组织孩子们打羽毛球,然而怎么也找不到羽毛球。尝试后发现多孔的玩具空心球最为称手。

他们先是使用乒乓球拍,但感觉不好使。爸爸们从杂物间找来胶合板,把羽毛球网降低到成年人腰部位置,参照网球、羽毛球和乒乓球比赛规则商定游戏规则,大人孩子齐上场,玩得不亦乐乎。

有人说它取自普里查德家狗狗的名字 PICKLES(皮克尔斯),但据主人介绍,PICKLES 是在 PICKLE-BALL 运动诞生之后才进家的,他们其实是用这项运动的名字给狗狗取名的。美国匹克球协会的代表也宣称,经协会查证,PICKLES 是在匹克球运动定名之后才出生的。

该游戏发明后不久,一些创始人和他们的朋友将泡菜球带到了夏威夷,该游戏在当地被称为 PUK-ABALL。PUKA 在夏威夷语中意为洞,最初是用来指代球,因为泡菜球上布满了洞,但最终成为了这项运动本身的同义词。2012 年,我国广州引入匹克球运动,是国内最早引进这项运动的城市之一。

二、匹克球的基本规则

(一)匹克球场地标准尺寸

匹克球场地是一个长方形区域,其标准尺寸为 13.4 米(44 英尺)长和 6.1 米(20 英尺)宽。场地中央有一条球网,将场地分为两个相等的区域。球网中间的高度约为 86.36 厘米,两边的高度约为 91.44 厘米(图 13-10)。场地的边线周围需要预留至少 1.5 米(约 3 英尺)的空间,室内球场顶部高度至少为 6.1 米(约 20 英尺)。此外,球场两侧沿网的方向有非截击区的标记,这些区域位于球网前,距离网 2.13 米(约 7

英尺)的区域。其实匹克球的场地和羽毛球的场地完全相同。使用的球大小如网球,为硬塑料制成的薄壳中空球,有 26 个直径约 1 厘米的孔。

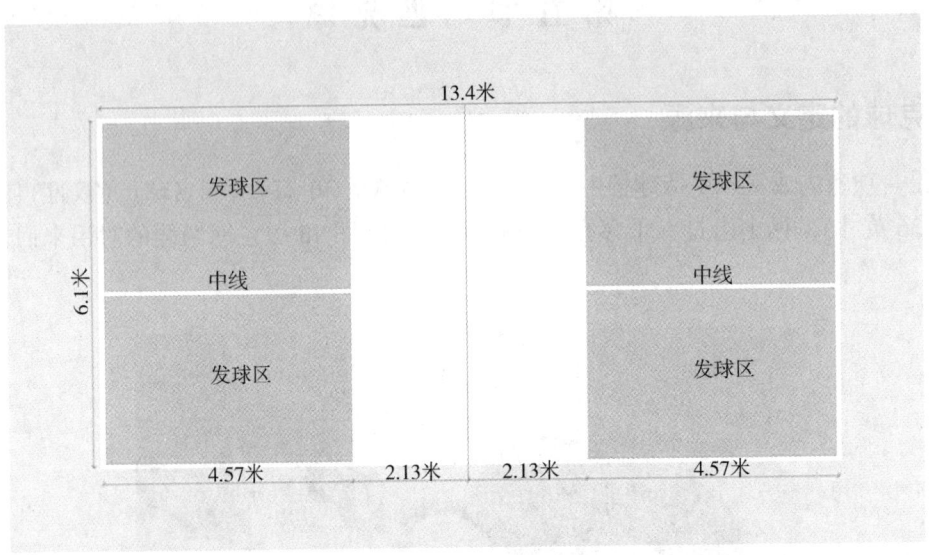

图 13-10

(二)匹克球场地区域

匹克球的球场分为左发球区、右发球区、发球有效区及非截击区。非截击区是不可踩入的,在此区域内,球员不允许在球未落地反弹的情况下击球。

1.底线

球场两端与网平行的线。

2.非截击区

球场上由 2 条和底线平行并距网 2 米左右的线(非截击线)围成的球网两侧的区域,所有非截击区线都是非截击区的一部分。

3.中心线

在网的两侧沿球场中心延伸的线,从非截击区延伸到底线,将奇数球场和偶数球场分开。

4.发球区

球场上由 2 条和底线平行并距网 2 米左右的线(非截击线)围成的球网两侧的区域,所有非截击区线都是非截击区的一部分。

(三)发球规则

1.发球位置

准备发球时,双脚必须站在底线外面。击球时,双脚也必须球场底线外的地面,而且脚不可以接触到边界线。

2.发球

球必须在未落地面前用球拍击出。球必须落在发球者斜对面球场的打球区,且不可压非截击线。发球时,双脚必须站在底线外。

3.双反弹规则

发球之后的第一个回合,接球方必须先让球在本方场地落地反弹一次后,才能击球。同样的,发球方在接对方回球之前,也必须先让球在本方场地落地反弹一次后,才能击球。

(四)发球顺序规则

1.发球及球场的选择和轮流转换

以掷硬币或其他任何公平的方法决定发球及球场任何一边的选择。如果胜方选择发球或接收球,输方就选择球场任何一边;如果胜方选择球场任何一边,输方就选择发球或接收球。球场和开始发球权在每场比赛结束后轮流转换。

2.单打

在每局比赛开始时,首先由右侧球员开始发球。如果该球员一直保有发球权,则在得分后轮流在本方左右侧发球。球员在右边发球时,发球队的得分总会是偶数(0、2、4、6、8、10……);球员在左边发球时,发球队的得分总会是奇数(1、3、5、7、9……)。

3.双打

发球永远是从由右手边的球员开始,如果该球员能保有发球权,则一直在左右发球区轮流发球,发球员必须使球落于斜对面的打球区内。发球员在右侧发球时,发球队的得分总会是偶数;反之,在左手边发球时,发球队的得分总会是奇数。

比赛开始首先发球的球队,只能允许一次失误,如果出现失误,发球权将交给对方。由第二球开始,每队两位球员将各自拥有一次发球机会,直到该球队两位球员都失去发球的资格,之后发球资格会回到对方球队。发球员每得1分,应换到本方另外一侧进行发球。第一个发球员失误后,由其队友从他失误时所在的一侧继续发球。有队员必须停在原地,直到问题得到解决。

接发球时,只有接球员才可以把球击回。如果由其队友把球击回,那么发球球队将得1分。接球员的队友,可以站在球场内外的任何地方。

当发球队得分时,接球队员不需交替换位。只有当接球队取得发球资格并得分后,队员才可以交换位置,接球队在接发球时,队员不可以交换位置。在对打时(发球后和失误之前连续的对打),接球队员可以互换位置。当对打结束,球员们必须返回原来(第一次发球时所在的原始)位置。

三、匹克球的得分与赛制

得分:只有发球队可以得分。在符合规则情况下,发球后对手没有接到球,或在对打时出现失误,发球队就得分。

比分呼叫:比分呼叫包含3个数字。正确的比分呼叫顺序为:发球队的分数—接球队的分数—1号发球员或2号发球员(只限于双打)。例如,一场比赛开始前,比分呼叫是:0—0—2(0比0,2号发球员发球)。

赛制(标准比赛的形式):每局比赛第一个得到11分,而且至少领先了2分的球队获胜。如果双方都得10分,比赛应该继续,直到某一方领先了2分。比赛一般采用三局两胜制。

四、匹克球的犯规和失误

在以下情况会被判犯规或失误:

(1)发球触网。

(2)击球出界。

(3)违反"双反弹"规则。

(4)违反发球规则。

(5)对打中的球在球场上反弹之前,击中任何永久物体(灯、天花板、墙体等)。

（6）过网击球。

五、匹克球技术

匹克球的技术因素主要包括握拍、发球、接发球、正手击球、反手击球、挑高球、丁克球、高压球、抽球、削球、网前吊球、后场吊球、非截击区的控制、上旋球、下旋球、后场高球、底线的控制和截击等。

（一）握拍

在匹克球运动中，最基本的就是握拍法，它能直接影响拍面接触球的角度，不同的握拍方法产生不同的击球效果，从而出现不同的打法，因此合理的握拍方法是保证击球效果的前提。不管采用何种握拍方式，必须清楚一点，就是在不同击球手段、不同的场地以及不同的情景下，需要在标准的握拍方式基础上进行微调。

从匹克球拍的底部看，球拍拍柄底部可分为上下平面、左右侧面（垂直面）及 4 个斜面，如图 13-11 所示。

匹克球的握拍方法可分为大陆式和东方式两种握拍法。

1.大陆式握拍法握拍要领

大拇指与食指形成的"V"字形虎口，对准拍柄的上平面与左上斜面的交界处。手掌心贴拍柄，手指自然伸展握住拍柄，如图 13-12 所示。

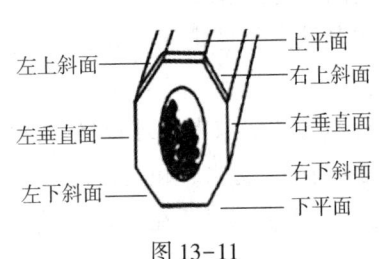

左上斜面　上平面　右上斜面
左垂直面　右垂直面
左下斜面　右下斜面　下平面

图 13-11　　　　　　　图 13-12

大陆式握拍法的优点：正反手击球时不需要调整握拍法，加快网前截击时正拍和反拍攻防转换。此握拍法适用于臂力、腕力较强的人。对于底线击球、截击球以及高压球都适用，特别是处理网前球很方便。

2.东方式握拍法可分为东方式正手握拍法和东方式反手握拍法

（1）东方式正手握拍法。东方式正手握拍法是"V"字形虎口对准拍柄右上斜面与上平面的交界处。手掌心贴拍柄，手指自然伸展握住拍柄，如图 13-13 所示。

（2）东方式反手握拍法。东方式反手握拍法是"V"字形虎口对准拍柄左上斜面。手掌心贴拍柄，手指自然伸展握住拍柄，如图 13-14 所示。

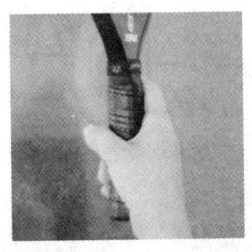

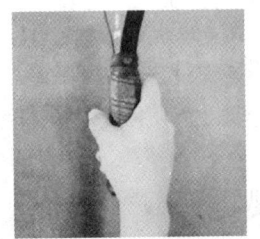

图 13-13　　　　　　　图 13-14

东方式握拍法的优点:便于正手抽球、击球时发力,运用灵活、能够打出上旋球或强有力的平击球,并且很容易转换成其他握拍方式。

(二)准备姿势

匹克球中的准备姿势有两种:一种是在底线区的准备姿势,一种是在非截击区的准备姿势。

1.底线区的准备姿势

身体面对球网,两脚自然开立,两膝微屈,上体稍前倾,身体的重心落在前脚掌上。两臂屈肘,一手持拍,另一手轻扶拍颈举至胸前,将拍头向上翘起,双臂放松;持拍手拇指和食指扣住拍柄,余指则轻触拍柄。身体平衡可自由移动,眼睛紧盯着球,如图 13-15 所示。

2.非截击区的准备姿势

匹克球非截击区的准备姿势与底线区的准备姿势略有不同。这是因为在非截击区时,击球的速度比底线快得多,为了打出这些快速的截击,需要一个不同的准备姿势。

基本的站姿和底线区准备姿势一样,只是当运动员靠近网时,应该用力握着球拍并抬至与胸同高,这样可以很好地回球,把重击的球击出球网,如图 13-16 所示。如果运动员把球拍举得太低,则需要花费更多的时间去找发力截击的位置,有可能会打出一个不稳定的球,或者把球打入网中。

图 13-15　　　　　　　　图 13-16

(三)发球

发球是比赛开始的标志,它可以不受对方制约,在较大的程度上能够发挥出个人的特点。匹克球运动中的发球关键在于它是一个下手发球,触球点必须在腰部以下,球拍头的最高点不可高于腕关节。发球中最重要的规则是发球者站在中线和边线的假定延长线上的底线外的区域,球在落地前必须先接触球拍,然后球要过网并落于对方的接球区,即完成发球动作。发球可分为凌空发球和弹地发球。

1.凌空发球

凌空发球必须满足发球的三要素,也必须是一个下手发球。凌空发球可分为正手发球和反手发球。

(1)正手发球的动作方法。站在底线后,双脚前后开立,左手持球于右腹前,右手持拍向后伸直。当球下降至右侧腰部位置以下时,右手持拍手臂由后下方向前上方挥拍击球,击球瞬间拍头的最高点不得高于手腕,身体重心由右脚过渡到左脚,击球后右手臂随挥跟进,如图 13-17 所示。

(2)反手发球的动作方法。站在底线后,两脚前后站立(右脚在前),身体重心放在左脚上。左手持球于左侧前方,右手持拍,双臂交叉在身体后方。左手放球的同时,右手持拍手臂向后引拍,当球下落至左侧腰部位置以下时,右手以肩为轴由后下方向前上方挥拍击球,击球瞬间拍头的最高点不得高于手腕,身体的重心由左脚过渡到右脚上,击球后手臂和球拍尽可能地随挥跟进,如图 13-18 所示。

2.弹地发球

站在底线后,双脚前后开立,左手持球,使球从手中自然下落,不得施加额外的力量,球必须在落地反弹后被击中。弹地发球没有发球动作的限制。挥拍时既可以使用正手也可以使用反手,如图 13-19 所示。

图 13-17

图 13-18

图 13-19

（四）接发球

接发球技术是指还击对方发球的技术。接发球技术水平的高低直接影响到比赛的得分与失误。如果接发球接得好,就能控制对方的进攻,从而变被动为主动。接发球技术在运用时,其一要判断对手所擅长的发球类型;其二要根据选手的不同打法采取有效的接发球策略。

1.接发球动作方法

两脚自然开立,两膝微屈,上体稍向前倾,两臂屈肘,两手持拍置于胸前,将拍头向上翘起,身体重心放在两脚前脚掌上,不停轻轻跳动或摇晃身体,使自己保持待发的机动状态。从对方准备发球开始,眼睛始终要注视来球,一直到完成还击动作。还击来球之前要观察对方行动,对自己的回球路线和落点有所考虑。选择好接发球落点对控制对手发球后抢攻有重要意义。

2.接发球站位(以双打为例)

接发球者的搭档一位站在非截击区线后,准备接发球者另一位站在发球区的深处或后方,准备接发球,如图 13-20 所示。

图 13-20

（五）正手击球

正手击球是匹克球技术中最基本的击球方法，既是初学者需要学习的入门技术，又是多数运动员用以得分取胜的主要手段。正手击球由四个环节组成，即准备姿势、后摆引拍、挥拍击球和随挥跟进。

1.正手击球的动作方法

（1）准备姿势。两脚开立，与肩同宽，双膝微屈，上体略前倾，重心落在前脚掌，右手握拍，左手轻扶拍颈，肘部弯曲，球拍放在体前，拍面垂直于地面，指向对方，双眼注视来球，准备击球，如图 13-21 所示。

（2）后摆引拍。当判断来球需用正拍回击时，要快速向后引拍，持拍的手臂要放松向后上方引拍，引拍的路线要直线向后，球拍指向身后，手腕略向后伸，拍头向上稍高于手腕，转动双肩，重心移至后脚，左脚前踏，左肩对网，肘关节弯曲并稍抬起（注意手臂不要伸直），与此同时，左手向前伸出，以保持身体平衡，如图 13-22 所示。

（3）挥拍击球。击球时重心应由后脚移向前脚，此时后脚用力蹬地，以腰部转动带动大臂，用大臂带动小臂，手腕固定，使球拍从略低于腰部处开始沿着来球的轨迹向前上方挥击，击球点一般在左脚右侧偏前的腰部高度，如图 13-23 所示。

（4）随挥跟进。击球后，由于运动惯性，前臂随球拍向前上方挥进，直至左肩上方，如图 13-24 所示。正手击球动作完成后迅速还原，恢复成准备姿势。

图 13-21　　　　　　图 13-22　　　　　　图 13-23　　　　　　图 13-24

（六）反手击球

反手击球是匹克球基本技术中最常见的击球方法，初学者一般是先学习正手击球再学习反手击球，当正手有了一定的基础后，再学习反手比较容易，反手击球动作技术有些与正手相似，因此反手击球也比较易学。

1.反手击球的动作方法

（1）准备姿势。面对球网双脚开立与肩同宽，双膝微屈，身体略向前倾，重心落在前脚掌上，双肘微屈，右手握拍，左手轻扶拍颈，将球拍立于胸前，拍头指向对方，双眼注视来球，准备击球，如图 13-25 所示。

（2）转体引拍。一旦判断需打反手球时，应立即向左转肩，并由转肩动作带动球拍向左后方引拍，将右肩对着来球，引拍过程中调整为反手握拍法，同时右脚向左前方迈出，重心下降，侧身对网，如图 13-26 所示。

（3）挥拍击球。向前挥拍击球时，应蹬地发力并向右转动身体，用身体的转动带动挥拍，球拍由后下向前上挥拍击球，身体的重心由左脚过渡到右脚上，在击球瞬间，手腕绷紧，拍面保持稳定，击球点在身体的左侧前方，如图 13-27 所示。

（4）随挥跟进。击球后，球拍尽量沿着球的飞行的方向向前向上送，重心前移落在右脚上，挥拍在右肩上方结束，如图 13-28 所示。反手击球动作完成后迅速还原，恢复成准备姿势。

| 图 13-25 | 图 13-26 | 图 13-27 | 图 13-28 |

（七）丁克球

丁克球是指在非截击区击球使其回弹，球回弹后越过网落在对手的非截击区内的球。丁克球是匹克球运动中非常重要的一项技术，需要轻触与技巧的丁克球虽然可能不会直接得分，但它能尽可能延长对打，有机会使对手犯错并失误，或者在对打中把球打高，这就创造了进攻得分的机会。

丁克球的动作方法：站在非截击线后，面对球网双脚开立与肩同宽。双膝微屈，身体略向前倾，重心落在双脚的前脚掌上，双肘微屈，球拍置于胸前位置，双眼平视前方。当判断对方来球是软而轻的丁克球时，首先应采用短而快的步伐移至球边，然后将球拍放在身前，膝盖弯曲，身体重心往下，用球拍的开放面去击球，当球从地面弹起时以向上向前的动作击球，使球拍面的接触时间尽可能地长。此时要做的不是击球，而是要想办法将球托起，如图 13-29 所示。

（八）截击球

截击球是指球弹地之前在空中击球。截击通常用于近网或对手用力击球时的回击，一般在非截击区后面的位置进行，有进攻型和防守型两种。当球是高于球网击到的球，截击就是进攻型的，因为击中的球的飞行轨迹是向下的，这样的球更有杀伤力，对手难以回击。

当球是低于球网击到的球，截击就是防守型的，因为击中的球的飞行路径是向上的，这样的球更有利于给对手创造机会回高质量的球。因此截击技术掌握好了，可以减少对方回球的时间，造成来不及防守或仓促回击，以至于击出有杀伤力的球。截击分为正手截击和反手截击。

1.正手截击球的动作方法

（1）准备姿势。面对球网双脚开立与肩同宽，双膝微屈，上体稍前倾，重心落在前脚掌上，双肘微屈，

图 13-29

球拍置于体前,拍头指向对方,双眼注视来球,随时准备击球,如图 13-30 所示。

(2)转肩引拍。截击球的动作以"碰"和"推"的成分为主。当来球向正手飞来时,身体快速向右转体,要用举拍转肩、转体来带动上臂,引拍动作要小。引拍时,手腕和拍面要固定,引拍后要保持拍头高于手腕,如图 13-31 所示。

(3)挥拍击球。在挥拍击球时,击球点保持在体前,主动向前迎击来球并充分利用身体前冲的力量,以短促的动作向前"碰"和"推"击球,同时拍面稍向上,在向前推碰球的过程中略带一些切削,这样能较好地控制将球击向对方场地。触球瞬间手腕紧绷,手握紧拍柄,如图 13-32 所示。

(4)随球动作。截击的随球动作很简练,接触球后,拍子沿击球方向前送 30 厘米左右,这有助于控制球的飞行方向,如图 13-33 所示。

图 13-30　　　　　图 13-31　　　　　图 13-32　　　　　图 13-33

2.反手截击球的动作方法

(1)准备姿势。两脚自然站立约同肩宽,重心在前脚掌上,脚跟提起,身体前倾,膝盖弯曲,持拍置于体前,拍头高于手腕和球网,眼睛注视来球,随时准备击球,如图 13-34 所示。

(2)转肩引拍。判断来球飞向反手时,应立即转肩向左,引拍动作要小,要用举拍转肩、转体来带动上臂使球拍做一个短短的后摆。引拍时,手腕锁紧、固定拍面,拍头高于手腕,眼睛紧盯着来球,如图 13-35 所示。

(3)挥拍击球。挥拍击球时,持拍手臂向来球方向伸展,将球拍由后上方向前下方挥拍,在身体前方的位置击球的后中部。击球时,手腕固定、握紧球拍,在提前 15~30 厘米处撞击球,向前撞击时,左手自然地抬起放在身体左侧,以保持身体平衡,如图 13-36 所示。

(4)随球动作。球拍接触球后沿击球方向送出 30 厘米左右,然后顺势迅速恢复成准备姿势,准备下一次击球,如图 13-37 所示。

图 13-34　　　　　　　图 13-35　　　　　　　图 13-36　　　　　　　图 13-37

3.截击球的几种使用方法

(1)中场截击。中场截击是指在本方发球线附近的截击球,多在发球方接发球时还没来得及上到网前的时候采用。中场截击球大部分是在腰部以下的部位击球,要注意精确的击球点和拍面角度,尽量打出角度,使对手难以回球。击球后应向网前迈进,准备近网截击或高压球。

(2)近网截击。近网截击的站位比中场截击靠前,一般站在非截击线附近,它是网前得分的主要手段。近网截击的果断和落点的准备,能给对方致命一击。运动员一定要在判断对方来球的速度、高度及球的角度后,迅速调整位置,控制好拍面。如来球快而平,拍面应稍打开。击球中下部,手腕固定,以短促的动作向前向下顶撞来球。如来球快而高,拍头应竖起,拍面几乎和地面垂直,向前下击球中部。

(3)高位截击。当来球较高,但又不够高压的高度时,往往以高位截击的技术完成击球。高位截击时要有一定的后摆,触球时手要握紧球拍,手腕绷紧并朝上;击球时球拍对准球,重心向前,然后用简短的随挥动作,对着球推击并向下方送出,准备下一次回击。高位截击看似简单,但很多人在打高位截击球时仍会打出界或不过网,前者原因是引拍过大、击球点过晚,后者主要是截击过早、拍面关闭过多。

(4)近身截击。近身截击是指当来球朝着自己的身体快速飞来时所采用的截击技术。在网前截击时,会经常遇到这种朝身体飞来的空中球,即"追身球",这时没有时间往一侧跨步去打正规的正拍截击或反拍截击,对付这种"追身球"最好的办法是把球拍放在身体的前面用反拍截击,保持手腕笔直和绷紧,拍面在体前正对着球截击。如果加力截击,身体向左转,没有后摆动作直接把球击出,击球后,身体前倾,球拍对准球落地的方向随挥出去。

(九)挑高球

挑高球是将对方还击的球挑向高空,并飞越站在网前对手头部上方而落入对方的场区。挑高球有进攻型和防御型两种不同打法。挑高球最突出的作用是使对手不敢站到近网处进攻,而是被迫向后退缩等待高球的到来,这就为自己创造了有利的得分时机和条件。

1.进攻型挑高球的动作方法

双方在网前做丁克球相持时,已方将球挑起使球飞跃对方头顶落在底线深区,其高度应以对方跳起后仍击不到球为准。进攻型挑高球动作要隐蔽,动作看起来像打丁克球,但又不是丁克球回击,而是一个出其不意的高球,让对手毫无防备,从而破坏对手的网前战术,这就是一个进攻型挑高球。

当双方在网前做丁克球相持时,其中一方动作非常隐蔽,用小臂轻送向上挑起一个越过头顶的高球,高球正好落在对方的中后场。注意看准来球隐蔽击球,手腕绷紧向上击球,充分完成随挥动作,如图

13-38所示。

图 13-38

2.防守型挑高球的动作方法

防守型挑高球一般都是从自己的端线处将球挑到对方的端线深区,并且球的飞行弧线很高。挑高球的意图不是急于得分,而主要是扭转自己处于不利位置的局势,赢得时间争取主动。

(1)移动的同时看球引拍。由于被动救球,往往没有时间正确地做好正手或反手击球的准备动作,就需要边向球跑动,边向后摆起球拍,接近来球时即侧转身体,使左肩对着球飞行的路线,准备击球。

(2)充分后摆前挥挑击球的下部。在向球跑动的过程中要充分后摆引拍,使拍头指向身体右后方,达到理想的击球姿势,让拍面击打球的下部,并把球高高地打向空中,越过对方头顶后落到其场内的深区。

(3)绷紧手腕将球挑向对方场区中间。挑高球的整个击球过程中,直到完成随挥动作,都要保持手腕绷紧,握紧球拍。

(4)完成随挥后要尽快回到有利位置。在挑高球中,尽可能加长击球的时间,使拍头随球的飞行路线上挥送球,在身体前面的高处完成随挥动作,随挥动作要大而充分。

(十) 高压球

当对方挑高球时,应立即侧身转体并用短促的垫步向后退,同时侧身,持拍手上举至头部向后引拍,重心移至后脚,非持拍手上举指向来球的方向。当判断准击球点并移动到位后,以双脚为支撑向击球点方向蹬地、转体、收腹(反弹背弓)继而挥拍击球(起跳高压时要保持身体平衡)。击球过后顺势将球拍收于持拍手异侧。在这里主要强调的是初学者要掌握好最佳的击球点,击球点应在头顶的右前上方位置,如图 13-39 所示。

图 13-39

参考文献

[1]陈小蓉.中国传统运动养生图典[M].北京:中国大百科全书出版社,2011.

[2]张又新,徐国营.大学体育[M].西安:西北大学出版社,2021.

[3]周鸿.大学体育与健康[M].西安:西北大学出版社,2021.

[4]张岂之.中国传统文化[M].北京:高等教育出版社,2010.

[5]王德炜.大学体育[M].西安:西安交通大学出版社,2018.

[6]李泰武.大学体育[M].西安:西北大学出版社,2020.

[7]肖祥.新编大学生体育与健康[M].上海:上海交通大学出版社,2012.

[8]吴小茂.体育与健康[M].西安:西北大学出版社,2021.